乡愁的记忆

Nostalgic Memory

江苏村落遗产特色和价值研究

周 岚　朱光亚　张 鑑　等编著

东南大学出版社

· 南京 ·

编写组成员

周　岚	朱光亚	张　鑑	喻学才
汤晔峥	白　颖	胡　石	薛　力
李新建	施嘉泓	赵庆红	姚　迪
方　芳	黄毅翎	赵　雷	曲秀丽

序

“万物有所生，而独知守其根。”乡村是中华传统文化的根基，积淀了中华民族灿烂的农耕文明，见证了千百年来的社会发展变迁，寄托着无数华夏儿女的乡愁记忆。在江苏这片丰饶的土地上，勤劳智慧的江苏人民世代躬耕劳作，催生了丰富多彩的乡土文化，营建了与自然、山水、田园高度相融的村落形态和诗意人居：既有“君到姑苏见，人家尽枕河”的小桥流水人家，又有“两面云山一面湖”的淮海辽阔胜景；既有“石路萦回九龙脊，水光翻动五湖天”的秀丽自然风光，又有“童孙未解供耕织，也傍桑阴学种瓜”的祥和农居生活。江苏的历史文化名村和传统村落是精耕细作生产方式和精致细腻生活方式的典型表达。

习近平总书记强调:“乡土文化的根不能断，农村不能成为荒芜的农村、留守的乡村、记忆中的故园。”当代乡村的价值，已经远不只是传统的农业生产地和农民聚居地，更兼具维护生物多样性的生态功能、保护乡愁乡土的文化功能、发展特色产业的经济功能以及满足诗意栖居的生活功能等多重价值。江苏有着全国数量最多的国家级历史文化名城和名镇，留存了一批具有地域多样性、历史传承性和文化乡土性的历史文化名村和传统村落。把这些文化遗产保护好、传承下去，让人们望得见山、看得见水、记得住乡愁，这是我们对历史和未来都要负起的责任。江苏省第十三次党代会明确提出“让乡村生活更加美好，是全面小康的重要标志”，并就此作出了一系列的部署安排。目前，特色田园乡村建设的实践行动正在全省有序展开，我们将致力推动乡村的发展与复兴，迈入江苏新的“乡土时代”。

在这样的时代背景下，《乡愁的记忆——江苏村落遗产特色和价值研究》一书的编撰发行，显示出其独到的价值所在。本书将江苏村落遗产放到中华文明和农耕文明发展演化进程中考量，选取不同亚文化分区的 20 个典型村庄，以大量的史料研究分析了其遗产的历史沿革、社会状况、空间形态、文化遗存、建筑特色，并在此基础上梳理归纳传统村落的空间特色及其文化价值。在乡村史籍资料相对缺失的情况下，完成如此深度的历史研究和空间分析实属不易。通读此书，颇觉内容丰实、图文并茂，兼具史学价值和学术价值。

我期盼通过这本书，能够引发更多的人关心和保护江苏历史文化名村和传统村落，同时也呼吁社会各界共同努力，服务乡村、服务农民，积极融入乡村、传承历史文脉，支持帮助广大农民建设美丽幸福家园，提升乡村发展内生活力，为建设“经济强、百姓富、环境美、社会文明程度高”的新江苏做出新的更大的贡献。

是为序。

中共江苏省委书记 

目录
CONTENTS

第一章 江苏乡村的农业文明变迁……001
一、江苏村落的自然环境……003
二、江苏农地的历史经营……004
三、江苏农业的发展变迁……007

第二章 江苏村落遗产的类型和特色……010
一、江苏乡村的历史演进……012
二、江苏村落遗产的类型……012
（一）依族之力，解地之困，成村之美……013
（二）立乎其大，以水之利，与时俱进……014
（三）圩塘驿路，农耕垦殖，自足而安……015
（四）因盐成村，随势转农，亦步亦趋……016
三、江苏村落遗产的特色……017
（一）基于山水而出于山水……017
（二）多业兼顾、耕读传家……018
（三）精致建造，文化传承……018
（四）转型蜕变、发展演进……021

第三章 依山枕湖的太湖东、西山六村……022
一、综述——东、西山六村概况……024
（一）太湖、岛屿与世外桃源……025
（二）人口、移民与氏族大姓……028
（三）土地、物产与洞庭商帮……030
（四）匪患、防务与行政属地……033
（五）地理、选址与聚落体系……034
二、分述……037
（一）陆巷……037
（二）翁巷……048
（三）杨湾……056
（四）三山……068
（五）明月湾……081
（六）东村……088

第四章 因水运而兴旺的江南水网五村落…………………………………… 100
一、综述——江南水网村落概况…………………………………………… 102
（一）延陵属地，季札子孙…………………………………………………… 103
（二）区位中心，经济节点…………………………………………………… 106
（三）宗族社会，人文昌盛…………………………………………………… 107
（四）工商发祥，故地转型…………………………………………………… 109
二、分述………………………………………………………………………… 111
（一）焦溪……………………………………………………………………… 111
（二）杨桥……………………………………………………………………… 125
（三）礼社……………………………………………………………………… 130
（四）严家桥…………………………………………………………………… 145
（五）李市……………………………………………………………………… 156

第五章 隐藏历史密码的宁镇丘陵六村落…………………………………… 170
一、综述——宁镇六村落概况……………………………………………… 172
（一）吴头楚尾的地理区位…………………………………………………… 172
（二）适于农耕的自然条件…………………………………………………… 173
（三）北客南民的文化交织…………………………………………………… 174
（四）因地聚族的村落建筑…………………………………………………… 175
二、分述………………………………………………………………………… 177
（一）漆桥……………………………………………………………………… 177
（二）杨柳村…………………………………………………………………… 198
（三）九里村…………………………………………………………………… 211
（四）柳茹村…………………………………………………………………… 224
（五）华山村…………………………………………………………………… 239
（六）儒里村…………………………………………………………………… 251

第六章 从煮海之乡到稻粱之地的邻海三村………………………………… 266
一、综述——江苏邻海村落概况…………………………………………… 268
（一）由海而陆的大地………………………………………………………… 269
（二）由盐到垦的物产………………………………………………………… 271
（三）由灶转农的人丁………………………………………………………… 277
（四）由上转下的市镇………………………………………………………… 278
二、分述………………………………………………………………………… 285
（一）草堰……………………………………………………………………… 285
（二）余西村…………………………………………………………………… 321
（三）石港……………………………………………………………………… 339
结语……………………………………………………………………………… 348
后记……………………………………………………………………………… 352

江苏农业的发展变迁

江苏农地的历史经营

江苏村落的自然环境

第一章 江苏乡村的农业文明变迁

Preface

江苏重视在快速城镇化进程中保护村落文化遗产，至今留存了一批具有代表性的历史文化名村和传统村落，为更好地把这些文化遗产保护好，传承下去，江苏省住房和城乡建设厅组织编写了《乡愁的记忆——江苏村落遗产特色和价值研究》一书。本书系统梳理了江苏不同亚文化分区中典型古村落的历史沿革、当前状况、文化遗存和空间形态，总结提炼了江苏村落遗产的空间特色、建筑特色和文化价值，为科学制定和实时保护规划奠定了坚实的基础，也反映了江苏在保护传统村落、传承历史文化、留传乡愁记忆方面的思考和研究。

江苏辖江临海，扼淮控湖，经济繁荣，文化昌盛。远在旧石器时期，就已出现了早期的人类聚落；《禹贡》中提到的夏商周时期的九州，就有徐州和扬州两州位于今日的江苏。春秋到秦汉时期，又出现了吴都苏州和汉高祖龙兴之地徐州等具有区域影响力的聚落中心；六朝时期，随着衣冠南渡，国家的经济和文化发展重心逐渐南移，中原文化南迁和江南本土文化融合激荡，造就了江南以农业为基础的区域繁荣，以至有『宁饮建邺水，不食武昌鱼』的说法；隋唐时期，形成了『一扬二益』的繁华局面；宋元时期，江南农业通过大运河支撑着京畿地区的日常生活，即所谓『苏湖熟，天下足』；明初朱元璋定都南京，正是依托长江下游地区的物质基础。近现代时期，江苏成为中国率先迈向现代工业文明的摇篮，崛起了无锡、南通、常州等一批近代工商业城市。在城镇不断发育勃兴的历史进程中，背后支撑着的正是江南地区丰富的与农业相关的物产和农村的较高质量的剩余劳动力，伴随着的是江苏乡村农业文明的不断变迁，正是在这样一种历史场景中，江苏大地孕育出一大批村落文化遗产，镌刻着江苏农耕文明发展变化的历史痕迹。

一、江苏村落的自然环境

村落，作为和土地联系最紧密的人类聚落，总是和大地景观密切相依。

江苏地形平坦，水网密布。古时，是长江、淮河和黄河（1128 年至 1865 年）入海的低地，绝大部分海拔在 50 米以下，是全国地势最低平的省份（图 1-1、图 1-2），平原地区约 7.06 万平方公里（占总面积 68.8%）。长江以南的江南平原，一般高 3 米至 6 米，其中太湖以西略高，为 5 米至 6 米。太湖以东，平均海拔 3 米左右。江淮平原四周略高，海拔为 4 米至 10 米，中间较低，多为 1.5 米至 3 米，兴化地区形似锅底，平均海拔只有 2 米。徐淮平原海拔多在 10 米至 32 米之间，淮阴附近略低，在 7 米至 11 米之间。

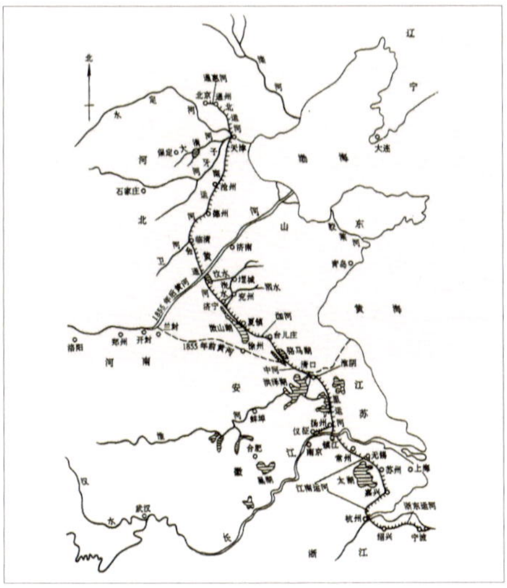

图 1-1 元明时期的华东水系图

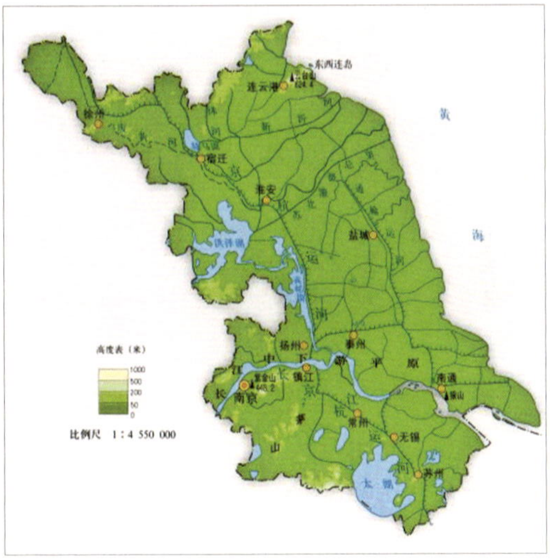

图 1-2 江苏省地形地貌图

江苏水域约 1.73 万平方公里，占总面积 16.9%，占比全国最高。境内有大小河流 2900 多条，大小湖泊 290 多个。除长江、淮河、大运河外，还有太湖、洪泽湖、骆马湖、射阳湖、高宝湖等。中国最早的文献《禹贡》说到古扬州（即今江淮平原和太湖流域）时说，“三江既入，震泽底定……厥土惟涂泥，厥田惟下下，厥赋下上……”，意思是“三条江水疏浚入海，震泽获得安定，这里的土是潮湿的泥淖，这里的田地是国内第九等，这里贡献给国家的赋税是第七等”。可见远古的江苏地势低洼，沼泽密布，土地尚未开发，上交赋税甚少。至于江苏成为天下粮仓，则是一千多年后唐宋以后的事情。

江苏低山丘陵面积约 1.47 万平方公里，占总面积 14.3%。主要分布在西部宁镇和徐淮地区，包括钟山、三山、茅山、宜溧金山地、狼山、云台山等。江苏山并不高，相对高度不超过 500 米。但陂陀蜿蜒起伏，并与平原水网有机结合，景观极为丰富。山因水而秀美，水缘山而朗润。

二、江苏农地的历史经营

中国是农耕古国，远在三千多年前，周人已经将全国各地的农民依据地形地物区分为三种类型，即泽农、山农和平地之农[①]。当时江苏的先民，大部分属周人界定的“泽农”和“平地之农”。

江苏先民生存在水网密布地区，因此江苏文化呈现出鲜明的水乡特征。据苏州草鞋山遗址考古挖掘资料，在距今约7000～5800年的马家浜文化中，发现了中国首例古稻田，这也是世界上迄今为止发现最古老的水田遗址[②]。在徐州新沂三里墩的周初遗址中曾出土大量河蚌，南京江宁湖熟曾出土过厚达1米的螺蛳壳堆积物，苏州吴江梅堰遗址出土了捕鱼用的鱼镖和通体雕刻鱼形图案的骨匕。此外，据《尚书·禹贡》记载，“淮夷玭珠暨鱼”，即早在夏、商、周时期，今江苏徐州一带给朝廷上贡的特产就是珍珠和鱼。

水乡泽国生存环境的另一面是水患频繁。从高处涌来的水，如引导宣泄不当，就会祸及百姓安危生计。“飓风激潮潮怒来，高如云山声似雷。沿海人家数千里，鸡犬草木同时死。”清代泰州诗人吴嘉纪的《海潮叹》就生动记录了里下河区域洪灾的惨景[③]。据有文献记载以来的不完全统计，从汉代到清代，江苏严重的水灾多达130余次[④]。

江苏先民在与水长年打交道的过程中，逐渐掌握了江河湖海水流变化的规律，在沿海、沿江“围堤成田”、沿湖“围湖成田”，渐把泽田变良田。值得特别指出的是，里下河流域的“锅底洼”地区，兴化、宝应、高邮一带的百姓在疏浚水道、堆积淤泥过程中，发明了“垛田”的土地利用方式（后成为“全球重要农业文化遗产”），这是江苏先民变水“害”为水“利”的典型例证。

据史料记载，江苏先民经营的农田，除垛田这种较为特殊的类型外，较为普遍的是以下六种：

① 曹氏曰：有山之农，有泽之农，有平地之农。（宋代王与之撰《周礼订义》卷二十八）

② 《江苏考古五十年》,98-103页。

③ “飓风激潮潮怒来，高如云山声似雷。沿海人家数千里，鸡犬草木同时死。南场尸漂北场路，一半先随落潮去。产业荡尽水烟深，阴雨飒飒鬼号呼。堤边几人魂乍醒，只愁征课促残生。敛钱堕泪送总催，代往运司陈此情。总催醉饱入官舍，身作难民泣阶下。述异告灾谁见怜，体肥反遭官长骂。”（《吴嘉纪诗笺校·海潮叹》）

④ 竺可桢《中国历代各省水灾分布表》，见《东方杂志》第22卷第3号。

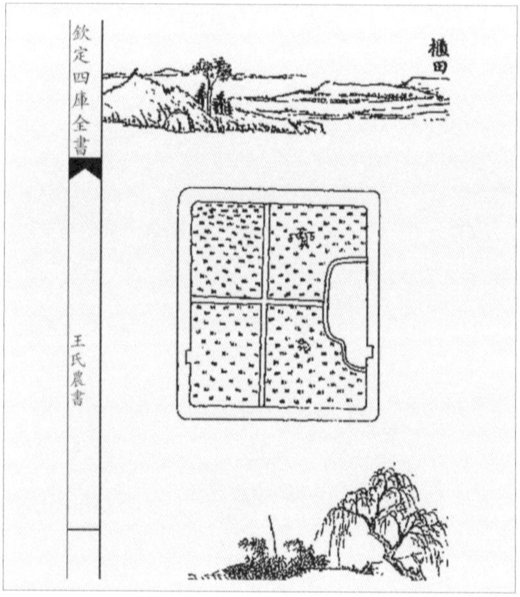

图 1-3 柜田

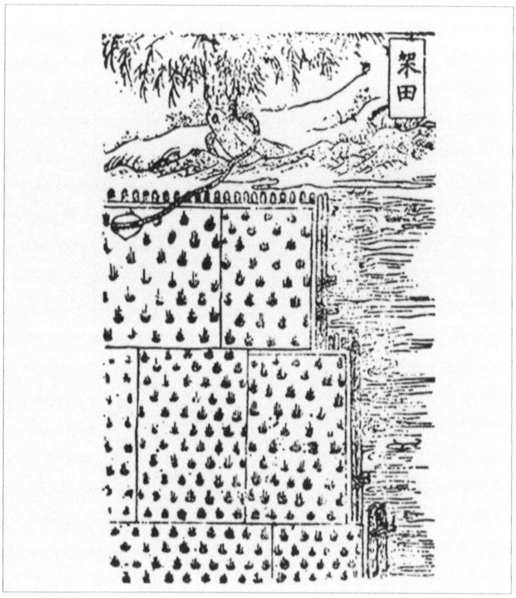

图 1-4 架田

（1）柜田

据《钦定康济录》之《农桑诀》记载：“柜田筑土护田，似围而小。其面俱置瀽穴，顺置田段，便于耕莳。若遇水荒，田制既小，坚筑高峻，外水难入，内水则车之易涸。浅没处宜种黄穋稻，此稻自种至收，不过六十日，能避水溢之患。”[5]（图 1-3）

（2）架田（即葑田）

据《农桑诀》记载：“架犹筏也。亦名葑田。考之农书云：若深水薮泽则有葑田，以木筏为田丘，浮系水面。以葑泥附木架上而种艺之。其木架田丘随水高下浮泛，自不淹没。自初种以至收刈，不过六七十日。夫架田附葑泥而种，既无旱暵之灾，复有速收之效。水乡无地者宜效之。”[6]（图 1-4）

（3）沙田

据《农桑诀》记载：“沙田谓沙淤之田也。今通州等处皆有之。而民间率视为弃地。若江淮间有此田则为腴地矣。盖此田大率近水，其地常润泽可保丰熟。四围宜种芦苇，内则普为塍岸。可种稻秫。稍高者可种棉花桑麻，或中贯湖沟，旱则便溉；或傍绕大港，涝则泄水。所以无水旱之虞。但沙涨无时，未可以为常也。”[7]（图 1-5）

（4）涂田

据《钦定康济录》之《劝农书》记载：“涂田者，见于濒海之地。潮水往来淤泥常积，上有咸草丛生，此须挑沟筑岸，或树立桩橛以抵潮汛。其田形中间高两边下。不及数十丈即为一小沟，数百丈即为一中沟，数千丈即为一大沟，以注雨潦。为之甜水沟。初种水稗，斥卤既尽，可种粱稻。所谓泻斥卤兮生稻粱即此是也。此因潮涨而成，与淤田无异者也。”[8]（图 1-6）

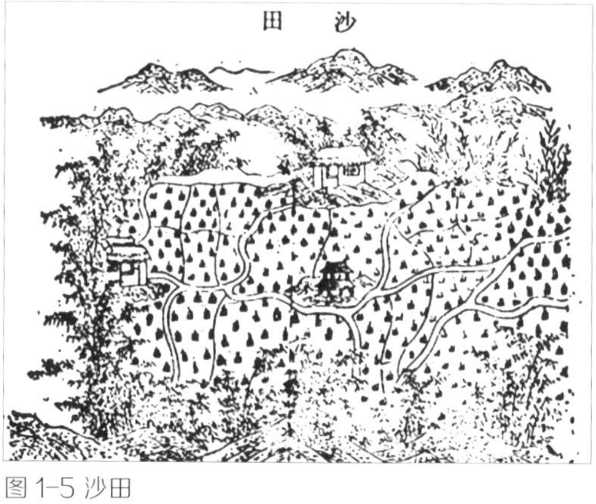

图 1-5 沙田

图 1-6 涂田

⑤《钦定康济录》，卷四下之一引《农桑诀》，四库版。
⑥《钦定康济录》，卷四下之一引《农桑诀》，四库版。
⑦《钦定康济录》，卷四下之一引《农桑诀》，四库版。
⑧《钦定康济录》，卷四下之一引《劝农书》，四库版。

图 1-7 荡田

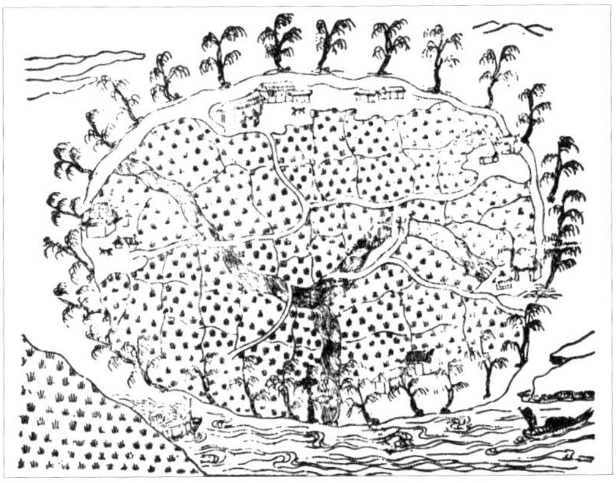

图 1-8 圩田

（5）荡田

据《三吴水考》记载："东南水利以江湖为巨区。其有坍涨不一，要在随宜修治。今官豪富室每遇涨滩辄图承佃。甚者割江湖之界限，兴筑堤岸，垦成丘亩，名曰荡田。报官给帖，遂为己产。报者什一，漏者什五。升科甚微，获利甚厚。妨坏水利，恒必由之。"①（图 1-7）

（6）圩田

据《历代名臣奏议》记载，圩田也作围田（图 1-8），"环湖之地常有水患，而沿海之地每有旱灾，如之何而可以种艺耶？古人遂因其地之高下，井之而为田。其环湖之地则于江之南北为纵浦以通于江，又于浦之东西为横塘以接其势，而棋布之，有圩田之象焉。其塘浦阔者三十余丈，狭者不下二十余丈，深者二三丈，浅者不下一丈。且苏州除太湖之外，江之南北别无水源，而古人使塘深阔若此者盖欲取土以为堤岸，高厚足以御其湍悍之流。故塘浦因而阔深，水亦因之而流耳"。对此，范仲淹论述得更加清晰简洁："江南旧有圩田，每一圩方数十里，如大城。中有河渠，外有门闸。旱则开闸，引江水之利；潦则闭闸，拒江水之害。旱潦不及，为农美利。"②

①《三吴水考》，卷十《参政凌云翼水利奏》，四库版。

②（明）杨士奇等撰《历代名臣奏议》卷二百五十《水利》。

③《笠泽丛书》卷三，四库本。唐陆龟蒙《甫里集》十九作"爬"。元王世祯《王氏农书》卷十二，明徐光启《农政全书》卷二十一作"耙"。

④《崦里》，见《甫里集》卷二，四库本。

⑤ 王毓瑚，中华书局，2006 年。

三、江苏农业的发展变迁

江苏作为中华民族的发源地之一，因其不断改善的自然环境和条件孕育出灿烂的农耕文明。旧石器时代晚期，在长江下游的宁镇山脉、宜溧山脉及徐淮平原等地就已经出现了原始聚落，先民以采集、渔猎为生。新石器时代，分布于环太湖地区的马家浜文化、崧泽文化和良渚文化，先民仍以采集、渔猎为生，但种植农业不断发展，到了良渚文化时期，已初现早期国家文明的曙光。自泰伯奔吴起，江苏历史演进进入了受中原文化影响日益加深的新时期。

从泰伯奔吴到伍子胥、孙武襄助吴国，再到晋室南迁，历史上多次的北人南迁，带来了中原先进的农耕技术。推动了“火耕水耨”的江苏农业的发展演变。隋、唐以后，国家经济重心逐渐移向南方，人口的不断增加促进江苏农业走上精耕细作的道路。以“耕、耙、耖”为核心的耕作技术体系逐步形成（图 1–9）。

自唐代开始，江苏地区的农书著作数量明显超过中国北方，唐代吴地诗人陆龟蒙撰写了中国最早的一部农具专著《耒耜经》，这也是第一篇谈论江南水田农业生产的专文。据《耒耜经》记载，由北方长辕犁改进而来的江东曲辕犁为铁木结构，由犁铧、犁壁、犁底、压、策额、犁箭、犁辕、犁评、犁建、

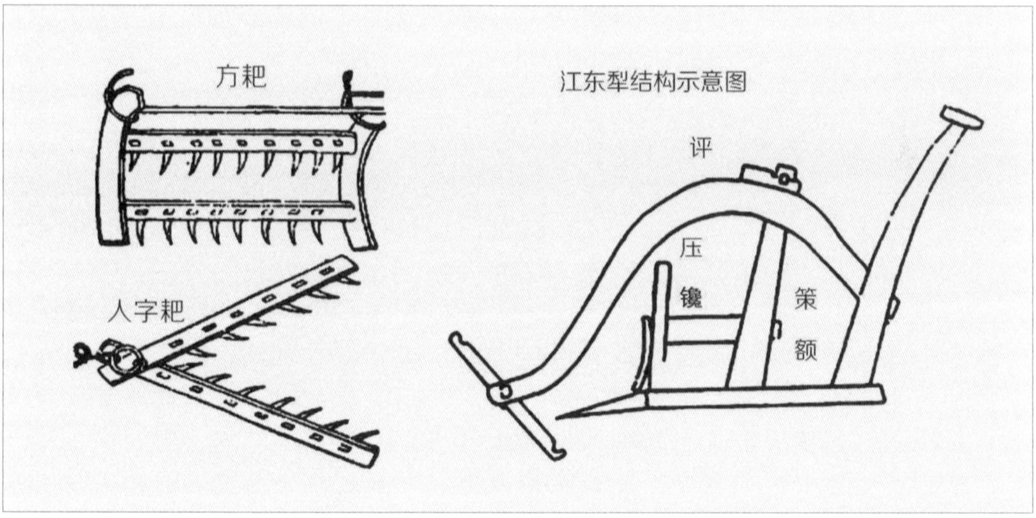

图 1–9 古代农具示意图

犁梢、犁等 11 个零部件组成。犁铧用以起土；犁壁用于翻土；犁底和压用以固定犁头；策额保护犁壁；犁箭和犁评用以调节耕地深浅；犁梢控制宽窄；犁辕短而弯曲；犁可以转动。整个犁具有结构合理、使用轻便、回转灵活等特点，尤其适合水田耕作，被广泛使用于江东一带。除江东犁以外，该书还记载了爬、和碌碡等三种江南水田耕作农具。书中写道：“耕而后有爬，渠疏之义也，散垡去芟者焉。爬而后有焉，有碌碡焉。”[3] 陆龟蒙还根据自己对“象耕鸟耘”传说的理解，对精耕细作的技术体系提出了“深耕疾耘”的原则。

吴地的传统农业，主要是稻作、蚕桑（元代以后增加了棉花）和渔业。关于稻作《耒耜经》记有“川中水木幽，高下兼良田”；关于桑基鱼塘，《耒耜经》记有“沟塍堕微溜，桑柘含疏烟。处处依蚕箔，家家下渔筌”[4] 的记载。此外，吴地渔业则一直有“饭稻羹鱼”的说法。早在六千年前，太湖一带的居民就从徒手抓鱼演进到用网罟捕鱼，两千六百年前已经开始人工养鱼，《吴地记》中就记载有离阖闾城（今苏州城）胥门十五里处有供越王养鱼的鱼城。中国历史上两部著名的养鱼经都诞生在太湖地区，第一部是范蠡所著的《养鱼经》。《养鱼经》原书今已不存，但主要内容被北齐农学家贾思勰编入《齐民要术》之中。

在王毓瑚先生的《中国农学书录》中[5]，有许多江苏地区的农学书目，比如，宋代释赞宁的《笋谱》，明代潘之恒的《广菌谱》，徐光启的《吉贝疏》，褚华的《木棉谱》《水蜜桃谱》，王逢辰的

《李谱》等[1]。明代，太湖地区吴县人黄省曾（1490—1540）的《农圃四书》，包括《稻品》《蚕经》《种鱼经》《艺菊谱》等。其中，《稻品》是我国现存最完整的水稻品种专志。《蚕经》是以指导吴地种桑养蚕为目的的蚕业专书，内容包括种桑、选种、蚕房、养蚕器具等。《种鱼经》分三部分，“鱼之种”讲鱼种繁殖的方法；“鱼之法”讲养鱼的技巧方法；“鱼之品”讲江海河湖之中的十九种鱼类，包括太湖银鱼、鲈鱼，以及鲥鱼和刀鱼等。此外，黄省曾还撰有《芋经》《兽经》等。《芋经》体例仿效陆羽《茶经》，讲述种植芋头的方法技巧以及食用芋头的忌讳，历代与芋头有关的历史故事也纳入其中。

江苏的农业凭借着宋元以后的水利成就和精耕细作，成为中国封建时代最高产的农业区，成为“天下粮仓”。然而，这种依靠不断投入人力提高单位面积产出的生产方式，到了明代中期以后就出现了变化，随着可耕地上养育的人口不断增加，已出现粮食产量的增加不足以抵消人口增加消耗的现象。销往北方政治文化中心的粮食产地在环太湖流域的基础上增加了湖南、江西的长江中游地区，逐渐地“苏湖熟天下足”为“湖广熟天下足”所代替。后来，长江下游的部分粮食产地改为种植棉麻等经济作物，以通过高附加值的农副产品和手工业品，增加收入购进粮食来缓解日益严重的人地矛盾。清代鸦片战争后，随着五口通商带来的西方工业化廉价制品的倾销，江南的手工制品因缺乏竞争力渐趋萎缩，人地矛盾更加尖锐。大量农民无法在已有的有限土地上维持生计，开始向城市流动，那些受了西方文明刺激的士绅、官僚阶层中的有识之士也恰于此时“师夷之技以制夷”，开始了国人兴办工厂生产各类工业品的历程，他们和外国商人都通过雇佣进程农民而积累资本扩大再生产，在产生尖锐阶级矛盾的同时，推动了沿海、沿江及环太湖流域的工业化和城市化进程。江苏的乡村农业地区成为这些新兴工业的原料产地和劳动力供应地。

1949 年中华人民共和国的建立结束了这种进程，一系列新措施开启了另一种工业化道路的探索。基于国家将工业由沿海向中西部转移的战略思考，江苏的工业化城市化进程相对停滞，农业通过土地改革、合作化加上引入机械、水利和电灌、化肥等方法，以及农林渔业的多业兼顾取得了一定的发展，但人地的矛盾并未终止。早在 1958 年无锡的农民就创办了春雷船厂，生产水乡需要的水泥船，以工业的收入减轻土地的负担和改善农业的作业条件，也开创了中国社办企业的滥觞。至上世纪 70 年代末和 80 年代，江苏乡镇企业为克服人地矛盾在此基础上进一步发展，为迎接改革开放后的城镇化奠定了基础。

① 这段文字来源于中国农业科学院等编著的《太湖地区农业史稿》，农业出版社，1990 年版：第 119 页；以及高燮初《吴文化资源研究与开发》：第 152 页。

江苏村落遗产的特色

江苏村落遗产的类型

江苏乡村的历史演进

第二章

江苏村落遗产的类型和特色

Jiangsu Village Heritage

一、 江苏乡村的历史演进

村落遗产的形成总是与乡村发展的历史环境密切相关，并且随乡村的历史演进而不断变化。研究江苏的历史，不能离开泰伯奔吴。据《史记·吴泰伯世家》记载："泰伯之奔荆蛮，自号勾吴。荆蛮义之，从而归之千馀家，立为吴泰伯。"泰伯给这一地区带来的变化，在东汉赵晔撰《吴越春秋·吴泰伯传》中有详细记载："数年之间，民人殷富。"《吴越春秋》还记载："（时）遭殷之末，世衰，中国（指中原）侯王数用兵，恐及荆蛮，故泰伯起城，周三里二百步，外郭三百余里。在吴西北隅，名曰故吴，人民皆耕田其中。"遗存至今的无锡泰伯庙（全国重点文物保护单位）、苏州让王庙（市级文物保护单位）是后人为铭记泰伯的功业而建。

春秋时期，泰伯十九世孙，吴王寿梦少子季札为避免权力之争，三让天下，"弃其室而耕"于延陵，人称"延陵季子"，曾与孔子并称"南季北孔"。孔子赞曰："泰伯，其可谓至德也已矣。三以天下让，民无得而称焉。"在今天镇江丹阳延陵镇九里村的季子庙中，仍存有孔子书写的碑文"呜呼延有吴陵君子之墓"。

魏晋南北朝时期，江南古村落的繁荣与发展与"士人南迁"的社会背景密切相关。西晋末年黄河流域战乱，晋室以建康（今南京）为都。今江苏省域以为六朝京畿之区，大批北人南迁，促进了北方文化跟南方文化，或者说是黄河流域文化和长江流域文化的大融合，造就了南朝时期江南文化的极其繁盛。这一时期，刘义庆的《世说新语》、刘勰的《文心雕龙》、颜之推的《颜氏家训》、郭茂倩的《乐府诗集》、徐陵的《玉台新咏》，以及沈约等人总结的、对后来格律诗影响深远的"四声八病"等，都是中华民族的经典之作。镇江华山村就是南朝乐府诗歌《华山畿》的诞生地。

唐安史之乱以后，中国经济重心逐渐南移。白居易《想东游五十韵 》记载了中晚唐时江南苏州、常州、润州等地的状况，"海内时无事，江南岁有秋。生民皆乐业，地主尽贤侯。郊静销戎马，城高逼斗牛。平河七百里，沃壤二三州。"靖康之乱，宋室南渡，进一步促进了江浙地区乡村聚落的暴发性增长。1129 年宋高宗率领内侍及亲军过长江，"令有司具舟常、润；迎济衣冠、军民家属"[①]。宋室南渡后，形成了一道"衣冠人物，萃于东南"的特殊人文景观，在当时的两浙地区，"平江、常、润、杭、明、越为士大夫渊薮，天下贤俊多避于此"[②]。许多厌倦官场的人士选择了太湖及其周围地区作为生息的场所，如苏州的杨湾村、三山村，无锡的礼社村，镇江的儒里村，都是在这一历史时期快速发展的。根据对地方志和相关姓氏的家谱文献查阅，江苏的古村落大多可追溯至北宋末年的南渡时期。

二、江苏村落遗产的类型

江苏村落遗产是在历史的背景下产生、发展和变化的，是古代农业文明的产物，同时又是在近代的东西方文化碰撞和社会转型，以及改革开放后的城镇化进程中不断蜕变而留存下来的。至今，江苏大地上仍保有 18 万个左右在各个历史时期形成的自然村落，其中最精华者被授予了中国或省级历史文化名村和传统村落的称号。

本书选取的 20 个村落（图 2–1，表 2–1），是今日江苏村落历史文化遗产的典型代表，是江苏乡村发展历史记忆的缩影，是无数江苏游子的骄傲与梦魂萦绕的乡关；也是江苏农业文明注重天人和谐营建智慧的结晶，是"人""地"相互影响和相互作用的产物。

以"地"而分，20 个村落分布在湖泊岛屿、平原水网、丘陵沼洼和滩涂草荡等四类地貌环境

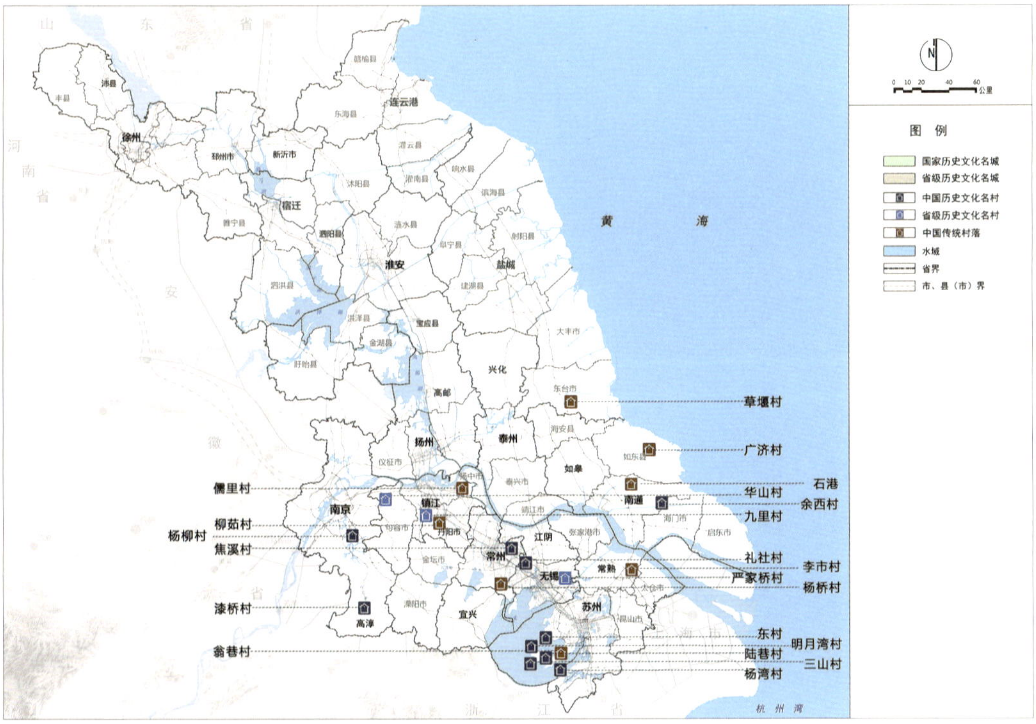

图 2-1 江苏省历史文化名村和传统村落分布图

之中，其“地利”各不相同、各有千秋。湖泊岛屿之地，享渔之利，苦地之狭；平原水网之地，河浜圩田，舟楫四乡；丘陵沼洼之地，陂塘蓄水，阜岗耕垦；滩涂草荡之地，唯盐是举，地偏土贫。依“人”而断，20 个村落有官府、宗教、氏族等三种组织模式，其社会组织方式各不相同。官府凭业缘之力，驱五方之民，业尽人散；宗教凭地缘之力，聚乡脚之气，因地为集；氏族凭血缘之力，育同族之胞，生生反哺。

（一）依族之力，解地之困，成村之美

属于湖泊岛屿的村落有苏州陆巷村、明月湾村、三山村、杨湾村、翁巷村、东村等六处，均位于太湖之上的东、西山岛。

表 2-1 江苏省 20 处典型村落名录一览表

中国历史文化名村（10 个）	1	陆巷（苏州）	2006
	2	明月湾（苏州）	
	3	礼社（无锡）	2010
	4	杨湾（苏州）	2014
	5	东村（苏州）	
	6	焦溪（常州）	
	7	三山（苏州）	
	8	漆桥（南京）	
	9	余西（南通）	
	10	杨柳（南京）	
省级历史文化名村（3 个）	1	严家桥（无锡）	2006
	2	九里（丹阳）	
	3	华山（镇江）	2013
中国传统村落（7 个）	1	杨桥（常州）	2013
	2	翁巷（苏州）	
	3	李市（常熟）	
	4	柳茹（镇江）	
	5	儒里（镇江）	
	6	草堰（盐城）	2014
	7	石港（南通）	

①（元）脱脱《宋史 · 本纪 · 高宗》，中华书局，1997 年版。
②（宋）李心传《建炎以来系年要录》卷一七三，上海古籍出版社，1992 年版。

东、西山岛人多地狭，尽其地利，仍艰于养民。故岛民多外出行商，以求谋生。但岛上的村落并未因此而萎缩衰败。氏族，通过修谱建祠等活动，成为凝聚离土岛民、维护村落延续的关键因素。氏族组织模式，一方面促使外出行商的岛民组织起来，形成洞庭商帮；另一方面，敦促行商岛民将所获反哺乡里，维护村落发展。从今天的遗存看，东、西山古村落的码头、街巷、古井、古桥、消防、排水等交通、市政设施维护良好，祠堂、寺庙、公所、商铺等村落公共设施皆备。此外，村落崇文重教，村中常设宗族教育设施，建筑装饰上多有“渔樵耕读”题材，营建工艺具有典型的苏州地域特征。

氏族，尽地利，而不改地势。东、西山村落的总体布局，因循“高勿近旱而用水足，下勿近水而沟防省”的基本原则，呈现出明显的依山就势形态，与地貌高度契合。同时，因地形所限，东、西山村落规模不大，太湖之上一览无余。为防御湖匪，建筑或门楼厚实，或围墙高峻，或庭院深远，并设有望洞、闸楼以预警防御。

（二）立乎其大，以水之利，与时俱进

位于平原水网的村落有常熟李市村，无锡礼社村、严家桥村，常州焦溪村、杨桥村等五处，除李市村外，余均属历史常州府辖地。

常州和苏州府水网发达（图 2-2），故傍水而居、依水而建是上述五处村落的共同特点。村落布局形态多呈鱼骨状，由街、巷、弄分级递进；交通空间以桥、码头为特征；建筑特征多与河相关。为加强平原水网地区的防御，史载村落多设圈门、敌楼，焦溪村则就地取材营建“黄石半墙”，体现出“因地制宜”的营建思想。

常州府、苏州府一带，土地肥沃、农桑富庶、舟楫便利、市集兴盛，无饥馑之忧。氏族聚居也是这里村落社会组织的常见形态。同时商业市集的高度发育，也影响着村落形态的组织，形成了两种不同的村落格局。

（1）自上而下的氏族组织模式

此类村落以常熟李市村，无锡礼社村、严家桥村为代表。村落以大姓氏族为社会组织的主导力量。大姓氏族立足自给自足的农耕经济，利用水网通达的舟楫之利，发展商业贸易，甚至近代工商业。在选址之初，多以大姓氏族的生存安全和对“地利”条件的可控程度，而非经济区位为首要考虑因素。故今天再看这三处村落的选址，普遍呈现河浜通达却非水陆要冲的特征。

大姓氏族的资金财力、经营方向，直接影响着村落的经济形态。如礼社村的地主薛氏一族，依托圩田的物产，从事粮食转运贸易，繁盛时拥有粮船 40 余艘，礼社村由此成为玉祁镇集贸中心，乃至无锡重要的“米”码头之一。严家桥村的唐氏家族是无锡近代民族工商业四大家之一，除了米、布交易之外，还在村落周边兴建了棉纺、砖瓦等加工厂。相对偏僻的李市村，则是因李姓商人避祸机缘，得以成为集市。

以大姓为核的聚居空间分布，是此类村落的重要特点。在传统社会中，大姓氏族是耕读和宗祠文化的推动者，在村落中可见宗祠、义庄、善堂、商铺，甚至火龙堂、家塾等公共服务设施，部分村落依然保持了修族谱、拜宗祠、祭祖先等氏族活动。在近代变革时期，大姓氏族又成为时代潮流的传播者，近代的严家桥村，在唐氏家族的引领下，已经开始使用混凝土、电灯、电话，并且营建了具有中西合璧风格的建筑。

（2）自下而上的区位组织模式

此类村落以常州焦溪村、杨桥村为代表。它们皆处水陆要冲之地，依仗乡间富庶自发形成市集，以商业和居住为主导功能。村落中以交通要扼为骨架，在主要交通线路（河）或节点（桥）两侧，多布局商铺；外围地域多布局居住，如杨桥村的“南商北耕，内商外居”的空间格局。居住分布上也未见圈层等级形态。

村内虽或有氏族聚居，但氏族力量式微，对村落发展不具控制力。基于本土民间信仰的宗教，成为此类村落空间组织上的重要力量，如杨桥村的寺观，焦溪村的虞舜、季札信仰。

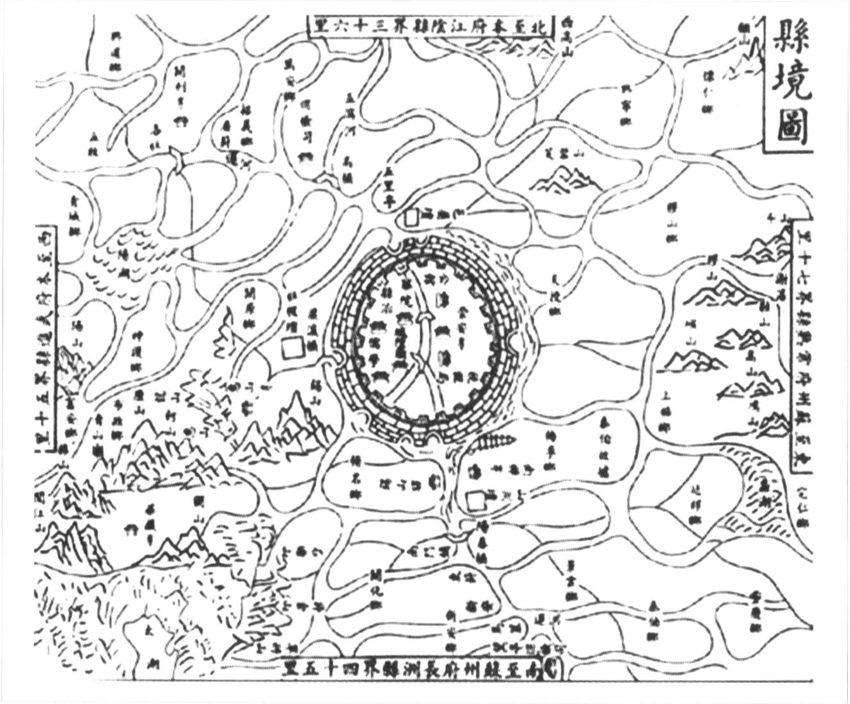

图 2-2 常州府无锡县境图

这些宗教场所吸引了四乡村民，形成庙会、节场等大规模市集。宗教信仰集会活动，加上交通的便 利，提升了这些村落的中心地位，促使村落从单一功能，向经济、宗教、文化等综合功能发展。

（三）圩塘驿路，农耕垦殖，自足而安

位于丘陵沼洼的村落有镇江华山村、儒里村、九里村、柳茹村，南京漆桥村、杨柳村等六处，分属历史上的镇江府和江宁府辖地。

宁镇地区，地形坡降比较大，雨多则洪灾，雨过则旱，阜岗耕垦，需陂塘堰坝蓄水（图 2–3），非单个家庭人力所能及也，故社会组织较水网地区发达。此处地产与交通便利程度，皆不及水网地区，但又强于湖泊岛屿之上的村落，因而，“人”“地”关系的模式又有所不同，亦分为宗教、氏族两类社会组织模式。

因宗教信仰而形成的村落有华山村和九里村。两村皆是“宗教信仰→庙会市集→人口集聚→耕垦成村”的形成过程，村落布局以庙、观、寺为核。庙、观、寺之前多有较完整的轴线或路径。商业集市多位于庙前广场，或由广场沿主街蔓延，如华山村，在张王庙及其广场周围，形成商铺聚集的龙脊街。村落的居住部分，多位于庙、观、寺的两侧或后部；村内氏族或立宗祠，但地多远市集。

其余四村，都是宗族村落，但发展与形态各不相同。儒里村、柳茹村无通达的交通，

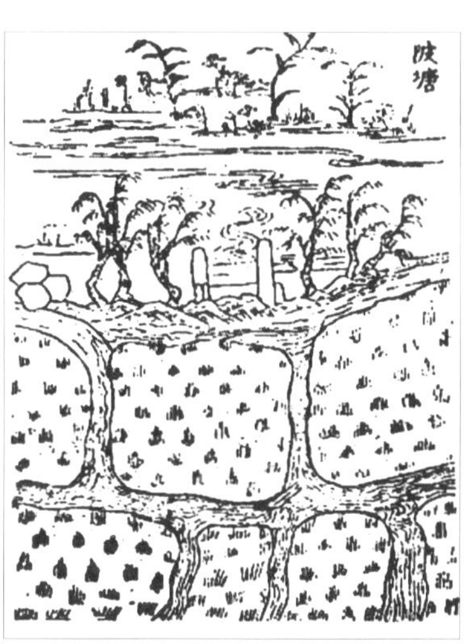

图 2–3 陂塘

故而少商业市集，为单纯的农业村落，具有明显的宗族村落特点，村内各姓宅第相对集中。村内有宗祠、学堂、善堂、寺庙等公共设施，村口要隘有庙、祠以佑平安。漆桥村、杨柳村却另有其途。杨柳村的发展，类似湖泊岛屿上的村落，村民外出经商，反哺村里，村内祠堂精美、宅院宽大。漆桥村是孔氏后裔聚集地，依赖于驿道而兴，有商业市集之利，却因驿道兴废，而无与时俱进之力。

此类村落的空间布局，地域特色鲜明。一方面，村落受丘陵陂塘所限，选址多位于地势较高之处，如被迫选址圩地，则会在建房之前，打桩以加固地基。另一方面，村落形态充分利用了地形特点，赋予陂塘生活取水、宅院防火、游憩玩赏等功能，甚至与宅院布局结合，形成塘—院—塘的空间序列。与水网地区不同的是，对外联系通道由水路转为陆路，村落或沿对外的圩路、驿道布局，或环以水塘洼地，可防御、便耕垦。村内取水以井为主，少见水网地区的码头、桥梁等交通设施。村落亦设圈门、更楼用以防御。

（四）因盐成村，随势转农，亦步亦趋

江苏沿海滩涂上的余西村、石港村和草堰村，历史上村落的形态围绕盐业的生产流程展开，它们是因为官营盐业而形成的村落，也是 20 个典型村落中唯一一类在官府驱动下形成的村落。

盐业的生产，需要大量的人力、物力资源。盐业是由国家专营和控制的行业。在以农为本的传统社会中，盐业产地意味着贫瘠和荒凉的土地。因而，早期的村落形成，是因官府发配流民、强制务盐而成。

在鸦片战争以后的沿海近代化过程中，政府之力撤出，民间力量通过市场运作取而代之。南通张謇，依托氏族力量，推动地域发展。村落功能、形态、风貌从盐业村落向农业村落转型，同时在建筑形态、生产方式上印刻了近代化的痕迹。

① 白居易：《正月三日闲行》。
② 徐达源：《< 黎里志 > 引》。

图 2-4 太仓沙溪古镇

三、江苏村落遗产的特色

与显示了城镇工商业特点的江苏名城名镇在国内占有的较大比重相比，江苏历史文化名村的数量相对较少，且已有的名村中，不少原来属于镇的建制，并受到较强的工商业影响。这显示出江苏的乡村在近现代进程中改变明显。但即便如此，从中仍然可以集中体现江苏农村发展变化在村落遗产上的共性特征。

（一）基于山水而出于山水

江苏村落遗产是多种自然地理环境下农耕文明的产物，体现着先民的选址和营建智慧。从江苏形成年代较早的村落遗产情况来看，早在魏晋时期，先民对聚落和环境的关系就十分关注。如镇江华山村，就选址在一处台地上，东西南北皆低，唯聚落高敞，村庄南邻河谷，南部极具防卫性。再如镇江九里村，坐落在东西约四百米、南北约三百米的平缓高坡上，南部邻河，至明代建有跨河石桥一座，村东南为码头，是水路来往的要津，村庄周围有多条水系环绕，负阴而抱阳的态势十分强烈。

先民的营建智慧还体现在对自然的合理利用上。历史上环太湖地区进退江湖之间，地皆泽国。先民用圩田泽地之法以改造自然，又开渠引航以顺应自然，故古村落往往兼具农耕水利与航道便利的优势。而宁镇地区，丘陵岗山，湖塘遍布。先民择阜岗坡度、高度适宜之地，以陂塘堰坝蓄水，用圩田灌溉之法，故村落往往水塘环绕，聚居圩堤小径。如杨柳古村，大宅之后多有湖塘，宅院外墙之下，深埋梅花桩基，以加固圩区软土。而江北滨海，以盐荡为生计，村落多临滩涂草荡，用海堤筑防。交通多沿人工运河而建，如通吕运河、运盐河等。对此梁白泉先生说过：“村镇的特点，是不受封建观念对城市建设严肃方整要求的约束，而是在河道相遇交通方便的港口，依水道方向做不规则的布局。”

因山就势， 因水蜿蜒，江苏村落遗产的形态，跟自然地形的关系密不可分。湖山地区村落的场地窄逼，路网常呈鱼骨状，而水网地区的村落多沿河布局（图 2-4）。因而跨水之桥构成江南传统村落常见的景观。早在唐代，大诗人白居易就十分欣赏这种“绿浪东西南北水，红栏三百九十桥”的风景[1]。这类水乡村落人家的后门往往直接临河，设亲水平台，“面街背水户通舟，台榭高低临水际”，既方便用水又方便交通。沿主河道还多设有河棚式建筑。正如清代诗人袁枚归纳的：“民居稠密，瓦屋鳞次，沿街有廊，不需雨具。行者不乘车，不着笠，以左右皆长廊也。”[2]

（二）多业兼顾、耕读传家

以农为本是中国传统文化的核心，重农轻商是封建帝国的长期国策，但历史的呈现不是简单均一的。如南宋时期，对外贸易的关税是国家重要的经济来源，各种朝贡产品的生产和对外贸易成为支撑南宋偏安生存的重要基础。明代闭关锁国，北方中央政权的大量军粮、军需品以及皇家的生活用品，多取自江南。嘉靖万历后，奢靡之风盛行，更促成了消费品的生产和贸易。清代多次治理黄河和大运河，也是为了保证南北水运的通畅。鸦片战争后，中国向工业社会的转型，进一步推动了江苏尤其是苏南和沿运河地区的农村快速地向多业并举的类型转变。因此江苏村落遗产的产业形态十分丰富，太湖周围村落的村民，农忙时是农民，农闲时是渔民，是手工业者，太湖“三白”、橘子、果脯、粉丝、年糕等都是他们生产且广受人们喜爱的地方特产。体现在村落布局上，聚落不仅和农田相依相伴，也和鱼塘、桑林、蚕房、作坊、码头、船坞、商铺 、粮仓、盐仓、加工场地等相容相依。

作为农耕文化不可分割的组成部分，耕读传家是农家的生存与发展准则，耕可致富，读可荣身，学而优则仕，学而不优则农或兼业。江苏历来崇文重教，宋代范仲淹创办的苏州府学，开宋以降地方州县办学模式。

有“太湖第一古村”之誉的苏州东山陆巷村，典型地反映着许多江苏历史村镇“渔樵耕读、科举显世、经商繁盛”的发展历程。除了连捷解元、会元、探花的“山中宰相”王鏊，还出过大量的进士、举人，有“进士摇篮”的美誉。无锡礼社村，一个小小的村落，就走出了中国两位大经济学家——孙冶方和薛暮桥。常州焦溪村历史上先后办有舜山学所、鹤峰书院，明代以来出过 4 位进士，村民至今笃信“家有万金，不如藏书一卷”。无锡严家桥村平均十个人中就有一个教授级高级知识分子，也是第一位锡剧剧作家严廷初的成长地。江苏耕读传家的文化传统不仅体现在人文环境上，也体现在牌楼、民居、楹联、木雕砖刻等物质遗产中。

（三）精致建造，文化传承（图 2-5 至图.2-21）

宋《营造法式》是中国古代最完整的建筑技术书籍，在古代中国建筑史上起着承前启后的作用，对后世建筑产生深远影响。这是由北宋将作监李诫编撰官方颁布的建筑施工算料的规范用书，于宋崇宁二年（1103 年）刊行全国。需要指出的是，《营造法式》中的许多特色作法在五代和北宋时已经存在于江南建筑中，反映出江南建筑文化对北方官式文化的影响。

南宋时《营造法式》在苏州重新刊行，对后世建筑的影响功不可没，保存至今的苏州杨湾村轩辕宫则为我们留下了江南继承宋营造法式的元代精美大木做法实例。元明以后，作为大式建筑的扁作月梁做法在华北几乎销声匿迹，但是在南方依然流行，而最忠实、或者说最接近《营造法式》中月梁形制的建筑，大部分分布在太湖周围地区。这一做法除了体现在城市中的如玄妙观三清殿、苏州府文庙大成殿这样的大型建筑外，还大量保存在郊野镇村的明代和清代的民居中，典型的如陆巷村、东山村和明月湾村的宅院厅堂。

① 见潘谷西主编的多卷本《中国古代建筑史》第四卷第九章。

图 2-5 苏州东村月梁

图 2-6 苏北运河地区土山镇金字梁架

图 2-7 苏北运河地区土山镇具有剥腮做法的抬梁体系构架

图 2-8 苏北运河地区土山镇基督教堂的豪氏屋架

著名的故宫设计者蒯祥，因建筑技艺高超而被尊为“香山帮”鼻祖，正是这种建筑文化的集大成者。史书曾有“江南木工巧匠皆出于香山”的记载，香山帮匠人的杰作——苏州园林和明代帝陵已成为世界文化遗产。

唐宋以后，江南农业通过水田、鱼塘、桑林、茶园等的复合种植和精耕细作，实现了“苏湖熟、天下足”的繁荣，同时也带来江南人口密度的进一步增长。体现在村落遗产的形态上，江苏传统村落中的建筑密度远高于北方和西南地区，高密度的建筑形态使得鳞次栉比建筑间的防火问题日益突出。因此，明代中期以后，木构屋盖体系中从山墙出际的悬山屋顶淡出[1]，用砖包裹木构的有假博风的硬山顶、山墙高出屋面的观音兜和五花山墙逐渐在江南流行，有利于应对火灾和提高聚落的密度，即使是住宅前后院中的门斗也用砖包裹，因此被称为石库门。

同江苏农业精耕细作生产方式相适应的是精致建造的建筑文化。在杨湾村、东山村中，一种炫耀木构结构和构造技巧的梁架做法被创造出来，在北方和西南地区被称为垂莲柱的吊柱节点被雕饰成花篮，它使不明底细的观者以为柱子悬在空中，梁也断开悬在空中。与此相应的是，一种被称为“砖细”的加工方法也应运产生，通过对砖施以细木工式的刨、削、雕、凿和榫卯连接，在中国的西南地区用简单的木梁悬出、在北方地区以陡峻的砖雕遮挡的墀头部位，在苏南被刻上了优美线脚和花饰的砖雕代替。

① 图 2-9 苏州三山村里的明代敦厚堂匾
② 图 2-11 苏州陆巷明代住宅中的砖博风
③ 图 2-10 东山陆巷 - 遂高堂
④ 图 2-12 苏州杨湾砖博风山墙
⑤ 图 2-13 苏州三山观音兜

（四）转型蜕变、发展演进

江苏因为地处江海交汇之地，是近代五口通商口岸最先辐射的区域之一，也是工业文明与农业文明最早碰撞的区域之一。在被李鸿章称为千年未有的大变局中，伴随帝国主义船坚炮利涌来的工业舶来品，迫使已十分艰难的农业和手工业产品面临着更残酷的竞争。在机器工业的冲击下，自给自足的小农经济破产，乡村经济被纳入资本主义生产体系。面对日益加深的民族危机，一些爱国官绅、商人投身公共事业，资本主义工业兴起，乡村大量增加棉和桑的种植，成为近代工业原料的重要产地，棉纺业、缫丝业、面粉业等的快速发展推动了传统村落的近代转型。

根据费孝通的《江村经济》，苏州吴江开弦弓村当时已有数十家店铺，主要位于交通便利的桥梁周边，村庄内已建设有合作丝厂。工厂和店铺改变了村民的经济社会地位，公共活动空间也随之转移到工厂和店铺等等商业性场所[1]。类似的变化也体现在南通余西村，在张謇推进农工商一体化的产业模式影响下，原先以盐场为核心的村庄组织模式，被以纺织品交易和棉耕基地为中心的新格局取代，伴随着南通的近代化进程，余西村先后建立了第一国民小学、游民习艺所、轮船码头等近代设施。余西内的油坊等也开始引进机器，向机器化工业转型。

近代资本主义的影响也体现在村落空间和建筑形式上。据薛暮桥对无锡礼社村的调查，商铺建筑大量增加，商铺数量数以百计，沿主要街道都为商业。常州焦溪村更在 20 世纪 40 年代统一新建了两条规模化的商业街道。同时也出现了大量新的功能建筑，如教堂、图书馆、仓库、工厂、书店、新式学校等。许多新建筑采用了西式装饰，如三角山花，卷草纹线脚、拱券窗楣、柱式、车木栏杆、洋灰地面、彩色玻璃。

这些新的建筑元素，和传统的寺庙、宗祠、义庄、善堂以及传统的粮行、布庄、铁匠铺、药行、茶馆、酒肆、豆腐坊混杂在一起，构成了乡村在近代转型中的独特景象。

① 图 2-14 陆巷的石库门和包砖的木门板
② 图 2-15 陆巷的包砖木门板构造细部
③ 图 2-16 杨湾的轩辕宫里的脊檩的悬臂做法（此法构建的大殿俗称断梁殿）
④ 图 2-17 杨湾的花篮厅显示了架空的柱和梁的连接
⑤ 图 2-18 陆巷惠和堂
⑥ 图 2-19 杨湾明善堂门楼
⑦ 图 2-20 砖细示意图
⑧ 图 2-21 陆巷的墀头

① 费孝通：《江村经济——中国农民的生活》，江苏人民出版社，1986 年，35 页。

综述——东、西山六村概况

分述

第三章

依山枕湖的太湖东、西山六村

一、综述——东、西山六村概况

苏州的 6 个历史文化名村均位于太湖东、西山二岛上。东、西山二岛的古村落，不同于人们印象中水网密布的江南水乡地区，而是身处山与湖之间，东西山二岛独特的地理与人文环境造就了它们共同的特点。它们尽管依傍太湖，但却与太湖的水面保持着一定的距离；它们背依青山，土地稀缺，但却从未考虑将聚落建在山上；它们尽管身处明清江南发达的商业背景下，产业形态却迥异于当时江南地区常见的商业与手工业模式；它们地处世外，从这里走出去的村民却影响了明清时代中国的商业运转（图 3-1、图 3-2）。

图 3-1 东西山在太湖流域的地理区位及与苏州城的位置关系（底图来源：http://218.1.102.99:8100/indexCloud.html）

太湖东西山人依靠山与湖谋生，以“山浪人”自称。“山浪人”在苏州人中非常有特点，他们口音特别，说话很“硬”，他们善于开拓，在有限的自然资源环境中，跻身明清时代的十大商帮，发展出自己独特的产业，并且远走经商。从两座小岛走出去的商人，与徽商、晋商等竞争。最后在动荡与变革时期，洞庭商人又将资本投入开埠后的上海，跻身金融业、钱庄业等金融实体和丝绸棉纱等实业。

图 3-2 洞庭东西山六村分布（底图来源：《江苏省地图集》）

尽管身在外地，常年不归，但他们仍心系乡土，维系着家族的利益与公共事业。经商富裕的“山浪人”对教育、对文化始终怀有崇敬的态度。东西山开办小学普遍较早，早在明代陆巷王氏就在家族祠堂中开办家塾，教育子弟。东山在民国时即有书院、小学、中学；西山的小学，始于清光绪三十二年，横山人罗饴出资在东村等地创办了 10 所“求忠小学堂”。

东西山古村落的村民重视宗族的传统，有组织地建设与维护公共设施；他们依靠湖与山赋予的自然资源，智慧地利用着这一寸土地；深藏于太湖，却有可与苏州城中媲美的精细和雅致；东西山独具特色的古村落，体现了太湖岛屿独特地理环境下“山浪人”的开拓精神与乡土情结，反映出太湖这一方水土孕育出来的深厚人文底蕴。

（一）太湖、岛屿与世外桃源

太湖古称震泽，系“东南巨浸，界连江浙，跨苏、常、湖三郡”。湖中多山，有七十二峰，其中洞庭东西二山为其中最大者。因远离大陆，交通不便，景色优美，东西山被誉为世外桃源。

东山位于苏州市西南约 40 公里，原为太湖中独立岛屿。东山岛东北与陆地之间，原为北太湖与东太湖之间水流的重要通道，清初宽度仍有二三百丈，水流通畅，后因泥淤堆积，水面逐渐缩小，至乾隆年间仅余五十余丈，至清末东山岛逐渐与陆地相连。[1] 东山由孤岛变半岛后，与苏州、上海等地的交通联系开始便捷。1956 年通车的木东（木渎—东山）公路，是东山通往苏州的第一条公路，

① 薛利华主编，《洞庭东山志》，上海人民出版社，1991 年：30-31 页。

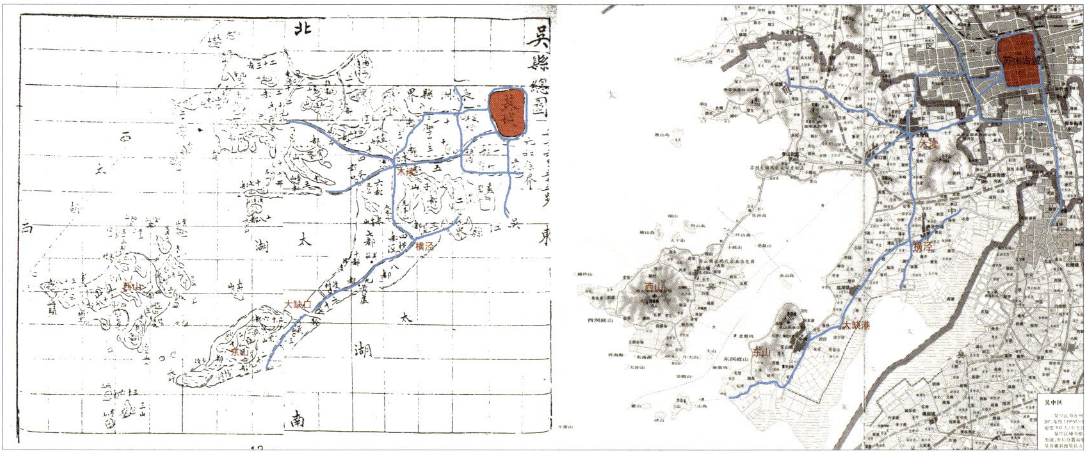

图 3-3 民国与现在交通对比图（底图来源：民国《吴县志》与《江苏省地图集》）

此后交通日渐发达。

西山位于东山西侧，距离苏州 45 公里，孤立湖中，正如清康熙江南总督尹继善所说，“西山居湖之中，东山偏于湖之东南，就水面而观，西山似为湖中之枢纽，统全局而论，东山更为水陆之藩篱，盖太湖驻为水师，而东山迤东一带，逼近苏杭大道，与沿塘陆路营汛有犄角声援之势”。[1] 直至 1994 年，西山岛和苏州胥口渔洋山间的太湖大桥建成通车，西山才结束湖中孤岛的历史（图 3-3）。

历史上东西山的对外交通主要依靠水路。西山沿湖各村、镇均设有埠头；航线可达东山、苏州、上海、湖州等地，明清时期还曾远至湖广。东山的具区港、大缺口和雕鹗河为出入东山水上交通的重要港道。[2] 苏州与东山间的轮船码头，始于清光绪三十年，先设于前山渡水桥堍，后以杨湾为终点，设杨湾码头。解放后，东西山之间通轮渡，码头也设于前山渡水桥。后因水位淤浅，停靠于岱松湖滨。此后，东山的陆巷、岱松分别开通往元山、镇夏、石公等地的轮渡。[3] 1994 年太湖大桥通车后，轮渡基本废止。

东西山的内部交通，东山以陆路为主，西山则多船运。东山被南北走向的山脉分为前山与后山两部分，东为前山，西为后山，前山平原较宽敞，交通便利，后山则比较狭窄，交通不如前山方便。以市街为中心，东山村与村之间有村路、街道、里巷相连。如陆巷的紫石街、杨湾至上湾的砖砌古道，都是东山岛上的陆路干道，至今保存完好。东山的前后山之间有蜿蜒山道，分布于各山岭间，一般均以砖石砌成，1.5 米左右宽，如虾（音 dì）岭山道（亦称二十四弯）、白豸岭山道、白沙岭山道等（图 3-4）。1958 年起，东山先后建起了紫金庵公路、杨湾公路、启园公路和俞坞公路。

① [清] 金玉相纂，《太湖备考》卷四，兵防，江南总督尹继善等疏，中国水利志丛刊 41，广陵书社，2006 年，影印本：288 页。

② 具区港由北而南贯穿东山全境，两头通太湖，全长 12 公里，其分支河、港亦多通太湖，为东山水路交通之主干。大缺口居东山东北，东西向，为小北湖与东太湖水流之要道，长 3 公里。雕鹗河亦名新开河，为往昔苏州、东山间来往的内河主要航道，可避太湖风涛之险。

③ 1982 年，在岱松村和白马庙之间的湖滨，兴建了渡人渡车的轮渡码头，通往西山的元山，后陆巷也建成了轮渡码头，通往西山镇夏和石公，专为旅游服务。1983 年建成东山岱松至西山元山的轮渡；1985 年建成为旅游服务的东山陆巷至西山镇夏的轮渡。

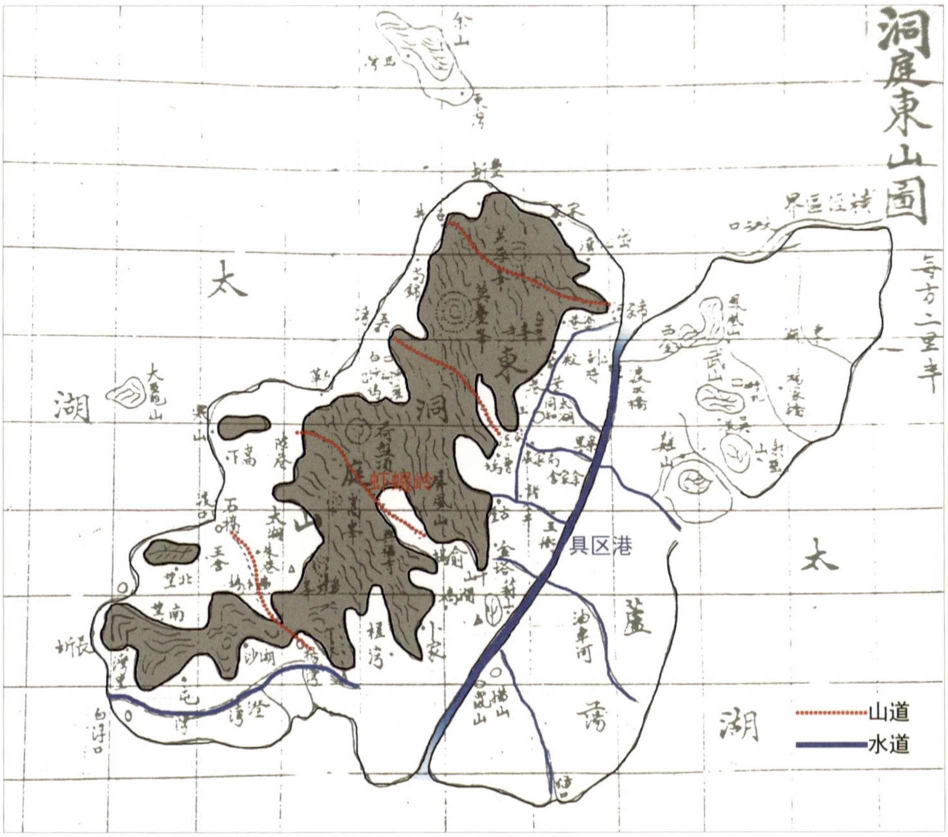

图 3-4 东山古代内部交通示意图（底图来源：民国《吴县志》）

1979 年东山环山公路竣工，全长 22 公里。[4] 西山各村之间多为山岭，20 世纪 30 年代之前，境内交通多靠船运及步行。西山环山公路 1969 年通车，此后多次拓宽。

东西二山的优美景色为历代文人所称道，袁宏道赞叹西山的风景“天下之观止此矣”[5]。太湖东西山这种隐逸世外的地理位置，仙岛般的自然景观，使其成为避世的最好场所。西山为太湖中最大的岛屿，四面被水包围，或又谓仙人鲍靓所居，所以又称包山。西山林屋洞，在道家经典中，被认为是“十大洞天”之一，在汉代文献里，西山被称为洞庭山，洞庭的名称应该也与道教相关。东山因位于西山之东，故而又称为东洞庭山，还称莫厘山和胥母山，相传，隋莫厘将军曾在此居住，伍子胥曾在此迎母。

东西山二岛主体为山，地形皆冈峦起伏。东山山脉“自东北向西南走向，偏居西部，绵延起伏，连续不断。山岭历经长期自然侵蚀，外貌圆浑而不陡峭，山之两侧多山谷地”[6]。最高峰莫厘峰，海拔约 292.4 米，位于东北端，面南而背北。西山山体则四向扩展，近乎圆形，与东山相比形势复杂，“东西间水平距离达 6 公里，南北间也达 5 公里，其间重岗复岭”，很难翻越，绕行又路途遥远。[7] 岛上最高峰是缥缈峰，海拔约 336.6 米，亦为太湖七十二峰的最高峰。

④ 东山交通资料，主要来源于薛利华《洞庭东山志》与《东山人文》中册。西山交通资料，主要来源于苏州市吴中区西山镇志编纂委员会编《西山镇志》。

⑤［明］袁宏道著，《袁宏道集笺校》，上海古籍出版社，1979 年：西洞庭。

⑥ 薛利华主编，《洞庭东山志》，上海人民出版社，1991 年：31 页。

⑦ 金其铭，《太湖东西山聚落类型及其发展演化》，见《经济地理》，1984 年第 3 期：215-220 页。

（二）人口、移民与氏族大姓

太湖岛屿上很早就有人类居住。太湖中离西山不远的三山岛上，从旧石器时代就有人类活动，西山岛亦曾发掘出新石器时代的文化遗址。周代泰伯奔吴，给江南带来了北方的文化，泰伯也被称为吴地的始祖。东西山岛上的吴姓，据说就有泰伯的后人。在东西山岛上，还流传着一些秦汉时代的名士隐藏于此的传说，如西山岛上就留有汉代著名隐士商山四皓相关的地名与传说，“汉王玮玄、韩崇、刘根梁、杨超远、叶道昌，唐周隐遥、唐若山皆于此学道”[①]。

南宋以前，东西山的人口以本地居民为主。南宋以后，外来移民成为东西山人口的主要成分。北宋末年，北方战乱，大量北方移民随着宋室南迁。苏州平江府于建炎年间遭金兵屠城，又逢疾疫和饥荒，“横尸枕藉，道路径港为实”“死者近五十万人，得脱者十之一二而已”。[②]宋室南迁之后，大量的北方移民进入江南地区，其中平江府为仅次于南宋都城临安的北方移民接收地，居民半数以上迁自北方。[③]根据东西山大族家谱的记载，许多氏族正是在此时定居东西山。根据《地记》记载，西山“周回一百三十五里，居者数百家”，宋苏舜钦《水月寺纪略》载“（西山）地占三乡，户率三千，环四十里，民俗真朴”[④]。“自春秋至北宋，西山居民不多，从南宋南渡至明初的两个半世纪内，原是荒洲僻岛的西山，以原北方名门望族为首的居民急剧增多。……此后西山形成了一些大的宗族和村庄，其中以徐、陆、沈、蔡、蒋、马、屠、劳为南渡八大宗族。”[⑤]可能多是外来移民的关系，亦可能与战乱的影响有关，东西山的宗族观念尤为突出。“兄弟析烟亦不远徙祖宗庐墓，永以相依，故一村之中，同姓者至数十家，或数百家，往往以姓名其村巷焉”。

至明代，东西山均已有数千户至上万户人家居住[⑥]，人口大约 4 万到 5 万人；至清乾隆年间，西山已有居民 1 万 5000 余家，东山有 2 万余家[⑦]。因人多地少税重，明清时期，东西山很多家族外出经商，东山“翁、席、刘、严”四大家族，以及后起或中兴的“金、张、马、陆、王、叶（前山）、叶（后山）和周”等八个家族，都是依靠商贾而成为东山巨富的。[⑧]西山也因人多地少、湖匪骚扰、交通不便等原因，外出经商谋生的人极多，致使西山人口大幅度减少，清康熙年间 6 万 6000 余人，至 1949 年仅余 2 万 4000 余人。外出经商的东西山大族仍通过修宗谱、在故土建祠堂等活动，维系着宗族的联系。

东西山另外一次较大规模的人口变化是在民国年间，抗战爆发后，东西山成为苏沪难民的避难地。但此次的人口进入只维持了短暂的时间。民国至 20 世纪 60 年代，东山人口一直维持在 3 万多人。至 1988 年，东山人口 15850 户，52498 人。至 1999 年末，西山人口恢复到 14965 户，44543 人。

东山氏族迁入年代见表 3-1 所示。

① [明] 蔡升撰，王鏊重修，《震泽编》卷一，五湖、七十二山、两洞庭。

② 吴松弟，《宋代靖康乱后江南地区的北方移民》，见《浙江学刊》，1994 年第 1 期：101-106 页。

③ 吴松弟，《宋代靖康乱后江南地区的北方移民》，见《浙江学刊》，1994 年第 1 期：101-106 页。

④ 金其铭，《太湖东西山聚落类型及其发展演化》，见《经济地理》，1984 年第 3 期：215-220 页。

⑤ 苏州市吴中区西山镇志编纂委员会编，《西山镇志》，苏州大学出版社，2001 年：53-54 页。

⑥《震泽编》“西洞庭周八十里，上有居人数千家”“东洞庭周五十里，上有居人数千家”。《震泽编》卷三“赋税”有详载。

⑦ [清] 金玉相纂，《太湖备考》卷五，《湖中山》，见《中国水利志丛刊 41》，广陵书社，2006 年，影印本。

⑧ 张志新，《明清时代洞庭东山繁荣原因探析》，见《东南文化》，1988 年第 2 期：126-130，111 页。

表 3-1 东山氏族迁入年代表（根据薛利华《东山人文（上册）》整理）

	始入年代	概述
吴氏	周	东山望族，东山最早的姓氏之一，其散居地几乎村村都有，起源于吴郡，始祖泰伯。
沈氏	晋	沈氏，始于晋时沈坤入山定居，现为吴中望族，较集中的居住地在曹坞村，其他散居四方。
席氏	唐	席氏，移居东山较早的一支氏族，唐代黄巢起义时，长安守将席温带着三个儿子南下定居。后成为东山望族，三席之地即后来的翁巷。
叶氏	五代十国	叶氏，五代十国时期，叶氏第十七世孙叶逵出任吴越国刑部侍郎，封永嘉郡，南迁湖州。又因莫厘山水之胜而徒居吴郡。叶逵之后六世孙叶梦得，任宋观文殿大学士，多次游览莫厘山。其子叶椲定居东山，叶椲三子分别居住于后山山址、陆巷、纪革头等地。元代，吴中叶氏第十四世孙二十八公，离开后山挟赀远贾，数年后举家内迁东山前山叶巷浜附近择地定居。
翁氏	南宋	翁姓，据康熙七年所修之翁氏世谱，洞庭翁氏相传宋高宗南渡时有承勋公、承事公者率族扈驾，慕湖山之奇遂卜居斯焉，震泽有翁氏自两公始。明代经商致富，在翁巷购地建宅。
安仁里严氏	南宋	东山安仁里严氏，东山四大家族之一。出自浙江鄞县，宋建炎年间，远祖四十八公出任平江府判官，遂举家迁吴。之后严伯成一支迁来东山，翁巷凝德堂即严氏宅。后代经商为官者甚众。
后山严巷严氏	南宋	后山严巷严氏，始迁祖为宋高宗南渡时护驾将军，到临安之后，率子弟及部下北上东山定居。
万氏	南宋	洞庭东山万氏世祖万虞恺，原籍汴梁，宋建炎间任和州通判。宋室南迁时，为避乱，随之南下，先到常州，后又率子定居东山后山张巷。八世孙时候，因经商迁居前山叶巷村西部，后代经商。
施氏	南宋	施氏，宋建炎间，国子监学录施轶，东阿县学正施淮两兄弟，随高宗南渡至杭州，后迁居东山。择地建屋，后名施巷。

（三）土地、物产与洞庭商帮

东西山地区，自明清以来人多地少的矛盾一直很突出。东山古有“五山二水二地一田”之说，[①]“民居鳞次，随高下结屋，若古桃源，耕田树果，殆无寸地。”根据明代文献的记载，包括可以耕作的所有山林田荡在内，东西山两地的人均土地面积均不足 2 亩。故而，东西山的传统种植业与养殖业竭力发挥土地潜力，依据不同的土壤特性，种植不同的作物（图 3-5）。[②]

明东西山人口与田地见表 3-2 所示。

表 3-2 明东西山人口与田地（《震泽编》卷三“赋税”）

	区	都	里	户数	人口	山林田荡	人均面积
东山	2	5	52 有半	7359	45754	537 顷 16 亩	1.17 亩 / 人
西山	3	7	75	10726	54217	867 顷 39 亩	1.60 亩 / 人

果树、渔业为东西山的主要产业。明清时代以来，东西山素有花果山之称，农作物以果树为主，橘、桃、梅、枣、栗、枇杷等均有种植，很多品种为江南果树之上品，“其土贵，凡栽橘可一树者，值千钱，或二三千，甚者至万钱”[③]。在千余年的果树栽培中，东西山人积累了丰富的经验，并发展出先进的技术，综合高效地利用有限的土地资源。宋代的橘园管理已经非常精细[④]，明代农书《便民图纂》中，记载了梨和梅的嫁接技术。此外，还广泛运用了中国传统的生态农业技术——“桑基鱼塘”“橘基鱼池”。因濒临太湖，“濒湖之家常以捕鱼为业”“以舟楫为艺，出入江湖，动必以舟，故老稚皆善操舟，又能泅水”。[⑤]明代中期以后，内塘养鱼亦发达起来。

粮桑在东西山属副业。东西山的沿湖沼泽、浅滩淤涨后，经筑堤围垦，主要用于耕种粮食和养殖水产。东山东南部与西南部，以及西山周边围圩了几万亩的农田和水产养殖场（图 3-6）但因土地总量少，粮食产量较低，稻米常需靠岛外输入。东西山人“以蚕桑为务，地多植桑，凡丈未及笄，即习育蚕，三四月谓之蚕月，家家闭户不相往来”。因江南丝织业的兴盛，蚕桑业在明代就是东西山农家的主要副业，清代至民国发展至鼎盛。清代东西山生产的桑叶，在养蚕时节设市，杭嘉湖等丝织业中心地区的商人皆来贩运；清代东西山出产的鲜茧远销上海、无锡。

太湖环湖沼泽、浅滩，经筑堤围垦成为可耕作的农田。从民国二十二年《吴县志》中的东山地图上看，东山东侧面向陆地一侧的湖面上，已经形成了大片的淤积，相当部分已经被开垦为圩田和鱼塘。

解放后，进一步兴修水利，围湖造田筑圩。以杨湾为例，面积达 3500 多亩，60 年代主要以种植粮食为主，因此杨湾当时是东山最大的产粮村。90 年代后，粮田变为鱼池，杨湾也成为著名的渔业村[⑥]（图 3-6）。

① 薛利华主编，《洞庭东山志》，上海人民出版社，1991 年：43 页。“地”应指用于果林培植的山地。

② 东西山为低山丘陵，此外还有山麓平原、冲积平原、湖滨平原和湖荡洼地等。由于地貌类型的不同，成土母质的差异，水分条件的变化，发育着各种不同的土壤，适宜不同作物。山地上部大部分是石质薄层红黄土，生杂草和稀疏的马尾松，渐下仍是马尾松为主的针叶树和其他杂树的混合体；山地下坡和谷地多为果园黄土，是果树的主要种植区；滨湖山麓的较高地段土质肥沃，也是果林分布区，大部分柑橘都种植在这些地方。滨湖较低的大片平原，大部分是草渣土，以及细沙土、小粉沙土、青沙土等土壤，主要种植水稻、三麦、油菜。其中也夹有一些旱地，用来栽桑或种瓜蔬。低洼地区则多挖塘养鱼。塘泥挖堆四周，筑成高出水面 1 米至 2 米的池埂。埂上旧时植桑，今尽改为橘。肥源取诸池泥，颇得其宜。沼泽未挖成鱼池的，种以茭白、菱、藕、莼、芡之类的水生植物。湖滨浅滩或堤岸边，皆为芦苇生长之地，称为芦荡。

③ [清] 翁澍撰，《具区志》第七卷，《风俗》。

④ 根据南宋时期叶梦得对洞庭山橘树种植的记载，“橘下之土几用筛，未尝少以瓦甓杂之”，柑橘“终岁耘无时，不使见纤草”。

⑤ [清] 翁澍撰，《具区志》第七卷，《风俗》。

⑥ 沈炳荣主编，《东山镇志》，东南大学出版社，2002 年：302 页、307 页。

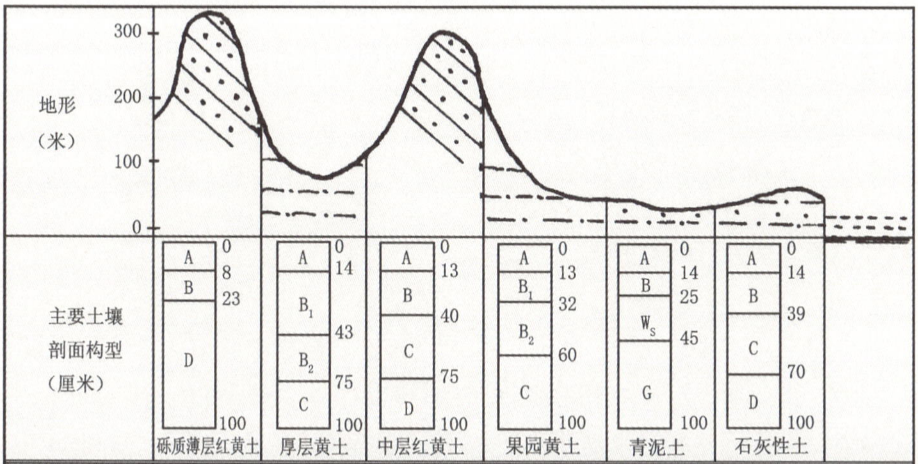

地形部位	山顶上坡	坞底谷地	山腰中坡	山前开阔平原	湖滨围田	湖边残丘	太湖湖面
地面高程（米）	336.0	10～25.0	292.0	5～25.0	5.0 以下	50.0	
成土母质	石英砂岩风化残积	坡积堆积黄土母质	石英砂岩风化残积	坡积堆积黄土母质	湖泊沉积性母质	石灰岩风化残积物	
植被和利用现状	茅草灌木丛	人工梅园	梯田橘园	果园及旱地	稻田	枇杷林木	
剖面地点	缥缈峰	东蔡	笠帽顶山腰	梅益	居山湾	前湾山	
说明	A—耕作层　B—淀积层（B_1—上层，B_2—下层）　C—母质层　D—基岩层 W_S—脱潜层上发育的初渗层　G—潜育层						

图 3-5 东西山土壤分布与植被的关系（图片来源：《西山镇志》）

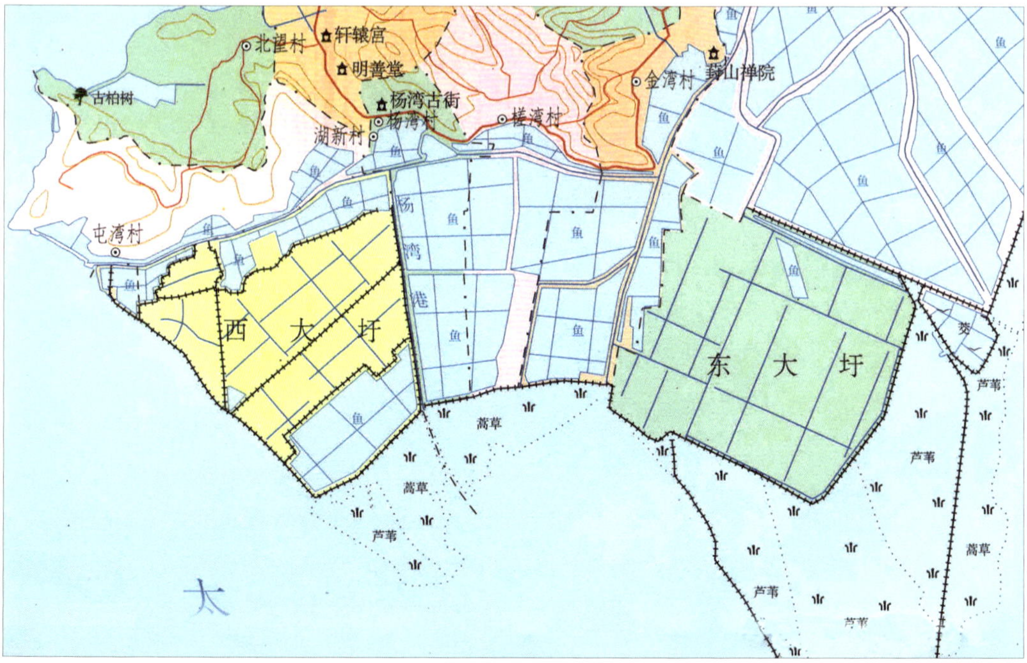

图 3-6 杨湾西大圩

此外，茶、石也是东西山的特色物产。东西山是碧螺春茶的主产区，自唐代已有记载，民国时，碧螺春茶在海内外已享有盛誉。西山有丰富优质的石灰岩资源。西山太湖石自唐代已闻名天下，北宋“花石纲”将西山谢姑山、元山等地太湖石采掠一空。此外还曾出产青石和黑色大理石。

因土狭民稠，明清时代东西山人多以商贾为生[①]，以东西山人为主的洞庭商人，活动范围南至广州，西至四川，北至东北，行迹几乎遍及整个中国。东西山人善于货殖，冯梦龙的《醒世恒言》里称之为“钻天洞庭”。在明代中期，洞庭商人就形成商帮，以群体形式开展活动[②]，与晋商、徽商、宁波商帮等，并称明清时代中国十大商帮。[③]即便在经济比较萧条的民国初年，东山在外的商人仍然能“岁入百数十万”，这些资金“除完纳之外，家给人足”，剩余的资金便用来在故乡创置地产，建造房屋，以备晚年。[④]所以从明清至民国时代，东西山建造了为数众多华丽、考究的建筑，同时乡村的公共设施亦都修造得非常完备。

洞庭商帮各大家族带回的巨额财富，使得明清时代的东西山非常富庶，同时也带来了东西山风俗的变化。根据地方文献的记载，在明代中期之前，东西山人仍保持着俭朴、淳厚、勤勉的乡间风俗，到清代前期，乡间亦追求华丽、喜好娱乐，追随城市生活了。[⑤]到清代乾隆年间，东山人因外出经商带来的巨大财富，从事果树、蚕桑等产业的人数已经减少，逾制的情况多见。而生齿日繁，家族中也不乏外出经商而寄籍他乡者。

鸦片战争与太平天国之后，洞庭商人改变原本沿着长江、运河行商的方式，将商业资本投入通商大埠上海。19 世纪 80 年代到 90 年代之后，洞庭商人成功地在上海跻身买办业、银行业等金融行业，随后又将金融资本投入产业，开办丝绸、棉纱等实业，并在上海工商界

① [清] 翁澍撰，《具区志》第七卷，《风俗》。“生十七八即挟赀出商，楚卫齐鲁靡不到，有数年不归者。”

② 范金民，《明代地域商帮的兴起》，见《中国经济史研究》，2006 年第 3 期：93-103 页。

③ 洞庭商帮经营的商业主要有布帛、粮食、蓝靛、木材、槽坊等五大类，根据学者的研究，西山商人主要活动范围在长江沿线，从事的行业主要是绸布和米粮业。将江南生产的绸布运到湖广贩卖，再将湖广的粮食运回当时粮食紧缺的江南。东山商人的活动范围主要在运河沿线和开埠前后的上海，主要从事绸布业、钱业以及其他新式行业。明清时代，苏州西郊的枫桥是全国最大的米豆集散地，湖广之米运到枫桥，再经由松江转运至福建，洞庭商帮正是背后的操控者。范金民，《太湖厅档案所见洞庭商人的活动》，见《江苏大学学报（社会科学版）》，2002 年第 4 卷第 2 期：21-24 页。

④ 张志新，《明清时代洞庭东山繁荣原因探析》，见《东南文化》，1988 年第 2 期：126-130，111 页。

担任要职。20 世纪初洞庭东西山的商人分别在上海成立了旅沪同乡会，对上海洞庭商人的维系与东西山的建设起到了重要作用。东西山作为丝绸等实业的原料基地，东西山的鱼虾、果实等也经由洞庭商人的贸易途径销往上海。“上海洞庭东山商人的商业活动，真正把近代化的都市与偏僻的乡村联系在一起。”⑥

（四）匪患、防务与行政属地

除在吴越战争时曾是水战的前沿阵地，历史上的东西山，一直甚少战乱。明代以前东西山没有设置管理民事的机构。

明代因东西山村落的富庶，湖中多湖匪登岸抢掠，匪患严重扰乱村落安全，东西山各村开始修筑防御措施，这些设施至今仍存。与此同时，国家也开始加强对东西山的管理与防御，在东山设巡检司。至清康熙年间，设太湖营，控扼全湖。初设浙江游击，驻扎在西山头，雍正二年分为江南太湖营和浙江太湖营，江南太湖营设参将一员，驻扎于东山，浙江太湖营，游击仍驻扎西山头。乾隆十二年改江南太湖营参将为副将，兼辖浙江太湖营，仍驻东山。

清雍正十三年，以“洞庭两山为太湖扼要之地，山水交会，支港既广，渔舟丛集，易为宵匪潜藏”等原因，将原设置在吴江同里的太湖同知移驻东山，⑦ 职务也由原先的“专司水利”，改为“就理民事”。厅署选址在前山，由席氏故宅改建而成，占地约五亩三分五厘八毫，房屋六十六楹。⑧ 东西山归太湖厅管辖，隶属苏州府。咸丰十年东山随太湖厅改隶浙江，划属湖州。太平天国后，又重新划归苏州。光绪三十二年，西山设靖湖厅，厅治设在后堡。

民国年间废除太湖厅与靖湖厅，东西山皆归属吴县。1953 年，于东山设震泽县，东西山属之。1959 年撤震泽县建制，并入吴县。2001 年，撤吴县市，改吴中区，东西山属吴中区。

⑤ 明弘治年间的《震泽编》对东西山风俗有如下描述：“其民勤，有蓄千金而樵汲树艺未尝废也；其俗厚，民间无淫冶赌博之肆……其冠服朴，尚时制之巾，虽樵汲耕种，巾不去首，世俗所戴发帻纱罗绮丽之衣不用，近世虽有用者，亦少；其婚丧俭而少文，凡治丧事，亲戚邻友，祭仪不事虚文，必以赀助丧家，故丧家赖以给用，凡嫁女娶妇不适他境，皆近村比境，如古朱陈之类乎。”至清康熙年间，《具区志》记载了东山风俗的变化。“诸山风俗去古未远，独东山近时则不然，富者以赀相高，鲜衣精馔，峻宇雕墙，迭石凿池，以供娱乐，多游手赌博，健讼之辈。民竞刀锥，俗鲜风雅是也。女子则靓妆服，烧香游玩，爱听梨园，凡婚丧以至燕集务衿华缛，信鬼神好淫祀。”

⑥ 孙建国，《掘金上海滩：洞庭东山商帮发迹路径》，见《档案与史学》，2004 年第 2 期：19-24 页。

⑦ 薛利华编著，《东山人文》，中国文联·大众文艺出版社，2008 年第 1 版：346 页。

⑧ [清] 郑季雅纂述，《太湖备考续编》卷二，“集文”，《重建太湖厅署碑记》，见《中国水利志丛刊43》，广陵书社，2006 年，影印本：1293 页。

（五）地理、选址与聚落体系

清乾隆年间，东西山聚落的主要名称为湾、坞、村、巷四大类（表 3-3），[1]其他诸如堡、里、桥亦为常用的地名。其中湾、坞的名称与东西山的自然地形相关，湾，即水流弯曲的地方指太湖向陆地凹入的地方，东西山均有二十余湾；[2]坞，是指四面高而中央低的山地，东西山的很多湾坞均为有人居住的聚落。

村落的名称反映了村落形成的自然和历史背景。对于以渔业为生的岛民来说，选址在湾处，便于船只的停泊；而居住于山坞地带，一方面可以遮挡湖上吹来的大风，一方面因隐蔽而更具安全性。坞与堡的名称，可能是北宋末年，北方大族南迁时，将北方习惯的地名带到东西山一带[3]。村、巷则常常冠以姓氏，乃因家族聚居发展而成。[4]

东西山村落选址是先民们应对自然灾害的经验总结。东西山村落环绕山体一圈，分布于山麓冲积平原之上[5]，高于警戒水位[6]，可防止洪水淹没，且地形有一定的坡度，便于排水，但山上则无分布。因地形的关系，东西山大部分村落的规模都不大，按照《太湖备考》的说法，“莫厘为东山主峰，面南而背北，故南出之支为多，村坞之绕于山麓者亦北浅而南深，浅不及半里，深不过二里，舟行湖中可望而知也”[7]。

东西山聚落的形态格局，与苏南交通便利的水网地区的聚落有着明显的差别（图 3-7）。周边的山体与太湖水岸限定了聚落的规模与交通路径。被山体包围的村落，如明月湾、陆巷与翁巷村，基本上都为集中式块状，而夹在几座山之间的村落，如杨湾村与东村，则随着山体走向呈线性；从村落规模上看，前山村落，如翁巷村，因用地相对宽敞，规模较大，且与附近村镇相连成片。村中的主要道路基本上都连接着码头。东村和杨湾村落的主街两端都是通往太湖的河浜与湾港码头；明月湾村落隐藏于山坞之中，只有伸人太湖的码头与外界相连。陆巷则以三条河浜向太湖打开，连接着太湖与村内主要街道。

因东西山地理环境的特点，东西山传统聚落体系受其区位与周边环境的影响。按照在聚落体系中的地位及工、商服务业规模，金其铭

①《太湖备考》将东西山的聚落，分为湾、坞、村、巷四种，均列入地名之后。“山中居民之地，有曰湾、曰坞、曰村、曰巷之不同，《具区志》以湾坞与峰岭类序，以村巷与乡里类序，遂若湾坞概无居民，与村巷迥别，岂不令阅者生疑，兹以有居民之湾坞村巷合为一类，领以地名二字分载于所属都图之后，若纲之在纲，如畛之有域，民居皆有着落，一目了然矣。”[清]金玉相纂，《太湖备考》凡例，见《中国水利志丛刊 42》，广陵书社，2006 年，影印本：30-31 页。

②[清]金玉相纂，《太湖备考》卷四，“兵防”，《巡抚陈大受奏疏》，见《中国水利志丛刊 41》，广陵书社，2006 年，影印本：287 页。

表 3-3 东西山村落名称类型表

湾	东山	杨家湾、岱心湾、宋家湾、周湾、吴湾、蒋湾、上杨湾、李湾、澄湾、屯湾、下杨湾、查湾、金湾、张家湾
	西山	陈思湾、张家湾、东湾、西湾、明湾、南湾
坞	东山	翠峰坞、嘶马坞、西坞、俞坞、顾坞、曹坞
	西山	陈家坞、旸坞、葛家坞
村	东山	秦家村、钮家村、唐股村
	西山	马村、吴村头、东村、圻村、涵村、劳村
巷	东山	翁巷、小长巷、陆巷、朱巷、张巷、周家巷、施巷、叶巷
	西山	许巷、吴巷、锦巷、张巷、杨巷、蔡巷、仇巷、徐巷、陈巷

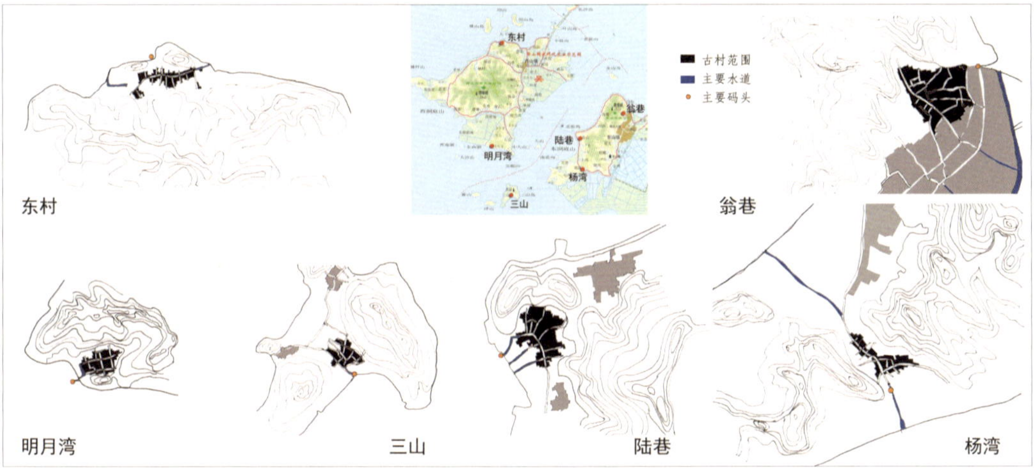

图 3-7 东西山古村落形态与环境要素

③ 西晋末年，戎狄盗贼并起，当时中原避难之人或迁至他乡避难，或聚族而居，屯聚堡坞，据险自守。汉代西北区域，以坞为名的聚落尤多。陈寅恪，《桃花源记旁证》，见《清华大学学报（自然科学版）》，1936 年第 1 期：79-88 页。

④ “兄弟析烟亦不远徙祖宗墓，永以相依，故一村之中，同姓者至数十家，或数百家，往往以姓名其村巷焉。”[清] 翁澍撰，《具区志》第七卷，《风俗》。

⑤ 东西山“两地聚落的分布具有一明显特点，即环绕山体成一圆圈分布，断续延绵在山麓冲积平原之上。……东西山的聚落与地貌类型十分契合，审视地形图即可发现，环绕山体的聚落外围的连线大致就是山麓冲积平原的下限。”金其铭，《太湖东西山聚落类型及其发展演化》，见《经济地理》，1984 年第 3 期，215-220 页。

⑥ 根据《东山镇志》的记载，东西山太湖的正常水位在 3.10 米左右，警戒水位为 3.60 米，1999 年东西山遭遇历史上百年未见的特大洪水，太湖水位达到了 5.08 米，此为太湖最高水位的记录。在太湖堤防完善之前（1980 年代至 1990 年代），东西山洪灾频发。太湖聚落大部分选址于 5 ~ 10 米等高线之间的山麓地带，无水患之灾。

⑦ [清] 金玉相纂，《太湖备考》卷五，《湖中山》《江南总督尹继善等疏》，见《中国水利志丛刊 41》，广陵书社，2006 年，影印本：343 页。陈寅恪，《桃花源记旁证》，见《清华大学学报（自然科学版）》，1936 年第 1 期：79-88 页。

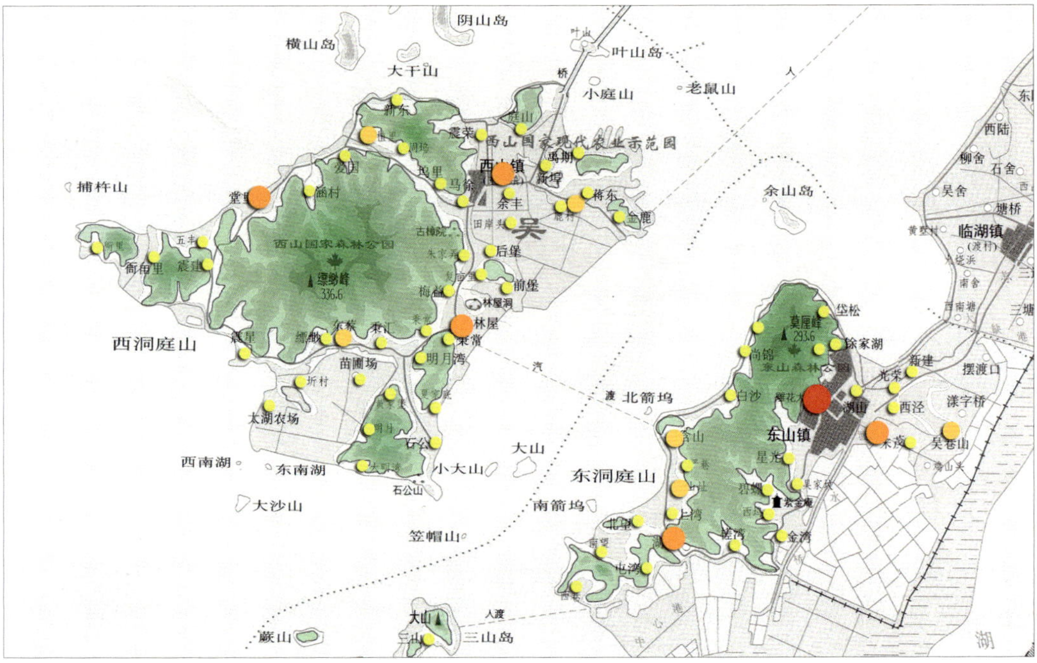

图 3-8 东西山聚落体系（底图来源：《江苏省地图集》）

《太湖东西山聚落类型及其发展演化》一文将东西山聚落大致分为四个层级[1]（图 3-8）。太湖东西山六村，分属第二、三、四层级。东山镇处于整个东山岛通往苏州城的必经之路上，从南宋开始形成，后随着渡桥等地区的兴起，元明之际，现镇区逐渐成为全岛的行政和商业中心；在公路通车前，杨湾村是码头所在地，成为小型的商品集散地，公路通车后，杨湾设有汽车站，仍然是后山的主要集镇。陆巷为次于杨湾一级的聚落中心，明清时代即为东山陆上交通的重要节点，是山道与连接后山村落的主要道路的连接点，村内有小型的商铺，20 世纪 50 年代亦曾于此设过太湖的渔业公社，设有水产购销站和鱼干加工场，并设与西山交通的轮渡码头。西山岛上因地形与交通的关系，并未形成整个岛商业中心，而是在山体四周分别形成几个小的集散中心——东河、植里、堂里、镇夏等，[2] 从商业服务角度来看，西山的东村与明月湾村基本上接近于村落的最后一个层级。

据明清时清的太湖志书中记载，东西山岛上的建筑"其屋宇固，盖因湖中风雨迅疾，墙必砖，覆必瓦，虽贫家亦鲜茅茨之室"。同时为防御湖匪劫掠，建筑的防卫性能亦较高，建筑外观多比较封闭，山墙有人字形，有五山屏风墙和观音兜。室内梁架有圆作和扁作。从布局上，东西山传统民居的格局与苏州其他地区类似，住宅多为南北向。规模较大的住宅，基本上沿着轴线布局，前为大门、轿厅、大厅，大厅之后为女厅，多为楼房，亦称后楼，两侧有厢楼，女厅与大厅之间隔以高墙。住宅往往以正厅的名称命名为某某堂。东西路建筑，最主要当推花厅，为主人平时接待宾客之处。比较讲究的厅堂都用扁作，也有在明间用扁作，次间用圆作。重要的厅堂室内用轩，以船篷轩多见。大体上明代的梁架装饰比较简洁，清代的雕饰日渐繁缛。明清时代，一些大型住宅中亦设园林，"峻宇雕墙，迭石凿池"，精美程度不亚于苏州城内大宅。

① 金其铭，《太湖东西山聚落类型及其发展演化》，见《经济地理》，1984 年第 3 期：215-220 页。A 城镇，即东山镇。是东西山最大的聚落，也是东山最大的商业中心和工业中心；B 集镇，人口在 1 万人左右的小地区范围内居民贸易集散和服务的中心，在东西山有 5 个，即西山的东河镇、镇夏、堂里和东山的渡桥、杨湾；C 小镇，这类聚落基本上是农村，但有少数商店和小手工业，如东山的陆巷、吴巷、石桥，西山的东蔡、植里、元山；D 村落，东西山的绝大部分聚落都是此类，村民主要从事农林渔业的村落，基本上没有工业和商业。

② 金其铭：《太湖东西山聚落类型及其发展演化》，见《经济地理》1984 年第 3 期，215-220 页。

二、分述

（一）陆巷

陆巷是东山最著名的历史村落，2007 年被公布为中国历史文化名村，是江苏省首批入选的古村落之一。

1. 区位环境——山人相见，天水共浮

陆巷位于东山后山，西临太湖，与西山金庭镇隔湖相望。距离东山镇 10 余公里，北与莫厘村相连，南接古村杨湾，一直是东山后山的重要聚落，是东山后山连接东山镇、西山的重要节点。[3] 1949 年之后，随着东山行政建制的变迁，陆巷亦曾为后山乡政府、湖中乡政府所在地，撤乡并社后，又于陆巷设过太湖人民公社，直至 20 世纪 60 年代。

“山与人相见，天将水共浮”是陆巷的明代大学士王鏊对自己家乡的描写。东山支脉在村北西出南绕，形成一片背山临水较为平坦的谷地，陆巷便位于山坞之中。山水交映下的陆巷，是赏湖光山色、世外桃源美景的佳处。王鏊在诗中对家乡的美景充满了眷恋，“信美乃吾土，如何不少留”[4]。

2. 历史沿革——陆姓草莽，王氏耀乡

陆巷古村落的形成、变迁与村内家族的兴衰息息相关。

陆巷村最重要的形成期也是南宋时期。北宋靖康二年（1127 年）金兵攻克汴京后，宋室沿大运河南迁，途经太湖时，传说其扈从中翁、王、叶、陆、姜等多员战将见东山雄峙湖中，风光秀丽，战火又不易涉及，遂把家眷安顿于此，辟建起了一座有六条小巷的村落。六与陆在苏州方言里同音，陆巷因此得名。

关于陆巷名称的另一个说法，来自洞庭商人陆子敬。陆巷本是莫厘王氏世居之地，王氏亦为宋室南迁时来到东山，陆巷曾名王巷。在

③ 20 世纪 90 年代，太湖大桥建造前，陆巷码头是通往西山的主要水上通道。
④ [明] 王鏊《归省过太湖》。

元代后期，陆巷商人陆子敬，因在淮西一带从事贩运而家业兴盛，村落改名陆巷。元末兵乱，陆子敬失踪，陆家落败，入赘陆家的王彦祥领着妻子陆子敬的独生女儿陆素贞归宗，得陆巷村口隙地，在原陆家的西侧，“斩草莽、披瓦砾”，另辟家园。王彦祥三子王惟贞，深谙做生意之道，帮助其父重振家业，数年后王氏家业大昌。陆巷的繁荣，也正是由外出经商的人开始。

在传统“士农工商”的阶层序列中处于底层的陆巷商人，尽管拥有大量的财富，但仍然对“士”充满向往，因此对子女的教育非常重视。王彦祥的四子王惟道，提议在王氏宗祠中创办私塾，教育王氏子弟，并设立章法鼓励王氏子弟参加科举考试。参加考试与出仕的王氏子弟，宗祠均给予白银补贴。数十年后，王惟道孙王鏊二十五岁会试第一，二十六岁便高中探花，正德年间任文渊阁大学士，官至户部尚书，被唐寅誉为“海内文章第一，山中宰相无双”。王鏊退休后归隐太湖，留下了大量与洞庭山有关的文章、诗词与著作，还参与了《姑苏志》的编纂（图 3-9）。王鏊之后王氏家族的后代依旧人才辈出，明清以来先后出了七位进士，其中王鏊八世孙王世琛状元及第。解放后，王氏家族出了王守武、王守觉两位院士。

明清时陆巷古村的建设达到顶峰。外出的商人，带回经商所得的资产，在故土修造起考究的道路等公共设施，兴造起精美的宅邸。陆巷的主要街道，成为后山重要的集市之一。

民国初年，陆巷成为东山镇后山乡的乡政府所在地，村内建起两座市政消防设施。随着新式工商业与交通业的发展，洞庭商帮开始衰落，与此同时王氏家族的也日渐式微，其祖宅也几经转手。

“解放后，陆巷成为后山乡政府驻地。1953—1958 年为震泽县湖中乡政府驻地。1958 年成为太湖人民公社驻地后，原本仅有几家店铺的陆巷兴盛起来，街道延伸 300 米到陆巷港口，建有供销社所属的生产资料门市部、水产购销站和鱼品加工场，及合作商业所属的百货店、饭店、点心店、肉铺、茶馆、理发店等 20 多家店铺，成为繁荣的渔港集镇。每当渔船泊港期间，港中桅樯如林，街上熙熙攘攘，十分热闹。1961 年 10 月太湖公社机关迁离后，陆巷趋于冷落。”[①]

70 年代末之后，随着环山公路以及桥梁的修建，陆巷与东山镇间的交通联系得到加强；在 90 年代太湖大桥通车之前，陆巷码头是通往西山的主要水上通道，从陆巷码头可达西山镇夏。90 年代，含山行政村与北望、白沙合并称为陆巷行政村。

目前陆巷村的经济以矿泉水生产、淡水养殖、果林种植等为主。农产品主要有果林、茶叶以及淡水养殖等产业资源，特产以碧螺春茶叶、太湖三白、太湖清水大闸蟹以及洞庭红柑橘等为主。

图 3-9 王鏊（1450—1524）

① 吴县地方志编纂委员会编，《吴县志》第二卷第二章“小集镇”第一节，上海古籍出版社，1994 年：135-136 页。太湖人民公社，1958 年 10 月成立，地点设于东山陆巷，为专门的渔业公社，管理太湖渔民，渔民人数共 12548 人，渔船 2141 条，见同书：337 页。

图 3-11 湖山之间的陆巷

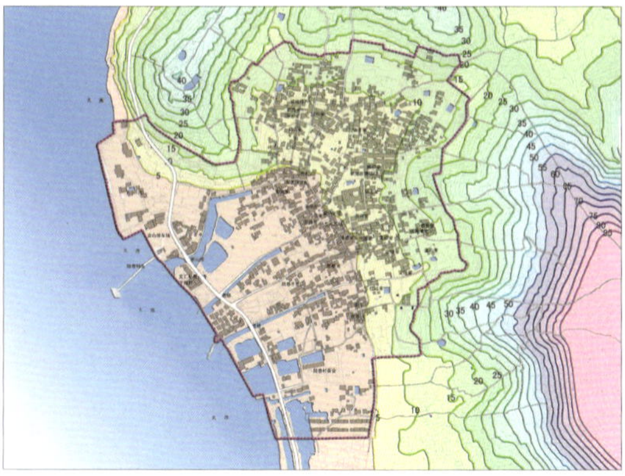

图 3-10 陆巷古村落等高线分布图（图片来源：《苏州市东山镇陆巷历史文化名村保护规划》）

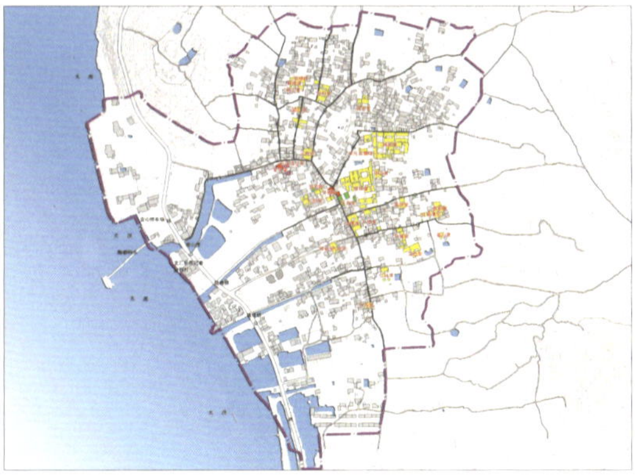

图 3-12 陆巷一街、六巷、三河浜的格局（图片来源：《苏州市东山镇陆巷历史文化名村保护规划》）

3. 村落格局——一街、六巷、三河浜

陆巷村的选址背山面湖，山、村、湖层次明确，又互相渗透。其西南面朝太湖开敞，东北侧为葱翠的寒谷山、白石岭。整个村落依山傍水、择湾而居，凹于山坞中。村落的主要区域分布于 5 ～ 10 米等高线之间；村后的 5 ～ 25 米等高线之间，为果树种植区。面向太湖的一面，是为太湖港湾，便于渔船停泊（图 3-10、图 3-11）。

陆巷所有的街巷都顺着山与水的自然形态而蜿蜒曲折，呈“鱼骨状”布局，骨架为“一街六巷三河浜”（图 3-12）。

图 3-13 陆巷街巷（紫石街、文宁巷、康庄巷、花翎巷）

主街紫石街，呈倒L形，与村落北部与东部山体的左向基本平行，一端连接着村北的寒山渡，另一端通向村南，总长约1里，宽2米左右，路面全为花岗石板铺砌，石板下为排水沟，材料考究，工艺精良。紫石街作为陆巷的主要街道，记录了陆巷村所有大大小小的事件，它大约形成于王彦祥另立门户的时代，是王氏家族始盛的见证；明代王鏊金榜题名、入朝为官之后，紫石街上竖起了解元、会元、探花三座牌坊，记录着这一令陆巷人的骄傲的事件；民国年间，紫石街的西侧建造了消防公所；在太湖公社时代，紫石街两侧成为渔业市场，店铺林立。紫石街如今归于平静，店铺与住宅间隔分布，至今仍是陆巷人茶余饭后纳凉聊天的场所。

六条巷子（康庄巷、文宁巷、旗杆巷、韩家巷、姜家巷、固西巷），均以紫石街为起点，呈扇形自寒谷山脚顺山势而上。小巷路面多是青砖侧砌成人字纹，宽度为1～3米（图3-13）。村内的主要住宅都分布在六条巷子两侧，出于防卫的考虑，原各巷均有巷门，六条巷曾有数十处巷门和更楼，现只有康庄巷还保有巷门。在姜家巷门口，原竖有一块石碑，上书“遵奉宪禁，凡有婚丧过往，不论昼夜，一概不准口索分文，如违禀究。姜玉霏堂双桂楼立。”[1]

三条河浜（寒山浜、陆巷浜和蒋湾浜），从太湖伸入陆巷，河浜端头设村民出村登船的渡口和小渔船停泊的场所，寒山浜位于村北，水面最为宽阔，寒山渡口位于紫石街端头，是陆巷水上出入的主要通道（图3-14）。

图3-14 陆巷村口寒山浜与寒谷渡

① 潘新新、周泳逊编著，《东山揽胜》，古吴轩出版社，2003年：137页。此石碑至今仍保存在双桂楼宅园内。

从陆巷村内现存历史建筑的分布来看，明清时代的建筑多分布在紫石街东侧。由此分析，陆巷村应是自东向西、由高及低、由山脚向太湖方向逐渐生长的。到了清代，可能是因为人口增长的原因，村落已经跨过紫石街，向湖岸一侧发展。

陆巷村内的建筑以住宅为主，大大小小的宅院构成村落的基本肌理。现存规模较大的住宅位于村落中心的文宁巷与韩家巷之间，是王氏与叶氏的旧宅，规模都在三进以上。祠堂是中国传统村落中非常重要的建筑，在重视宗族观念的东西山地区也不例外。陆巷的祠堂保存至今的唯有王氏家祠怀古堂，建筑紧邻会元坊，在紫石街东侧，并朝向街道开门。怀古堂是王氏祭祀祖先与宗族议事的场所，堂分三进，即门厅、大厅与后楼，还有前院和上院。

尽管人多地少，但陆巷村落中的住宅之间偶尔还散布着零散的园地种植果树，保持着中国乡村传统的生活与生产、宅与田园的融合关系。果园的大小因地制宜，基部用石材砌筑，稍稍高出路面，尺度适宜。沿着六条巷子向村内行走，街巷两侧斑驳的高墙尽头，不时地就会让出一片绿荫，果树春华秋实映衬着古村更替流转的四季（图 3–15）。

村里最热闹的地方，在为王鏊所建的三座牌坊附近。会元坊北侧，是村内的菜场。在会元与解元二坊之间，紫石街两侧店铺林立，店铺多为一层，多为前店后宅式，临街一侧开木铺板门。在老陆巷人的回忆里，“有布店、杂货店、点心店、剃头店，早晨还有菜担子、小摊头，……剃头店门口坐着歇凉的人们”，夏季“剃头店的门口早已支起了竹架，上面盖着刚从山上砍下的松枝，厚厚的，夏日的阳光照不到下面。新松枝经太阳一晒，散发出一种淡淡的清香”[①]（图 3–16）。

陆巷的排水采用了暗渠与明沟相结合的排水系统。主街紫石街条石路面下即为排水暗渠，六条巷主要采用明沟排水，在需要过水处，即铺砌石条，上开凿过水沟（图 3–17）。先进的市政设施，是陆巷大族乡绅自发性地参与与维护的结果，是传统时代的社会公益性活动。

在通自来水之前，村民日常生活的饮用水取自于古井，沿着六条巷子行走至山脚，会发现隐藏在村子深处的古水塘。村内这样的古水塘有十余

① 吴天林，《湖光山色陆巷春》，广陵书社，2013 年 : 15-16 页。

图 3-15 果园与街巷

图 3-16 解元坊附近的商铺

图 3-17 花翎巷地面过水沟

图 3-18 村内古水塘

口，四壁多以条石或乱石围砌。水塘面积不大，但却智慧地解决了陆巷人的生活用水问题，又成为藏在巷子深处寻常人家门边的一处景观。因山脚处是古村内地势最高处，距离河浜与湖边较远，开挖的水塘，在雨天时能够储积山上汇集而来的雨水，平日里就可以作为生活用水和消防用水的来源（图 3-18）。

从寒谷渡口沿紫石街前行不远，在街西侧，有一座刻有“北区洋龙公所”几个大字的墙门，是传统的消防机构（图 3-19）。“洋龙”为清末至民国苏州普遍使用的救火设备，是在原有水龙（具有一定射程和流量的手动消防泵）的基础上，用蒸汽机及其稍后的内燃机为动力，改进而成，装有轮盘推动，出救时须人力或骡马拖曳。[①] 因人口众多建筑密集，东山地区的乡村，在民国年间已普遍设救火会，洋龙为救火会内配备的救火设备。“救火会，前后山各乡镇俱有设置，旧系水龙，民国后改用帮浦（按：即水泵）吸水，或设会所，或寄于猛将堂内，乡民均能踊跃，闻警齐奋而出，惟设备参差，犹少训练耳。”[②] 陆巷的洋龙公所，为民国年间民间设置的消防建筑，其建设与使用都为宗族与村民自己组织，属于村内的公共事业。发达的公共设施及其管理，是苏州地区的传统乡村繁荣和富庶的见证。

4. 建筑特征——阁老府邸，紫石荣光

陆巷村内保存了多处明清时代的宅第。规模较大的住宅，布局与苏州城中的大中型住宅比较类似。中轴线上前为门厅、轿厅，中为正厅，后为内楼，一般左右还有一条或两条轴线，设置花厅、客厅、书房、佛堂等，旁边辟背弄。建筑的入口一般不直接设于中轴线上。

陆巷惠和堂原为宰相王鏊的宅邸，后转让给叶家，现存建筑多为清代所建。院落总深五进，东西有三条轴线。大门朝东，从大门进入后，中轴线上依次是轿厅、正厅、前楼、后楼，楼均有两厢，正厅之后，每进院落间均设墙门，后楼后原还有花园。东侧的轴线上有花厅、书楼等建筑，西侧轴线上则为茶厅、边楼等辅助用房（图 3-20、图 3-21）。明代建筑遂高堂，是王鏊胞弟王铨的住宅，紧邻紫石街，位于探花和解元二坊之间。院落目前仅余中轴线上的部分建筑，前为大厅，后为前楼、后楼，厅与各楼之间均有高大的墙门相隔。

① 彭志军，《官民之间：苏州民办消防事业研究（1913—1954 年）》，上海师范大学博士学位论文，2012 年。

② [民国]《乡志类稿·建制》，见《中国地方志集成·乡镇志专辑 8》，江苏古籍出版社，1992 年版：147-148 页。

图 3-19 北区洋龙公所

图 3-20 惠和堂轿厅

图 3-21 惠和堂正厅

陆巷村内的明清木构，都采用苏州地区的圆作和扁作两大系统，并深受抬梁式影响。考究的建筑做扁作月梁，室内多用轩。遂高堂面阔为明三暗五，两稍间设厢房。进深六界，为中三界加前二界后一界的形式，室内做轩，廊轩深两界，为船篷轩，内三界的做法比较特殊，不同于常见的内四界。梁均为窄而高的月梁形式，雕饰比较简洁，采用了拼帮做法。山界梁上施垫，上置大斗并挑一斗三升承托脊机与脊桁。斗上两边各置向下倾斜的山雾云和棹木作为装饰。遂高堂的山雾云和棹木雕饰不似后期的那么繁琐，山雾云的尺度较小，不似清代的山雾云填满轩上脊桁的整个空隙。山雾云和棹木云纹的心部都有点金装饰，在室内最暗处的脊桁下非常突出。桁上还残留有江南包袱彩画的痕迹。遂高堂的柱础还保存了形和鼓形的木础，这些都是东西山地区明代建筑的特征（图 3-22）。惠和堂为清代的扁作厅堂，同样采用了轩的形式，为内四界前后各加双步外加廊的形式，与遂高堂的木构相比，月梁显得更为平直、粗壮，雕刻也更加繁琐，梁上的山雾云和棹木的装饰更为复杂（图 3-23）。

图 3-22 遂高堂木柱础

陆巷历史建筑外都有砖墙围护，墙体基部为砖或石实砌，墙身一般为两眠一斗或者一眠一斗的空斗砌法，表面抹白灰。山墙多为人字坡的硬山做法，也有五山屏风墙的做法。人字坡的硬山做法，往往在山墙面做砖博风，端头做象鼻等曲线装饰（图 3-24）。

砖墙表面开窗很少，窗洞尺寸亦很小，又称“望洞”，起瞭望放哨的作用。窗洞上下槛置条石，条石上凿窗臼，安装木窗扇。木窗扇向外的一面钉水磨方砖，用以防火防盗，方砖皆正置，每块用四钉固定。在陆巷民居的门楼向外的一面，也能看到类似做法（图 3-25）。

陆巷规模较大的宅邸，砖细与砖雕做法也非常考究。最著名的砖雕与砖细是惠和堂书楼庭院的照壁墙，整面院墙做成照壁的形式，中部为方砖斜砌，表面磨砖对缝，在檐下的额枋部位，以高浮雕的方式做出九狮图，以及松鼠石榴等雕刻，工艺非常考究（图 3-26）。砖雕门楼也是装饰的重点部位。

图 3-23 遂高堂梁架（上）与惠和堂梁架（下）

图 3-24 陆巷山墙做法

图 3-25 陆巷“望洞”窗的细部

图 3-26 惠和堂书楼前照壁墙砖细与砖雕

图 3-27 柳毅井（图片来源：江苏省苏州市吴中区东山镇翁巷村中国历史文化名村申报材料）

（二）翁巷

1. 区位环境——莫厘峰下，太湖隘口

翁巷位于东山岛东北侧湖湾，村南与东山镇区相连，东接席家湖村，村西与翠峰坞相邻，倚靠东山最高峰莫厘峰。

翁巷紧邻东山水上交通干道渡水河连接太湖的主要港口席家湖码头，出入太湖的交通非常便利。翁巷南部连接着东山镇区的殿前村，村内的道路直接连着东山镇区，陆路交通也极为方便。

2. 历史沿革——儒商雅集，康熙驻跸

翁巷的始建与兴盛与居洞庭商帮之首的翁、席两大家族有密切的关联。

翁巷之始，源于唐代席温。唐广明二年（881 年），席氏先祖武威上将军席温携三子南迁定居东山，在今席家湖一带筑石塘，砌石岸造码头。席氏定居之地，时称上席、中席、下席。今天的翁巷乐志堂前的平盘双潭，相传即为唐代古迹，传说是席温葬地，席温卒后，墓前挖照潭，后人称双潭。翁巷村西北部的翠峰寺是东山胜迹，宋初雪窦禅师居此说法，寺僧曾有千人，白居易、范成大、王鏊、文徵明等都留有翠峰寺诗。该寺相传即为席温舍宅为寺而建。[1]

唐代传奇故事《柳毅传书》也与翁巷有着莫大关联。翁巷附近还留有传说中为龙宫入口的柳毅井，距太湖不足 200 米，南宋《吴郡志》即记载此井，石碑为明代王鏊所书（图 3-27）。村北紧邻古“橘社”，是东山较早的商埠。为东山柑橘水运出口的集散地，[2] 南宋范成大为些著有“社下钟声送客船，凌波挝鼓转苍湾”，和“来从第九天，橘社系归船；借问翠峰路，谁参雪窦禅”的诗句。[3]（图 3-28）。

南宋建炎初年，时任千夫长的翁承事，扈跸南渡，率族百余人定居翠峰坞下，此为翁氏定居东山之始，其子孙以务农为主。宋代迁入翁巷的还有金氏，金氏聚族居于莫厘之阳，居地为橘社[4]，在今翁巷汤

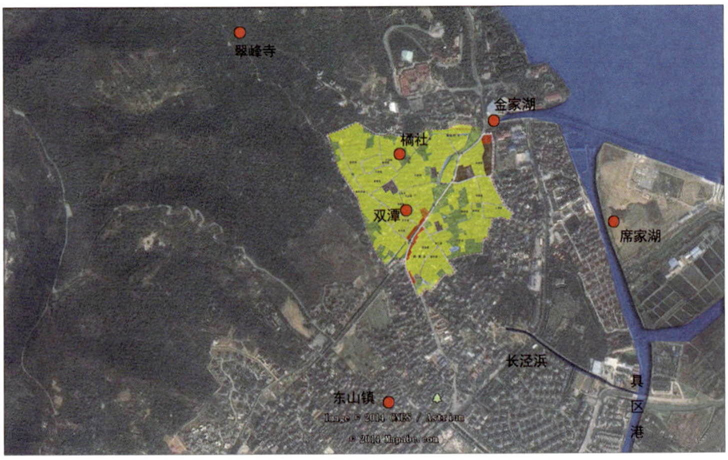

图 3-28 翁巷历史区位分析（底图来源：Google 地球）

① 张献翼，《重修广福翠峰禅院》，转引自薛利华编著，《东山人文》，中国文联 • 大众文艺出版社，2008 年：1393 页。

② 薛利华编著，《东山人文》，中国文联 • 大众文艺出版社，2008 年：205 页。

③ 范成大《橘社》和《翠峰寺》诗，转引自薛利华主编，《洞庭东山志》，上海人民出版社，1991 年：564-565 页。

④ 金砺，《新修始祖茔记》，转引自薛利华编著，《东山人文》，中国文联 • 大众文艺出版社，2008 年：1468 页。

家场、姚家桥以北；元代，东山吴氏的一支从吴巷山迁居翁巷。[5]

明清时代，翁氏家族在洞庭商帮中首屈一指，翁巷的富有与人文的昌盛，为东山诸村之最。明中后期，翁承事的后代翁参，外出经商，行迹遍及湘汉、广陵、燕赵，六十岁后归洞庭乡里，行善义助，倭寇来袭时，组织里中壮年设守自卫。[6] 嘉靖万历年间，其子翁笾，将翁氏家族的生意发扬光大，成为东山首富。他"挟赀渡江，逾淮客清源"，以布缕、青靛、棉花等商品，往来于荆襄、建业、闽粤、吴会间。特别是布匹，翁氏几乎形成垄断，当时有"非翁少山布勿衣勿被"之说，海内称其"翁百万"。他以义著称，捐资修治家乡堤堰、寺宇，万历三十三年重修席家湖湖堤（图 3-29），出资助修苏州城内的学宫、玄妙观和北寺塔，而不使人知。[7] 翁笾爱好读书，延请贤俊之士教育家塾中的子弟，他还与当时的名士过从甚密。董其昌（松江人，明代著名书画家，官至南京礼部尚书，太子太保等）、钱谦益（常熟人，明末清初文坛巨匠，后为东林党领袖之一，官至礼部侍郎）等，都常与翁笾来往，称之为"湖山主人"。翁笾去世后，曾任嘉靖朝首辅的大学士申时行为其撰墓志铭。

图 3-29 席家湖码头老照片（图片来源：《席家湖村志》）

⑤ 吴定周，《吴家祠堂记》，转引自薛利华编著，《东山人文》，中国文联·大众文艺出版社，2008 年：1453 页。

⑥ 王世贞，《春山公暨配吴孺人合葬墓志铭》，转引自薛利华编著，《东山人文》，中国文联·大众文艺出版社，2008 年：1326 页。

⑦ 申时行，《少山公墓志铭》，转引自薛利华编著，《东山人文》，中国文联·大众文艺出版社，2008 年：1331 页。

清代翁巷因康熙三十八年康熙南巡时的驻跸而闻名。当时，为迎接康熙南巡，席本桢之子席启寓捐资重修翠峰路，后此路与席家湖头至翁巷的道路，一并被称为御道。康熙三十八年，康熙皇帝第三次南巡时来到东山，从席家湖码头上岸，在翁巷席氏东园驻跸。民国年间席氏后人席启荪，为了纪念祖先恭迎康熙南巡之历史，又在翁巷东北的太湖岸边，建造了启园。

翁巷敞云楼，为明末翁天浩所筑。 清康熙二十九年，内阁学士昆山人徐乾学请告归里，皇帝特恩以书局自随，避城市喧嚣，来到洞庭东山，以翁天浩之馆设书局，修《大清一统志》。敞云楼因而成为一时天下瞩目的文化中心。东山的书局存在了近两年，后迁嘉善、昆山。书局汇当时天下博学之士，除徐乾学外，还有姜宸英、黄虞稷、胡渭、阎若璩、沈佳、吕澄、裘琏、顾祖禹、顾士行、秦梓、吴暻、唐孙华、黄仪、陶元淳等，查慎行等亦曾参加书局。他们赏洞庭山水，以文章唱和，编《橘社唱和集》卷。

明清时代，翁巷的士绅多在宅中设园，如松风堂内园林、东园等。明末清初，翁笾的孙子翁彦博，以文雅著名，在翁巷建造了“湘园”（今三号桥北，东侧），归庄的《湘云阁记》中，称该园“古木交罗，名花奇石，左右错列，崇室高馆曲廊深院入焉而迷西东”，湘云阁则以湘妃竹为材料，“斑然可爱”，登阁“凭窗而望连峰矗其前，太湖萦绕之，山川云物之奇，林木之茂密，聚落烟火之繁盛，一览而尽得之”。阁中珍藏“鼎彝书画，三代秦汉之法物，宋元以下之名迹”。[①] 席氏迎驾的东园，为明末清初购翁氏园林移建。明范景文作《东园》诗，称“少伯湖中第一山，山中另有一人间”。[②]

民国初年，东山开往上海的客货班航船船埠就设在席家湖码头。民国二十年，席启荪开办东山至苏州的外太湖轮船，在席家湖嘴造候船室，运输一度兴旺。翁巷也因交通之便利，保持着繁荣。

民国之后，洞庭商帮不复强盛，翁巷也渐渐沉寂。1973 ~ 1974 年，东山修建的环镇公路（启园公路段）和东山前山的泄洪河，从翁巷中部穿过，在改善了东山交通和东山前山泄洪问题的同时，也破坏了翁巷传统村落的格局。

3. 村落格局——四通八达，将军大座

翁巷村东为太湖，西北侧为山。西北侧的山体呈 U 形，开口向东面村落方向，翠峰坞等就位于 U 形的山谷中。村内西北部古橘社附近，自古就有山涧将山间汇集的雨水排向金家湖。地势西北最高，海拔 15 米左右，东侧较低，

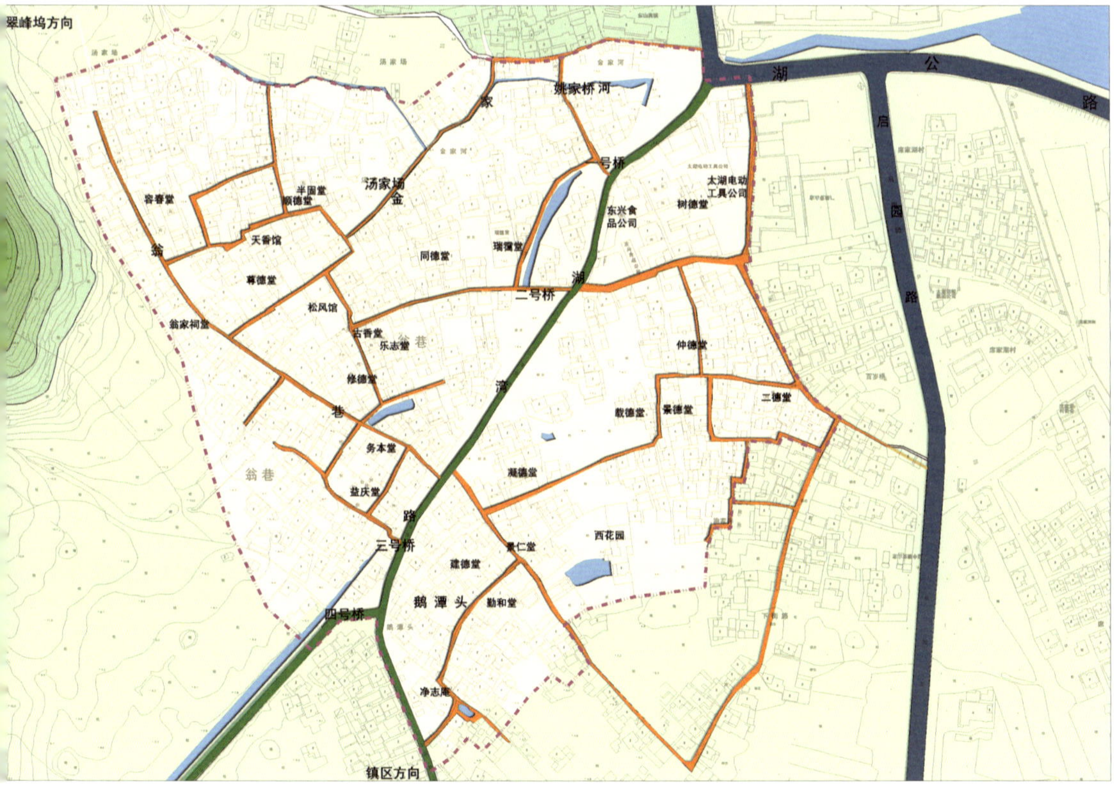

图 3-30 翁巷村落格局（图片来源:《苏州市东山镇翁巷古村保护与建设规划》）

海拔在 5 ～ 7 米之间，村内的主街翁巷为西北—东南走向，一端向山坞内延伸，一端向东南长泾浜延伸，通过长泾浜连接了贯穿东山南北的主水道渡水港。翁巷由此形成了一条沿着地形逐渐升高的主路，长 500 米，宽 3 米到 5 米。街道原为青砖侧铺成“人”字形的御道， 1995 年全部浇筑水泥路面。东侧有笠帽弄、三茅弄、史家弄；西侧为土山弄、前太平巷、后太平巷等。分别连接村东的席家湖口、金家湖、长泾浜等水上要道以及村南东山街，村落则沿着街巷自然地生长，街巷一侧都以明沟排水（图 3-30）。

① 归庄，《湘云阁记》，转引自薛利华编著，《东山人文》，中国文联 • 大众文艺出版社，2008 年：1061 页。
② 薛利华主编，《洞庭东山志》，上海人民出版社，1991 年：582 页。

村落的中心在双潭与主街的路口附近。据老翁巷人的回忆，双潭边为翁巷的平盘场（图 3-31）。平盘，又作平磐，是指村内比较开阔平坦、便于举行较大型活动的场所，地面一般以平整的石材铺装，所以谓之平磐。[1]翁巷双潭北侧较为开阔，潭边北岸与东岸还留有整齐的条石铺砌的河埠，南侧的驳岸为后代砌筑，原本的水面应该更加宽阔，有可能是与太湖连通可以行船的河浜（图 3-32）。明代翁笾的住宅和翁彦博的湘园就位于双潭的西南和南侧。平磐西主街边原还设有东山盛行的猛将堂。

顺应地形和街巷格局，翁巷的传统建筑基本上都朝向东南布置。现存传统建筑以住宅为主，均以堂命名。因翁席等家族非常富有，明代嘉靖年间有倭寇入山侵扰，翁参就曾捐资招募乡人抵御，村内也是在那一时期在重要的街巷上设置了由十余处更楼、过街楼和巷门组成的防卫系统。如主街翁巷东西南北就曾设有更楼，下设可以启闭的门，登上可以放哨，瞭望敌情。巷设巷门，晚间和有敌情时可以关闭，现多已不存。

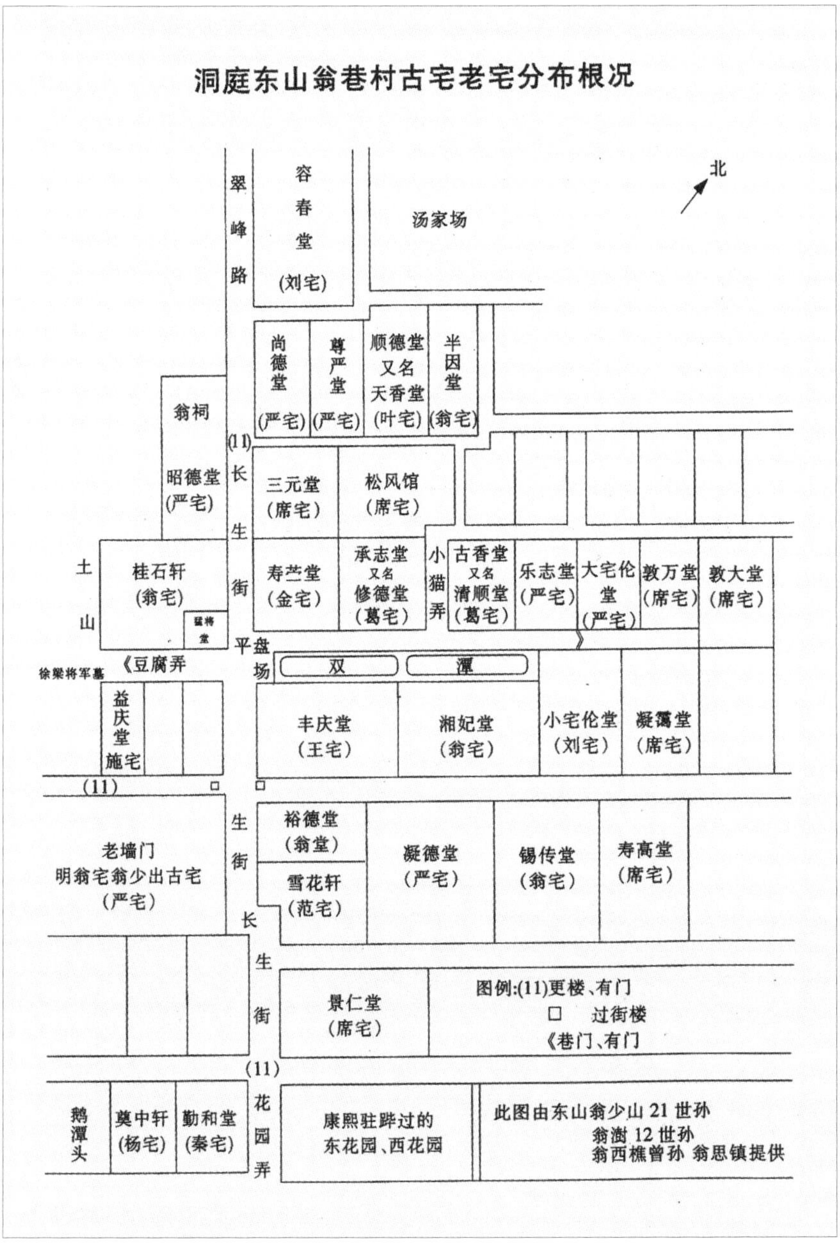

图 3-31 翁巷村布局示意图（图片来源：《东山人文》）

图 3-32 翁巷双潭

翁巷传统村落的格局受到比较大的影响是在 20 世纪 70 年代，公路和泄洪河的建设，局部改变了翁巷古村的格局。1973 ~ 1974 年，环镇公路（启园公路段），穿湖湾村翁巷而过，切断了翁巷村的御道和部分街巷。[2] 1974 ~ 1975 年，为了雨季引山水入湖，在东山前山地区开挖泄洪河，[3] 泄洪河从翁巷村横穿而过，从金家湖出湖，村内的交通依靠泄洪河上新筑的四座小桥——一号至四号桥，之后古街上房屋大多以桥名编号。从村内现存明清至民国建筑的分布来看，环镇公路（今湖湾路）中部，二号桥到三号桥之间，传统建筑较少，格局改变较大。

① 据明代东山《新建吴家浜平磐记》载，后山吴家浜是集市贸易繁盛之处，新建平磐是为了让嫁娶、丧祭以及日常生活必需品的贸易等活动有场所举行。摘自薛利华编著，《东山人文》，中国文联•大众文艺出版社，2008 年：1165 页。

② 沈炳荣主编，《东山镇志》，东南大学出版社，2002 年：501 页。

③ 沈炳荣主编，《东山镇志》，东南大学出版社，2002 年：375 页。

图 3-33 凝德堂巷门与凝德堂大门

图 3-34 凝德堂二门（图片来源：苏州市文物局）

4. 建筑特征——宏阔精美，香山厅堂

翁巷至今保存着数量众多的明清至民国时代的民居建筑。由于翁巷聚集着洞庭商帮中最有势力的翁氏和席氏家族，因此翁巷的民居建筑格外宏阔精美。现有全国重点文物保护单位明代的凝德堂，省级文物保护单位明代建筑瑞霭堂，及多处保护建筑，这些建筑均为明清时代香山帮建筑技艺的代表作。

凝德堂，明代晚期建筑，原规模较大，主轴线上有门、大厅和后楼，左右有厢房和边楼。现仅存门屋、二门和大厅。从主街入凝德堂要经过一道巷门（图 3-33）。凝德堂门屋面阔三间，明间开门，左右有东西耳房。大门进深六界，明间在步柱间装板门，两侧步柱与廊柱间的墙壁以磨细的方砖 45 度斜拼。门的划分方式类似将军门，门当户对两侧横档上部做透空花格。二门是类似牌坊仪门的形式，当地人称之“福寿墙门”，门为硬山顶，两侧砌八字墙砖细。这样的形式在东山地区较为少见（图 3-34）。正厅为明三暗五的形式，两稍间与中三间之间以墙相隔，进深六界，为内四界加前后廊的形式，梁架为扁作抬梁，檐柱为抹角方柱，内柱为圆柱（图 3-35）。凝德堂现存的三座建筑上留存了东山地区保存最好的明代彩画，是苏式彩画的代表，梁、檩上多为“包袱锦”彩画，图案多样，色调淡雅、素洁，有些檩和椽上绘有松木纹彩画（图 3-36）。

瑞霭堂，原为席氏所有。亦为明代建筑，原有门屋、大厅、住楼三进，现仅存住楼和砖雕门楼及照壁。住楼面阔五间，左右有厢楼。瑞霭堂住楼前塞口墙的门楼与照壁特别考究。均为磨砖对缝方砖斜拼的砖细做法，门楼上的砖雕和砖牌科雕刻精细，考虑到楼上视线的对景，塞口墙库门上方，特地用砖细做成三间照壁的形式（图 3-37）。

穿行在翁巷村的巷中，街巷两边常见青黑的高墙。这也是苏州地区墙面做法的一种，粉刷涂料中掺杂了青煤。翁巷村的凝德堂、松风馆等建筑的外墙，都为青黑色。这在其他村落中较少见到（图 3-38）。

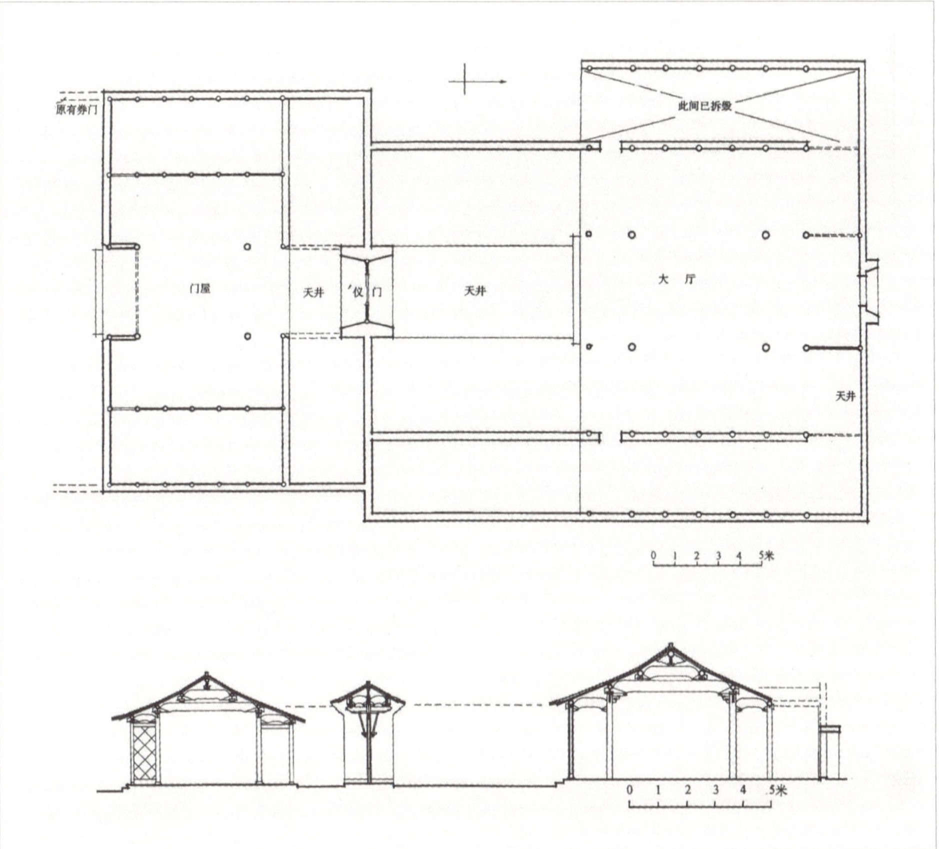

图 3-35 凝德堂平面与剖面（图片来源：《中国古代建筑史第四卷元明建筑》）

图 3-36 凝德堂彩画
（图片来源：苏州市文物局）

图 3-37 瑞霭堂照壁与门楼
（图片来源：苏州市文物局）

图 3-38 翁巷建筑外墙

（三）杨湾

1. 区位环境——山坞重港，湖湾商埠

杨湾位于东山西南部，与西山岛、三山岛隔湖相望，北与陆巷村交界，东与双湾村交界。

东山山脉南北横贯东山半岛，山脉整体山势自东北向西南逐渐放缓，延伸入湖。在东山岛的西南部，南部的湖沙山—南望山与北部的箦家山—碧螺峰山脉间，有一山坞地带，杨湾便处于这一山坞之中。这一两山之间的豁口，是前后山之间陆路交通的必经之道。同时分别通过杨湾港和油车港（张巷港）连接太湖，杨湾村因此成为东山岛西南的交通节点和主要商埠，也是东山岛上仅次于东山镇的重要聚落，杨湾港则是后山最重要的太湖港湾之一（图 3-39），既是出入太湖之港，又是往返前后山和吴江庙港的船埠。

2. 历史沿革——子胥庇荫，大户聚集

杨湾村的历史可追溯至春秋时期，因区域和交通地理位置的重要性，杨湾就是吴越两国湖上战争的前沿阵地，杨湾附近的“演武墩练兵场”“铜鼓山点兵台”和“南望烽火台”等就是杨湾作为吴国要塞的历史印迹。

位于村北的伍子胥庙，据传伍子胥曾在这里迎母归来，吴人为了纪念此重大事件，专门修建了“胥母庙”用于祭祀。唐贞观二年，为祀奉伍子胥，于杨湾村建灵顺宫。宋室南渡，途经太湖时，忽遇狂风巨浪，宋高宗率众臣祀胥王庙，得以平安渡湖。为了报胥王庙护驾之功劳，加封伍子胥为“忠武英烈显圣安福王”，杨湾胥王庙得到修葺。后世伍子胥庙香火兴盛，香客络绎不绝，该庙后称“轩辕宫”。

明清时代，杨湾码头是后山最重要的商品集散地，东山后山的物产和商品都经由杨湾码头进出，码头周边形成了繁荣的街市。

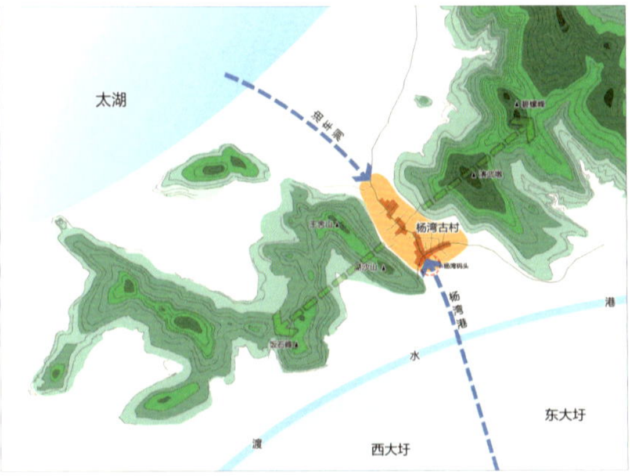

图 3-39 杨湾区位与历史环境分析（图片来源：《苏州市东山镇杨湾历史文化名村（保护）规划》）

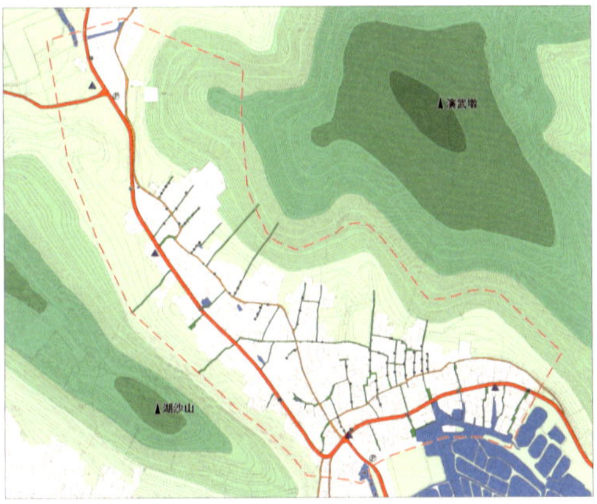

图 3-40 杨湾村落格局（图片来源：《苏州市东山镇杨湾历史文化名村（保护）规划》）

杨湾商人在外经商也带回了大量财富，在杨湾建造了精美的宅邸。民国五年，杨湾旅沪商人朱鉴塘创立轮船局，专设小轮，从杨湾始发，往返苏州与东山。抗战爆发后，杨湾成为苏沪难民的避难地，又经历了一次外来人口的涌入。较其他东西山村传统落而言，杨湾村的氏族较多，有张、周、陆、叶、朱、杨、翁、姜、施、居、金、王等，这大概与杨湾村便捷的交通和较大的人口流动性相关。

20 世纪 50 年代之后，杨湾一直是东山后山的行政和经济中心之一，曾为杨湾乡所在地。杨湾以茶果种植与水产养殖为主，出产杨梅、枇杷、碧螺春茶叶、太湖蟹等。目前村西常住人口约 1200 人。

3. 村落格局——山坞、一街、十八巷

由于地处两山之间，杨湾村落形态狭长，沿着穿过村内的主街布局。主街联系东山前、后山，呈L 形，L 形的北端连接着轩辕宫，南端即为杨湾港。民居沿着长长的L 形主街及两侧的支巷布置（图 3-40），支巷至今保有 18 条，多以姓氏命名，如居巷、金家巷，等等。出于防御性的考虑，在浜场和巷口等处设有圈门（巷门）与二层的更楼，可以随时启闭，放哨瞭望（图 3-41）。巷口正对处，常设“山海镇”石碑（图 3-42）。主街南北长 900 余米，东西长约 550 米，路面为青砖斜纹铺砌，两侧以条石收边，排水明渠位于路边一侧（图 3-43）。

在临近杨湾港的地段，是村落的中心，有繁华的商业和寺庙。在水运为主要交通方式的年代，杨湾码头的繁盛带动了杨湾街市的发展。当地人称临近码头处的街市为浜场（图 3-44、图 3-45），浜场是村中的开阔地带，浜场及附近的街道商肆、祠庙林立（图 3-46），有饭馆、茶馆、书场（原设于怀荫堂内）、客栈，以及销售本地村民所需粮食与商品的肉铺、粮铺、杂货铺、糕团铺、看烛铺、棺木铺、木材铺、中药铺、豆腐作坊，有铁铺、衣铺、漆店等与生产、生活相关的手工作坊，还有理发店、邮电所等服务设施。此外，民国时期，因蚕桑业是东西山农家的主要副业之一，杨湾浜场还设有专门收蚕茧的茧行，蚕茧从杨湾码头运往丝织业的重镇与上海等地的工厂。（图 3-47）。

图 3-41 杨湾更楼与巷门

图 3-42 巷口山海镇

图 3-43 杨湾主街与古道

图 3-44 杨湾港码头

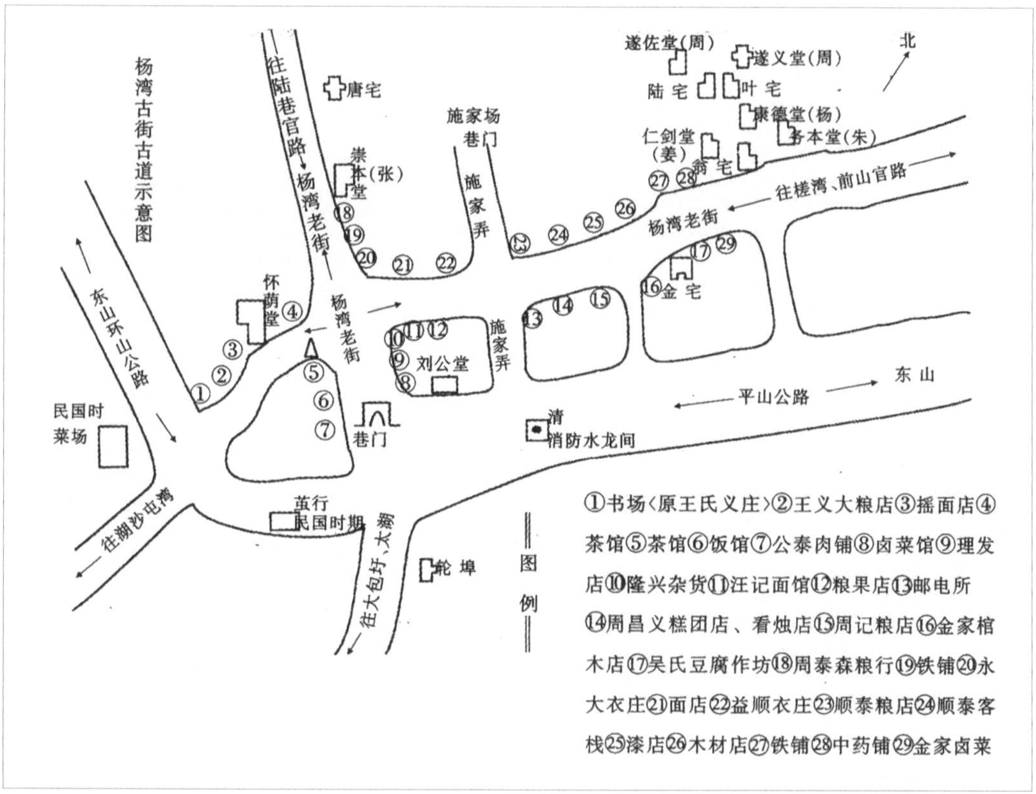

图 3-45 杨湾浜场示意图（图片来源：《东山人文》）

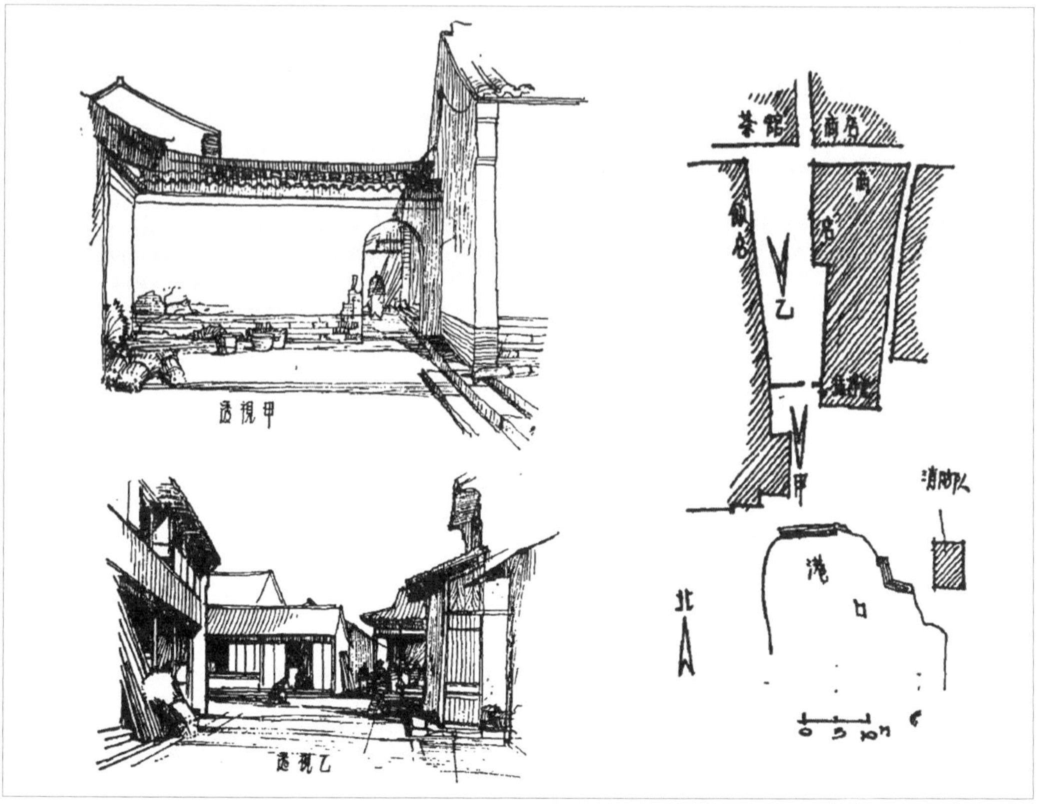

图 3-46 杨湾港码头空间（图片来源：东山与浦庄人民公社自然村调查与居民点规划）

图 3-47 杨湾浜场店铺

杨湾浜场原离太湖非常近，后随着湖岸线变化，在解放后六十年间，杨湾浜场已向湖内拓展了近二十米。在主要的交通方式转变之后，杨湾老街和码头也不再像旧日那样熙来攘往，老街内部逐渐回复宁静。

杨湾因庙而盛，在成为后山商业中心的同时，也成为后山宗教活动的中心。祠庙众多是杨湾古村的一大特征，始于唐朝的胥王庙（今名轩辕宫）位于村北，背山面湖，建筑为东西向（图 3-48）。胥王庙前为清代所建的杨湾城隍庙（又称老爷庙，祠祀清康熙年间的江苏巡抚汤斌），及碧霞元君祠。今城隍庙建筑尤在，碧霞元君祠已废为橘林。杨湾另一重要的祠庙是祠祀刘猛将的刘公堂，亦称猛将堂。杨湾现存猛将堂两处一处位于上湾，一处位于浜场。刘猛将是民间传说中的灭蝗将军，历史上北方的蝗灾比较严重，因此北方村落祭祀刘猛将较多[1]，但在太湖流域，猛将信仰也非常兴盛，明清时期，东山有数百座大小刘猛将神像。这可能与太湖流域北方移民的因素有关。

但猛将神在东山不再只是灭蝗之神，而被东山人视作一方之庇护神，每年春节及其他节日期间，东山各村就会举行猛将会，抬猛将神像出巡嬉戏，各村间还有祭赛之典，是东山最热闹的民俗活动。猛将会是乡村民间凝聚力的体现，也是漂泊在外的东山商人的精神依归，外出经商的东山人散处异地时，会将猛将神像供奉于各地的东山会馆中，并举行相应的民俗活动。猛将信仰及其相关的民俗活动，今天已成为东山古村落重要的非物质文化遗产。（图 3-49）。

① 陈志华、李秋香，《中国乡土建筑初探》，清华大学出版社，2012 年。

图 3-48 杨湾轩辕宫

图 3-49 杨湾浜场猛将堂。浜场的刘公堂为清代建筑，面阔三间的硬山顶建筑，室内梁架与民居厅堂接近，为扁作内四界前轩后双步的形式，正面三间均开门，20 世纪 50 年代曾经废置作为生产队仓库和供销社商店，2009 年杨湾村民捐资重新修缮。

元代建构。同时村内还保存着为数众多的明清时代的民居建筑。其中轩辕宫、明善堂、怀荫堂为全国重点文物保护单位。

轩辕宫正殿为元代建筑，面阔三间，进深八架椽，平面接近方形。单檐歇山顶。室内梁架为四椽栿对前后乳栿用四柱，梁为月梁造，与营造法式的厅堂式构架非常接近（图3-50）。前后檐用挑斡。轩辕宫正殿的歇山收山做法比较有特点，山面草架直接落于山面檐柱之上，几乎没有收山。另外，前檐三开间的中平榑为左右两整木料，自两明间柱上向中间悬挑，接缝处在明间正中，从殿内向上看，给人檩条从中部断开的感觉。

明善堂位于杨湾北部，建于明代崇祯年间，是清初进士张延基的故居。民国年间原归章氏所有，后由旅沪杨湾商人朱鉴塘的儿子朱润生买下，在明善堂设私立鉴塘小学，后更名为杨湾小学。1946年，抗战期间的苏州国立图书馆将上万册的古籍藏于明善堂中，让这批古籍在战火中得以保存。明善堂入口在街一侧，大门采用《营造法原》中的将军门样式，将军门一般为显贵之第，以及庙观门第多用。[1] 面阔一间，进深为四界，将军门装于正间脊桁下，门上为额枋，下设高门槛，两端做金刚腿，出入时可以将门槛卸掉。门两侧的抱框称为门当户对，门当户对之下，左右置方形砷石。大门两侧墙壁都

① 姚承祖原著，张至刚增编，刘敦桢校阅，《营造法原》，中国建筑工业出版社，1986年第2版：42页。

图 3-50 轩辕宫梁架（图片来源：江苏省苏州市吴中区东山镇杨湾村中国历史文化名村申报材料）

东侧南端设花厅问梅馆，后设辅助用房，并设夹道（即备弄）， 西侧还余佛楼。建筑之间都以天井相隔（图 3-52、图 3-53）。

正厅院落是明善堂最为考究的院落。院落入口的塞口墙内侧设华丽的发戗牌科墙门，两侧院墙向内的一面均做清水砖墙，墙上设枋，上有华丽的砖雕，枋上坐牌科，架桁椽承屋面(图 3-54)。正厅面阔三间，进深九界，内四界前后轩，前设廊，步柱间装长窗，后金柱间设屏门。明间为抬梁式构架，梁架都为扁作，与营造法式的月梁形式接近，月梁线条圆和，两端斜项处作曲线雕饰。内金柱柱头设大斗托四界梁与桁，四界梁上设大斗托平梁与桁，脊桁下设一斗三升承花机托桁，

图 3-51 明善堂大门（图片来源：杨丽霞摄）

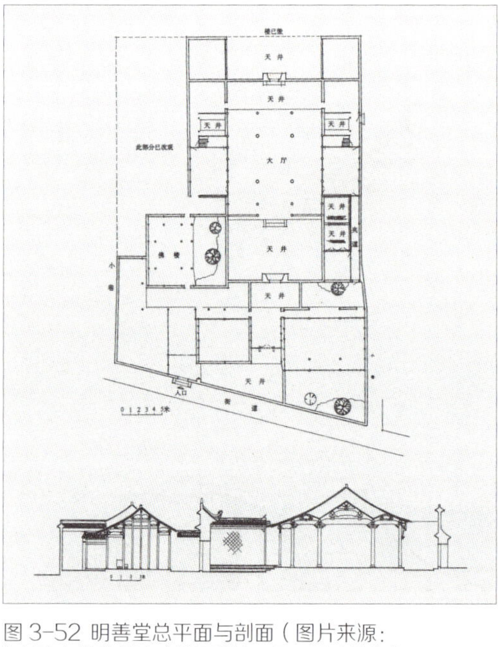

图 3-52 明善堂总平面与剖面（图片来源：《中国古代建筑史（第四卷）：元、明建筑》）

图 3-53 明善堂全景（图片来源：江苏省苏州市吴中区东山镇杨湾村中国历史文化名村申报材料）

图 3-54 明善堂墙门与砖细（图片来源：江苏省苏州市吴中区东山镇杨湾村中国历史文化名村申报材料）

斗口内置棹木与山雾云。正厅后金柱柱础为木鼓加覆盆形（图 3-55）。

怀荫堂位于杨湾浜场，曾是远近闻名的杨湾书场的所在地，始建年代不详，从梁架风格判断为明代建筑。现建筑存有大门、后楼等。大门采用了东山特有的做法，类似将军门，将门扇安在廊枋以下，但是又有变化，在门当户对两侧，内部设横档数根，外钉薄板，接缝处施以护板条，上部做成镂空图案，雕以纹样[①]（图 3-56）。室内梁架仍为扁作月梁，梁采用了拼帮做法，斜项下端与梁身是分开的两根构件，这样可以最大限度地节省材料。金柱下有扁鼓形木础。后楼的下檐使用斜撑支承梓桁，也是较有特色的做法。下檐檐柱上出丁头拱两翘，上架饰有麻叶云的“耍头”，支斜撑木杆，木杆饰海棠曲线，上端置小斗，承出挑的云头，云头上再置一斗三升，承托梓桁（图 3-57、图 3-58）。

（四）三山

1. 区位环境——太湖仙境，人间蓬莱

① 何建中，《东山明代住宅小木作》，见《古建园林技术》，1993 年第 1 期：3-8 页。

图 3-55 明善堂正厅（图片来源：江苏省苏州市吴中区东山镇杨湾村中国历史文化名村申报材料，正厅梁架为杨丽霞摄）

图 3-56 怀荫堂大门（图片来源：江苏省苏州市吴中区东山镇杨湾村中国历史文化名村申报材料）

图 3-57 怀荫堂后楼（图片来源：江苏省苏州市吴中区东山镇杨湾村中国历史文化名村申报材料）

图 3-58 怀荫堂后楼下檐斜撑（图片来源：杨丽霞摄）

三山古村落位于苏州城西南约 50 公里处三山岛上。三山岛是太湖中的小岛，位于江浙两省的交界处，其范围包括三山岛，泽、厥二山与蠡墅岛等，总面积约为 2.8 平方公里，岛上居民 900 余人，归东山镇管辖。

三山岛山石奇异，风景秀丽，如太湖上的蓬莱仙境，是释道青睐的修行之地。《重建三峰禅寺庄田记》中称三山“屹乎其中，孤绝而巧，世人呼为小蓬莱，以其与人境别也，钟鼓三百年，风月三万六千顷，胜概甲吴中，高士往往萃焉”。

2. 历史沿革——三山遗迹，服贾之乡

三山岛人类活动的历史，可以追溯到万余年前的旧石器时代。20 世纪八十年代，三山岛清峰岭溶洞及附近的湖滩上，发现了哺乳类动物化石遗存和旧石器文化的遗迹，出土了数千件旧石器时代人类打制的石器，后被命名为“三山文化”，这是在长江下游的江南地区，首次发现的旧石器时代遗物。（图 3-59）。

春秋时代，三山村位于吴越两国交界处，与杨湾村一样，也是吴越交锋的前沿阵地。这一时期三山村也留下了诸多与吴王相关的传说。

唐代起，三山岛上建造了多座寺庙，咸通九年（868 年），建中峰寺，咸通十三年（872 年），建三峰寺。宋代起，三山岛因出产太湖石，而成为著名的采石之地，岛上至今还遗留着北宋“花石纲”采石遗迹，采石后留下的奇峰怪石，形成三山独特的景观。三山岛著名的板壁峰，就是采石后留下的（图 3-60）。

明清时代，三山人以从商为主。清代的三山“居民五百家，多服贾”[1]。三山人经商主要分布在湖州、嘉兴、上海、苏州等地。三山岛的染坊也在明清时代兴起，当时岛上有几十家染坊。原料用本地出产的一种叫作靛青的植物，压在

图 3-60 采石遗迹板壁峰

图 3-59 三山旧石器遗存

青石窖坑中腌制，让其发酵，然后装在麻袋中用青石榨床榨干，将榨出来的水熬干，做成天然染料，至今岛上还保存着几处染坊的设施。[2]

太平天国期间，三山岛是太平军在太湖作战的前沿阵地，太平军占领三山，在山上建造了多座炮台，撤离时火烧三山岛，大火从北边的东泊浜一直烧到李家桥、桥头和山东，大火过后，三山岛从此衰落，至解放前夕，三山岛只剩一百多户人家，530 多口人。

三山岛山多地少，土地稀薄，整个行政村的耕地面积不足 10 公顷，1949 年后曾短暂尝试过围湖造田，种植粮食，但因产量不高，很快废止。20 世纪 70 年代后，从浙江引进柑橘，大量种植。因交通不便，资源缺乏，工业也很少。2001 年 1 月 28 日，三山岛才通上电，是江苏省最后一个通电的村庄。目前三山岛建有国家湿地公园，旅游业及其相关产业已成为三山岛经济支柱。

3. 村落格局——湖中聚落，山野风光

三山岛的聚落其实是由多个自然村组成的村落群。每个村落的面积都不大，散布于山谷之间，各村有面向湖滨的码头，村之间有道路联系（图 3-61、图 3-62）。

① [清] 金玉相纂，《太湖备考》卷五，《湖中山》，见《中国水利志丛刊 41》，广陵书社，2006 年，影印本：349 页。
② 北京瑞德瀚达城市建筑规划设计有限公司，《〈苏州市东山镇三山历史文化名村（保护）规划（2014—2030）〉说明书 • 基础资料汇编》，2014。

三山岛的地貌特征可以概括为“三山两谷”。三山是指大山、行山、小姑山，此外北部还有两座海拔 20 米左右的东泊小山与西湖小山；两谷是指大山与行山、东泊小山、西湖小山之间的谷地，以及行山、小姑山之间的谷地，三山岛的地形东北高，西南低。东北部最高的大山海拔 84.3 米，西南部的小姑山海拔 44.2 米。两片谷地地势较高，岛上的居民主要集中居住在这里，形成了以位于大山与行山之间的桥头自然村为中心，山东、小姑、西湖、东泊四个自然村落环绕其周的村落群。

在以水运为主要交通方式的年代，南北货物运输主要依靠大运河，但因运河运务繁忙，所以许多船只从常州、宜兴、无锡取道太湖，直通苏州和湖州，湖面风浪大时，就停泊在附近的岛屿上，三山岛是太湖上重要的避风港，有苏杭至湖州、宜兴的“太湖驿站”之称。

三山与陆地隔离，生活必需的粮食与物品，都依靠水路运输，由岛外输入。三山岛有大小码头 6 个，是三山与外界联系的通道，其中最繁华的是桥头浜和东泊浜。村谚有云：“五十对船常停泊，东泊、桥头座上客”。桥头浜，面向东南，湾港宽阔，湖底淤泥软烂阻锚，是天然的避风港；东泊浜港深水急，驳岸整齐，两道防护堤伸向湖面，是上好的港湾。两浜均由巨石叠砌，上面竖有揽船用的石柱，边沿凿有可拴绳的象鼻石孔，随着季节风向的变化，船家或泊桥头，或泊东泊。桥头和东泊两浜，集市兴盛，街道繁华，店铺林立，有石坊、糖坊、染坊、豆腐坊等。桥头和东泊也成为三山岛聚落中较大的村落。[1]

三山岛上曾有繁华的集市，东山的长圻和西山的阳坞、石公的百姓会乘船来三山赶集，把柴

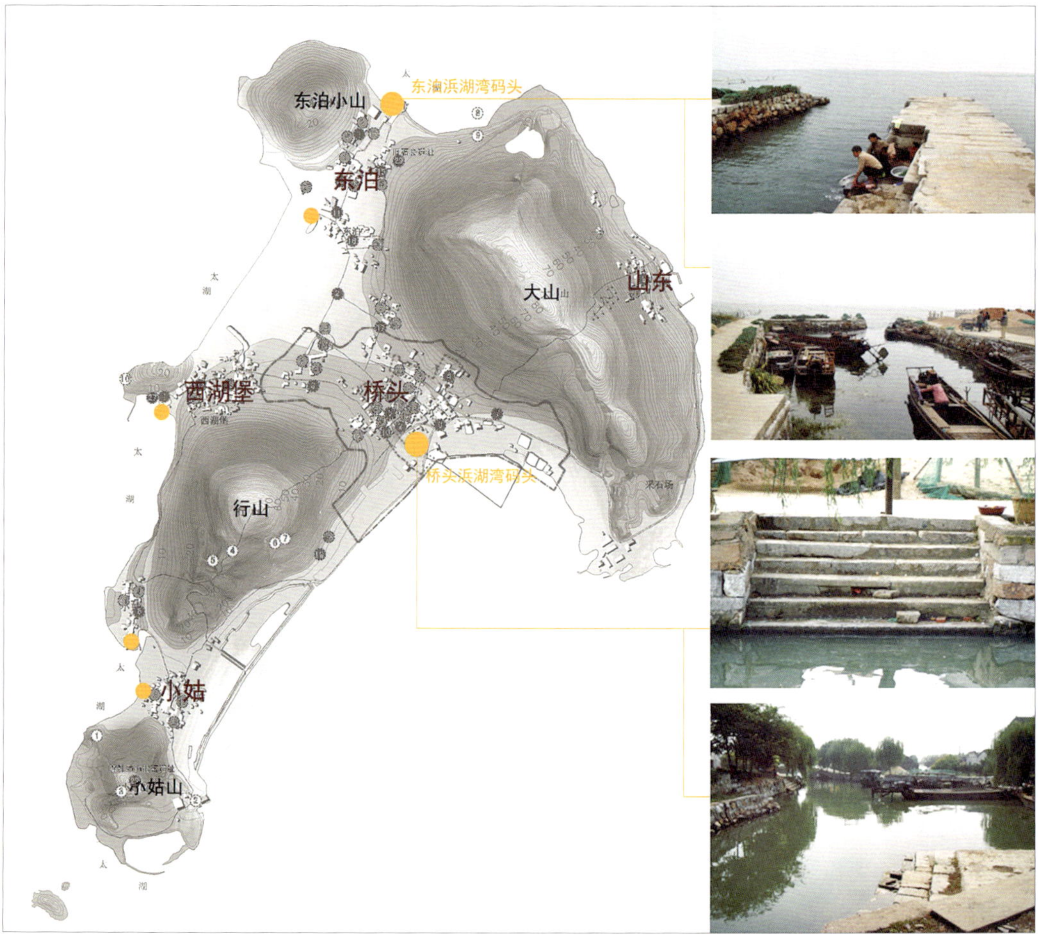

图 3-61 三山总体格局（底图来源：《苏州市东山镇三山历史文化名村（保护）规划（2014—2030）》）

图 3-62 三山村落与环境（郑思年摄，三山村委会提供）

图 3-63 桥头村码头

薪、花果等运来出售，再从三山购回所需物品。东山民谚有云“先有三山东泊港，后有东山杨湾街”，反映出当年三山集市的繁盛和古老。

桥头村是三山岛村落群中最大的一个，也是三山历史文化名村的核心区域。坐船从杨湾的长圻码头出发，在湖面上南行，三山岛影影绰绰如同仙山漂浮在太湖上。进入三山岛东南侧的湿地，钻入密集的芦荡和莲花深处，才能看到隐藏在湾内的桥头浜码头（图 3-63）。从桥头浜码头上岸，便是桥头村。每日三山居民出入以及生活必需品的运入，都是通过这个码头的。

桥头村的大部分区域海拔分布于 5 米到 10 米之间，靠近大山一侧的地势相对较高，靠近行山一侧地势相对较低，大部分传统建筑都位于村内连接东泊村的主路东侧，沿着地势逐渐抬高。村内路网顺着山坞和山坡的方向，纵横交错，呈不规则的网格形。村内的主要建筑

① 北京瑞德瀚达城市建筑规划设计有限公司，《〈苏州市东山镇三山历史文化名村（保护）规划（2014—2030）〉说明书•基础资料汇编》，2014。

都是顺着路网的走向布置，大部分朝向西南，建筑前后的空隙间穿插着园地（图 3-64、图 3-65）。

荷花江原本为横穿三山岛本岛东西两侧的一条水道，东出桥头村，西连东泊湾，但不知何时起西段已经淤塞断续，在桥头村内以明渠与暗渠结合的方式从西北向东南贯穿全村，在桥头村的村口部位，桥头浜及太湖相连，形成一段开阔的河道，水面较宽，用以停泊村内的渔船，及村民浣衣、洗菜。向村内一侧，变成暗渠，上面覆盖石板成为入村的主要道路。石板的尽端连到顺济桥，荷花江又成为明渠。顺济桥两侧，当年为商铺集中的区域，至今还保留着传统店铺。桥头村的薛家祠堂也位于村口，在荷花江北端的东岸（图 3-66、图 3-67、图 3-68）。

村内自明代起已经修筑了条石的排水明渠，明渠随着道路蜿蜒设置，或宽或窄，成为街道边的一处处景观（图 3-69）。村内的最重要公共场所，是观音堂一带。观音堂位于村北两条道路的丁字路口处，地势较高，与道路有一米多的高差，台基边缘用乱石砌筑。堂前路旁有一比较开阔的方形水塘，是村民们的生活用水场地，水塘边用条石砌成台阶，方便上下取水（图 3-70）。

4. 建筑特征——山野农舍，清胜宅邸

与东西山岛上的其他传统村落相比，三山独处湖中，更为幽僻，风景清胜，建筑亦没有东西山其他传统村落豪华与考究，但呈现更多山野农舍的趣味。

图 3-64 桥头村格局（底图来源：《苏州市东山镇三山历史文化名村（保护）规划（2014—2030）》）

图 3-65 村内街巷

图 3-66 荷花江

图 3-67 顺济桥与店铺

图 3-68 薛家祠堂

图 3-69 排水明沟

图 3-70 观音堂前水塘

图 3-71 清俭堂大厅前天井（图片来源：江苏省苏州市吴中区东山镇三山村中国历史文化名村申报材料）

村内的传统建筑，除了清俭堂外，很少有多条轴线并列的大型宅邸。一般的传统居住建筑多为一进或两进。前为门，后中为堂屋，两边为厢房，另外还有附属建筑，共同围成院落。清俭堂为桥头村少见的大型传统宅邸，建于清乾隆四十三年，为黄氏宅第。大门朝西，有东西两条轴线，主轴线上依次为大厅（楼厅）、后楼，东侧轴线上为花厅、书斋和厨房等（图 3-71）。清俭堂楼厅的山墙做法较有特点，因厅的进深尺度较大，山墙做成比较少见的七山屏风墙的形式，在最高一山的墙顶部，做出松鹤的灰塑，后楼的山墙为人字坡硬山顶形式，厢房的外墙面表面开圆形的望洞（图 3-72）。

村内传统建筑的墙体多为一眠一斗的砌法，外表面刷白灰。墙顶收头做法多样，有随着屋面做人字坡硬山顶的形式，也有五山屏风墙的形式，还有半观音兜的形式。半观音兜与人字坡山墙顶部，都用砖砌出博风的形式。观音兜的形式（图 3-73），在东西山岛的其他村落中比较少见。

三山传统建筑的梁架体系与东西山其他村落类似，分扁作与圆作两种。清俭堂正厅是内四界前后轩加前廊的形式，采用的是考究的扁作月梁，山界梁上设一斗六升承托脊桁，脊桁下还有雕刻精美的山雾云和棹木，而四宜堂、仁寿堂、执玉堂、秦家祠

图 3-72 清俭堂山墙

图 3-73 观音兜山墙

图 3-74 扁作（上：清俭堂大厅、花厅；下：四宜堂西路后住楼梁架、仁寿堂门厅梁架）

图 3-75 薛家祠堂，圆作

堂等建筑的扁作厅堂或后楼，梁架则相对简洁，山界梁上多立大斗或短柱，支承脊桁（图 3-74）。念劬堂、怀远堂、薛家祠堂等采用的是比较简单的圆作梁架，薛家祠堂为清代建筑，大厅为内四界前后轩加前廊的形式，前轩的部位采用扁作的做法，内四界大梁为圆作，四界梁与山界梁上的童柱柱脚做鹰嘴（图 3-75），这些做法体现出抬梁体系的深刻影响。三山清代建筑的柱础多为鼓磴石础，在一些明代建筑中，还能看到木。屋面做法有小青瓦和冷摊瓦两种。比较讲究的做法是室内用轩，上盖望砖，望砖上铺小青瓦。冷摊瓦一般用在比较简单的建筑中。如村口顺济桥边的店铺，屋面就是椽子上铺瓦的冷摊瓦做法。村内还有其他一些住宅建筑，也采用冷摊瓦的做法。

（五）明月湾

1. 区位环境——太湖幽处，世外桃源

明月湾地处西山岛的最南端，在石公山以西两公里。村落隐藏于山凹内，东西北三面环山，村口外即为太湖。明月湾得名于吴王夫差和西施在此赏月的传说。唐代，皮日休在苏州游览明月湾时，曾写道："晓景澹无际，孤舟恣回环。试问最幽处，号为明月湾。"[①]"最幽处"，正是明月湾环境的最好写照。明月湾，位于洞庭仙山的一角，面对茫茫太湖，周围青山回绕，村民"晓培橘栽去，暮作鱼梁还"的怡然自乐的生活，是文人笔下似乎不存在的世外桃源，但却是传统时代明月湾的真实写照。2007 年，明月湾与陆巷一起，成为江苏省首批被公布为中国历史文化名村的村落。

2. 历史沿革——四大氏族，物阜民丰

西山自古就为道家仙地，山水胜处，留有诸多古代传说与文人诗赋，距离明月湾不远的石公山是西山著名的胜地，风景秀丽，名人雅士纷纷慕名而来。唐代白居易、皮日休、陆龟蒙、刘长卿等游览西山时，

①［唐］皮日休《明月湾》。

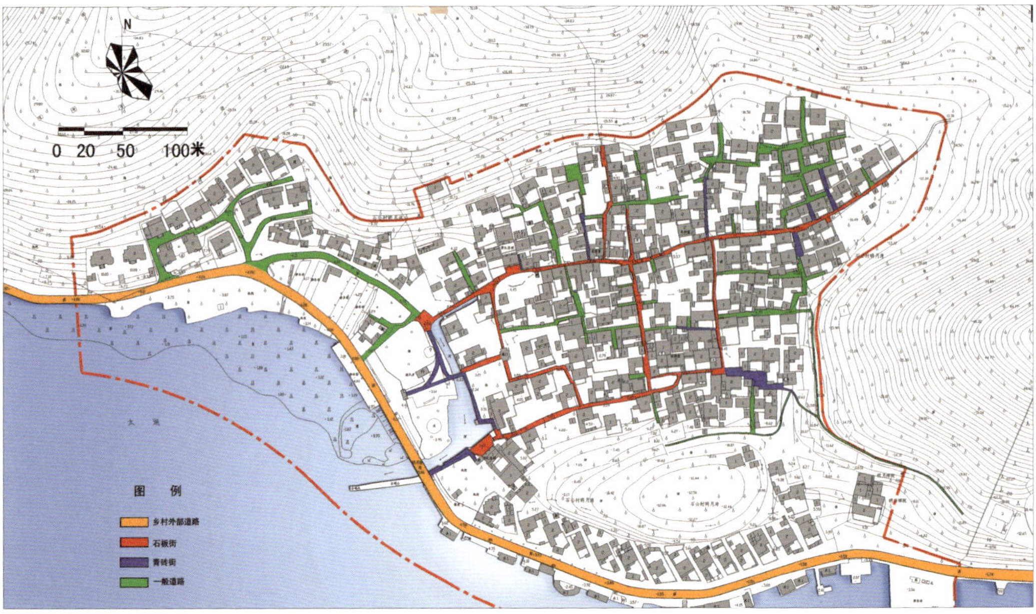

图 3-76 明月湾村落环境与格局（图片来源：《苏州市金庭镇明月湾历史文化名村保护规划》）

都曾造访明月湾，留下诗作，白居易曾吟颂明月湾一带的“掩映橘林千点火”。[1]

明月湾形成一定规模的村落，同样也是在南宋时期。明月湾吴氏家族的始祖，随着宋室南渡后定居明月湾，村口码头的基础部分即为宋代所建。明代初年，西山邓氏、秦氏与黄氏的分支，亦迁居明月湾。明嘉靖年间，湖匪泛滥，明月湾多次遭劫，村内因此兴建了比较完备的防御设施，明月湾古村落的格局也大致在明代奠定。明月湾居民现多为吴、秦、黄、邓四大姓氏。

明代之后，在东西山人外出经商的浪潮中，明月湾人亦加入到洞庭商帮的队伍。清代的明月湾依然繁盛，清代乾隆年间，为古村的鼎盛时期，物阜民丰，财力丰厚。在这一时期，村内先后进行了公共设施建设，乾隆二十一年村民集资修葺了村口的塘埠，乾隆三十五年又重新整治了村内的排水系统和主街路面。村内宗族的祠堂、考究的住宅，也多建于清乾隆年间。

太平天国时期，太平军从太湖攻克并占领西山，战乱给明月湾也带来了一定程度的破坏，后明月湾渐渐衰败。

因地理位置偏僻，明月湾是西山岛最后一个通公路的村庄（1998年）。明月湾的经济发展相对较慢。也正因如此，明月湾是西山岛上保存最为完整、保留古建筑数量最多的古村落之一。

3. 村落格局——凹居山谷，别有洞天

明月湾居西山南角，村落三面山头环绕，主要的建筑处于山坞内，距太湖岸边仍有一段距离，村落南侧还有一个小土坡遮挡。村口丛林掩映，从湖面上不易轻松发觉山凹内村落的存在（图 3-76）。从村口进入之后，山坞内别有天地。由于地形的关系，村落东西长南北狭，主要区域位于等高线 5 米至 10 米之间的村内的两条东西向道路由村口明湾江两端开始，向山内延伸，在东西向道路之间有三条南北向的

① [唐] 白居易《夜泛阳坞入明月湾即事寄崔湖州》。

图 3-77 明月湾街巷（南石板街、北石板街、支巷、明渠与石板街暗渠交界处）

道路连接，共同构成村落的格网式的整体骨架。

明月湾的街巷，在西山岛上很出名，民谣“花墙头、百子格，前门后门砂条石，洞庭西山第一家”就是形容明月湾的。明月湾的主要街道，经乾隆三十五年集全村之力整治之后，都改为石板铺砌。因原先排水设施不畅，每到大雨时，山水下注，街道淹没，因此此次整修时，着重整理了排水系统，在石板下铺设了排水暗渠。② 每到雨天，山上下来的雨水，都会汇集到主街的暗渠内，再从两条主路的下方排向村口的明湾江，走在明月湾的石板街道上，能听到石板下的水声，水缓处叮咚悦耳，路面转弯处则汹涌磅礴。次要的巷道旧时为青砖铺砌，青砖雨天易生青苔，因此间隔铺砌石板防滑，路的一侧为排水明渠（图 3-77）。明月湾的这一套排水系统，历经两百余年，仍在有效地发挥着作用，村民也仍在自觉地维护着这一系统，疏通明渠与暗渠交界处，保证排水的通畅。

在明月湾的棋盘街巷中，建筑与园地相间。村内各姓聚族而居，以各家族的祠堂为生活的中心。祠堂在宗族聚居的村落中，有着非常重要的地位，宗祠的兴衰代表着家族的兴衰。宗祠是宗族的精神中心，也是宗族议事和公共事业的场所。明月湾有吴氏、邓氏、秦氏、黄氏

② “我里东横峻岭，每际大雨滂沱，山水下注，涧壅而溢，汛滥道途。乾隆三十五年九月，鸠匠石，集群工，里之诚实者董其事。邪许同发，一时并进，移旧涧于街中，而复深之广之，疏通水道，纡回蓄缩，至末流而复归于一涧。上覆以砂石，比次整齐，平莹莫匹而街道一新。功既竣，容有致。”《明月湾修治街埠碑记》，该碑现位于村口清风亭内。

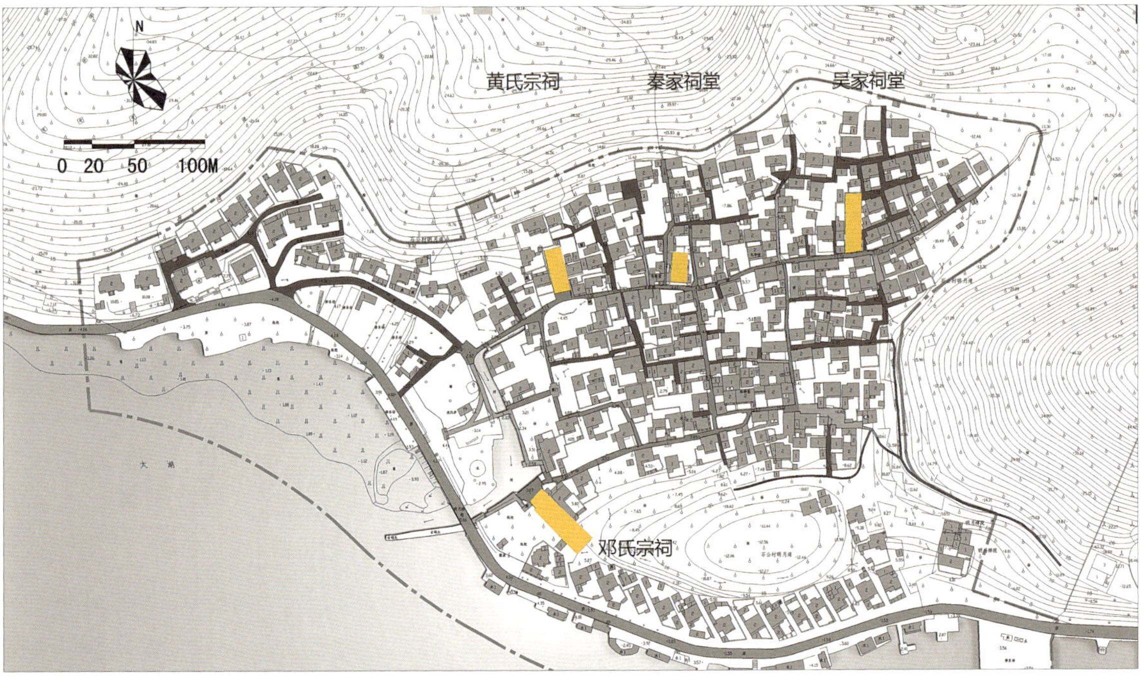

图 3-78 明月湾祠堂分布（下图为黄氏宗祠入口）

图 3-79 街边园地

图 3-80 二层门楼

图 3-81 明月禅寺

四大家族，其中吴氏最早定居明月湾，现也为明月湾首族，人口最多。民国年间，明月湾各族联合兴办义学，地点就设于吴家祠堂，后又搬至秦家祠堂。

明月湾至今仍保存四大氏族的祠堂，它们大多建于清乾隆年间（图 3-78）。邓氏宗祠位于村口南侧，大门朝向明湾江最开阔的一段水面。吴氏、秦氏和黄氏的祠堂位于村内北街北侧，黄氏宗祠位于村口东北侧，入村即见。秦家祠堂（现为明月湾财神殿）位于石板街的十字路口处。吴氏因为最早定居于此，祠堂也在村落最内部，山脚下地势最高、离湖最远处。四座祠堂中，黄氏宗祠主要建筑保存完整，邓氏宗祠主要建筑为近年在原址修复。

虽然东西山人在外经商，但岛上的村落内还是保持着农业社会传统，商业并不发达，没有商业街，仅在码头附近，有一小店铺，满足村民日常生活商品的需求。该店铺为明代所建，原有二进，面阔五间，现已不存[1]。村内的其他建筑，以住宅为主。住宅与宅边的园地构成村落的基本肌理（图 3-79）。各条街巷两侧均为砖墙，墙上开入户的门洞，有钱的大户则建门楼，用于瞭望（图 3-80）。村落东南还有一座宗教建筑明月禅院，相传为明正德年间从庙山嘴迁来明月湾。寺院位于村边的坡地上，紧邻太湖，登寺庙内的楼阁可览太湖之胜（图 3-81）。

伸入太湖的古码头，是隐于深处的明月湾与外界联系的通道。该码头为西山“两只半浜嘴”之一，同甪里郑泾码头、堂里琴堤一样，都是当年由望族筑成的出湖码头。明月湾码头为宋代砌筑，基部仍保存着宋代遗迹，清乾隆年间重新整修，砌筑了表面条石[1]，码

① 苏州市吴中区西山镇志编纂委员会编，《西山镇志》，苏州大学出版社，2001 年：73 页。

图 3-82 明月湾码头

头长约 58 米，宽约 4.6 米（图 3-82），伸入太湖水深处，载重量大的船可以靠码头停泊，方便物资的运送；渔民也常在码头上晾晒渔网，或者贩卖鱼虾。

码头的北侧，先民们开挖的明湾江，将水从太湖引入，呈 S 形在村口形成一处开阔的水面，是外出渔船归来的停泊之处，水边设河埠，方便上下船，以及生活取水。明湾江内早晨取水洗衣、傍晚渔船归来的生活画面，构成村口的独特景观（图 3-83）。

明湾江西岸是村口的众家地。在明清时代众家地归村内共有，地上植树，清嘉庆间经村内五姓合议，树木也收购为公有。因嘉木葱郁的众家地为“一湾之案”“其间气将因此益，众风亦因此益”[2]，树木的枯荣关联村落的命运。众家地上年代最老的树木，为一棵植于唐代的古樟，树高 25 米，径 2 米，伴随着明月湾走过千余年的岁月，成为明月湾的象征。众家地上还立有旗杆，作为标志为湖面行船指引方向。还建有土地祠，保佑全村的一方水土（图 3-84）。东南岸上为邓氏宗祠的八字墙入口，进入村落的明月桥横跨江上。跨过明湾江上的古桥，就是明月湾两层高的寨门（又称更楼），寨门距离太湖岸有约百米，系嘉靖年间受湖匪劫掠后修建，用于瞭望放哨。寨门两侧通往村内的主要道路上，又修建了可以启闭的巷门（图 3-85）。

4. 建筑特征——宅邸林立，古木清幽

因地少人多，明月湾村的居民除了后楼以外，门屋、大厅也多采用楼的形式，院落通常不大，布局非常紧凑。普通的农人户住宅进数少，布局也不一定按照轴线布置，楼房亦相当常见。比较讲究的宅院，门屋一般不设在中轴

① “乾隆二十一年，资渐充裕，而湾中旧堤两岸塘埠且就倾圮。里中长者，爰取公资，购石纠工，大为葺治，面以砂石，添置河埠。舟楫利于停泊，里人利于盥洗，人称便焉。”《明月湾修治街埠碑记》。

② 《明月湾湖滨众家地树木归公议》，碑存于村东明月禅寺。

图 3-83 村口明月桥边洗衣

图 3-84 村口全景（向外看，从左向右依次是邓氏宗祠、码头水口、众家地、旗杆）

图 3-85 明月湾的防御设施——更楼与巷门

图 3-86 礼和堂大厅一层空间

图 3-88 明月湾青砖实砌墙体做法

线上，而设于主轴线的东南侧，楼下设库门，也作为轿厅，楼上供奉祖宗牌位，因此称家堂楼，进门屋后左转，方为中轴线的院落；第一进院落后即为大厅，为会客之所，亦多做成楼（图 3-86）；大厅后为内楼，为生活起居之所，两侧连有厢房，也是楼的形式。有些房子在轴线的一侧还有花厅（书厅），作为主人的书房。厨房等辅助建筑，位于主院的后部，或者居于院落一角。重要的宗祠，主要建筑多为一层。中轴线明确，大门一般位于中轴线上，多为面阔三间的硬山建筑，直接临主街。前为门厅，后为享堂，有些后面还有寝殿。

木构架体系上，现存木构建筑的年代多为清乾隆以后。构架仍然保持着太湖流域受抬梁构架影响的月梁体系，明间外观上以抬梁形式为主，边贴则显示出明显的穿斗特征。室内用轩，中为四界梁，前后步为鹤颈轩或船篷轩，前步设廊。室内多用雕刻精致的山雾云和棹木装饰。讲究的花厅中明间喜用不落地的花篮吊柱（图 3-87）。宗祠建筑使用斗拱，普通的住宅或次要的建筑多用圆作梁架。

明月湾建筑的瓦作比较有特点。村内的砖墙分为空斗与实砌两种，都为混水砌法，外抹白灰。墙基部位一般为砖实砌，或者用条石砌筑，墙体上部多为一眠一斗或者两眠一斗的砌法。村内保存有几处完全实砌的砖墙，每一皮砖表面砍成向外倾斜的斜面，可能是为了让表面抹灰与砖墙结合地更为紧密（图 3-88）。山墙多随着屋顶做成人字坡硬山的形式，山面有砖砌博风装饰，封火山墙较少。建筑从外观上看都很朴素，装饰多放在朝内的一面。如比较讲究的住宅砖雕门楼，都做在向内的一面，或者前后院之间的墙门上。只有祠堂类的公共建筑，会在入口处做比较讲究磨砖对缝的八字墙。村落内，外墙面以实墙为主，不开窗或者开很小的窗。

（六）东村

1. 区位环境——栖贤山下，归隐之地

图 3-87 明月湾使用花篮吊柱的花厅（左：裕耕堂，右：礼和堂）

东村位于西山岛北端，东起金铎山，西至张家湾，南依栖贤山，北隔低矮的凤凰山与张家山临太湖，与太湖中的横山、阴山、绍山诸岛隔水相望。

始于秦末汉初的东村是西山岛上最为古老的村落之一。因为优美的环境和隔绝的交通，是传说中东园公的归隐之地。东园公为“商山四皓”之一，四皓是隐居于陕西商山深处的四位白发皓须的老者，即甪里先生周术、东园公庾秉、绮里季吴实、夏黄公崔广。《史记·留侯世家》记载，汉高祖刘邦欲废太子，张良向吕后推荐了四皓，“天下有四人，四人者年老矣，皆以为上慢侮人，故逃匿山中，义不为汉臣”，因太子仁孝，四皓为了保太子而复出，待太子地位稳固后，又再次隐居山林，世人莫知其所踪。四皓之名，却与洞庭西山有莫大的关联。甪里先生本就传说为太湖甪里人，而绮里季、东园公、夏黄公则在西山留下了绮里、东村和慈里黄公井等相关地名与传说。西山缥缈峰山腰的仙人台，也与四皓传说有关，相传为四皓聚会弈棋之处。东村之名即源于秦汉时代著名的隐士东园公，村内亦奉有东园公祠。

2. 历史沿革——农商货殖，富甲一方

宋高宗南渡时，因“请帝还阙”而为金人所杀的徐揆[1]之父汴河公，“义不居伪邦，随帝南渡”，携孙元吉于淳熙年间移居西山绿石山麓的梅梁里（今西山后埠），成为西山最大的宗族。东村徐氏的始祖万一公，为徐汴河公的七世孙，于宝祐二年（1254年）迁居栖贤山麓的东园里。随着诸姓氏的迁入，东村村落始具规模。

东村人的种植，以果树与蚕桑业为主，主要种植柑橘、银杏、梅子、枇杷、茶、桑等。但因为地少人多的关系，务农的人口只是少数，大部分男丁外出经商。从村内的《捐修东村田路记》看，东村人经营的商号有缎号、衣庄以及典当行业。人口的增加、财富的积聚，促进了商品经济的发展，当时的东村街道两旁开满了粮店、酒楼、肉铺、茶馆和典当行。[2]

东村徐氏，约在明代中期就已经从商，清乾隆间著名东村商人徐联习是清代洞庭商帮中的领军人物，来往苏州与湖广之间，经营湖广的稻米与苏州的丝绸，在衡阳、湘潭等地享有盛誉。徐联习秉持着洞庭商人尊书重教的传统，喜好诗书，“行箧常以书自随……以故货殖数十年，恂恂儒雅”[1]，他主持修纂了《东园徐氏宗谱》。

清代是古代东村的鼎盛时期，东村至今保存有清嘉庆年间所绘制

① 徐揆，《宋史》有传，为北宋末年的忠义之臣。靖康元年，中开封府进士，钦宗诣金营不归，“徐揆上书，乞守门请帝还阙。金人取至军中，揆抗论，为所杀。”
② 卢朗、彭长武，《西山东村的发展变迁、村落形态与乡土建筑》，苏州大学学报（工科版），2006年第26卷第5期。

① 范金民，《明清洞庭商人家族》，转引自卢朗等，《苏州西山东村乡土建筑调查手记》，见《2007 中国民族和地域特色建筑及规划成果博览会、2007 民族和地域建筑文化可持续发展论坛论文集》，2007 年，苏州。

② 该图转引自《东村保护规划》，根据卢朗等《西山东村的发展变迁、村落形态与乡土建筑》一文的记载，为村中老人金戈影所藏。图有两幅，分别为"宗祠图说"与"万一公墓图"。"宗祠图说" 除了徐氏宗祠之外，还比较完整地表现了东村大街及周边环境的全貌；"万一公墓图" 重点表达了万一公墓及其周围的环境，以两图中都标注了的"东园公祠"和村内水池边小塔的位置作为参照，可以大致判断出，万一公墓应当位于凤凰山上，"万一公墓图"所绘即为东村东部的情况。

的东村图[2]，从图上可以看到繁盛时期的东村样貌（图 3-89）。村内现存的古建筑大多为清乾隆、嘉庆时期所建。这些建筑的规模与精美程度，显示出东村的徐氏等家族在洞庭商帮中的经济实力和地位。徐联习于乾隆十七年所建的敬修堂是西山现存规模最大的传统民居。

3. 村落格局——阴阳开阖，防御重重

东村选址于栖贤山、凤凰山和张家山之间东西向的狭长山坞内。北侧临太湖的凤凰山和张家山是两座低矮的小山包，海拔约 27 米与 14 米，南侧的栖贤山是连绵的山体，海拔相对较高，约为 51 米，东村村落顺着三山之间的山坞呈东西向狭长布局（图 3-90）。村内地势较低，大部分区域的海拔在 3 ～ 7 米之间，南北侧临山的一面相对较高，中部道路的标高略低。南部栖贤山高大绵延，汇水面积大，山沟众多，村内在栖贤山山脚下形成了多处水塘，汇集山上下来的雨水。

在凤凰山与张家山之间的太湖湖湾，是东村的西港。西港是西半山有名的深水港，河床由石板、卵石和河沙构成，大风大浪冲击的淤

图 3-89 东村清代古图（图片来源：《苏州市金庭镇东村历史文化名村保护规划》）

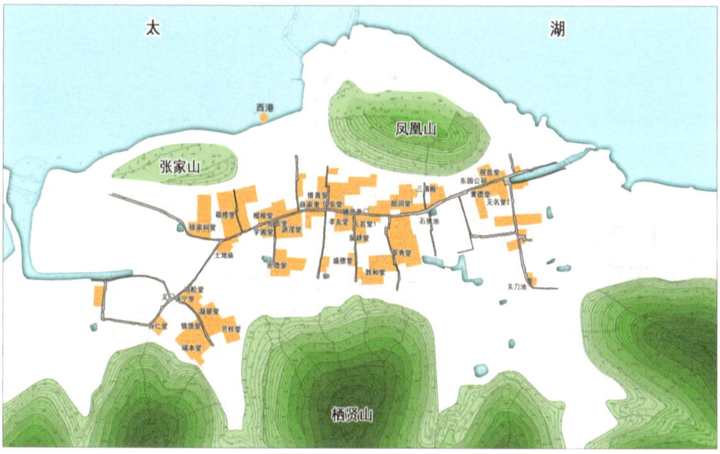

图 3-90 东村村落环境与格局（图片来源：《苏州市金庭镇东村历史文化名村保护规划》）

泥从不堵塞港湾，前方有横山、大干山和阴山为其遮挡，港内风浪较小，自然条件优越，过往船只停靠频繁。[3] 港口的存在，促进了东村的商业发展。为了方便过往船只上的旅客及商人歇息，在张家山和凤凰山临西港一侧原建有片息厅和龙门，现已不存。

东村的路网格局呈鱼骨状。村内最主要道路是东西向的东村大街，长约 800 米，东至永泰桥，西至徐家祠堂。路面为石板、青砖，主街下原有暗渠排水，后因街道整修而填埋不用，现道路一侧设排水明沟。从东村清代古图中可以看到，东村大街两侧住宅、祠庙、佛塔等各种建筑林立，东村大街的东西两端，西段河浜连接着东村与太湖。传说为东园公所居的栖贤巷位于东村中部，正对栖贤山主峰，因此东村村落应是从中部向两端逐步发展起来的（图 3-91、图 3-92）。

与太湖其他古村落一样，宗族在东村的建设中依然发挥着巨大的作用。徐氏是村内最大的家族，东村百分之七十以上的人口为徐姓。因此徐氏宗祠和始祖的墓园在村内占据着重要地位。宗祠位于东村的西端，背倚张家山，坐北朝南（图 3-93）。东村徐氏始祖万一公的墓

图 3-91 东村街巷（图片来源：江苏省苏州市吴中区金庭镇东村中国历史文化名村申报材料）

图 3-92 栖贤巷

③ 卢朗、彭长武，《西山东村的发展变迁、村落形态与乡土建筑》，见《苏州大学学报（工科版）》，2006 年第 26 卷第 5 期。

① 卢朗、彭长武，《西山东村的发展变迁、村落形态与乡土建筑》，见《苏州大学学报（工科版）》，2006年第26卷第5期。

园位于凤凰山上，前为东园公祠。宗族在村内公共设施的建设与维护中也发挥着巨大的作用，村内的道路、排水系统十分完善。村内保留着多口义井，是村内的公共设施，供一般人家取水饮用。东村内还保留着《捐修东村田路记》的碑记："东园一村……北逼湖滩当翔风之口，为波浪之所。辛丑岁大水，其路狭窄不平，石动于浪而崩塌欲陷，……里中谋生于乡者，钱君夔庭将自里来楚，因共商而通讯，……集腋成裘，共捐钱二百七十余千。"[①] 位于东村大街东端的永泰桥，建于清初，根据桥底的碑刻记载，也是由当时徐氏家族各自捐石建造起来的。

从清代东村古图中可以看到，东村村内设置了多重的巷门、更楼，构筑了层层的防御体系。东村大街从东至西依次有东宁门、两道中宁门和西宁门，在巷与主街的结合处设有巷门或更楼，现存的巷门仍有栖贤巷门和义门。在通往西港的巷口，面向东村街，设有更楼，晚间雇人敲更，提醒居民防御湖匪流寇来袭。在通向山中和湖边的道上设有山门，皆为了防御湖匪的劫掠，村内的传统建筑也表现出防御性的特征，有如与明月湾类似的实砌厚墙，以及与陆巷等地类似的院门外包砖的做法。

清乾隆年间，东村设东村汛，汛兵五名，属浙江营西山把总管辖。汛是清代兵制中的最末一级机构，凡千总、把总、外委所统率的绿营兵均称汛，其驻防巡逻的地区称汛地。东村汛位于东村东端，大街南侧，临近太湖。在"万一公墓图"上，可以看到东村汛的大致布局，入口处有哨楼，内有水塘设巡逻船，还有士兵居住的营房。

4. 建筑特征——因应山地，精工考究

东村传统建筑特点是做法精美，规模较大的宅邸较多。村内现保存较为完好的省级文保单位徐氏宗祠与敬修堂，都由徐联习建于清乾

图 3-93 徐氏宗祠

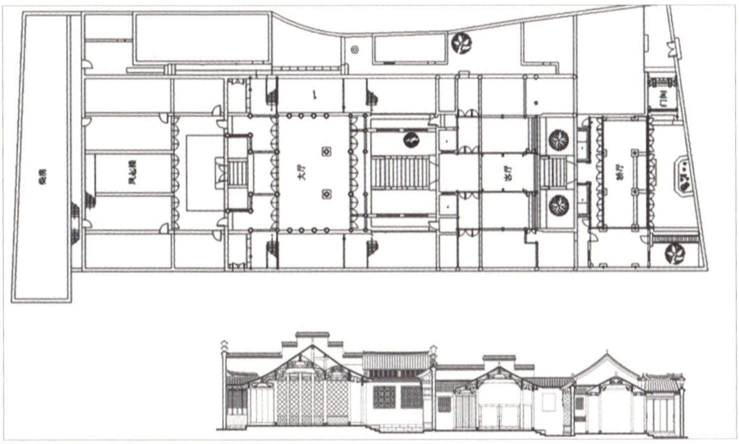

图 3-94 敬修堂总平面与轿厅、客厅、大厅剖面（图片来源：《苏州西山敬修堂“三雕”艺术研究》，苏州大学高等学校教师硕士学位论文，2010 年）

隆年间，梁架、门窗、砖雕门楼及室内砖细的做法都非常考究，村内保留着东西山地区唯一的明代巷门栖贤巷门，采用的也是讲究的扁作月梁。

敬修堂又称锦绣堂，是徐联习的宅邸，建于清乾隆十七年（1752 年），是西山现存最大的传统民居。敬修堂位于村西侧，与宗祠比邻，且与宗祠一样都以张家山为靠山，坐北朝南。现敬修堂中轴线和东侧附属建筑保存较好，与宗祠之间的部分已经不存。敬修堂中轴线上前后六进，依次为大门、轿厅、客厅、大厅、堂楼与后进。每进之间设庭院与院墙相隔。大门位于中轴线东南侧，从沿街的墙门进入院子，院内大门朝东，是将军门的做法。门上施一斗三升斗拱，门簪、额枋、拱眼的雕刻都非常精美（图 3-94、图 3-95）。

敬修堂大门后为中轴线上的轿厅，进深方向用四柱，进深五界，前檐面阔三间全部开长窗，后步柱间设屏门，后为廊。轿厅后为扁长的院落，后为客厅，客厅面阔明三暗五，院落正对的立面为中部

图 3-95 敬修堂外墙（右图来源：江苏省苏州市吴中区金庭镇东村中国历史文化名村申报材料）

的三间，为内四界前廊后双步的形式，脊部设山雾云和棹木装饰（图 3-96）。大厅与客厅之间的院落较为开敞，大厅亦为明三暗五的形式，院落正对的为中部的三间，两边间从院落两侧延伸与客厅后檐相连，做成二层的楼，院两侧设砖墙将其隔开，砖墙上开大的漏窗。客厅为内四界前轩后双步加前廊的形式，进深九界。扁作月梁和枋上都雕刻有花纹，山界梁上置荷叶墩与斗承脊桁，原有山雾云和棹木，但现已不完整。后步柱之间装屏门，刷成白色。前檐廊内全部开长窗。客厅次间与稍间之间用砖墙隔断，面对大厅的一面为水磨方砖贴面的砖细做法（图 3-97、图 3-98、图 3-99）。堂楼又名凤栖楼，二层，五间两厢，院内三面回廊（图 3-100）。堂楼后墙为封闭的砖墙，后还有一进单层建筑，是附属用房，入口不在中轴线上，天井也非常狭窄，室内梁架也比较简单，进深五界，梁架都为圆作。客厅、大厅与堂楼院落的塞口墙上朝内的一侧，都有精致的砖雕门楼。敬修堂沿街墙体的墙基部位用整齐的条石砌筑，至今保存完好。山墙做成五山屏风墙的形式。

栖贤巷门是东村为数不多的明代建筑。栖贤巷因东园公隐居而得名，据传是东园公经常由此出入上山的巷道。巷门位于巷的北端，与东村大街的连接处。栖贤巷门面阔一间，约 2.15 米，进深三界，约 1.84 米，古朴素雅，有明代建筑的特征（图 3-101）。建筑有四柱，前檐柱位于脊桁下，柱高 3.3 米，柱上出两跳丁头拱承托出挑梓桁，柱顶施大斗，上承脊桁。前后柱之间以跨度两界的月梁、枋和月梁上的劄牵联系。枋上隐出丁头拱承托月梁。在面阔方向上，柱间设两道枋子拉结，下枋的下部亦以丁头拱承托。月梁曲线优美，装饰简洁，只在弧线起始的部位略有线脚，枋上有类似彩画枋心的雕刻线脚（图 3-102）。前后柱之间，设可供行人休息的木质坐槛。柱础是的形式。原门扇应安装后柱上，现门扇已缺失，仅后柱旁的地面上还有门臼的痕迹。地面四周为青石阶沿，中间以小砖铺地（图 3-103）。

图 3-96 敬修堂门厅与客厅

图 3-97 敬修堂大厅院落

图 3-98 敬修堂大厅梁架

图 3-99 敬修堂大厅细部

图 3-100 敬修堂后楼

图 3-101 栖贤巷门

图 3-102 栖贤巷门梁架

图 3-103 栖贤巷门地面与坐槛

综述——江南水网村落概况

分述

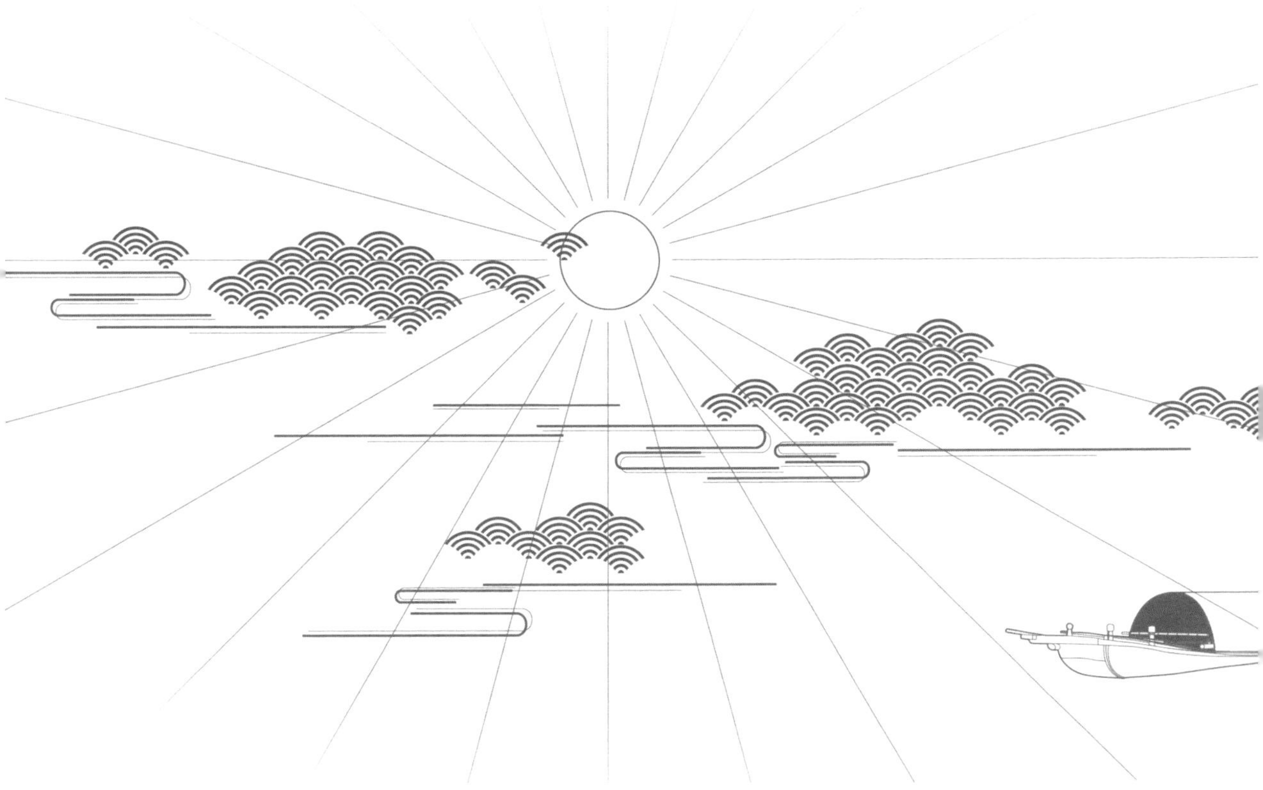

第四章

因水运而兴旺的江南水网五村落

一、综述——江南水网村落概况

20 个典型村落中，焦溪和杨桥、礼社和严家桥、李市 5 村，虽分属规常州、无锡和常熟三市，但地理相近，文化同源。细察五个村子的地理分布，杨桥在南，位于湖与太湖之间；焦溪在北，渐临长江；李市、严家桥最东，与苏州接壤，礼社居中（图 4-1）。从泰伯奔吴，延陵季子分封于此，这一片区域就具有共同的历史地理渊源，在文化脉络和风俗习惯上也因此具有了某种相通性。其中：焦溪和杨桥属常州市武进县，礼社和严家桥则现属无锡市。无锡在民国建市前，也是常州府下辖的一个县。则是对这几个村子所在土地的通常描述。《咸淳毗陵志》风土卷引杜佑通典，称“毗陵川泽沃衍，有海陆之饶，珍异所聚，故南其人，君子尚义，庸庶敦厚。永嘉之后，衣冠避难，多所萃止，艺文儒术，斯之为盛。”再往东一些，即是苏州常熟李市村，同样是鱼米之乡，物产丰饶，历史悠久、文化发达、耕读传家，人杰地灵，具有类似的村落形态特征。

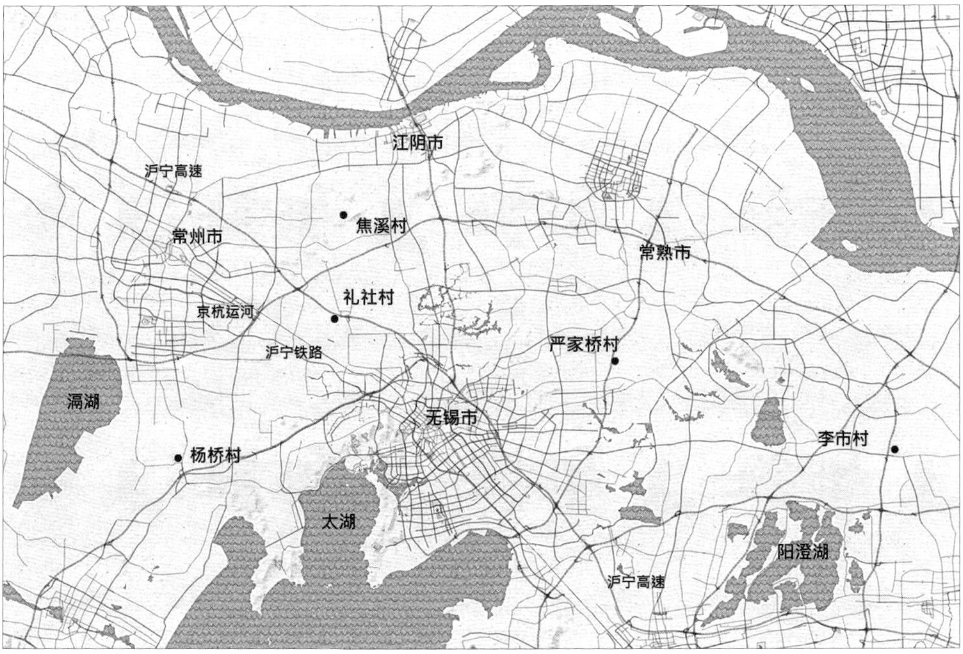

图 4-1 村落区位图

（一）延陵属地，季札子孙

公元前547 年季札封邑延陵，“常州，古延陵也，吴季子所封之地。至西汉，为毗陵。又至东晋，为晋陵，宋齐因之隋平陈，废晋陵为常州”[1]。常州古称众多，但最为后人常用与推崇的还属“延陵”。“延陵”其名是常州地区已知最早的历史记载，也因为季子其人而为后世文人所推崇。《旧唐书 · 狄仁杰传》载：“吴、楚之俗多淫祠，仁杰奏毁一千七百所，唯留夏禹、吴泰伯、季札、伍员四祠。”季子的仁德让贤，与先贤泰伯相似，与儒家伦理道德相吻合，成为后世士人处事进退的典范。《史记 · 吴泰伯世家》载其为吴王寿梦之四子，有贤名，王欲立贤，而季札辞之。“季札贤，而寿梦欲立之，季札让不可，于是乃立长子诸樊，摄行事当国。……吴人固立季札，季札弃其室而耕，乃舍之。”“季札封于延陵，故号曰延陵季子。”[2] 虽然此时尚无郡县制度，延陵当为一个区域的统称，但延陵这一地望，也成为季札这位历史人物的代称。《咸淳毗陵志》载：“常，古扬州境也。在周为吴季子采邑，曰延陵。在汉为会稽属县，曰毗陵。晋升为郡。隋改郡为州，常之名昉此。”

关于延陵的地名来历，或因先秦时期，大量地名以地形命名，延陵当为其一。宋奉仪郎常州知州朱彦在《季子墓碑后记》中认为古延陵在晋陵县北，“唐武德三年，徙延陵还治故县，今润州之延陵镇是也。杜佑谓曲阿延陵季子庙，非古之延陵，古之延陵在今之晋陵县，其说明矣。……唐大历十四年，润州刺史萧定重镌石延陵庙中，于是习俗见润州之延陵季子庙，而不知常州实古延陵季子之所封也。……又得其所谓季子墓在晋陵县北十七里，申蒲以西，又曰暨阳乡，而今暨阳乡今之江阴县乃属，令赵士䣕访之，得大冢于暨阳门外三十里，申港之侧旁有季子庙，与史记地志通典图经合。于是，表识其墓，谨樵牧耕之禁，又摩募取孔子所书十字刻墓碑上，设像祀之，学中以时率居史士诸生拜焉，所以示邦人，贵有德也。又备论历世废兴与习俗之变，易刊之碑下，使后之君子得以览观焉” 。

① 朱彦（宋奉仪郎常州知州）：《季子墓碑后记》。

② 司马迁，《史记 • 吴泰伯世家》，中华书局，1982 年 11 月，2 版，第五册：1447 页。

也有学者认为，季子故里在丹阳，也就是晋太康二年（281 年）毗陵设郡后，分曲阿的延陵乡而建的延陵县所在。时下丹阳九里的季子庙香火最盛，经唐、宋、明、清历代修缮，至今仍有涌井，井水沸涌如泉，南朝宋刘敬叔著的《异苑》一书载：“句容县有延陵季子庙，庙前井及渎恒自涌沸，故曰沸井，于今犹然，亦曰沸潭。”也与《南齐书·祥瑞志》记载相符，“建元元年（479 年）四月，有司奏：‘延陵令戴景度称所领季子庙，旧有涌井二所，庙祝列云旧井北忽闻金石声，即掘，深三尺，得沸泉。其东忽有声铮铮，又掘得泉，沸涌若浪。’”[1] 更有认为“延”意延续；“陵”者可认为是勾吴五世君主的周章墓，延陵就是延续姬姓吴氏血脉的意思。[2]

然而不管学界争论如何，今西起镇江丹阳、东至苏州常熟、南达常州武进的地域范围内分布着大量的季子遗迹，季子崇拜和纪念成为常州周边地区共同的民间信仰。五个村落就分布在这片土地上，相似的民俗遗存也间接映射了共同的文化传统，譬如现在的江苏省非物质文化遗产常州小热昏，在每个村子里都被称道；杨桥最著名的祭城隍时的“调三十六行”，也是礼社庙会的重头戏。

五个村子都是江南水网地区因水而兴的村镇，村落的兴盛和发展历程也有其共性的一面。相同的文化背景、历史渊源和经济交流，投射在建筑上，表现为相似的细部特征做法。其中最具有视觉识别性的是屏山墙做法。不同于南京地区的接近皖南封火墙的做法，也与苏州地区砖屏风墙和观音兜的特征相异，常州府地区习惯用单峰屏山墙，甚少用五峰或三峰山墙，除了在常州市区表现明显之外，也涵盖无锡、宜兴和武进周边地区。常州风格的屏山墙两侧墀头出挑深远，加之下部截面收缩明显，形成了曲线夸张、富于戏剧变化的官帽式屏山墙（图 4-2、图 4-3）。

① 张承宗，《季札及其故里延陵考略》，见《苏州大学学报（哲学社会科学版）》，2008 年第 1 期：113 页。

② 杨训，《古延陵地域考》，http://bbs.212300.com/thread-2542212-1-1.html

③ 按通行的规范，镇的人口要求底线为 25000 人，并要求其中的非农业户口占一定的比例。

图 4-2 焦溪单峰屏山墙

图 4-3 礼社单峰屏山墙

说焦溪、严家桥、杨桥、礼社、李市是“村”，不一定确切。在我国现行的城乡遗产保护体系中，历史文化名城、名镇、名村形成了一个体系，但名镇、名村的界定模糊，并非不能转换。名镇、名村的确定多是依据当前的行政管理体系，而非历史上的形态，如果需要理清脉络，必须理解自然村和行政村、集镇和镇的差异。自然村是一个和传统农耕社会组织结构相对应的概念，它往往是一个或多个家族聚居的居民点，自然村是农民日常生活和交往的基本单元，是中国传统农耕体系中的基础，但并不是一个社会管理单位。与社会管理单位相对应的是当下的行政村，也就是名村申报体系中的村落范畴。而“镇”在当下的行政体系中实际是指城镇，是指脱离乡村生活的微型城市（town），非农户口和人口规模的指标化更强调了这种城乡差别。[3]

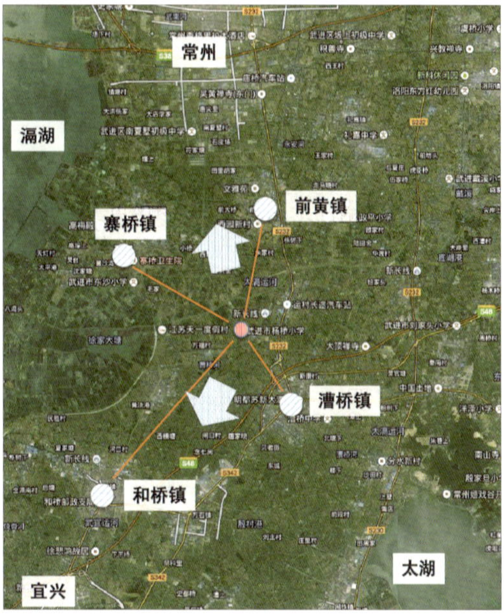

图 4-4 杨桥与周边市镇关系

传统的乡村社会中“镇”的概念更近于集镇，大多不具有行政功能，而是因市集而兴起的居民点，因为交通便利和文化因素，在均质的乡村网络中成为小区域中心的市镇，从墟市到固定商肆汇集的街市是集市形成的脉络，小者为市，大者为镇，成为宗族聚居、商品交换、物资汇集、宗教活动和文化教育形成的自发中心。从这个角度看，这五个村落在历史上的表现更类似集镇。杨桥规模略小，是江南地区的经济活动网络的基层市场——市集，和周边的中市场漕桥镇、和桥镇及寨桥镇共同构成此一区域的经济网络（图 4-4）。有趣的是，即便属于最基础的集市，杨桥太平庵内供奉的神灵依然是城隍——中国传统城市中的保护神，而每年的城隍祭也成为村落内最盛大的庙会（图 4-5）。焦溪、严家桥、礼社则如同和桥与漕桥一样，是水乡经济

图 4-5 杨桥庙会照片（http://act3.news.qq.com/2121/work/show-id-4682.html）

网络中的中市场——市镇，同样在清末民初也兼乡镇治所所在，是周边乡村区域的经济乃至文化中心地。李市则改去“李墅”，以市为名，有着“铁李市”的美称，成为晚清民国时期白茆镇的水陆交通中心和人气旺盛的物资集散之地。但在解放后的行政区划调整过程中，焦溪让位于郑陆，严家桥改属羊尖，礼社则与玉祁合并，不再作为乡镇驻所，由乡镇变成了行政村。因此，这几个村和传统的农耕型村落形态并不相同，体现为聚落规模大，农耕比重有限，有大量的商业、服务业和地方手工业。据薛暮桥统计，20 世纪 30 年代初，礼社老街上的人口总数为 1631 人（加上周边村庄的总人口达到可观的 3665 人[①]），务农的农民数（16 岁以上男子）只有 73 人，只占 4.5%，当时的集镇化形态可见一斑。

（二）区位中心，经济节点

五个村落距府城或县城都有相当的距离，并且都位于诸县交接处。焦溪位处锡、澄、武三县交界；礼社在常、锡交界；严家桥在锡、澄、虞三县交界，而杨桥以桥为界，北为武进、南属宜兴，李市则位于常熟与苏州市区之界。五村也都有相对便捷的水道连接城市和周边区域。民国时期，焦溪村内的龙溪河通过舜河南下三河口，可以方便地到达常州北门青龙桥，向北则可通长江；杨桥村内的杨桥浜，东西可以联通滆湖和太湖水系，亦有到常州的定期班船，至今班船码头仍在；严家桥通无锡的班船一直到解放后仍在运行，当时是周边地区去无锡、常熟的最便捷方式；礼社与无锡的水路联系更产生了一桩趣谈，著名的老一辈经济学家孙冶方就是礼社人，原名薛萼果，后改名“冶方”，其典故据说来自无锡“冶方场”的地名，“冶方场”所在的通汇桥民国时有班船通玉祁、礼社，薛萼果 12 岁随父兄去无锡拜江南名画家吴观岱学画，第一次进入无锡县城，或在此留下了深刻印象。[②]

从经济的角度，城镇是人类社会经济活动在空间的投影，是区域的中心地，这种市场依赖于收集输送地方产品、向周围乡村人口提供所需货物和服务而存在。中心地之间的这种层次级差可区分为区域市场（都市）、中心市场（府县）、中间市场（镇）和基层市场（市）。依“中心地理论”来看，在均质的场地中，乡村市场应建在位于广大乡村中心的地点，服务于周边六边形网络节点上的乡村，而其自身又成为上一级服务性城镇的六边形网络的边界节点。当然，由于地形的因素和交通路线的影响，均质的网络会呈现更为有机的形态。这四个村落都处于周边县城及县城与府城之间交通线的中点位置，与区域中心地交通便捷，但同时又有一定的距离，弥补和完善了周边县城的服务网络，在江南乡村的经济网络中，因此成为局部的中心。

水乡地区因水而兴，交通性和商业性的水系成为村落组成的核心元素。江南地区自古是鱼米之乡，水系发达，村落依水而成，除了有用水方便外，更重要的是交通便捷。杨桥和严家桥以桥为名，焦溪也以水为名，三村中均有穿村而过的水道，村落夹水而建，水道的形态确定了村落的空间发展脉络。礼社虽然村名中无水字，但当地人最津津乐道的是礼社过去的九潭十八浜，村子位于周水环绕的高爽之地，享水之便捷而少虞水患，如果把视线放在更大的区域内，礼社与历史上的芙蓉圩的围垦关系密切，是与水争地，堰湖而圩的产物。

杨桥、严家桥、李市虽然交通便利，但却因

为距离县城偏远，都在战争中免遭波及而得以在特殊的时期发展。清末之际，由于杨桥离官道较远，咸丰之乱未曾波及，周边区域内的商人多避难于此。抗日战争时期，也是由于陆地交通不便，受日军骚扰较少，老街相对周边更显热闹，近代的发展应当与此有关。而严家桥同样得益于此，其地位于锡、澄、虞的交界处，距三个县城都有较远的距离，区域内水乡密布的区域，陆路交通并不方便，从而成为躲避灾祸的上选之地，无锡的唐氏家族就是因为躲避咸丰兵祸，举家迁至此处，将丰裕的资金带入，大量购买田产，兴开米市、布市，之后更以此为据点在无锡、苏州、上海发展，由此带动了乡村的兴盛。李市也可以看到类似的历史轨迹，经过了明清交叠的战乱、清末太平天国之乱，李氏望族及周边大户迁居、避居于此，推动了李市集镇的繁华。然而与上述三村不同，焦溪、礼社则因为地处交通要津而多兵祸，礼社波及于咸丰之乱，而焦溪在近代遭受北洋军阀和日军两次洗劫，虽然在战乱之后迅速重建，但历史悠久的建筑已多损毁，今天在这两个村落中看到的建筑大都是民国时期的遗存。

（三）宗族社会，人文昌盛

唐氏家族带动了严家桥的发展，薛氏家族则奠定了礼社的兴盛，作为大地主，清末薛氏家族在礼社及其周边，甚至远至武进郑陆，共有土地四万多亩，薛氏家族的聚居所在，自然成为周边乡里的实际中心。薛氏的势力范围包括“前洲、玉祁等大小乡镇37处，……一切地方行政，民事仲裁，民众组织及党务，团防等实权，均入薛氏掌握”[③]。礼社自然在周边乡镇中获得特权。

宗族文化另一个影响就是重教兴学，在耕读传家的传统儒家文化熏陶下，重视教育是这几个村的共同传统。从焦溪在历史上被称焦塾就可见一斑，焦塾名字则来源自明代焦丙的私塾典故。1943 年，焦溪工商界人士是贻永等人借用焦溪南下塘是氏、徐氏宗祠创办了私立仲明中学，并一直延续至今。从私塾到创办近代新式学校，几个村落都有相似的历程。严家桥的程荫山在 1912 年创办了当地第一所新学——怀东小学。礼社薛氏更早在 1905 年就创办群智学堂，随后的 1907 年开明学校、1912 年培本女校以及 1914 年灌英女校，也均为薛氏贤达开办。1924 年毕业于剑桥的薛仲华，利用回乡养病期间创办周边

① 张建清主编，《江南古镇礼社》，苏州：古吴轩出版社，2008 年：7 页。
② 张建清主编，《江南古镇礼社》，苏州：古吴轩出版社，2008 年：228 页。
③ 薛暮桥，《礼社》，见张建清主编，《江南古镇礼社》，苏州：古吴轩出版社，2008 年：8 页。

地区的第一所中学立达中学。薛暮桥先生在对家乡进行经济考察时，认为学生学费在 30 年代的礼社是中等地主家庭的重要开支，费用之高也颇难承受，只得收支相抵，殊为不易。但对教育的重视使得村中人才辈出，继而又反哺乡里，带动乡村的发展。宗族的富裕，较高的教育程度，使得这些乡村在近代更快地吸收外来文明，在近代的社会转型中相应地发生变化。最典型的例子是礼社走出去的近代实业家薛明剑，于 1945 年将礼社、玉祁和周边的两个乡镇合并成立自治实验乡，自任乡长，兴办学校、工业、发电厂，给乡里带来巨大改变。

宗族同样维系了村落社会结构的稳定。礼社的薛氏义庄，不仅在兴盛时承担薛氏族人的养济，更创办永善堂，赈济村内的异姓乡民。而严家桥的唐氏家族，也兴办义庄，“唐氏仓厅，……收入充善举”，赈济乡民，使得乡村社会结构相对的稳定。按照薛暮桥先生的说法，“当薛姓盛时，视礼社为其采邑，对于异姓贫苦之保护救济，引为己任”。描述大家族和乡民的关系时说，“民国初年，地主与农民之间尚有残留之温情关系，地主每有婚丧大事，附近农民辄来服役，视同天职。事毕给酬，必辞必谢，一若赏恩”。在灾荒时的赈济，平抑了不同年份收获间的差异，也避免灾荒对社会的破坏影响，使得社会结构的相对稳定持续。

宗教和民俗是乡村结构的另一层维系，是维持乡村社会稳定的另一个文化要素。祠庙是乡村建筑体系中不可或缺的公共空间，在这几个中心集镇中，表现得更为明显。杨桥太平庵内供的是城隍，严家桥庙前街上也有一座颇具规模的城隍庙。如果你知道，乡民称杨桥为“小宜兴”，严家桥为“小无锡”，大概就不难理解乡民对城隍供奉的需求从何而来。随之而来的庙会本就是乡村生活的重要环节，祠庙的兴盛和庙会相辅相成，而祭祀神灵时的盛况既是娱神亦是娱人，因此在几个村落内都发展出了丰富的民俗祭祀活动，基本的形式也相类似，譬如杨桥有名的“调三十六行”，在礼社也同样重要；礼社现在以龙灯名闻苏地，但焦溪、杨桥历史上也不乏记载；严家桥的滩簧戏经过袁老二[1]的手变成了锡剧，但在礼社、杨桥也是传统的娱乐活动；焦溪的荡湖船是体现江南水乡圩田风貌的独特民俗，同样也是礼社在香会时的重要节目；诸如常州小热昏、山歌、马灯、高跷之流，也是各个村都有的民俗活动。热闹的庙会、香会、节场活动，使得中心乡镇有了另一层的吸引力。

（四）工商发祥，故地转型

这五个村落，兴盛发达的时间与留存下的大量实物遗存的年份均是清末民国时期，这反映出江南地区在清末民国时期乡村结构和面貌的转型。在传统农业和手工业经济发展的基础上，在传统的庙会、流动市场构成的乡村经济网络中，在种种因素催化下，产生了固定的市集，交易集中在粮食、茧业、土布等传统农产品和传统手工业产品上。同时无锡、常州是中国民族工商业的发祥地，由于最早的产业集中在纺织业、面粉业等传统的农产品加工业，为取水路运输之便，无锡和常州城市中最早的民族，工商业企业均布局在京杭运河沿岸，如常州的大成纱厂、第五毛纺厂、无锡的茂新面粉厂等。这促进了这些以水运交通为主的乡村市镇的商品交易规模的扩大，成为无锡、常州等中心城市工业的区域原料基地，礼社和严家桥就是典型。

另一方面，随着近代工业的发展，外来文明伴随着教育和加速的人员流动迅速进入乡村，对乡村社会的传统结构造成巨大冲击，引发了深层的社会结构变化。集市成为城市工业化商品进入乡村的窗口，乡村集市交易的商品种类和数量远远丰富于过去，商业繁荣的背后其实是乡村传统手工业的瓦解和农村剩余劳动力的增加。以礼社为例，20 世纪 30 年代后离村外出务工的乡民占村民总数比例接近 50%，与 19 世纪初一个村落只有三五人外出的情况形成鲜明的对比。薛暮桥认为，由于传统农业社会结构的破坏，民国后期的农村缺乏富余的资金，传统手工业被现代工业品摧毁，农村的资金被城市的商品逆差抽取，不仅底层的农民如此，上层的地主也同样挣扎在收支平衡的边缘。

① 袁老二，本名袁仁仪，将地方自娱自乐的“滩簧”戏加以发展，成为江南著名的地方戏人，被誉为锡剧的始祖。

图 4-6 焦溪村内的龙溪河及东岸的南下塘

据薛暮桥以礼社为对象的调查，30 年代以后，礼社地主拥有的田亩数大量减少，而且现代的农业机械化（譬如电水车等）大大增加了资金的支出，消费增加，收入减少，中等地主也大量负债，陷入没落。原有农村的自给自足的经济，和乡绅对乡村反哺的资金投入机制均已被破坏。大量的剩余劳动力则进一步促进了商业和服务业的发展，也促成了几个村落在近代商业数量的畸形发展。这种变化表现在村落空间和建筑类型方面，就是商铺建筑的数量大量增加，村中有记述商铺数量都以百计，沿主要街道均为商业。焦溪更在 20 世纪 40 年代统一新建了两条规模化的商业街道，蔚为可观。同时也出现了大量新的功能建筑，如教堂、工厂、水龙宫、新式学校、图书馆、仓库等；还有新的商业类型，如书场、书店、赌场以及大量的南北货行。这些新的功能建筑和传统的祠庙、宗祠、义庄、善堂以及传统的粮行、布庄、铁匠铺、药行、棺材行、茶馆、酒肆、豆腐坊混杂在一起，构成了乡村中心在近代转型的喧闹景象。这种转型表现在建筑形式方面是大量新式的西式装饰被使用，如三角山花、卷草纹线脚、拱券窗楣、柱式、车木栏杆，甚至三角屋架，尤其典型地反映在商铺建筑中，甚至影响了更加传统而变化缓慢的民居形态，不仅仅在装饰细部上新化，在空间模式上也发生转变，如焦溪强家弄一带的独立式行列民居就改变了传统江南民居的院落布局模式。

解放后五个村落的发展历程也基本相似。行政建制的调整，使得镇转变为生产大队，土地制度的调整，使得农业耕作组织方式改变。大量建筑由于土地改革被重新分配，近代萌发的工商业，回归到传统的农业形态。在计划经济下，农村支持补贴城市。资金缺乏，建筑维护更新机制缺失，历史老建筑自然崩坏，村落相应衰落。改革开放以后，乡镇企业的发展为乡村的发展注入了活力，也带来了资金。但富裕起来的农民缺乏延续传统的价值取向和文化基础，大量的历史建筑被改建，资金的注入，反而造成了对历史面貌的新割裂。如礼社这样快速发展的村镇，乡村面貌迅速发生变化，历史建筑在村落中逐渐变成点状的存在。而发展相对较慢一些的村落，譬如杨桥，历史建筑和传统风貌保存的就相对的好一些。

从这个角度看来，乡村的组织模式，更尤其重要的是经济模式，是传统乡村面貌得以形成的基础，也应当是村落传统延续的基础。

二、分述

（一）焦溪

1. 区位环境——依山傍水，通江达县

沿着沪宁高速公路往上海方向出得常州，便可以看见“芳茂山”服务区的路牌，抬眼望去，公路远处有平缓山丘横亘绵延十数里，山体不高，但郁郁葱葱，当得“芳茂”之名。这就是“横山”，《咸淳毗陵志》载：“横山，在县东北三十五里。南唐徐锴碑云：旧名‘芳茂’，晋时常有紫气，右将军曹横葬于此，易今名。三茅山人张存有‘当时不葬曹横墓，千古犹称芳茂山’之句。”[1] 山体逶迤曲折，自常州东北，绵延向东折北一直延伸到江阴境内，直抵长江，鹤山、秦望山、凤凰山、舜过山次第延伸，虽然只是绵延的小丘陵，却是延陵古邑的始祖之地，虞舜耕稼、秦皇登望、季子故里，从这些山的名称就可以领略这里拥有的文化底蕴与积淀。古村焦溪就地处这绵延山陵的西侧，常州、无锡、江阴交界处，现隶属常州市东北部武进区郑陆镇，村内舜河穿过古镇流经舜过山脚汇入长江，也贯通了常州东北与江阴的水路交通。古村依山傍水，伴水而生，极目见山，商贾繁盛，曾是常州城外盛极一时的大集镇（图 4-6）。

焦溪的集市贸易已有百年历史，自清朝中叶以来，由于位处常州江阴交接地，河道交通便捷，因而成为常州东门外的大集镇，在抗战前夕达到商业的鼎盛时期，镇内行业涉及粮食、生猪、蒲包、木材、布庄等 30 多种。遗留至今的沿街店铺建筑是自清代以来的传统商业、手工业及社会生活的历史见证。传统商贸涉及传统商业、手工业与风味饮食等 30 多个行业，沿街密布的排闼门构成了焦溪的主要街道景观。

这首先源自焦溪的地理资源环境。焦溪村位于常州的东北角，东西狭，南北长。全境属太湖平原，地势低洼，土壤肥沃，土层较厚，质地疏松。焦溪东北至东南沿线山丘绵延，分别为舜山、凤凰山、秦望山、鹤山、石堰山等，山脉并不高大，但均为石骨，盛产黄石，是苏州园林中黄石假山的材料来源。舜河贯穿东侧，由南向北流经申浦港可达长江，舜河南过三河口与芙蓉圩的水系相连。这一带人类活动史和文

① 咸淳毗陵志·山水，http://www.czlib.net/tesezhuanti/difangwenxian/xianchunpilingzhi/

明史的源头可追溯到 5000 年前常州戚墅堰区圩墩文化，是最早同属马家浜文化遗承的典型。焦溪村属亚热带季风性湿润气候，雨量充沛，四季分明：春季天气多变，时阴时雨；夏季受海洋季风影响颇为显著，高温多雨；秋季天高气爽；冬季受偏北风影响，寒冷少雨雪。周边土地肥沃，平原千里，是长江下游早期人类的生活地之一。村落周边是传统的农耕场所，农产资源丰富，除稻米外，尚有大量的经济作物，养猪、肠衣、葡萄被称为焦溪“副业三宝”，著名的三花脸黑猪的养殖历史最为悠久。而禽渔、果蔬也是主要产业，现今全焦溪葡萄、蜜梨种植面积达 5700 余亩，是武进区著名的林果之乡。

同时更重要的因素是焦溪得天独厚的地理区位。焦溪位于三县交界，交通便捷，紧傍舜河，北通长江，东接黄昌河直至江阴，龙溪河穿村而过，石堰北塘河西通郑路，南接三河口可达常州北门青山桥，再东可至无锡，水路交通四通八达。焦溪凭东面绵延的山体与江阴的南闸、月城集镇相隔，山西侧的市集只能汇集于此，更突出水路的重要。即便焦溪镇北的舜过山高仅百余米，即便虞舜耕稼的传说并无实证，但并不妨碍民间信仰和活动的形成，依托舜田、舜井等遗迹，供奉舜帝，并在传说每年的农历三月十八的舜天子诞辰，举行庙会祭祀，香客纷至，商贾云集，这天也就成了焦溪舜过山的节场，当地的百姓俗称“作节”，成为常武地区最重要的市集之一，周边三河口、新安的乡民，都称去焦溪为上大街。

元朝至正七年（1347）十一月，时任浙江湖州太守朱德润，去京口途中，访江阴翟仲直，次日从江阴西回晋陵，写有《游江阴三山记》：“既而舟转岸曲，板桥为梁，即三山坞。其民居辏集，屋瓦参差，稻秸堆委，连衢比巷，如墉如栉；风俗熙熙，翁呼儿荛，妇饷姑汲；牛羊在山，犬豕在圈，鸟噪于林，鸡登于屋，蔼然太平丰稔之象，若古朱陈村焉。”无法确定其途中所见描述的是否是今天的焦溪，但文中描述自江阴“明日西回，登览高丘”，然后驾船顺河直至横山，描述的应是三山前的河村景观。在太守眼中，村庄远离城镇，怡然自存，仿佛白乐天口中的理想家园，但从“民居辏集，屋瓦参差，稻秸堆委，连衢比巷，如墉如栉”的描述，可见在这一时期沿河的村镇规模已然可观，已见街市雏形。《毗陵高山志》中就记述有明代焦溪“夹舜河是氏居焉，货物辐辏，固高山南隅一都市也。”

2. 历史沿革——延陵旧地，历火再生

焦溪，古延陵地也。

焦溪甚至在民间还保留有延陵村的村名。至东周春秋时间，此地已属吴王余祭封给季札的领地延陵的一部分，至今舜过山北的申港镇上还留有季子墓、季子庙等遗迹。虽然古延陵已成为西至京口，东至太湖的古常州地域的统称，但横山、高山一脉绵延山陵，和申浦港的季子庙让宋常州知州朱彦认为与太史公描述的延陵故地一致。横山除了得名自曹横的说法外，考察先秦时期的历史地理环境，横山南侧为大片的沼泽与震泽（今太湖）相连，山横其间，亦为其名之来历。以此观之，焦溪所在的横山——舜过山区域很有可能是古延陵的所在。

焦溪古镇到底始建于何时，因何而兴？现在缺乏足够的史料来考证。但从苏南地区来讲，大体“百里成一郡、十里成一镇”。焦溪能成为常州东北的重要集镇，自有其独特的历史、文化和经济因素。

焦溪的具体发展，如同周边的其他水乡村落一样，缺乏具体的文字记载，但从不缺乏传说、附会和朴素的乡民愿景，著名的人物充斥其间，圣人、高僧、隐士勾勒出精彩的片段，连缀在一起，读来会发现真实与虚构相互交织，但核心依然是人与土地的羁绊，以及植根于耕稼的崇德尚学的传统，真实的和虚构的并不矛盾，共同勾画出民间的诠释。

从文化演绎的角度，焦溪村的历史首先可以

追溯到虞舜耕稼之所，村北高山名舜过山，村东河名舜河即来源于此，但江南一带以舜命名的山还有多处，《咸淳毗陵志》在最后的“纪遗（辨疑附）”中专门有一段文字对延陵地内舜山遗迹进行了辨疑，认为这些地名是南朝晋宋时由于晋人南迁才开始形成附会传说。但对乡民来说，考证并不重要，重要是山有仙则名，风调雨顺的愿望有所寄托，庙会娱神之时亦能娱人。

但《咸淳毗陵志》中只记载到乡，焦溪所属的晋陵县大宁乡被列入地名。明以后大宁乡随晋陵县并入武进县，清雍正后则改属新设的阳湖县，民国后武进、阳湖两县合并为武进县，焦溪遂属武进至今。

焦溪建村最早的传说，就是焦先生的故事，清乾隆《焦溪不宜建坊碑记》记载：“焦镇古为焦村，相传唐时有焦先生隐居于此，故名。”有意思的是，焦先生是类似延陵季子的另一个版本的隐士，因为不愿为官，归耕隐于舜山之下，搭庐于舜河之畔。坊间据此衍生出一系列的故事，有称焦先生居于龟山下，又称龟山禅师，也有焦先生和秦望山鸟窠禅师相熟相和的佳话。演绎伴随着时间由一代代人口耳相传加以丰满，但这种文化迁移，却体现了对三山[1]、焦溪一带人杰地灵的认可和自得。

关于焦溪的文献，最重要的是明代《毗陵高山志》，其编纂者顾世登、顾伯平就是焦溪人，志中有焦丙传，记焦丙为元末明初人，“名丙，江阴虞门人，隐居焦塾。高皇帝之故人也，帝既定天下，遂下诏有司征求之，先生恐为有司累，间行至京，操鸡酒、驰甬道而入与帝班坐欢饮，加征时，帝赐以金、玉、角三带，先生受角，乃除千户，居无何，挂带而去，莫知所之，君子以此汉严子陵云”。与焦先生何其相似，但明史中无相关记述，恐为焦先生传说的明代版本。但焦塾变成焦溪最早的称谓，“莫知所之”，在后人道来，就演变为焦丙归隐后在焦溪设塾讲学，学子众多，受人爱戴，于是焦溪又名焦塾。后因“塾”与“埶”（垫）字形相近，“塾”误为“埶”（垫），焦溪清后商肆繁盛，“埶（垫）”与“店”为谐音，焦塾便演变成“焦店”——这一民国时期的名称的来历。焦塾、焦垫无从考证，但焦店的名称确是真实的存在，至今这一名称在一些老人中还被使用，并被流传成一句歇后语，“火烧排门（打一词）——焦店”，形象地表明清末焦溪商铺比肩，排门林立的景象，也同时说明了焦溪在民国初年遭受的灾祸。传有两次，一次是民国初年的北洋直皖军阀混战的江浙战争中，村落被纵火焚毁；另一次是在民国三十年（1941 年）日军的火焚焦溪。后一次尚能得到老人的回忆验证，据东街 12 号店主回忆其祖母的说法，日军火焚时，中街及东街受害尤盛，沿街店铺多付之一炬，仅其家得以幸免。之后焦溪重建，为了强调以水克火的厌胜说法，取意于“以水克焦”，借用龙溪河的“溪”

① 淳熙志中三山指高山，其中最高者为舜山，后人亦指三山为舜过山、秦望山和石堰山。

图 4-7 龙溪河

字，遂改为“焦溪”至今。历史上、传说中多次改名，但“焦”字未变，似乎与焦姓相关，但村落内焦姓并不是大姓，是、承、顾姓更多，确是一个有意思的现象。

古有虞舜在此安营扎寨造福百姓、季札在此耕读隐居终老于斯，后有明朱元璋帝师焦丙、清舜山学所创立者是镜等名士人才。延陵季子崇德尚学的传统在焦溪的传承，使得焦溪地区名人辈出。尤其在诗文传承上，直到近代仍有菊花诗社、湖山诗社的佳话，文化的脉络延续至今，《舜溪风采》[①] 至今仍为焦溪人的诗文创作提供平台。鹤峰书院、仲明中学，是焦溪崇德尚学、文风兴盛的佐证。据统计，焦溪地区历代曾出过状元 1 人，进士 17 人。清是镜创立舜山学所，并与承越在焦溪成立“菊花诗社”，影响颇大。近代如常州芳晖女子中学创始人徐洁怀、五代中医世家承槐卿、杏林儒医丁谏吾、航天专家程心一、中华人民共和国最高人民法院副院长奚晓明等人均出自焦溪。

3. 村落格局——因水而生，沿河生长

焦溪近水而居，因水成街，龙溪河顺街蜿蜒东流，汇入舜河，宽仅 10 余米（图 4-7），建筑夹河而筑，鳞次栉比，北岸为面街靠水居住兼商铺的建筑，南岸为空旷平整的堤塘，绿树花木点缀其间，民居则退后而建，“面街背水户通舟，台榭高低临水际”，是典型的江南水乡街市格局。乡民称之为“六街、九桥、十八弄”（图 4-8）。

① 《舜溪风采》为郑陆镇焦溪村自编的诗词集。

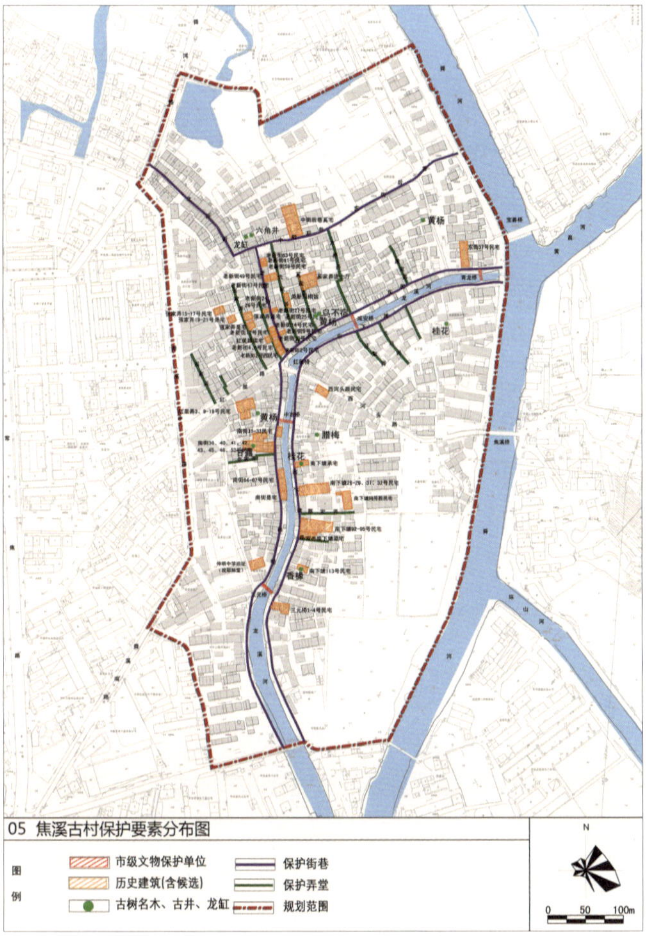

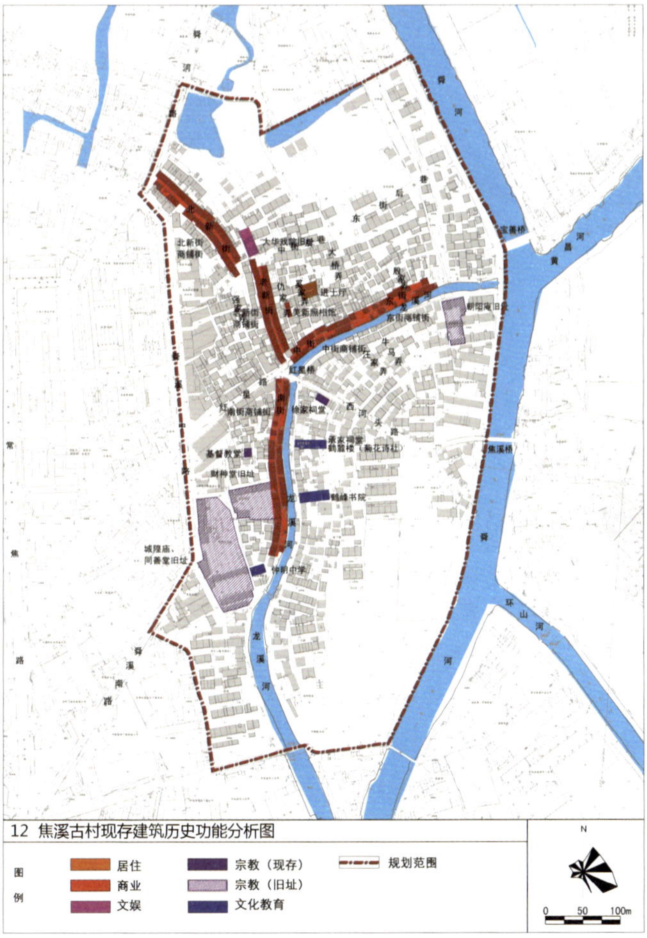

图 4-8 焦溪村落遗产要素（上）；焦溪建筑遗存历史功能分析图（下）

舜山场的熙熙攘攘，舜河的通江达县，使得焦溪自然就成为舜山周边地区的集镇中心。焦溪的空间发展因而也具有苏南水乡集镇的典型形态特征。

其空间特征体现在格局自发性强，顺应环境地势，依托水系或道路呈线性布局，近水而居，因水成街。

舜河自古村东侧南北向贴村而过，向西引出的龙溪河呈弓形复于村北再入舜河，村落因此塑形，龙溪河中段，在中街和南街交界处，向西为西街街河，向东为南溪小河，构成古村的十字水系。1957 年西街街河填塞；1969 年，舜河裁直，拓宽，疏浚舜河中段，新河从柳门桥往南，经鹤山北麓，至石堰粮库东侧出口，于是填没柳门桥至宝善桥一段旧舜河；1978 年填万兴桥往东的南溪小河。至此，“十”字河变“一”字河（图 4-9）。

现状龙溪河面宽约 10 米，西北岸为河房，多为两层商铺，进深一进，临水挑空；南岸临河为空旷平整的堤塘街道，民居退后而建，花草点缀，为居住功能。古镇的主要骨架街道即位于河北店铺内侧，自南始为南街，再北则顺应弓形的河道折而向东北，为中街与东街，全长近 600 米。

古村落空间特征表现为商业规模大，形态多样，不仅仅满足集镇内部需求，而是成为周边区域的农产品和商品的集散地。江南地区自明以后，经济形态的网络化不断加强，民间的商品交换发达，传统的米、布交易已经形成体系。尤其是在清末民初的民族工商业在常州、无锡兴起之后，大规模工业化生产的产生，使得粮食、棉花、丝绸等原料农产品的交易需求不断增加，一些水路交通便捷的传统集镇就逐步承担了这些农产品的区域交易中心的地位，这应该也是焦溪在清末至民国年间兴盛发展的主要原因。其交易产品也主要集中在粮食、布匹、蒲包等大宗农产品上。1946 年前，焦溪主要商业区沿龙溪河从咸安桥至惠通桥（中街）向南至中市桥（南街），与河道平行，两侧均为店铺。日军占据时期遭火焚后，在 1946 年后改建老新街与北新街，沿街均为下店上居的商业店铺，进深 1 ～ 2 进，沿街 1 层均为木板排门，形成规模整齐的商业街区形态。

龙溪河贯穿东西，北岸一条长街称为上塘，东起宝善桥，西至文星桥，分为东街、中街、西街；南岸称为南下塘，龙溪河在南街口折而向南，河东称为南下塘，河西称为南上塘。古村现存的街巷、弄堂多形成于清朝、民国时期，街弄纵横交织，形成了宜人的步行网络。沿南、中、东街向西和北垂直衍生出若干巷弄，巷弄垂直于街，呈丁字形相交，枝状展开分布，与街巷共同构成纵横交错的骨架体系，集镇商业顺河道延伸，居住则顺支巷布局，也就是传统说法中的“六街、九桥、十八弄”。“六街”即指东街、中街、南街、老新街、北新街以及西街。1957 年，填塞西街街河时，拓宽西街街面，建成红星路。

历史上的“十八弄”指的是东街的四条——殷家弄、大桥弄、承家弄、茅坑弄；中街的五条——奚家弄、油车弄、仇家弄、吴家弄、典当弄；南街的一条——是家弄；西街的三条——强家弄、沈家弄、奚家弄；东下塘的牛马弄、汪家弄；南下塘的三条——王家弄、蔡家弄、是家弄。但现状的历史巷弄只剩下十三条，包括东街的殷家弄、大桥弄；中街的奚家弄、仇家弄；南街的是家弄；

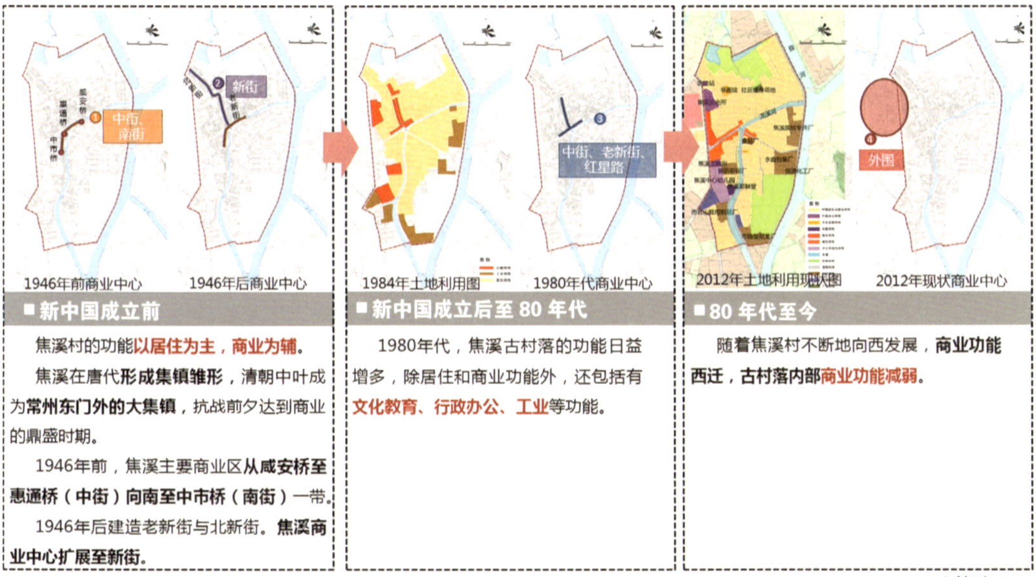

■ 新中国成立前

焦溪村的功能**以居住为主，商业为辅**。

焦溪在唐代**形成集镇雏形**，清朝中叶成为**常州东门外的大集镇**，抗战前夕达到商业的鼎盛时期。

1946年前，焦溪主要商业区**从咸安桥至惠通桥（中街）向南至中市桥（南街）**一带。

1946年后建造老新街与北新街。**焦溪商业中心扩展至新街**。

■ 新中国成立后至 80 年代

1980年代，焦溪古村落的功能日益增多，除居住和商业功能外，还包括有**文化教育、行政办公、工业**等功能。

■ 80 年代至今

随着焦溪村不断地向西发展，**商业功能西迁，古村落内部商业功能减弱**。

功能演变图

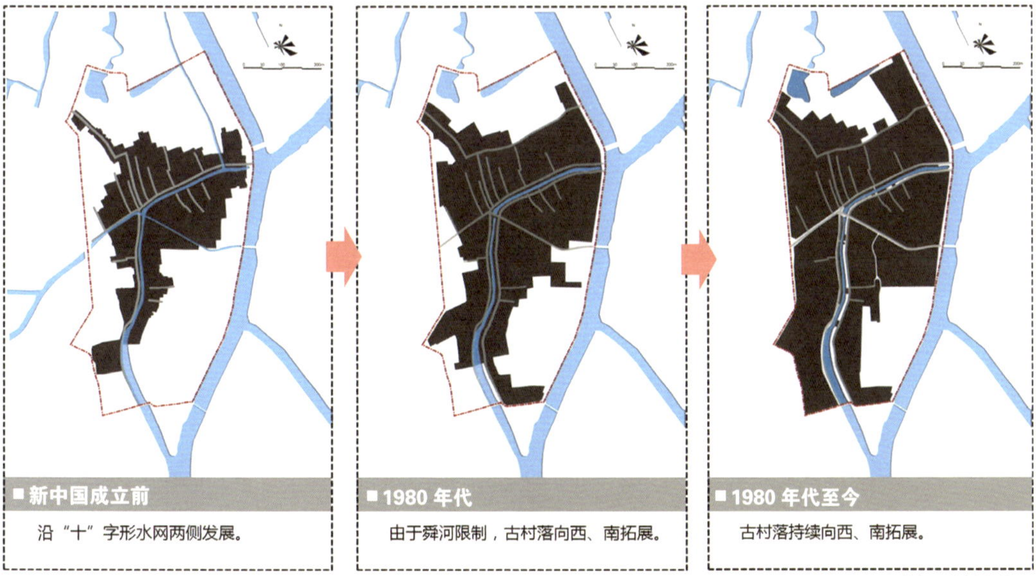

■ 新中国成立前

沿“十”字形水网两侧发展。

■ 1980 年代

由于舜河限制，古村落向西、南拓展。

■ 1980 年代至今

古村落持续向西、南拓展。

空间形态演变图

图 4-9 焦溪功能与空间形态演变

红星路（原西街）的强家弄、奚家弄、典当弄；东下塘的牛马弄、汪家弄、杀猪弄；南下塘的蔡家弄、是家弄。（图 4-10）

焦溪的桥就是“六街、九桥、十八弄”中的“九桥”，自东北向南分别为，宝善桥、青龙桥、咸安桥、惠通桥、中市桥（图 4-11）、三元桥、文星桥、蔡庄桥、万兴桥①。

焦溪的集镇空间形态不同于传统的水乡村落，没有特定传统的水口处理方式，桥实际上就变成空间的媒介和标志，现存南街三元桥和桥西的耶稣堂共同成为古镇南北的入口界定，金山石的半圆拱券，形若城门，为北上的船只提供了明确的空间划分。

配合古桥标定空间的还有焦溪街上原有的十一座砖砌圈门，建造之初应该是起到防卫、防盗的功用。但古人必然又赋予其文化意义，每座圈门上端，镶有方砖四块，刻字四个，雅俗共赏的题字反映了乡民的质朴愿景。东街宝善桥下，圈门上的砖刻是“紫气氤氲”；中街咸安桥下，圈门上刻的是“中衢要隘”；中街惠通桥下，圈门上刻的是“万商云集”；西街文星桥下，圈门上刻的是“文星拱照”；南街惠通桥，圈门上刻的是“日中为市”；东下塘咸安桥：圈门上刻的是“万民咸安”；东下塘万兴桥东，圈门上刻的是“钟灵毓秀”；南下塘万兴桥西，圈门上刻的是“鹤峙渊亭”；南下塘中段（原粮管所旁），圈门上刻的是“人杰地灵”；南街三元桥东，圈门上刻的是“物阜民康”。这些建置在街道上的构筑物，如同城市中牌坊的功用，但更简洁和便于设立，给延展的临河街道增加了空间的节奏和变化，可以想见原来的商贾交易、乡民寒暄的时节，只需要提及某桥、某门，相互便心领神会，达成默契。但可惜的是，所有圈门均已拆除，只能在周边其他的水乡集镇中找寻这种回忆。

再一个标定空间的构筑物是河两岸的水码头，焦溪现存的码头共有 19 处，主要留存于龙溪河沿岸，码头多在巷弄相对河岸处设置，并以巷弄名称命名，如是家码头、承家码头等，既是水陆运输的转接点，也是人们日常取水、洗涤的生活场所，古镇和外界的交流也多发生在此处，现存的码头从功用、形态可以分成下面三种类型。

横坡码头：码头的坡度方向同河路中心线平行，而与从路到河的方向垂直，故称横坡码头。有的做在河道驳岸外，有的做在驳岸内，但不管

图 4-10 南街遗韵

① 1957 年，填塞西街街河时拆除惠通桥；1979 年在红星河的街河上新建红星桥，横跨东西两岸，连接常焦公路；1980 年代根据 1983 年总体规划保留“青龙”“咸安”“中市”“三元”四座桥，拆除其余各桥。其中青龙、中市、三元为石拱桥，咸安为石梁桥。

图 4-11 中市桥

内外，码头的顶部（一般低于路面一个台阶）和底部都设有平台，有时在底部平台下还要做上几个台阶。

弄堂直码头：在沿河建有房屋的河道上，为方便离河较远的居民到河滩用水，在沿河房屋中每隔一定距离留出一条不宽的走廊（即“弄堂”），并在走廊尽头建造生活码头，称为弄堂直码头。这种码头上部同弄堂一样宽，路面向河边倾斜，近河的一段建造码头台阶，直至水面，也有的在沿河的屋基外近水的部分做一平台，再做几级台阶，整个码头成一倒丁字形。

私家码头：房屋直接沿河驳岸建造，为生活生产方便，在河边建造码头直接通往房屋内私家使用，自行管护。其中，暗码头做在房屋内，码头外边线同房屋基础驳岸相平。明码头做在房屋基础驳岸外，一般做得比较窄。

建筑的朝向依循街道，而街道依循河道，南北朝向不再是决定的因素，正是这种依据地势环境逐步衍生发展的布局模式，有别于一般的传统村落以朝向为主的布局模式，是江南水乡集镇的空间布局的重要特征之一。由于龙溪河在南端为南北流向，不仅仅是沿河的商业建筑，沿河道两侧的一般民居也均垂直河道与街道为东西朝向，甚至如南街是宅这样的多进多落的大宅也为东西朝向。而北侧，虽然河道转折东北，建筑依然体现出明确的与河道的垂直关系，并影响至后侧进深较大区域。

在焦溪我们可以看到三种建筑与河、街巷的关系模式：两侧河房，单侧河房和两街夹河。沿龙溪河，最多的是前两种模式，单侧河房主要集中在龙溪河南段，也就是南街，而中街和东街则以两侧河房的模式为多。龙溪河东侧南下塘一侧临河为街，街宽约 4 米，建筑退后而建，均为居住功能，沿街建筑为一层三间，或在明间设石库门，或在前檐柱设板门，两侧次间为实墙，或对称开小窗。界面尺度适合，氛围安静。而西侧上塘则临河设河房，河房进深一进七椽，一层居多，局部两层，相互连缀，如南街是宅即为两层河房。南街在河房西侧，再西亦为民居，界面形式类下塘。至南端三元桥，商市结束，上塘的河房断断续续，形成尺度开敞的两街夹河的空间模式，清光绪三十三年建造的耶稣堂就在正对桥的上塘一侧。而向北侧自中市桥始，下塘一侧沿河亦设河房，商肆密集，至红星桥两侧，河道宽度也最窄。

从整体布局来看，河房与商铺的分布呈对应的关系；从空间形态上看，进深均为一进建筑，不带院落；从使用功能上看，多数为商铺店号。并且从现存的中市桥、咸安桥和两侧河房的关系看，桥体起坡处均在河房后方的街道处，桥体夹入两侧河房之间。而桥建筑年代明确，最晚为道光年间，远早于现存河房。据当地人回忆，20世纪 50 年代的时候，为了航运需要，曾经将河房挑出的河面外廊和下面的金山石敲除，以保证河道宽度，现状咸安桥旁的河房还能看见断掉的金山石挑梁。因此可以相信，现状河房，尤其是中市桥到咸安桥一段很可能是因为商业的发展，为拓展铺面，侵占河道建造而成。

图 4-12 黄石半墙

4. 建筑特征——黄石半墙，与时俱进

焦溪的建筑别具一格，地方性特征鲜明，因地制宜的材料运用独具特色，用地产黄石砌筑的东西山墙和前后包檐形成“黄石半墙”的独特建筑风格（图 4-12）。

因为近代的两次火烧，焦溪现存的民居大多为民国时期所建，明确可以确定为清代的并不多。但民居的形态依然可以看到明显的延续性，表现在空间布局模式上，以常州地区的传统院落布局形态为主，部分的变体在于沿河道适应商业需求的河房和上新街两侧商居混合建筑。但有趣的是，在强家弄附近和南下塘出现了适应新的村落空间布局需求的独栋建筑，体现了焦溪以及其代表的江南市镇在近代变革时期与时俱进的应对策略。

这种适应时代的变化还体现在装饰细部和材料的应用上。反映工匠传统的木构架体系在几种不同的建造模式中变化不大甚至可以说具有顽强的延续性和地域性。而在墙面和门窗的装饰上，近代西式元素的变体，中西合璧的做法成为时尚并得到大量的运用。而地产黄石作为外墙砌筑材料的使用和演进，表现出焦溪独特的建筑技艺特征和令人印象深刻的建筑风貌。

在院落组织上，民居延续传统的方式，以封闭式院落为单位，沿纵轴线展开。住宅的大门多开在正中，迎面纵轴线上中部开设门屋或墙门，后为过厅、正厅，再为后房，多为二层跑马楼。规模大的住宅成为左、中、右几组纵列的院落组群，两侧设书房、厨房、杂屋等。各进之间的交通，由“背弄”组织。最特殊者，如奚家弄里的“进士厅”，两路三间六进，两侧均设夹弄，因为最后一进为二层，背弄只得设于一层，犹如过街暗道，沟通建筑前后街巷。

而在焦溪强家弄周边，出现多栋民国时期的独栋住宅，其相互间布局模式不同于江南地区的传统院落民居，其内部空间布局紧凑，建筑相互独立，布局节省用地，应是受用地拘束，依循近代传入的新居住模式建造，但究其结构，木构架体系依然是焦溪传统的七椽屋架系统，体现了近代集镇住宅由传统形态向里弄住宅的变化过渡。典型的如强家弄是宅、奚宅，建筑三间两层硬山，无屏山墙。空间布局紧凑，面南一层明间为入口，入为堂屋，后金柱设屏门，后藏楼梯，二层为居住空间，灶台位于次间后部，于外墙设烟口。建筑外墙为黄石半墙，砖石混砌，外观敦实，除南侧二层为连续槛窗外，墙体开窗均为窗洞形式，防卫性强。南侧一二层之间设木挑檐，入口位于明间，八字内凹，类似石库门做法，门扇设于檐柱（图 4-13、图 4-14、图 4-15）。

老新街、北新街两侧建筑则是下店上居的商肆建筑，1946 年统一规划建造，建筑多为两层，

图 4-13 强家弄 22-23 号是宅门头

图 4-14 强家弄 24 号是宅

图 4-15 强家弄 24 号是宅

图 4-16 老新街店铺

硬山两坡，无院落，一层为排门店铺，二层为仓库或居住功用。沿街立面形成整齐的商业街巷风貌，建筑界面高度与道路宽度的比例为 2:1 左右，临街铺面面阔多为单间至两间。沿龙溪河河房也大量存在类似方式，但时代略早，建筑临街为排门，临河则设廊，如东街 72 号徐宅，原为粮铺，建筑进深七椽八檩，前后各设一部楼梯（图 4-16）。

在布局形态上，建筑大量采用窄院的院落布局形态。建筑群中轴线三间不设两厢，如开间数量增加，则在院落两侧增加花窗墙体分隔，依然保持中轴线院落三间两侧为墙体或廊的格局，院落进深小于面阔，尺度适中。这种类似重堂或二合院的形态，是常州地区院落的主流做法，类似形态特征在常州地区另一个传统村落武进杨桥，以及市区内的青果巷街区也表现得也很明确。再扩大一点范围看，在常州周边，如南京老城南地区和无锡也是如此。

在木构架系统上，由于建造年代较晚，整体用料偏小，尤其柱径较细，多用圆作，正贴通常前后用四柱，与屋架系统配合，用前后金柱，后金柱外为双步。也有省前金柱的做法，前檐用三步梁。边贴为满堂柱。梁柱节点简单，除边贴中柱及正贴童柱外，均在形式上表现为檩、梁、柱的交接关系，柱由于截面小于梁，往往支承于梁下，清晚期及部分民国建筑的童柱由于截面加大，在形态上也有表现为包住圆梁直承檩下的做法，但如果从榫卯接口判断，两者构造其实类似，柱头均设双榫直抵檩下，依然体现江南地区中的穿斗构造特征。同样穿斗构造的特征也体现在边贴的双步夹底处理上。脊檩处不用山雾云，也不用随檩枋，只用短机，规格较高的建筑用雕刻花机，短机间隔设置，檐柱下用连机，部分在步柱下用机，但其余檩下皆无。

焦溪民居进深表现出共同的规制特征，在常州周边地区的乡村中亦如此，但在常州市区表现不明显。规制为八檩七椽，以中间四椽为基本单元，用五架梁，前一后二，通进深 8 米左右，中间四椽椽距通常 1 米左右，前单步椽长 1.4 ~ 1.7 米，后双步椽各长 1.0 ~ 1.4 米。如取最高处脊檩中分，则为“前三后四”，即前半屋是三椽，后半屋是四椽，前檐因此略高于后檐， 前后檐立面处理虚实对置，前虚后实，前檐为长窗及槛窗，形成采光、通风适宜的立面，厅后墙不似苏州地区厅堂后留狭院的方式，而是直接用实墙砌筑，朝后院做石库门，门或与檐口齐平，也有单独拉起，高于屋面独立处理的例子，厚墙两侧开方形小窗，窗外用竹、木直栏装饰兼防护。二层处理亦如此，由于后檐低矮，在二层开窗洞时为保证室内高度，窗洞上皮往往直达檐檩下，在立面上表现为打断檐下的砖叠涩垛边。

屋面坡度类似苏州地区，坡度和缓，檐步不足五举，脊步在六举至七举之间。椽较细，椽距大约在两倍椽径，喜用半圆椽，飞椽椽头表现明显的卷杀痕迹，呈上扬的视觉形态，这种处理亦为常州府地区的特定做法。

在屋面及墙体形态上，建筑均为硬山处理，但屏山墙使用并不多，偶尔使用观音兜。局部使用屏山墙，也是在脊檩位置立单峰屏山墙，屏山墙为常州府地区特有的官帽形式，两侧挑出大，往往用木板做出挑构造，下部曲线收缩迅速，整

图 4-17 南下塘 98 号西民宅屏山墙

体姿态优美。但在构造细部上与常州市区和无锡地区的通常做法有所区别，表现在位置上未与山墙齐平升起，而是推后一皮瓦垄尺寸，从山墙面看，屋面瓦边线完整，屏山墙仿佛是屋脊端头的装饰。这种屏山墙在民国后期进一步装饰化变形，成为独特的屋脊装饰处理手法（图 4-17、图 4-18）。

焦溪最独特的营造特色在于黄石半墙的做法，也就是墙体下部用大块不规则黄石浆砌，至层半或二层窗台下止，用卧砖收扁砌砖线找平后，再用传统的青砖空斗砌法结顶。黄石表面仅仅粗平，且边缘也不做精细化处理，石材间缝隙粗大，用灰浆填满，整体表现出粗犷、质朴的形式特征，粗粝的黄色石材，不规则的丰富形状，和上部整齐的青砖和白色的抹灰墙面形成有趣的反差与对比，给人以强烈的视觉冲击，也颠覆了人们传统印象中的粉墙黛瓦的江南水乡民居的印象。

黄石半墙通常厚约 0.5 米，呈边缘不规则的多边形态，所用的砌筑黄石朝外一侧大者可达（1200×900）毫米，通常尺寸在（400×300）毫米左右，厚度在 150 ～ 200 毫米，可谓尺寸硕大。黄石外侧用斧凿粗平，砌入墙体一侧呈楔形，毛面不做处理，

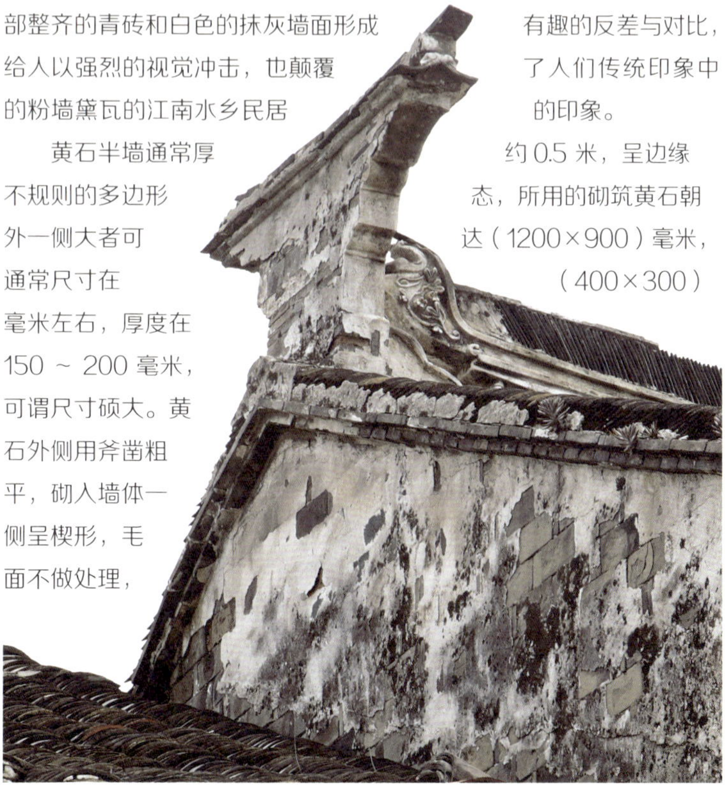

图 4-18 是宅屏山墙

图 4-19 强家弄转角黄石的交错砌筑

为保证墙体稳固，内侧填碎砖石砂浆如同空斗墙砌筑方法，并间隔采用整块石筋拉通内外墙面。墙体内侧则有不同做法，有仍用黄石砌筑与外侧同的，一般用在院墙较多；也有用砖砌筑室内一侧墙面的，以求室内墙面的平整，便于使用。

从区域的角度，这种墙体的砌筑方式并不局限于焦溪，在焦溪周边的三山地区也被广泛使用，而如果把视线放得更远一些，在常州府范围内的乡村中零星也可以发现类似的做法。考证这种营造方法的来源，可能有下面几个原因。

熟悉的营造方法。从营造的角度，其砌筑的方式与空斗墙体的砌筑原理和方法基本一致，应该容易和空斗墙体相结合，也易于从空斗墙体的砌筑中发展而来。而且传统墙体砌筑时，下碰采用石材砌筑是普遍的做法，在无锡的荣巷和武进一些村落内均有清末民初的建筑采用黄石砌筑墙体下碰，而黄石自身的材料特性使得其并不容易加工平整，在荣巷中我们看见的黄石下碰也同一般青石块石砌筑不同，也是采用不规则的形态。便利的材料获取。从焦溪的街巷向周边眺望，会发现周边山体裸露的石材与建筑的墙体并无二致，三山地区自古就是江南园林假山用黄石的主要产地，材料获取便利且便宜，当是重要的原因。

快速建造的需求。如果对焦溪地区黄石半墙的使用情况进行年代的梳理，会发现这样的线索：年代偏早的建筑使用黄石较少，或者干脆不用，砖依然是最普遍的选择，如南街的是宅，轴线上的厅堂仍然用砖，只在两侧轴线使用黄石半墙。而且时代越晚，石材的使用频率越高，尺寸也相对越大。在本应便捷使用的室外地面铺装上，却无法发现黄石被使用的例子，铺装石材大量使用的还是黄麻石、金山石和青石。结合焦溪近代的两次火烧，短期内大量建筑的建造需求，便宜方便的材料获取可能是清末民初黄石砌筑墙体被广泛运用和发展成熟的一个重要原因。由于地面铺装在火患中被破坏较小，不需要被更替，依然保存了原有的材料形式。从砌筑方式的演变上也可以说明这个可能，早期的黄石半墙在墙体的转角处依然使用砖来收束端头，而如强家弄 20-21 号等民国晚期的建筑，墙体的转角已完全使用黄石交错砌筑的方式，反映了黄石砌筑工艺的成熟（图 4-19）。

因地制宜的材料使用，造就了焦溪独特的建筑风貌，也是焦溪作为传统村落被保存保护的最重要的特征之一。

（二）杨桥

1. 区位环境——桥分一浜，街连两县

从地图上看，常州南面有着苏南地区仅次于太湖的第二大湖泊滆湖，滆湖与太湖间的狭长地带是武进与宜兴的分野，杨桥村就地处滆湖东，村以桥名，以南杨桥为界，桥北为武进，桥南为宜兴，桥下为杨桥浜，河道不大，却可东西通达滆湖与太湖。可谓桥分一浜接两湖，街连两县通南北，自古便是滆湖与太湖之间水网密集的农耕之地。

杨桥村现属武进前黄镇，位于武进区的南郊，与宜兴一河相隔，交通便捷，常漕公路、常宜公路、新长铁路、锡宜高速公路穿村而过，交通便利。古有“介宜阳之邑，通南北之衢”之称，曾是武进南境的重要商埠之一，穿街而过的杨桥浜东接太湖、西连滆湖。

杨桥得名于“南杨桥”，桥在村南，现存为清道光年间（1828 年）重建的金山石单孔石拱桥，南北向，全长约 14 米，桥宽约 3 米，桥拱为金山石联砌半圆券，矢高 2.5 米，南、北二侧各有台阶 11 级和 15 级，桥栏中央两侧刻有楷书“南杨桥”三字。此桥南北道路连接武进与宜兴两县，桥面中心有一个圆点，传说是历史上阳湖（武进）与阳羡（宜兴）两县的分界点，桥北属武进，桥南属宜兴，至今依然如此。

杨桥所在的滆湖、太湖之间的区域自古水网密集，河道交错，桥便成为聚落村镇时空观念中的最重要的环节。因桥成村、以桥名镇非常多见，大者有东南的武进漕桥镇，西北的寨桥镇，南面被称为宜兴四大镇之一的和桥镇，小一些的如近旁的福巷桥村。漕桥镇得名于漕桥，桥至今仍在漕桥河上，始建已不可考，现存为光绪十七年重修的旧物。漕桥亦有太湖首镇的称谓，交通便利，“漕”字则来自其自宋以来是周边漕粮交易中转的要地，自古商贾云集，人文荟萃。而和桥虽已不存，但镇仍是宜兴市四大镇之一，古来也是“千叶小舟云集，八方商贾过往”的繁华商埠，杨桥与这些中心聚落构成了两湖之间的乡镇网络。

村镇虽然以桥命名，但最重要的交通和经济命脉还是水系，漕桥镇依漕桥河联通滆湖与太湖，和桥依托武宜运河和殷村港运河，杨桥村则中贯杨桥浜，向南联系漕桥河、向北则联通后辟的太滆运河和武宜运河，进而能东西联通滆湖与太湖，南通和桥、宜兴，北接武进、常州。

便捷的水路交通和必经的陆路，使得这些以桥为名的村镇在周边乡村中成为局部的经济中心。其街市范围主要是依据河流的分布形成的。因此，大凡江南一带的农村街市往往沿河流而布局，它对周边农村地区的辐射能力也往往依据河流的走向而展开，形成独特的江南水乡景观。

2. 历史沿革——元明集镇，近代要冲

伴随着“市”“集”的商业交易，文化信仰也在杨桥集中，太平庵、保丁寺、白虎堂、万福禅寺，杨桥范围内的密集寺庵提供了区域的信仰需求，信仰又衍生出一系列的娱神娱人的民俗活动，城隍祭上的“调三十六行”为其中最著名者，至今在杨桥依然得以传承，被乡民所喜闻乐见，成为杨桥最重要的非物质文化遗产之一。

杨桥镇的历史因为缺乏相应的文献记载，无法清晰梳理。村民传始于南宋，元末明初时成为常州南部水乡的重要集镇，是周边区域北上常州府城、南下宜兴县城及浙江湖州府城的必经之地。清代中期，杨桥镇成为常州府阳湖县和宜兴县交界地区的集市贸易中心之一，大批商贾云集于此，繁华堪比宜兴县城，被称为太湖首镇。当时水路交通极为便利，民国以后每天有常州、无锡经营的往返于宜兴、溧阳的货船及不定期的班船泊于杨桥码头。驳岸壁间的牛鼻孔缆绳石，见证了当时船舶熙攘之情景。

杨桥虽交通便利，但毕竟距宜兴县城和常州府城都不算近，因而在抗日战争时期成为对敌游击斗争的重要据点。如南杨桥南堍西街今桥南新村 24 号，即是当年中共太滆地委新四军南杨桥地下交通站旧址，已经被列为常州市文物保护单位。在 1940 年至 1945 年间，新四军、游击队多数以杨桥地区为通道，出入于宜兴、武进之间，利用杨桥作为武南共产党地下组织的主要联络跳板。这样的地理位置是杨桥在清末民国商业发展成固定街市的重要原因之一。

杨桥是江南水乡经济生活网络中的一个基层节点，串接了乡村和集镇、城市，一方面承担经济地理单元的小中心地的地位，另一方面承担在小范围内向周围乡村人口提供最基本的商品与服务的功能，

通过定期的“市”“集”“庙会”等形式实现富余产品的交换，并形成特定的社会习俗。而作为滆湖和太湖间的河道要冲，更促进这个小腹地中心演变成江南乡村经济网络中较大规模的商品交易集市，发展出繁华的江南水乡街市。

杨桥也是蕴含传统生活气息的江南农耕之乡。老街北侧以及周边百岁庄、丁家塘处依然保持着传统的农耕村落特色，建筑布局与南侧顺街道展开的布局不同，呈现明确的南北朝向，行列格局，沿河道也均做退让，表现出传统农耕生活的气息。

3. 村落格局——南商北耕，内商外居

由于经济、交通、习俗等方面的原因，几百年来，杨桥聚落形成了自己独特的街市结构——南商北耕的整体布局形态。以桥为中心的水陆要冲地带，商业集中，延伸出杨桥老街、东街、桥南西街、桥北西街等主要的商业街道，在杨桥浜、朱家浜和太平浜三面围合的区域内，形成集中的商业地带。

沿商业街道的建筑朝向皆垂直于街道走向，南北向的老街两侧的建筑均为东西朝向，密度高，建筑大多两层，下层为排阀门，是典型的下店上居的店铺模式。而太平庵北侧的区域，建筑密度降低，建筑恢复南北朝向和院落布局，沿街以一层为主，沿街界面也变成以石库墙门为主。街巷宽度也较商业街道尺度更大一些。

当时南杨桥的商业店铺除了供本村乡民服务的豆腐店、肉铺、裁缝店外，大量的店铺实际是为周边乡里服务，并提供商品的周转贸易用途。此地曾集中有饭馆、绸布庄、南北杂货、国药、木行、竹器、银匠店、渔行、肉庄、染坊、槽坊、豆腐坊、木匠店、茶馆、小吃店，甚至还有烟馆（鸦片馆）等各行各业商号店百余家，其中当年的同仁堂药店、白虎堂茶馆、丁家堂粮行、陈万隆烟店、全盛嫁妆铺、荣光客栈等老字号商铺更是名噪一时。根据杨桥几条老街的传统店铺类型的统计，有记述的商铺多达 86 家，[①] 其中最多的是山货、地货、广货和南货行，有 21 家之多，还有 7 家米行，药店亦有 5 家。而配套行商的茶楼、饭店和客栈在几条街道上均有分布，如桥南西街的南阳楼临水而建，二层为朱康康茶店，紧邻轮船码头和南杨桥，是商贾集聚的所在。以传统稻米、南北货、土布、生猪的交易为主，杨桥将周边的农耕区域纳入了常州周边地区的商业交易网络。进而也出现了服务娱人的场所，如北街的杨桥戏院、桥北西街的潘少棠书店、丁国昌家书场，甚至还有利用茶店、祠堂出现的赌场。

但沿老街的商业建筑进深不过两进，其后建筑的朝向依然以南北向居多，建筑的进深也相应加大，多三进、四进建筑，到太平浜和朱家浜两侧，建筑山墙临河，功能也转变为居住用途。至于太平庵北侧朱家场一带，虽然大多已被改建，但肌理依然可以分辨，较大的街巷宽度和行列的布局方式，表明其居住的功能，根据现存的朱家场 1-2 号等现存民居推断，应该多为三开间三进院落形态的民居为主。村落东南的丁家塘、百岁庄则沿着杨桥浜向东延伸，也以居住为主，现状尚保留百岁庄、丁家塘 11 号丁宅等老民居，民居滨河均留有石板道路，沿河为开有石库门的院落围墙，河道两侧杂种柳、槐，可以想见早年的水乡风貌。

如果仔细观察杨桥的地图，两个十字形水陆交通形态构成水陆井重的道路空间骨架。杨桥村一方面依靠四通八达的水路运输与外界沟通，另一方面，联通两县的道路，即南北向的老街，成为村落的空间主轴。

最明显的十字的交点就是现存的南杨桥，十字的南北是杨桥老街，而东西则是沿杨桥浜的水街，其联系了水路和陆路，成为当之无愧的村落的功能核心，也映射为空间核心。如同其他水乡集镇，老街的两端并不存在明确的界限标记，向外侧建筑密度和高度也呈现逐渐稀疏的趋势，构

① 武进区旅游局，南京大学建筑与城市规划学院：《杨桥古镇旅游发展规划》。

成市镇和乡野之间的过渡。老街在桥北段明显更长，村落应该是从北侧发展起来，逐步向南延伸的。另一个十字就是实际的东西南北街形成的十字道路骨架，交汇处在桥的北侧，形成村落商业的另一个中心，两个方向的街道交汇处形成了一个小小的开放空间，但东西街道并不正对，东街稍往北错开了一些，不严整的道路交接也反映了其在村落中的位置并不如桥更重要，也表明其形成是渐进的过程。商业顺应街道增长，但其实也在改变街道的布局，这种改变直观地反映在街道名称的变化上，西街逐渐演变成了桥北西街，因为在后期，由于商业的增长，在靠码头一侧的桥南西侧，临水增建了一进的商业店铺，于是就出现了桥南西街。对应的桥南东侧虽然有沿河的道路，但因为缺乏商业铺面，并不成为村落的主要街道。从杨桥浜看，南北两侧均为临水建筑，但肌理并不相同，南侧河房为后期侵占河道用地增建，而北侧建筑则应该是原生的肌理，建筑进深两到三进，临河为码头货栈用途。从后期的建筑改造的过程，可以进一步印证商业对街巷空间的选择，在近期传统街道的自发更新中，桥北西街也是改造力度最大的街道，现状建筑均已被改建成 3 ～ 4 层的建筑，依然作为商业用途。

杨桥浜在南，朱家浜和太平浜则东西环绕，让杨桥的村落中心形成三面环水的布局，桥成为进出村落的通道，桥北西街连太平桥，东街连虹桥。有意思的是，西侧太平浜向北延伸较短，在浜的尽头横跨太平街有一片空场，北侧就是太平庵，在杨桥的传统村落生活中，这里是乡民信仰的中心地，现存的建筑是在旧址上新建的仿古建筑。太平庵内供的是城隍，可见杨桥在旧时的集镇规模。每当城隍出巡的时候，会举办大型的庙会活动，其中最引人的是“调三十六行”，至今仍是杨桥村的保留项目，也已经被评为常州市的非物质文化遗产。“调三十六行”在杨桥已有很长的历史。起初叫调三百六十行，是人们对各自从事的职业的展示和赞扬，提示人们活在世上要做一行爱一行，不管做什么行当都有出息、有前途，不要见异思迁，故有“三百六十行，行行出状元”之说。

古街的西北历史上有原保丁寺，近年也已重建，虽然十分草率简陋，但依然无碍于杨桥人将“观音落圣凤凰地，华佗显灵仙人树”的民间故事的记忆叠加与其上。

4. 建筑特征——以耕造居，以商营肆

杨桥的民居也属于常州府地区的建造体系，譬如多使用不带厢房的三间窄院；主要的堂屋建筑采用大七架，前高后低的特定屋架形态；用形式简单的圆作梁架，等等。但杨桥的民居，尤其在村北朱家场一带，由于依然为传统农耕形态，至今仍保留了适应农耕传统生活方式的平面布局模式，建筑南向，一二进为堂屋与内宅，灶间设在门屋次间，二三进为楼，第三进一层为畜栏，结合后门设置澡间与厕间，二楼则设贮藏。

典型的例子如后朱家场 4-5 号朱宅（图 4-20）。坐北朝南，面阔三间 8.9 米，硬山式砖木结构，晚清建筑。由三进一院组成，大院在一进与二进之间，一进是平房，二进与三进都是二层楼房，屋面当勾连搭作法。典型的传统苏南多进乡村住宅，窄院形态，不用两厢，三间三进，通过院落连接，节省土地，结构清晰，功能明确。木构架采用常州周边地区传统七椽八架的做法，

图 4-20 朱宅正门及现主人

图 4-21 后朱家场朱宅后门及烟口

第二进和第三进采用勾连搭的方式连接，通过高度不同的楼梯走廊与第一进和第二进的二层空间相连接，功能明确。

朱宅一进进深 6.9 米，二进进深 7.5 米，三进进深 7.4 米。三间均为七椽八架，南高北低，第一进南北两侧均为实墙，第二进建筑南侧一层明间为六扇六抹头、两侧次间为六扇槛窗。二层为槛窗，但每间只设四扇，两侧用板壁，窗下为通长素面遮雨板。北侧又为实墙，明间留有入口，上有三飞砖门楼装饰。门为实木拼板阔门，上有柳叶格通风窗。门西侧留有澡盆的排水口和烟道口（图 4-21）。外立面朴实，白墙灰瓦的典型江南名居风格，南侧平房入口处门头内收，两侧线条断开，直达檐下，入口形成竖向条带状。正房檐口南侧用硬挑头，挑檐桁出挑约 1 尺，下部不用机枋。

建筑现已被分割为两户居住，灶间位于第一进平房内（图 4-22），正房一层为客堂，楼梯位于正房后金柱北西侧。现格局已有较大改动，原正房二层为居住用，楼梯位置留有走道，楼板低于正房二层楼板，略高于第三进楼板，便于室内保持清洁。第三进一层内为厕间和浴室，尚保留有坐厕木椅和江南地区传统的洗澡用的矮灶铁锅（图 4-23），厕旁还留有畜栏，据言为过去牛栏，二层为贮藏杂物间，用来存放粮食。

木构装饰主要集中于长窗，长窗及槛窗均外开。格心为宫式，内面格心正中雕四瓣海棠，拼樺做法，裙板雕双线如意头，格心外面不做枭混线，亦不拼榫，中间夹樘花板双面雕刻暗八仙图案（图 4-24）。

近代之后，平面形式多样化，如井联的石库门宅院，如杨桥老街北段的朱宅，宅东西向，为朱姓兄弟所有，兄弟俩各自一间两进，临老街一

图 4-22 朱宅灶间

图 4-23 朱宅澡间

图 4-24 朱宅堂屋长窗

层为简单的石库门入口，内为堂，灶间位于后进一层，二层为居住用，临街为通长槛窗。虽然在平面上适应功能和用地在近代产生变化，但建筑方式和屋架体系依然是传统的地域方法。

在丁家塘一带看到的民居，由于地方乡绅多居于此，建筑型制略有不同，往往设置独立的墙门，进入墙门为一字型院落，后为一层或二层堂屋，再后为转盘楼，后进也不再设畜间。如百岁庄，并联 9 间的大宅，墙门院落后，自第二进为厅堂，后进为转盘楼，楼后即为杨桥浜。而小一些的住宅，则采用转盘楼和窄院相结合的做法，如庄基桥旁的“丁家塘”11 号丁宅，两进院落中后一进即为转盘楼，楼下为三间厅，西侧厢房一层设置灶间，楼梯位于东厢，院落只得宽一间，周环槛窗，

图 4-25 丁家塘丁宅转盘楼一层堂屋

变成狭长的天井。(图 4-25、图 4-26、图 4-27)

商业建筑则分布在东西街两侧，还保有传统住宅的院落形态，但在老街两侧，由于建筑为东西朝向，与后侧居住肌理不同，多数建筑为单进或勾连搭，并无院落处理 (图 4-28、图 4-29)。

在形态上则顺应时代的变化，在传统木构架体系上附加了适应时代变化的装饰，在二层大量使用金属栏杆代替了传统的花板栏杆。

图 4-26 丁家塘丁宅转盘楼

图 4-27 丁家塘丁宅院内槛窗

(三) 礼社

1. 区位环境——九潭十三浜，江河汇流处

礼社地处于无锡、江阴、常州三市交界处，介于太湖、运河、长江三水之间，西接京杭大运河的分支五牧运河，北邻沪宁高速公路，南侧不远即为常州到无锡段的京杭运河和沪宁铁路线，紧邻玉祁。近年来由于礼社村隶属玉祁镇，并且因为到礼社需经沪宁高速的玉祁出口，玉祁似乎更为有名。但从历史而言，礼社作为玉祁周边区域的中心聚落，一直延续到民国时期。不同于通常的水道贯村而过的水乡村镇形态，礼社村址高敞，四周河潭密布，号称九潭十三浜的指状水网环绕村落，并和五牧运河与京杭运河相沟通，这种村落与水系的独特空间关系，造就了礼社商业中心的独特形态 (图 4-30)。

礼社境内气候温和，土壤肥沃，雨量充沛，日照充足，河道纵横交织，有得天独厚的水资源，自古以来为锡邑北乡之重镇。五牧河上原白沙圩东堍桥联上曾云“锡澄武中心枢纽，江湖河汇合

图 4-28 北街 22 号矮闼门

图 4-29 北街街景

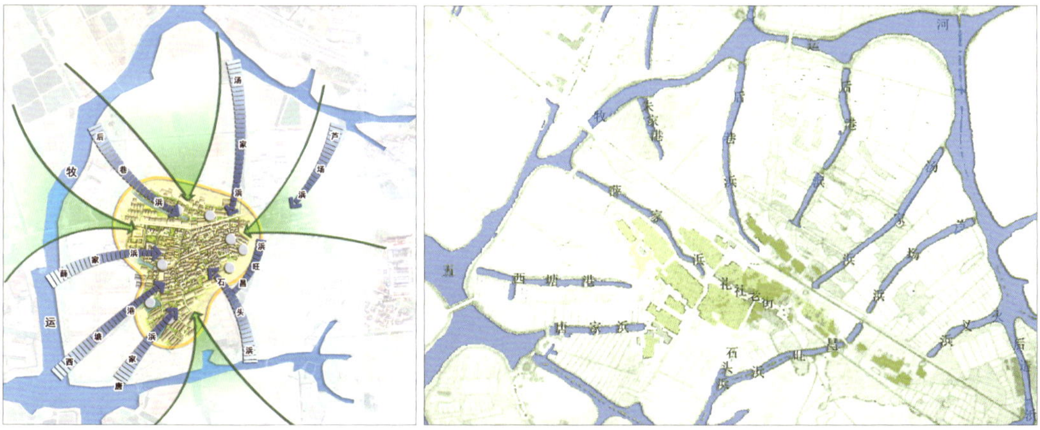

图 4-30 水系密布——九潭十三浜示意

分流”，便描述了礼社的地理位置。

千百年前，锡北边界原本为水乡泽国，原是古震泽的一部分，是古芙蓉湖的覆盖范围。芙蓉湖在湮塞前是苏南大湖，位于太湖之北，地跨无锡、江阴、苏州、武进， 原水域面积超过 1000 平方公里。此湖在先秦时名无锡湖，作为地名而言，先有无锡湖，后有无锡城。元代人王仁辅《无锡志》载：“吴地记云：无锡湖，万五千三百顷，为晋陵上湖。”又载：“陆羽惠山记云：惠山东北九里有上湖，一名射贵湖，一名芙蓉湖。……盖自山下百余里，目极荷花不断，以为江南烟水之盛。”

从战国时期，先民就开始了屯田、治水，治理芙蓉湖的工程。两晋以后，随着北方移民的迁入，渐渐在治水后的土地上开始了村落的聚集。刘宋时期，为了满足日益增多的人口对粮食的需求，元嘉年间在太湖流域进行了围湖造田，芙蓉湖因年久淤积，分化出阳湖、茭饶、临津诸湖。元嘉二十二年（445 年），复于芙蓉湖区修阳湖堰，得良田数百顷。又于元嘉二十四年（447 年），治临津湖为田。虽然圩田都成功了，但规模都较小。太湖流域塘浦与圩田的建设应是相辅相成的，只有水网形成后，圩田才能有大规模的发展。宋初，由于种种原因，太湖平原以塘浦为四界的大圩制逐渐解体，数万亩的大圩，大多分割成以泾浜为界的数百亩的小圩，并一直延续到后世。由于宋初水利方针转为以漕运为主，为便利漕运，将有障舟楫转漕的堤岸堰闸都毁去，使水网失去控制，太湖下游洪涝灾害明显增多，平均每六年发生一次大水灾，低洼圩区积水长期不退，造成“千里一白”的状况。这一时期也因为宋淳熙年间散骑郎吕文缨定居于此，给礼社带来了历史上的第一个有记载的名称，当是村落的肇始。芙蓉湖在宋元祐时"已治为田"，但其后数百年一直是“时湖时田”，从未成为过良田，直到明初永乐时，"筑上坝以截来源，继筑五坝则上游道阻，而湖尽为田"，到明代隆庆天启时，常州太守欧阳东风"坚筑内外堤障始称完善"。明宣德年间，江南巡抚周忱在锡澄武三地交界处围湖筑圩，礼社所处的“江南第一大圩”芙蓉圩面积为“十万八千亩”，境内陆地面积达到 65%，成为重要的稻米产区。[①]

礼社村区域因为地处古芙蓉圩，故河潭水网密布，但村落选址高敞，内部地势平坦，周边有芙蓉圩的万顷良田，享水之利而少水之患，自然成为重要的农耕村落。不仅如此，周边的放射状水路环绕村落，浜汇村、通运河、达江湖，历史上十三浜俱通五牧运河，最终沟通京杭运河，水路交通的通达便利，为形成米、布等农产品收集交易的中转地提供了条件。而明代薛氏的定居，结合粮食交易形成大族，清中期有粮船 40 余艘，粮食交易的足迹涉及锡常，更远至浙北湖州一带，而薛氏的聚族而居，也更提供了村落商业、手工业和服务业的需求，[②]至清乾隆年间，礼社镇同玉祁镇、葑庄镇一起成为周边最大的水乡集镇，繁荣的市场辐射锡、澄、武三地，盛产的蚕丝、大米、酒、水芹等产品名闻遐迩。

村落的选址、布局、建设皆紧紧围绕以水为主体的自然环境展开，顺应自然，尊重自然，体现了依水栖居的江南人居模式。河浜上有货运码头，码头边便是仓库；星罗棋布的水潭不仅提供了生活灌溉的水源，也是保护村落的消防重地，进而演变为居民交流活动的公共空间；村庄外田野间是纵横交错的河浜……

除了便利的水系，沪宁铁路在20世纪初的建成，完全改变了礼社对外联系的时空模式，也间接促成了礼社传统村落社会的瓦解。沪宁铁路在常州至无锡间选线基本平行于京杭运河，位于礼社南侧。清光绪二十三年（1897年），两江总督张之洞等人奏请兴建沪宁铁路，至1905年，铁路方才动工，三年建成后，完全改变了沪宁间的交通方式，甚而影响了沿线诸多村落的生活方式，乃至乡村社会的构成基础。张之洞主张修沪宁铁路的条陈中就认为“最有利于商”，也有利于“民生、洋务”，使“金陵、苏、杭、上海联为一气”。“且之，铁路一开，百废俱兴，人货运载，为有形之利；风气开通，才智增长，工商奋兴，穷民有业，上下情通，百事迅速，为无形之利。其收运费，有形之利者犹小；而收振作，无形之利者大。”[3]诚哉斯言，礼社就成为典型，基于薛暮桥的经济考察，在20世纪初，由于沪宁通车，远超水运，大量的舶来品和工业产品迅速占领了乡村市场，引发了乡村财富的急速外流，并引发家庭手工业和农村副业的破产，并破坏了传统乡村的组织结构，产生大量游民，而农村经济的衰落更进一步动摇了乡村原有的宗法和血缘社会的基础。

① 孙景超，《圩田环境与江南地域社会——以芙蓉圩地区为中心的讨论》，见《农业考古》，2013年第4期。

② 礼社在20世纪初时薛氏“所有圩田多达万余亩，大于礼社全镇耕田三四倍。薛姓多恃地租度日，亲自耕种者不及50人。”

③ 张之洞，《张之洞全集》，武汉出版社 2008年 第2册：1055页，第3册：2087页。

2. 历史沿革——江南仁义地，薛巷看春秋

唐宋年间玉祁镇初建。约在宋淳熙年间，国史院编修吕祖谦之子散骑郎吕文缨自金华北上过无锡，途经白沙圩桥，为桥东一片沃野绿水所吸引，即定居于此。“吕舍”之名便由此而来。[1] 元代人王仁甫所编《无锡志》中已经录入“吕社”地名，与玉溪、奚村、糟坊、五牧等并列。吕氏之前，应该也已有聚落繁衍，至今礼社还有“现有汤曹陈，后有吕强薛”的说法。

当然，最后成为礼社望族的还是薛氏。明朝成化年间薛氏到此定居，称之为薛家巷。薛氏族谱记载，薛琚官居京师虎贲卫镇抚，为入赘礼社王家，自此立家族于礼社，繁衍家族，收买田地，扩建街市，“生齿甚繁，蔚为大族”，并取江阴丛桂坊薛氏同宗的“仁社”为意，而取“吕社”为音，而定名为礼社，意蕴“尚礼守法安居之地”。

薛氏历代经营，清乾隆年间，礼社薛氏一族不仅拥有田产 4 万余亩，更利用运河便捷，至宜兴、金坛、溧阳等周边地区收购谷物，销往外地，繁盛时，薛氏拥有粮船 40 余艘，礼社因此成为无锡重要的米码头之一。依托圩田的物产和便利的水系交通，礼社街市商业逐步繁华，成为玉祁镇的商业和居住中心。

清末至民国初礼社改称为“八三图”，民国时称为礼社镇，设有镇公所，1945 年薛明剑建自治实验乡。辛亥革命后薛氏望族顺应民族商业的勃兴、以实业发家，将资本经营转化为工商业发展。使得薛氏家族也没忘记在富裕后回馈社会，办实业之余办教育、慈善，对当地的经济、社会、文化发展做出了较大的贡献，由此礼社人才辈出，绵延不绝。同时，便捷的运河，使得本地的商业、文化和教育也得到了很大的发展，小小的村落内拥有典当铺、南北货店、日用百货店、布店、米行、肉店、鱼行、药店、诊所、山地货店、瓜果行、小吃店、生面店、豆制品店、茶馆、书场、木行、理发店、银匠店、铁匠铺、皮匠店、铜匠店、木器圆作店、缝纫店、竹匠铺、染坊、雕刻店、钟表店、榨坊等。

解放后，礼社改为礼社乡，辖 9 个自然村，直到 1956 年并入玉祁乡，恢复乡村建制，礼社古街喧闹的街市逐渐没落，恢复传统的农耕形态，之后改过一连串的名称，50 年代的八一高级农业合作社、东风集体农庄，60 年代的礼社大队，“文革”时期的东风大队，“革命”的名称隔断了历史的遗存，但从另一个角度反映了历史进程的痕迹。

“礼社”即意蕴“尚礼守法安居之地”，薛氏传承“仁社”的传统，耕读传世，代表了一种基于“家文化”影响下的，江南水乡聚落的典型发展模式。礼社村的聚居形成、繁荣发展都依赖于基于“血缘”关系所形成的稳定的社会结构。在此影响下，“家庭”“家园”“家业”“家乡”环环相扣，义庄、善堂、学校成为村落发展的基础。薛氏自古以来守礼重教，文风鼎盛，名人辈出。最著名者当属著名经济学家孙冶方、薛暮桥，两人相差 4 岁，为远房兄弟，在学界尊称的老一辈四大经济学家，他俩占了半壁江山。更因为薛暮桥在 20 世纪 30 年代的乡村经济研究中将礼社作为研究对象，留下了近代社会巨变时期乡村发展的一手资料，礼社也成为学界研究中国农村转型的样本，获得特殊的学术地位。

在文化层面，以“礼”立家，耕读传家的传统，使得礼社的发展确实体现了“达则兼济天下，穷则独善其身”的儒家期望。从 1927 年礼社续修的《薛氏宗谱》统计，1 世至 20 世被立传的文武贤达之士有 200 余人。新中国成立后，出自礼社的各类高级专业人才有 60 多名，其中属国家“重量级”的泰斗、大师、院士、将军等有 10 余名，教授级 23 名。现被《玉祁镇志》收录的礼社名贤俊彦共 130 余名，按礼社全村 3700 人计算，比例高得惊人。“一门四博士”和“一村四院士”[2] 至今传为美谈，为礼社人所津津乐道。

在建筑层面，建筑的布局、形制体现宗族礼制。建筑类型除了传统居住建筑外，还产生祠堂、义庄、善堂、火龙宫（消防机构）等公共建筑类型；村庄环境依托自然条件创造出很多生活交往空间。

在社会经济层面，家族企业带动地方经济发展，“尚德务实”的地方文化推动经济持续繁华，玉祁礼社一带成为无锡乡镇企业发祥地

① 张建清，《江南古镇礼社》，苏州：古吴轩出版社，2008。

② “一村四院士”：薛暮桥、秦伯益、薛禹群、薛禹胜；“一门四博士”：薛光鄂、薛光琦、薛光钊、薛光钺，四兄弟分别毕业于剑桥大学、早稻田大学和明治大学。

之一，直至今日仍保持旺盛活力。

商业兴盛、聚族而居，形成和传续了丰富的非物质文化遗产。庙会、香会、节戏，马灯、道情、滩簧、三十六行……最著名的还是舞龙灯，历史虽然不长，但在当代得到发扬壮大，成为礼社文化生活的压轴项目。这样的人文底蕴，使得礼社成为民族工商业发展的起源地之一，也使得1985 年其恢复为村后，成为当代乡镇企业的发祥地之一。礼社所在的玉祁在 1983 年已成为全国 9 个亿元乡镇之一，而礼社全村人口 3000 余，2007 年的工业收入就已经超过 2 亿元。礼社成为传统村落在近现代的发展转型的典型。

3. 村落格局——潭浜尽环绕，老街如箕龙

礼社最初的聚落来自治水筑堤垦田的需求，顺应自然条件（水网密集的芙蓉圩上地势较高，相对开阔、平坦的土地。同时周围河流水系有能通达江湖，便利的对外联系），形成原始的、点状小团块分布的聚落。

村庄聚落围绕水路交通展开。依靠水路的便利，逐渐形成热闹的街市，河边有运货的码头和用于储存农耕货物的仓库……

望族成为聚落发展的核心力量，产生了一系列相关的公共设施和空间：如祠堂、善堂、义庄、庙宇等。在血脉的强烈联系下，逐渐形成一套完善的地方管理体制，街市达到空前繁盛。

除了水路运输外，陆上交通也开始逐渐形成。村落从沿水发展开始向沿路发展转变。尤其是 1908 年沪宁铁路的通车，成为礼社传统乡村社会建构在近代瓦解重建的重要契机。除传统的纺织、缫丝、印染等手工业不断向机械化发展外，其他如发电厂、农机厂等新型工商业也崭露头角。河边的粮仓变为了茧行、蚕茧所等生产建筑。大量的工商业设施和公共建筑分布在村西的薛家浜两侧。家业的兴旺让家族积累了更多的原始资本，进而继续投入到家乡的建设中，使得学堂等配套设施更加完备。

新中国成立以后，经历国有化、乡镇工业化等几个发展阶段后，水上交通退出历史舞台，道路拓宽，居民出行完全依赖于陆上交通。村庄不再沿水发展，继续沿路扩张，并逐步向东部玉祁镇区靠拢，老街的肌理和尺度依然保存，虽然两侧建筑多被改造翻建。

传统的手工业生产被乡镇企业所取代，由于人员的外迁，村落的活力下降，传统的商业街市逐渐衰退。

“九潭十三浜”的自然水系是村落形成的主要脉络，从水码头—街市—街坊，村民顺应自然水系生活，“九潭十三浜”成为生活的重要组成部分，是村民取水和交流的场所，也是对外沟通的渠道。

古村整体地形呈荷叶状，周边原有十三条放

图 4-31 薛家浜

射形的水浜汇聚，分别为薛家浜（图 4-31）、西塘浜、唐家浜、石头浜、昌旺浜、卢场浜、火叉浜、后造浜、汤家浜、后港浜、后巷浜、朱家浜、绣锦浜等。其中老街西头的薛家浜最大，也是村落对外联系的最重要节点，浜首设有轮船码头、货运码头等，向西连五牧运河通往周边各地，火龙宫、“丰泰顺”茧行、薛氏义庄、永善堂都在附近，民国后期更有茧行、烘茧行、碾米厂、电厂、缫丝厂、织袜厂等一系列工业建筑。村内及周边水塘星罗棋布，其中老街东首的沟河潭（图 4-32）周边至今仍是居民活动的重要公共空间之一。

由于宗族的影响，礼社在聚落形态上表现出圈层化的特征。除了现存的礼社老街外，还包括前巷、后巷、史家巷、杨巷、后造桥西，以及远处的刘庄、南村头等自然村，自古就是镇的形态。据薛暮桥的记述，礼社老街以薛氏为主，多为地主，以地租度日，前巷、后巷、杨巷居住的唐、吕诸姓多为自耕农和佃户，再远一些的桥西、刘庄则全为佃户农民。村落依据经济形态形成了居住的圈层空间。

图 4-32 老街东端沟河潭

在具体的空间构成上，表现为鱼骨状的街巷体系，建筑沿主街——礼社老街南北纵深发展。老街形成于明末清初，东西走向，长 200 余米，宽 3 米许（图 4-33、图 4-34）。街道中段向北弯曲，使得整个街道形如弓。推测起因，大略因为街西为薛家浜，街东为沟河潭，密布的水系限定了街道的长度，早年主要建筑均建于街道北侧，南向临街设门，街道略呈弓形的情况下，在保证临街面宽的同时，建筑整体布局可以前窄后宽，争取更大用地和空间；更有风水的说法，言建筑前窄后宽，形如簸箕，意为聚财。风水的附会反映了乡民的愿望，老街因为形如弓，加之街东沟河潭小而圆，整体似龙吐珠的形

图 4-33 老街街景

态，老街便又名“龙街”，更将此处称为“箕龙”。老街有分西、中、东街，礼前路以西称西街，礼前路以东称为中街和东街。临街后期多为店铺，繁盛时坐北朝南有 75 间，坐南朝北 67 间。

老街通过两侧支巷向外延伸，如“叫花巷”，在礼社 22 号东侧，据言当时礼社有着完备的社会组织管理制度，街头行乞人士不能在大街巷活动，这条小巷成为他们活动的主要场所。神仙庙南侧的“南街”，据称为礼社最早的街巷之一，街东有“南街潭”一口。

4. 建筑特征——建筑类型多，尽呈江南风

礼社历史文化名村现存薛暮桥故居、孙冶方故居两处省级文物保护单位，以及许多优秀历史建筑，包括清九十九间半、薛氏义庄、水龙宫、永善堂、秦古柳故居、薛佛影故居等颇具历史价值的建筑。礼社村内建筑修建的历史最早可追溯至明朝甚至更早，但由于数百年来的历史变迁，现存建筑多为清至民国及新中国成立以后建造。永善堂、薛氏义庄、薛暮桥故居、孙冶方故居等都是清代中晚期江南水乡民居的典型代表。清、民国建筑主要分布于老街两侧，外围沿路多为 20 世纪 80 年代以后新建造房屋。

由于民国的兴盛，礼社的建筑呈现出多样的类型。宗族聚居使得大宅、宗祠集聚，曾有“二十四堂”之谓，家族的兴旺也带来家族宗祠的兴建。

沿老街商铺大量集中，其中一大特色是当铺较多，大多是清末时期村落经济结构的变化与转型的遗存。

更重要的是，民族工商业的发展带动水乡经济进步，村落中出现了茧行、蚕种所、粮仓等相应的建筑形式。与之相伴的义庄、善堂、水龙宫，构筑出民国年间村落中较为完善的公共服务系统。

房屋沿老街南北纵深展开，老街略呈弧形，俗称元宝形，邻里门面根据元宝形走向建房。北面前窄后宽，南面前宽后窄。房屋的檐口高度和地坪，也是前低后高，除却功能的实际用途，也有风水的说法。建筑以三进为主，大户可达八进之多。传统三进的一般农耕民居，第一进为平房，兼用作堂屋，后置厨房，第二进为卧室，第三进为草房及畜栏。沿街民居及商铺也多为三四进，沿街为平房，有的用作店面，也有仅作门厅，第二进为厅堂，第三进用作内堂，多楼房，两侧加跑马廊，形成转盘楼的格局，有的还有第四进，

图 4-34 老街街景

为平房，用作厨间和杂物间。典型的如现状的孙冶方故居。第一进用作门厅，往往用板壁隔开明间作为通道，其后在第一进后墙上开墙门，用作防火防盗，再用对开的板门分隔后部天井院落。二进与三进之间往往设砖门楼。多进建筑的后墙也有用简单的石库门处理者。内侧跑马楼一层为厅，大户也设后檐屏门，门后为楼梯，两侧及楼上为卧室，为木地板。后墙则多不开窗，楼梯上会用六边形或异形的小型月洞窗采光，建筑内向性明确。

多进大户住宅，如秦古柳故居（薛家大院）和薛氏高山房，往往在门屋后增设轿厅，后堂为转盘楼，两侧设备弄火巷联系，薛家大院内的火巷设在西侧，在转盘楼下穿过。

临街的店面房，门面多用排闼门，边上往往会留有同高的单门一扇，方便夜间进出，也形成了连续的街景立面。一般民居第一进廊屋中间开六扇栅门，上部做花格，有“卍”字、“寿”字、“井”字和冰纹等样式，为常州府地区的通常做法，门接近板门做法，多为实拼。

面向院落的为虚界面，明间多用六扇长窗，两侧为槛窗，多用四扇，长窗和槛窗[1]的中间樘对齐，形成连续的界面效果。现状看到的装饰纹样相对统一，多见水条、方格、万字纹（图 4-35、图 4-36）。

① 礼社地区称长窗为长格、槛窗为短格，其上的横批窗为连笼。

图 4-36 孙冶方故居槛窗图

图 4-35 孙冶方故居槛窗

一般农家，入口多在板门外加矮闼门，便于采光通风。更有一边做单扇门，一侧下面做成活络闼门，以木榫连接，可以单独开启，后门往往为单扇的亮栅板门。

外墙窗较少且开窗面积不大，为长方形单个窗洞；内院窗尤其是主要厅堂南向窗多采取正面墙多扇连体木窗，木结构的形式有梅花形、工字形、井字形等。有的备弄为了采光采取墙嵌漏窗的做法。

在第二进和第三进之间，由于平房和楼房之间有落差，所以在围墙的高低相连接处多用瓦片组成各种花形或几何图形，最上边用砖砌压顶，俗称花爬墙，类似园林中的花窗做法，为院落增添装饰与美观的要素，同时由于墙体透空，也改善了院落内的采光，成为礼社建筑的特色（图 4-37）。

图 4-37 秦古柳故居花爬墙

礼社较为突出的遗存有：

（1）薛暮桥故居

薛暮桥故居也称慎修堂，建于清末宣统二年，位于礼前路以西，礼社街 287 号，砖木结构，是礼社老街北端的一座江南乡镇中型民宅，占地面积 324 平方米左右。2006 年 6 月，薛暮桥故居由江苏省人民政府公布为省级文物保护单位（图 4-38）。

图 4-38 薛暮桥故居

故居坐南朝北，原主体建筑为三间三进砖木结构平房，为二条轴线夹一弄（备弄）全封闭式的院落，主轴线上从南到北分列三进，加后面辅助建筑。第一、二进均为一层，砖木结构，第三进为二层楼屋，二、三进之间天井内，有一棵建屋时种下的腊梅树，至今郁郁葱葱。

现旧居还保存第一进平房（门厅）和第二进平房（大厅）三间，均为始建时原物。门厅贴街而筑，用墀头分隔成三间，明间做“门头”，上置万字纹横披窗，下按“挞式”木柱板门，为无锡乡镇典型大门形态；正厅面阔三间，木梁架皆采用“圆堂”造，正贴梁架为抬梁，边贴为穿斗式，梁间童柱鹰嘴缝突起。第三进原面阔三间，二层，为主人住房，现已被其堂侄孙拆建改造。

（2）孙冶方故居

孙冶方故居，原名敦厚堂，建于清代晚期，位于礼社老街中段，礼社街 121 号。建筑坐北朝南，临街而筑，砖木结构，前后共五进，坐落于中轴线上，每进之间皆有院子或天井分隔，每进均面阔三间，

图 4-39 孙冶方故居

后二进为“回楼”，为典型的江南水乡民居类型。东侧有花园、书屋，古木葱葱（图 4-39）。

门厅：临街，置封檐墙，用出跳垛头墙分隔三间。正中间做“门头”，上置透雕花式及格心，下按“挞式”木框板门，为无锡水乡典型的门厅。屋顶为两坡硬山顶。

大厅：面阔三间，木构架采用“圆堂”造，简洁质朴，屋顶为两坡硬山顶。

坐楼：分前楼、后楼，二楼间隔院子的两侧各做楼廊贯通前后，成“回楼”形制，俗称“走马楼”。这种形式为无锡乡镇较大宅第中常见的布置。

厨房：面阔三间，木构架采用“圆堂”造，屋顶竖方形砖砌烟囱。

2006 年 6 月，由江苏省人民政府公布为省级文物保护单位。现已经修缮成为孙冶方纪念馆，对外开放。

图 4-40 薛氏九十九间半

（3）薛氏九十九间半（“丰泰顺”茧行、大成蚕种制造场）

薛氏九十九间半是礼社一座大型建筑群的俗称，它建于清代，砖木结构，坐北朝南，位于西街薛家浜北岸，礼社街 365 号。为薛氏十七世薛谦培所建。薛谦培官至直隶州州判，世授文林郎，他见多识广，又略懂营造，故采取“内外分室独立，外观连成一体”之布局（图 4-40）。

建筑分南北两部分，南侧九间，北侧十二间，前后共九进，有天井、小花园、晒场。中宽九尺九，向南往北连成长廊，两边房舍毗连对称。

最初薛氏兴建此建筑是为了供自己乃至全族堆放粮食之用，后用作开办“丰泰顺”茧行、大成蚕种制造场。清末民初时为礼社小手工作坊聚集地。

（4）薛氏义庄

薛氏义庄，名曰师范堂，建于清代中晚期，位于西街薛家浜北岸，坐南朝北，现仅存门厅一进，面阔五间加备弄，内四架砖木结构。门厅南侧是一大片晒场，以（45×50）厘米的金山石铺成。原有“师范堂”匾额挂在义庄第二进大厅之上。

义庄曾拥有义田千亩，以济族中贫残寡独、生养死葬、嫁女婚男、读书应试无力者，义庄善举，一直传为美谈。1932 年，薛暮桥在其第一篇经济论文《江南农村衰落的一个缩影》中写道：“义庄从每年所纳的田赋中，按照小学每人每年 4 块银圆、中学每人每年 6 块银圆、大学每人每年 10 块银圆的标准为贫困家庭子女发放求学津贴。”

图 4-41 水龙宫

（5）水龙宫

水龙宫，即救熄会，是无锡地区用于救火的民间组织，放置救火设备，用于防火救灾。它位于礼社西街，薛暮桥故居东侧。始建于清，民国重修，坐北朝南，面阔三间，进深 12 米。二层木楼板，朝北为落地长窗，窗外为走廊，设雕花栏杆。楼下三间通间大堂，大门及窗户均为民国时期的拱券造型（图 4-41）。

民国年间水龙宫拥有当时较为完备的消防器材，共有大小揿龙各 1 台、水枪 8 只、救火照明葫芦灯 8 盏、长杆火扎勾 5 把、太平斧 5 把、铜锣 6 面及水桶若干。解放初，礼社人薛震祥父子创办的上海震旦灭火机厂又赠送新式汽油机水龙 1 台。

图 4-42 秦氏高山房内梁架

图 4-43 秦氏高山房门屋

（6）礼社高山房

秦氏高山房，建于清代中期，位于礼社街198号，有四间三进。第一进是沿街平房，第二进是三间厅堂，两边各有备弄一条，第三进是大厅，第四、五进原是转盘楼，现已毁。后院内有古井，第二进、第三进之间原有假山、影壁，现假山已不存，影壁尚存（图4-42、图4-43）。

（7）秦古柳故居

秦古柳故居建于清代，位于礼社街195号，砖木结构，坐南朝北，三间八进，现存三间三进。台阶前的街面上有三个菱形的旗杆坑，是整条街的特有现象。秦家大院的大门为石库门，中为排门板。进门东间为轿厅，西间有备弄通往二进厅堂。第三、四进是转盘楼。

（8）薛氏永善堂

薛氏永善堂位于礼社老街西段，始建于明代，坐南朝北，系薛愚泉等捐田亩、集资筹建的慈善机构。砖木结构，面阔三间，四进两披屋，三院一甬道格局，用于置仓聚谷、煮粥赈灾，以赡四穷。

第一进为公共出入，沿街为排栅门，东西两间为南货店和烟纸店；第二进为落地长格窗，进入大厅，东有备弄直通屋内，前厅正中挂有“永善堂”匾额，厅后隔有天井，有门通后厅，后厅正中挂有“为善最乐”匾额；第三进与第二进之间，西二间为天井，植有桂花树一株，东一间与第四进楼屋相连，楼下为廒间，楼上为办公室、账房；后院主要为堆放稻草等的柴草屋。

现永善堂中保留有石碑两块，铭文以记载公德。

（9）薛佛影故居

薛佛影故居又名养初堂，建于清代中期，位于礼社街55号，坐南朝北。故居原有六进一大院，现存三间六进。第一进为平房，阔三间，曾是“大德堂药铺”。第二进为故居正厅，悬挂“养初堂”匾额。

（四）严家桥

1. 区位环境——锡澄虞交界处，众水乡箬帽顶

如同杨桥一样，严家桥也以河为名，桥名则来自穿村而过的严羊河。

严家桥被坊间称为“三地一村四码头”。简单来说，“三地”是指严家桥地处无锡东北隅，位于锡、澄、虞（即现无锡、江阴、常熟三市）三县交界地，地不可谓不偏，但这似乎变成严家桥的特点所在，偏也有偏的好处，特殊的区位使严家桥得以躲避战火，从而获得在近代发展的契机，而三县交界也意味着在锡北地区成为局部中心的空间优势。“一村”自然就是严家桥，虽然严家桥在今天的建制是村，但严家桥无论从历史上看，还是从规模上看，似乎都不是传统的自然乡村，“村”在这里的含义，如果理解为以乡村为背景环境，似乎更为恰当。严家桥周边川泽沃衍，水网密集，自古是鱼米之乡，这是严家桥的根。“四码头”显然不是只有四个码头，是指严家桥在近代被别称为“米码头”“布码头”“书码头”和“医码头”；也不是四个具体的码头，而是指严家桥是周边地区的米、布交易中心，乡民汇集，商贾往来，继而繁衍出以说书、戏曲、医行、药

图 4-44 永兴河

铺为代表的娱乐和服务行业，所以其周边地区也有“小无锡”的称谓。当然，有码头必然有河道，严家桥枕河而生的面貌便也呼之欲出。

简单的一句话，概括了严家桥特殊的地理区位，也概括了严家桥的村落特色，可谓言简意赅，十分恰当。

虽然现在严家桥最早的民居还可以追溯到明代，但大量的建筑遗存和街道格局还是 20 世纪 20 年代至 30 年代民国时期形成的。不同于传统概念里如周庄般小桥流水的明清江南水乡村落风貌，严家桥反映了江南地区水乡村落在近代剧烈变化发展中的形态，这也恰恰是很多江苏的历史文化名村体现出的典型特征。

严家桥既有特殊的地理位置，也有它独特的自然环境。严家桥比周围地势稍高，平坦宽广，村东抵景色秀丽的虞山西麓山前湖（又名尚湖），东南至严家桥、甘露以西的烟波浩渺的鹅真荡、谢埭荡、宛山荡，西连张泾、东湖塘、安镇各集镇，北达顾山、陈墅、黄土塘、长泾等地界。因地势高，人称“高乡头”，又称“箬帽顶”。历史上多次发大水泛滥成灾的时候，常殃及周边地区，

图 4-45 严家桥村落空间格局

严家桥却从不受淹。村落四季分明、雨量充沛，河网纵横、气候湿润，土地肥沃、适宜农作，物产丰富、民风淳厚。如此优良的自然条件和邻近乡镇比，得天独厚。

加之从明清两代至解放前的四百多年中，严家桥遭受战乱之祸较少，较大的太平军起义和南北军阀混战，均未伤及元气，因此，人们既可在这比较稳定的环境中生存，又可方便地和多边地区的人文、信息、物资进行沟通交流，多种优越条件对严家桥在历史上的发展，起到了很大的作用。

严家桥村的自然环境十分优美，村落坐南朝北，永兴河自村南蜿蜒而过（图 4-44）。严家桥因河兴市，由市而镇。陆上交通相对闭塞，交通运输以水运为主。永兴河（俗称大河，市镇段又称永兴河）河道纵贯南北，往南流经羊尖、甘露等地可至苏州、上海；往北过北窑经蠡河浜口，西南可至东湖塘、张泾桥、万安桥，直至无锡，并可出入大运河和太湖。东北可至蠡、港下，直至顾山或王庄等地，可连通长江。村南梓良桥上桥联写道，“北接梁溪怀祖泽，南通虞麓谒先型”，就是描述河道联通无锡与常熟的形势（图 4-45）。

水运分为客运与货运。早在抗战前严家桥就有了客运轮船，先是由东湖塘人开办、后为南桥头人缪凤鸣开办的严东班轮船，专营严家桥至无锡航线，以载客为主兼运货物。严东班轮船开航的时间很长，直到解放后轮船公司公私合营调整航线后才停航。其后有两班苏班轮船（周庄班和杨舍班）途经此地，直到 20 世纪 70 年代由于公路交通迅速发展，快捷的汽车运输替代了轮船，轮船公司没有了客源才停业。20 世纪 50 年代，严家桥至港下的小路拓宽改造，形成双向两车道的乡村公路——羊严路，成为严家桥通往周边地区的主要交通途径，水运逐渐被陆路运输代替。此时的严家桥逐步呈现由过去逐河而居态势向沿路发展模式的转变。

2. 历史沿革——三不管成福地，四码头兴唐家

早在商、周时期，严家桥已有先民活动，在这里辟田开河、种粮植桑，劳作生息。自泰伯奔吴，筑城梅里，带来黄河流域先进的农耕技术以后，严家桥地区的生产水平迅速提高。先人勤劳不辍、锲而不舍的努力，使这里逐渐成了经济活跃、生活富裕、物阜民康的地方。自元末明初严姓人氏起建严家桥后，永兴河东西贯通，散居的村民聚居两岸，形成了集镇，至今已有七百年历史。据明洪武《无锡县志》记载，在宋—明万历时代属无锡县怀仁乡（宋代县有 26 乡，后并为 25 乡，至元复并为 22 乡。乡下设都，都下设保），明万历—清光绪三十四年归怀仁区，清雍正时归金匮县辖；清光绪三十四年至民国二十三年，严家桥升为严家桥镇，属怀下市；民国二十三年至民国三十七年称严镇镇，属安镇区；1948 年裁区设署，合并乡镇，严家桥属张泾区署，称胶东乡；1950 年至 1956 年，属蠡区为严家桥乡；后归张泾乡、羊尖镇至今。从上观之，严家桥村现址在清末民初的时间一直是镇的治所所在，1948 年后撤镇建乡，直至 1958 年改为羊尖人民公社严家桥生产大队，其后一直为行政村的建制。

随着近代中国民族工商业的兴起和地方经济大发展，严家桥更趋繁荣，到 20 世纪三四十年代，严家桥街道上的商业店铺达到两百多家，成为无锡东部重要的商贸中心，一时享有“小无锡”的盛名。

岁月的沧桑，时空的积淀，铸就了严家桥“三地一村四码头”特有的历史文化亮点，展现了这个江南古村别致的风韵。

严家桥对外陆路交通不便，地域环境安全，区内经济基础良好，人们到这里既能躲避战乱，又能谋求生计，立足生根，是个理想的“避风港”。明末清初，清兵大举入关，外省的程、李、须等大族先后来到了严家桥。到了清末民初，依然受战争冲击较小，较大的太平军起义和南北军阀混战，均未伤及元气，唐氏家族就是因避太平天国

之乱而落户严家桥。加之水道通畅，物华天宝的自然条件，以及四乡殷实的经济基础，在清末民初因缘际会，成为锡东地区的重要商贸交易的节点枢纽。清末学者侯鸿鉴就曾在《锡金乡土地理》一书中称“严家桥土地肥沃，乡人颇富，商业繁荣”。

由于特殊的地理位置，严家桥也是无锡地区较早建立党组织并开展革命活动的地区之一，抗日战争时期还是抗日游击区和抗日民主政权——严安区区政府驻地。抗日战争中，严安区、严宛区的政府都设在这里。而由于民族工商业的发展，该地重视教育，很早就设立小学，也促进了革命的发展，小学校长及教师中就有多人是党的早期基层领导人。

严家桥的鼎盛时期出现在 20 世纪二三十年代，当时严家桥商贾云集，百货堆积，是无锡东部地区的商贸中心，是涵盖无锡、江阴、常熟三县边界地区的经济中心和交通枢纽。据不完全统计，自 20 世纪 30 年代至 40 年代，全镇各类工商业大小商店铺面达 195 家，另有摊贩 27 家，经营航运业的大小航船（班船）、小快船 10 家，私人开业诊所和医生 26 家。此外，还有搬运业和工场作坊共 6 家。同一时期营业的店铺摊位通常在 180 家至 200 家之间。商肆汇集，百舸云至，故严家桥俗称“四码头”。而无锡近代工商业四大家族之一的唐氏就是从严家桥发展起来的，其祖居及早期产业至今仍保留在严家桥。

中西合璧的民居做法，早期混凝土和电灯、电话的采用，近代民族工商业的发展，决定了严家桥历史文化名村最突出的特色，即其反映的剧烈变化中的近代苏南乡村风貌。

严家桥也是我国近代民族工商业先驱者、中国著名的工商界四大家族之一、名闻海内外的唐氏家族的发祥地。唐氏原籍常州，后来其中一支移居无锡，第十六世孙唐懋勋在无锡北塘经商，开设的“唐时常布庄”为无锡当时四大布庄之一。1860 年，太平军战火即将烧到无锡时，无锡商家纷纷外逃。

唐懋勋先在双板桥下开设春源布庄，经营土布、棉花、面纱业务，不几年，生意兴隆，各地客商纷至沓来，春源布庄大获盈利。《无锡史话》载："春源布庄，在当地农民日夜的机杼声中，加快了发财致富的步伐。"

唐懋勋抓住战乱后人口锐减、地价大跌之机，在严家桥的西、南、北三方先后置地六千余亩，又在市镇河西、春源布庄以南的沿河修建了唐氏仓厅、宅院、唐家码头。唐懋勋过世后，唐子良、唐竹山兄弟俩继承父业，在严家桥又相继开设了同济典当、德仁兴茧行、同兴木行、同济栈房等，使唐氏产业进一步扩大。十余年后，唐家终于成为无锡东北乡的首富，其诚信孚于无锡城乡。

唐氏后裔在严家桥的第三代"镇"字辈、第四代"源"字辈子孙走出严家桥，用祖辈积累的原始资本到更加广阔的天地开创新的事业。先从家乡到无锡，再从无锡到上海，兴办了一个又一个唐氏工商企业：严家桥的利农砖瓦厂、翼农蚕种制造场，无锡的庆丰纱厂、九丰面粉厂、润丰油厂、锦丰织厂、丽新纺织印染厂、协新毛纺厂，上海的保丰纺织厂、信昌毛纺织厂、昌兴纺织印染公司等都是唐氏早期建办的著名工商企业。

在距严家桥南的严羊路口的牌楼两侧有四副对联，南侧两联分别为："大野尽芳菲，若来游目骋怀，自难忘叆叇溪云，旖旎烟景；小村绕盛誉，且看小桥流水，更须听婉转评弹，跌宕滩簧。""严氏创鸿基，僻幽来望族，追本溯源，总是千门百户五家后；唐氏兴大业，乡曲为通衢，说今谈古，最宜三地一村四码头。"北侧两联分别为："沃野平川连澄虞，且闻鸡鸣三县声；吴风秀色绕村舍，但见文传千秋情。""永兴河涛声依旧，东南西北芳草地；严羊路万象更新，春夏秋冬艳阳天。"四副对联可说是概括了严家桥古往今来的历史风貌和特色亮点。

对于唐氏这样的大家族而言，诗礼传家，重教兴文是家族赖以传承的基础，从"位思堂"到"承裕堂"，到近代创办严家桥小学，由于传统乡村社会中乡绅阶层的存在，在近代的乡村与城市在教育和接受新的事物方面并没有太大的差距。勇于接受新思想、新文化和新事物，使得严家桥这样的江南水乡村落在近代产生了大量的社会人才。早在严家桥时期，唐氏家族十分重视支持教育，规定："唐氏仓厅，代不分田，田不出售，收入充善举""造仓廪、设义庄"。自 1912 年严家桥创办新式教学起，唐家就通过唐氏仓厅市场对学校有所捐助。1924 年严家桥小学复校时，唐家捐资 200 银元。1927 年，严家桥小学又一次停办，1928 年，唐福培次子唐藩镇出面向县教育局申请复校，又捐资 200 银元支持复校。以教育为重点的善举，不仅培育了人才，而且扩大了社会影响，也进一步促进的乡村的经济发展。[1]

而一般的乡民，也有自己的娱乐。"书码头"就是来源于此，严家桥也因此被标志为锡剧的发源地，袁仁仪被誉为锡剧的世祖，群众创造的自娱自乐的"滩簧"戏，经民间艺人的加工发展，成为江南著名的地方戏。如今村北舍上还有袁仁仪（袁老二）的墓址。

3. 村落格局——一河四桥六街，交通引变格局

严家桥滨水而建，永兴河从村中自南向北流过，现状的遗存分布主要呈现"一河四桥六街"的空间格局。"一河"指穿越村落的永兴市河，也就是历史上的严羊河。"四桥"自南而北指跨河而建的梓良桥（图 4-46）、永兴桥、万善桥以及严家桥。"六街 "是指构成整个聚落形态的空间骨架的六条主要

① 唐方敏、徐立青，《无锡唐氏家族发展与教育》，见《江南大学学报（教育科学版）》,2007 年第 1 期。

图 4-46 梓良桥

街道，分别是河东的北街、中市街、南街、东街，河西的庙前街和西街，形成一纵三横的格局。横街均与桥相对，西街东联严家桥，东街西接万善桥，庙前街则正对永兴桥。有意思的是，三条横向道路均呈丁字形，并不相对，应该是由于村落的空间布局逐步形成的缘故。

在这一骨架系统下，村落也形成了功能偏重的不同片区。西街周边应当是村落最早的聚居区域，至近代依然以居住功能为主，南侧建筑为大户所有，进深略大，如同济典当行，多达五进。而北侧进深略小，三进为主，但院落尺度较南侧更大。

永兴河东侧，严家桥至万善桥间为中市街，从名称可以想见此处是村落的市集中心所在，两侧均为店铺，建筑也以两层为主。尤其在万善桥头，中市街与东街的交汇处，两层的朱氏商业楼多间联排，颇具规模，集中有茶馆、酒肆、书场，是商业最喧闹处（图 4-47、图 4-48、图 4-49）。

图 4-47 永兴河东侧河房

图 4-48 自万善桥东望中市街

图 4-49 朱氏商业楼

商业以此为中心向南北延伸，南段略繁华于北段。沿街店铺为东西向，东侧进深三进左右，西侧为临河河房。建筑为无院落的单进，用作商业和仓库。沿南北街向东的进深区域后部，建筑依旧转为南北向布局，为居住形态，现状遗存还有民国时期朱宅、德润堂、程宅等历史建筑。

永兴河西永兴桥至万善桥间为老的春源布庄所在地，建筑已经不复旧貌，但万善桥西至今仍保有布庄场的空间，反映当时的交易规模。依托春源布庄，唐氏在村落南侧形成了工商产业区，包括唐氏仓厅、唐家码头、同济栈房、德仁兴茧行、同兴木行，依托水系形成商业网络。尤其是唐氏仓厅，规模大，前后环绕两个永兴河的叉浜，烧香浜和田基浜，形成大规模的米码头和粮食交易仓储区，这个仓储功能一直到解放后依然被延续用作粮站的粮食仓库。

庙前街上有一处重要的村落公共建筑——城隍庙，现在是严家桥的小学。

从历史上看，最早的村落（明代以前）是沿河西布局，集中在西街一带，随着村落规模的扩大，严羊河的水路运输和商品交易成为中心后，村落跨河发展，形成北街、中市街和南街，并取代传统的河西聚居区，成为村落的主要区域。严家桥就在十字街道的中心，如同杨桥一样，成为村落意涵中和实际上空间形态的中心。

从现存的状态看，严家桥呈现出三条空间布局的轴线，永兴河、严羊路和联系两者的东街形成的两纵一横的骨架。这种并置的空间布局脉络实际上是村落发展历时性的叠加造成的。

清代以前，人口不多，村落逐河而居，沿永兴河呈南北向展开，建设基本上限于河西。村落格局为典型的依河而居的形态。

图 4-50 永兴桥旁禁约碑

从民国初年开始，村落进入一个重要的鼎盛发展时期，住宅建设突破永兴河向东拓展，发展出与庙前街、西街平行的东街和南北向的北街、中市街以及南街，直通至羊严路，后者成为村落主要对外交通。

从任何一个角度而言，空间轴线的核心显然是交通线，不论是历史上或是当下阶段，只是交通方式发生的转变。如果把河道看作道路，传统村落表现出典型的沿交通线布局的形态，这种模式显然也成为后期村落发展的原型。另一方面，唐氏在春源布庄的南侧购地，村落南侧河西一带建设码头仓厅，使此一带变成重要的米码头和工商业区。因水运的重要，村落对河道管理十分重视，严家桥永兴桥旁立有禁约碑，“禁止砖石垃圾等物，不准入河违者议罚”（图 4-50）。

自从近代严羊路在村东开通，陆路交通逐渐取代水运，村落态势便呈现出由依水而居向沿路发展的平原村落转变，道路重心也从平行于水系的南北街转向东西向为主，东街越发重要。村落摆脱原有逐河而居的格局，在河东与羊严路之间的平地上展开，形成以羊严路为发展轴的聚落形态。村落道路系统也从以往的东西向为主演变为垂直于羊严路的南北向和东西向并重的格局。羊严路成为村落的主要文化商业街。市场、店铺、超市等都在街两侧依次排开，自此村落格局基本确定。在人口分布上，也可以看出明确的差异，除了一些老人外，传统村落的核心区，沿河地带和南北街上的建筑要么废弃，要么被租给外来人口，而本地的居民多居住在新建房中，呈环绕老建筑的形态分布在严羊路周边，形成泾渭分明的人群划分。

4. 建筑特征——既有重重院落，也有欧陆风情

现存传统民居除个别外多为晚清和民国时期所建，同属常州府地区的做法，最典型的就是单峰官帽式屏山墙，形成建筑独特的地域形象。传统民居以各种院落式布局为主，开间宽阔，院落方整，四周有回廊，有些在外侧还有外廊和偏院。在布局形态上，三合院四合院布局院落较多，但开间依然为三间，两厢挤占院落空间，院落呈沿进深方向的狭小天井。四合院数量最多，为一般乡民居所，其中以保留较为完整的程氏转盘楼宅院和建于明代格局尚较为完整的胡宅为代表。也有单进三合院，一进院落入口为墙门，两侧有厢房，形成三合院形态，侧房为厨房、储藏等辅助功能。

在木构架系统上，由于建造年代较晚，整体用料偏小，尤其柱径较细，多用圆作，多用八檩七椽，类似常州府其他地区做法，以中间四椽为基本单元，用五架梁，前一后二，正贴通常前后用四柱，与屋架系统配合，用前后金柱，后金柱后为双步，前为单步。边贴为满堂柱。梁柱节点简单，除边贴中柱及正贴童柱外，均在形式上表现为檩、梁、柱的交接关系，柱由于截面小于梁，往往支承于梁下，但依然是穿斗形态。出檐用硬挑头承挑檐檩，但出挑距离甚小。脊檩处不用山楸云，除檐柱、金柱上檩下用连机外，所有檩下均用短机。屋面坡度类似苏州地区，坡度和缓，檐步不足五举，脊步在六举至七举之间。椽较细，椽距大约在两倍椽径，用圆椽，飞椽椽头无卷杀。

沿街店铺和排屋主要位于河东的北街、中市街、南街以及东街两侧，建筑多沿街展开，但也有垂直道路建造的。有些店铺是独立的建筑，有些则是院落建筑的一部分。排屋也是一种独特的建筑类型，这种建筑一字形展开，无院落，临河建筑多为此类型，如中市街的潘家商楼、朱氏商业楼以及唐氏仓厅沿河部分也为同样的布局模式。

下面是较为典型的民居。

唐氏仓厅：唐氏仓厅沿河建筑面阔共十二间，现存北侧五间为原有建筑，南侧已被改建。原功能为仓储用途。进深六架。建筑外侧临河铺装为青砖席纹。

北街李氏老宅：沿街为单间简单门楼，进门为院落，第一进过厅亦为单间，第二进窄院后为二层楼，面阔五间，明间三间单独隔出，呈现“3+2”的空间格局，进深六椽七架，明间三间一层面西加批，形成前廊，楼梯在明间最后，两跑横置，楼梯处为实墙不对外开窗。

东街朱宅：面阔七间，两层楼屋，二层外挑，分隔为“3+3+1”的格局，单间在最西侧，临中市街。建筑应是统一建造，具有明确的商业目的和用途。东侧三间为四合院转盘楼，两厢各设楼梯一部。中间楼梯在东北角，转角楼梯做法。建筑进深五椽六架，明间三柱，用后金柱，边贴用

图 4-51 程氏德润堂

中柱，檐步尺寸大，通常州其他地区做法。每三间明间用六扇门，门开启方式类似传统，但形式已采用近代风格，两侧次间为短窗。

唐氏祖宅：位于西街南侧，原三进院落，现第一进和第三进均已不存，仅保留第二进厅堂，面阔三间，南侧还有背弄一间，通第三进。进深七椽八架，为常州地区常用的大七架格局，前单步，后双步，前高后低，为堂屋做法。南二间后金柱上装屏门。

程氏德润堂：民国时期转盘楼，面阔三间一进院落，前后均进深七椽八架。外立面已西化，后进明间用柱廊及砖券门，装饰细致，雕刻繁复，并配以铸铁花件。门上为简化的菱形纹，中间镶嵌彩色玻璃（图 4-51）。

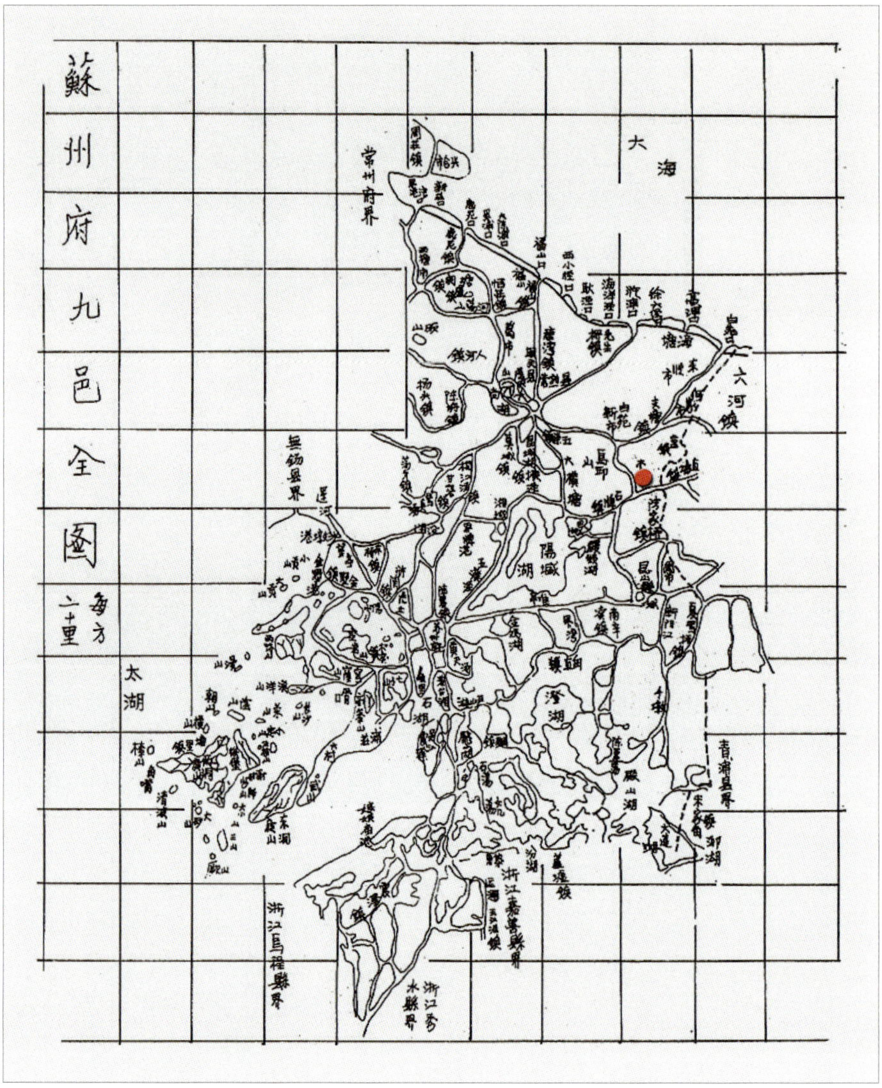

图 4-52 李市村历史区位图

（五）李市

1. 区位环境——泾浜远白茆，水载生市集

李市村历史区位偏僻，位于常熟市古里镇的东南部，距白茆镇约 5 公里，偏于一隅。《常昭合志》载：“李市跨东山泾（旧属双凤乡），距城约四十里，街五六道，居民六七百户，有城隍庙、石桥一、木桥六。附近小村庄曰‘山泾’（居民数十户）”（图 4-52）。

李市村地域水系发达，河道密集，历史上水灾严重。当地河流有陈泾河、市河、三泾河、吴泾河、清小湾、赤沙塘、黄瓜浜、白米浜等，其中陈泾河、市河、三泾河、黄瓜浜穿李市村而过。这些河道基本限定了李市村的东、南、西、北各个方向上的边界（图 4-53）。

李市村地域全年气候温暖湿润，日照充足，土地肥沃。农业作物夏熟以小麦为主，兼种油菜，秋熟为水稻，以及桃、枇杷等各种经济作物。

李市村是以水运为依托发展起来的江南集镇，在历史上，曾有“铁李市”美称。李市陆地交通不便，靠船坞进行货物流通，有米行、南什货店、药店、肉店、面店、酒店、布店、铁匠铺、茶馆等。

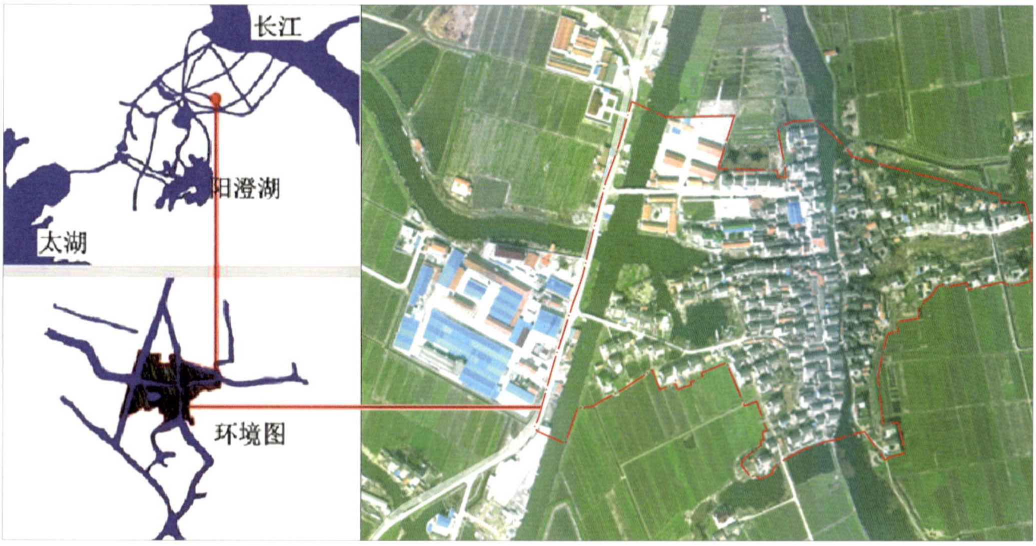

图 4-53 李市村地域水系分布图

2. 历史沿革——乱世铁李墅，避难盛市集

李市古村是江南典型的自然村落，是主要以传统的农业生产和半农半商的生产模式为基础，以水运为依托发展起来的江南小镇。李市集镇原称“李墅”，据原李市西庙入口处一碑石所载，为明代一李姓官僚在此建一别墅而名李墅，建立时间约略晚于 1426 年。也有传说，时代正统年间由李氏大族聚居成市而名李市，又称山泾市。

李市于艰难时世中诞生。李市从前并无集市，据说，早先只有一位从远方逃难而来的隐姓罪人，在这里搭建了半间土坯草房，无惊无险地度过了一生。明代正统年间，朝纲不振，天下出现了乱象，一位经营蚕丝生意的李姓商人坐船偶经此地，被“荒僻的地理位置、发达的水网体系”所吸引，回去以后，聘了数名风水师再返此地，勘定了房基，开始于此营造“既可躲避乱世，又不致影响生意”的“避难之所”。历时正统、景泰、天顺三朝近 30 年的盗贼蜂起、饥荒不断、战祸连绵、地方不靖，李市村由李姓商人的临时居留所演变成了李氏大族的定居村落。又因其家族财力雄厚、消费旺盛，一时间便吸引了周边居民来此买卖、定居，于是，蔚然成市，渐成小镇。

李市在艰难时世中壮大，经过了明清交叠的战乱、清末太平天国之乱、近代日本侵华战争之乱，周边的豪门大户纷纷来此避居，李市居然达到了空前繁华的程度，到了明清时期，紧随虞地名镇“金”唐市、“银”梅李之后，被冠以了“铁李市”的美称。李市成为当时白茆镇的水陆交通中心和人气旺盛的物资集散之地。

李市古集镇历年来是老镇区的商业、文化和行政中心，只是近代才逐渐衰落。李市大街上曾经有 6 家茶馆，供人们消遣娱乐。李市大街是一条主要的商业街，附近居民在这里进行商业贸易，服务业兴盛繁荣。每逢传统节日，李市还有集会、庙会、戏曲表演、唱山歌等文艺活动。

新中国建立以前，李市为农村集镇，新中国建立初期属唐市区李市乡，1956 年属支塘区李市乡第六高级社，1957 年撤区并乡并入白茆乡，1958 年属和平人民公社第六大队，1959 年改划为十二大队，1980 年更名为李市大队。1983 年 7 月政社分设，是年 9 月建立李市村村民委员会。1999 年 7 月，田中村并入李市村。

1958 年李市成立人民公社后，大搞水利、疏浚山泾河，新建大荡圩干渠，建李白公路，开通公共汽车，并新修李市西街。由此李市供销站、李市粮食供应站、李市粮库、信用社李市分部，纷纷从老街搬迁至李市西街。同时新建农副产品市场，改造和扩建李市小学，建设南、北两座李市新大桥，大部分商店从老街逐步向新西街和李白公路迁移，故老街商业日渐衰落萧条。李市集镇现为李市村村民委员会所在地。

3. 村落格局——小桥流水乡，氏族安居地

（1）水乡田园村

李市是具有独特江南风貌的水乡村落，街区被丰富的水网包围，街河并行，水、路、街区融为一体，居民临水而居，村内船坞码头随处可见，家家户户临水而居，形成江南水乡独特的居住文化和空间格局。

明末清初，街区因水成街，因水成市，居民临水而居，居而成集，由此，形成了当地人气旺盛的物资集散之地，形成“小桥、流水、人家”的水乡环境风貌，呈现出田园、水系、村落交融一体的空间环境特色。

位于李市村西面的三泾河是村外的主要河流，河道较宽，分别从北面、西面以及东面三个方向将李市村包围起来，是主要的农业生产水源，也是主要的排洪通道，并为水上交通与贸易提供了极好的自然条件。据村里老人介绍，原来河道上的拱桥较高，便于大船来往，为李市村对外水运与货运的主要河道。

在古村的整个空间系统与结构中，水道和街巷作为基本骨架，起到组织人们日常生活和交通联系的脉络作用。水巷河道是古村水上交通的要道，同时也是居民日常浣洗、聚集、交流的公共场所。陆路街巷只是作为辅助系统，顺应河道布

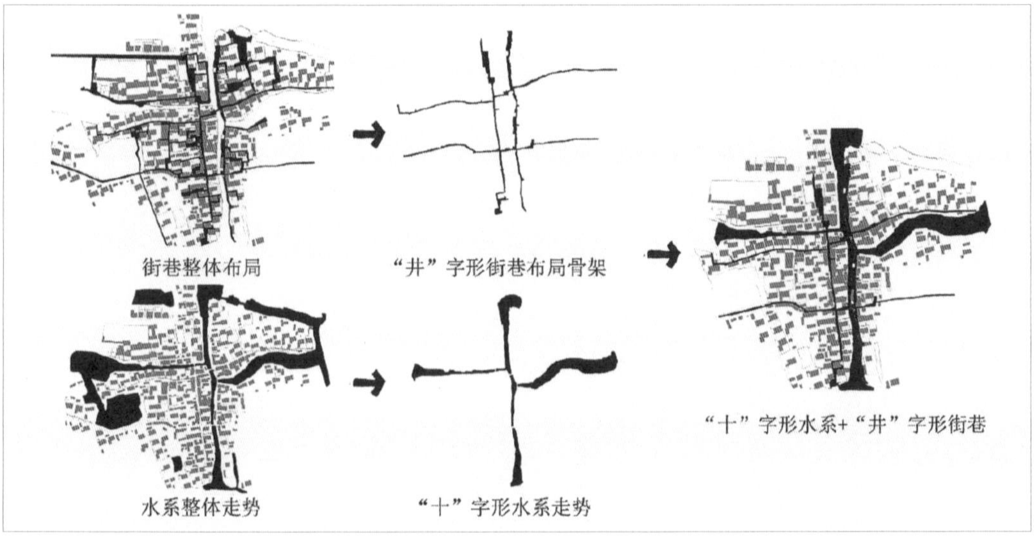

图 4-54 李市村平面布局图式示意图

置，构成主路—支路—小巷的多级网络系统，具有强烈的方向感、序列感和节奏感。水巷与街巷相互补充、相互联系，共同构成平行并列的舟行与步行两套交通系统。

建筑布局形态则顺应河流十分自然地形成团形，古村内部水、路、桥相互交融，建筑依河而筑并刻意亲水，形成极为丰富而生动的空间层次。

（2）泾巷交织径

村子布局在平面上显示出一种 “十”字形水系与“井”字形街巷骨架共存的图式（图4-54）。李市村被“十”字形的水网走势划分出了四块陆地，各块陆地之间以桥梁相连接，南北向的市河与李市村商业主街相互平行，生成“井”字形的街巷布局。河流都与道路平行，以便于货物运输、集散和交易。故滨河沿路的李市大街、西街、东街两侧，就成为商业繁华、贸易昌盛之处。水网和街巷交叉汇集地段，集聚茶馆、酒肆井上吹拉弹唱，成为众人娱乐消闲的集市中心。

古镇街巷、水网相互交织的网状立交体系，由泾、浜两类水道和主次巷道构成。

泾浜水道：泾、浜不但决定了街、巷的走向、

图 4-55 水网环境示意图

布置以及街区的分区，而且还影响着街区生长发展的方向，是街区的生长轴，更是街区与自然相结合的脉络（图 4-55、图 4-56）。

泾指沟通街区内外围水系的主要渠道。主河道纳河水于街区内，并使街区内部水网与外部的湖泊河道连成一体、川流不息，同时与街区内部尺度相宜的街道空间形成独具特色的空间结构。主河道一般是居民因地制宜，结合原有的河塘水网，经多年开挖而成，曾经是主要的生活水源，也是水运交通的干线和主要的排洪、灌溉的通道。位于街区西面的三泾河是贯穿整个街区的主要河流，河道较宽，旧时河道上的拱桥较高，便于大船来往，为街区水运的主干道。

浜相对于主河道宽度较窄，是主河道的有利补充，从而使河道可以被更多的居民所利用，方便更多人家的用水、运输、交通，同时增大了防洪、泄洪的能力。北面的陈泾河是街区比较大的一条次河道，与李市大街平行的市河曾是居民饮水的重要来源，西面的黄瓜浜则是居民养殖淡水鱼的场所，亦为居民提供洗衣、洗澡等生活用水。

图 4-56 村内泾浜

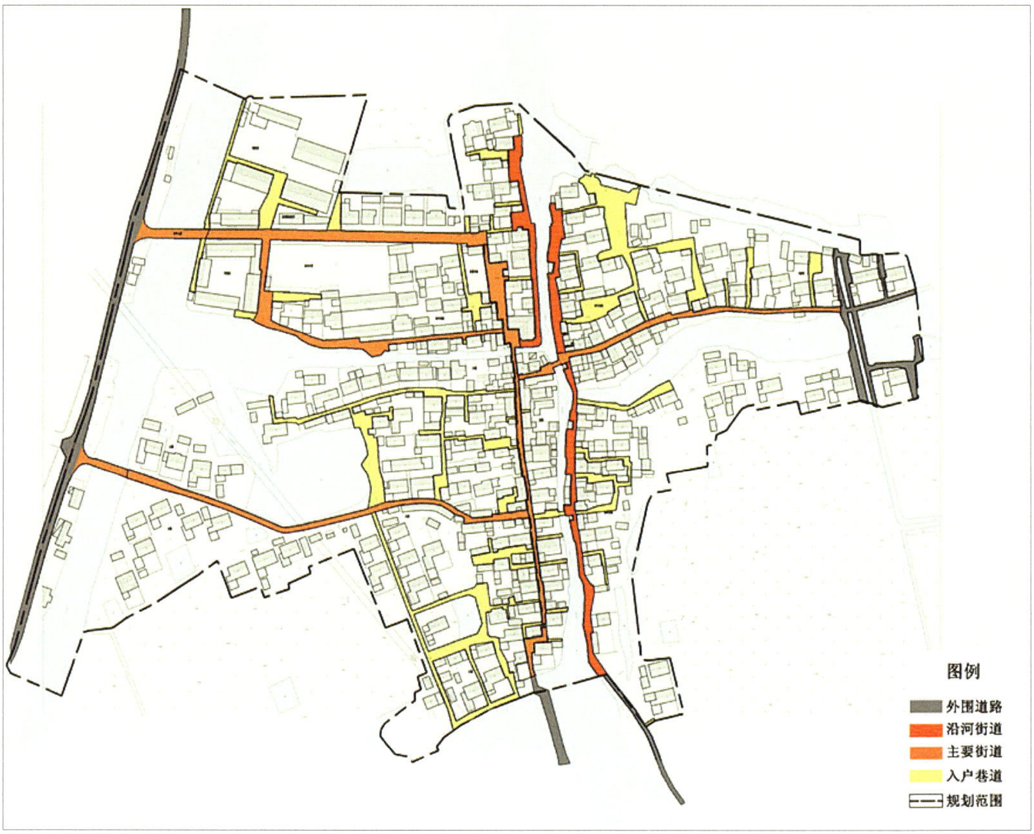

图 4-57 街巷空间示意图

主街次巷：除了平面呈“井”字形布局的四条主要街道外，其余街巷一般较为曲折，体现着“藏风纳气”的风水规划思想（图 4-57、图 4-58）。从功能上看，李市村的街巷可以分为主街、次街以及巷道三个主要层次：

主街主要是指南北向贯穿整个村子的李市大街，村中的商铺主要集中于此；街道尺度相对街区其他道路较宽，商业气氛体现街区经济繁荣的面貌。街区内南北走向的李市大街，东西走向的李市东街、李市老西街、下塘街、李市新西街即属于此类。近年来由于交通方式的改变，居民自发在这些街道原有传统路面上铺装水泥，原有与街道相接的拱桥也被改为混凝土平桥。现在李市新西街、下塘街、李市东街可以通小型机动农用车。

次街是指商业主街的分支，主要用来联系各个主要街坊；相对来说尺度较小，绿化较好，常称为水巷。街区沿市河东面的街道、市河西面北段街道即属于此类。

巷道是指建筑与建筑之间的小巷，相对十分狭窄，基本满足通行要求；一般垂直于各种街道，使道路通达街坊内部的院落组。街区内小巷纵横，四通八达，构成街区完整的空间形态。

李市村的三种街巷按等级由高到低逐级分布，不同等级的街巷连接部一般没有明显的过渡空间，从商业主街向村落深处行走的过程中，空间的封闭感逐渐加强，但不时

图 4-58 村内街巷

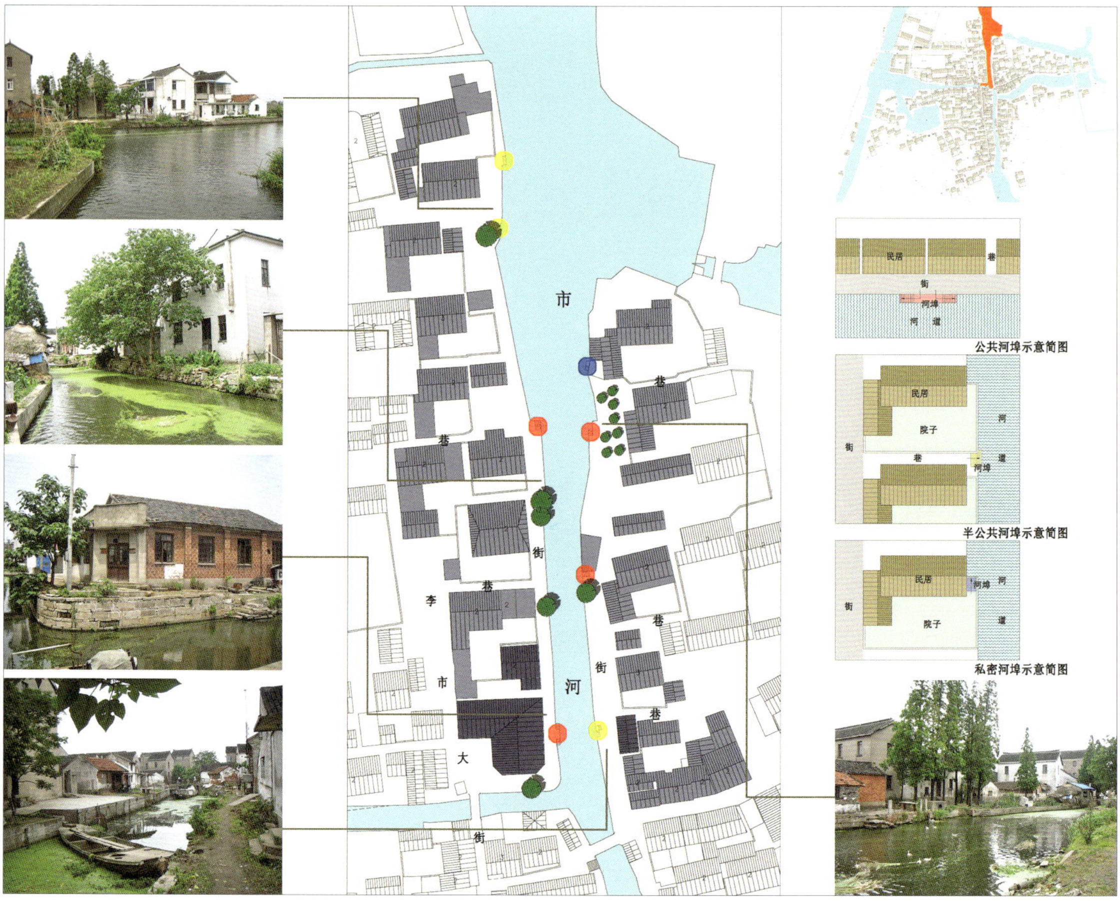

图 4-59 船坞码头形态示意图

渗透进来的水系空间常常让人豁然开朗，在收与放之间，给人留下丰富多变的空间体验。李市村的街巷大多直且曲折，体现着风水理论中“藏风纳气”的思想，也似乎有意附会“路勿永直”的说法。

（3）氏族聚居地

村落表现为以李姓家族居住及活动空间为主的单核中心，其他空间围绕之而展开的聚居形态。

李姓家族的居住区域主要集中在李市大街的中央偏南部分，占有着全村主要的河道，家族的船只和货物可以更方便地出入。其他家族的区域位置就围绕李姓家族而展开，参照与借鉴李姓家族的空间组织模式。

船坞码头是村民出行交易的必备要素。船坞码头分为公共、半公共和私密三种类型，公共码头多与主要街巷连接，半公共码头多与邻里街巷连接，常见同姓同族几户共用码头，私人码头则设庭院或后门（图 4-59、图 4-60）。

桥是重要的村内联系通道，和村民的日常生活息息相关。故桥有其名，且立碑以示郑重。迄今尚存的惠绥桥桥名石碑，为雍正乙巳年清和月建惠绥桥时刻制，长 50 厘米，宽 30 厘米，厚 20 厘米。

此外，村内仍可见礼仪教化之物，如重修忠义青石碑，碑石共两块，立于清光绪二十六年（1900 年）九月，现存于李市小学砖柱下。

图 4-60 村内码头

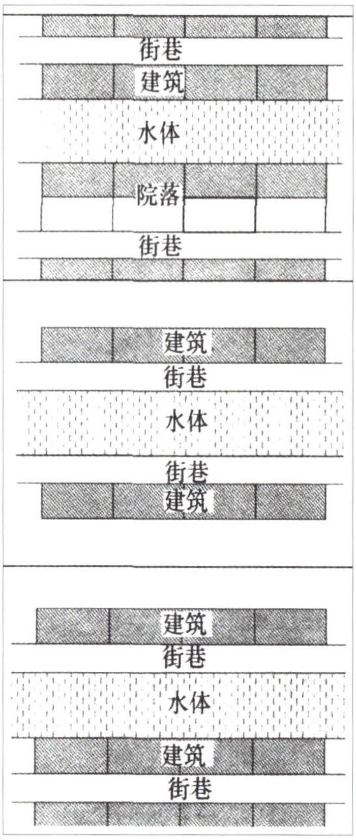

图 4-61 建筑、泾浜、街巷空间组合示意图

4. 建筑特征——水乡遗风韵，街坊荡古风

古村内部街坊由街巷围合组成，并由若干院落充实。院子多为南北向，连接院落的巷道东西向较多，也有南北向。街坊依其布置内容及河街关系，有合院式住宅前后临河、临水型住宅前街后河、面水型住宅隔街而河等类型（图 4-61）。通常情况，街坊往往向纵向大进深发展，力争每户面宽较小，从而使更多的住户获得面街临河、水陆皆达的便利。这种街坊布局与古村地理环境以及“运输依靠河道，步行利用街道”的生活方式关系十分密切，显示出“亲水”的鲜明特性。街坊的这种布局方式，一方面具有外向性特点，满足居民活动、游憩、交往的需要；另一方面又具有私密性特点，营造出舒适、优雅、宁静的居住环境。

民居以李市大街为中心，呈带状或放射状向四周扩散。越到中心，建筑密度越大，房屋越紧凑，建筑之间的距离越窄，年代越久远，这是由于商业和交通的发展所带来的居住用地吸引力成梯度变化所致（图 4-62）。

街区内的民居，面向河流的大都是居民的生活附属用房，例如厨房、厕所等。原因有三：一是因为生活用房与河流毗邻，易于取水使用，也易于排水；二是临近河流，空气流通，油烟气体易于排除；三是水边蚊虫、毒物较多，潮气较重，风大且寒，对居民身体不利。因此，居民通常

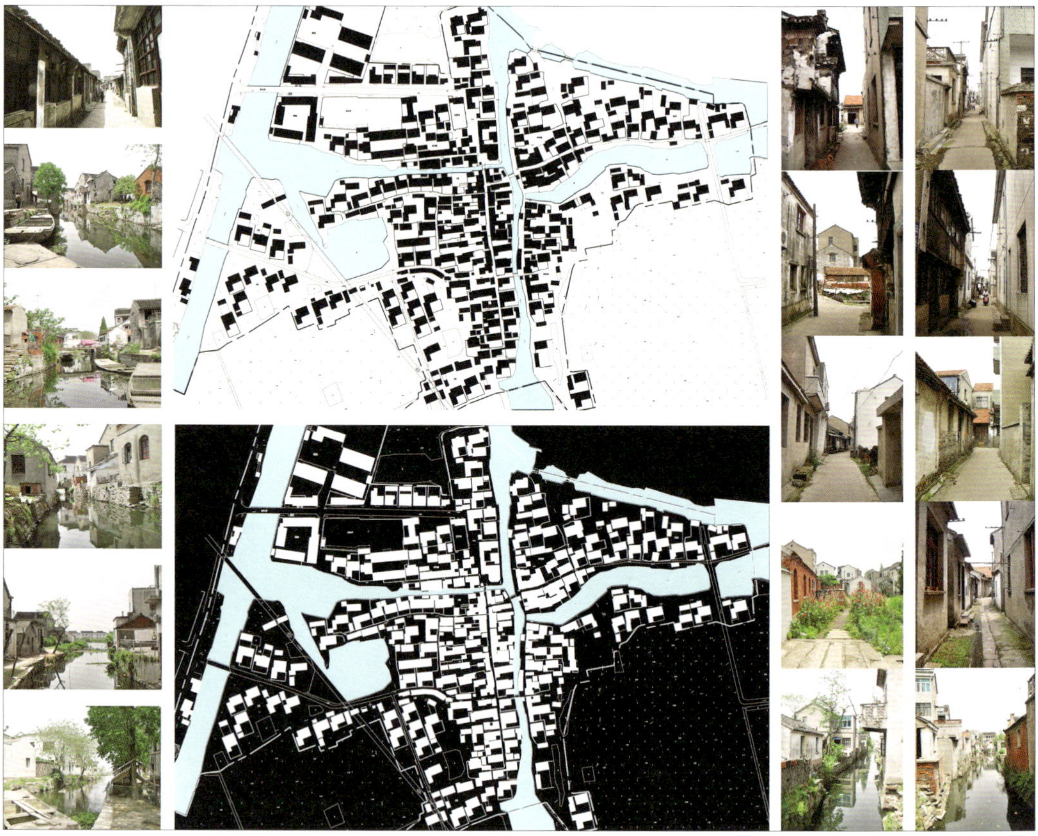
图 4-62 建筑空间肌理示意图

会把生活附属用房面向河道。另一类是一些居民房屋也会山墙对河流，那是由于南北朝向（民居以南向开大门居多）以及地势平缓，易招水患所致。这种情况的民居一般没有直接开设码头引入室内。建筑群体空间形态，反映了居民生活的需要、地理自然因素影响以及长久以来所形成的风水理论布局，也反映了中国“天人合一”的思想，建筑与自然很好地融合在一起。

传统民居的建筑结构多采用木构架系统，砖墙不承重，只起围护作用，其梁架形式一般为穿斗与抬梁混合式。建筑的形制，如开间、进深、屋架、斗拱、屋顶形式等，都有一定规格。建筑构造为小青瓦屋顶，空斗填充墙，立贴举架，木椽屋架。建筑层数多为 1 层至 2 层，建筑外观朴素，建筑与建筑之间通过有规律的组合形成高低错落、粉墙黛瓦的建筑群体。作为典型空间要素的古桥、水埠和砖石雕饰等不仅造型优美，而且融合了工艺技术和文化艺术，往往因材施用，将实用性和艺术性巧妙结合，创造出精美别致的艺术效果（图 4-63 、图 4-64）。

图 4-63 单体建筑（一）

图 4-64 单体建筑（二）

综述——宁镇六村落概况

分述

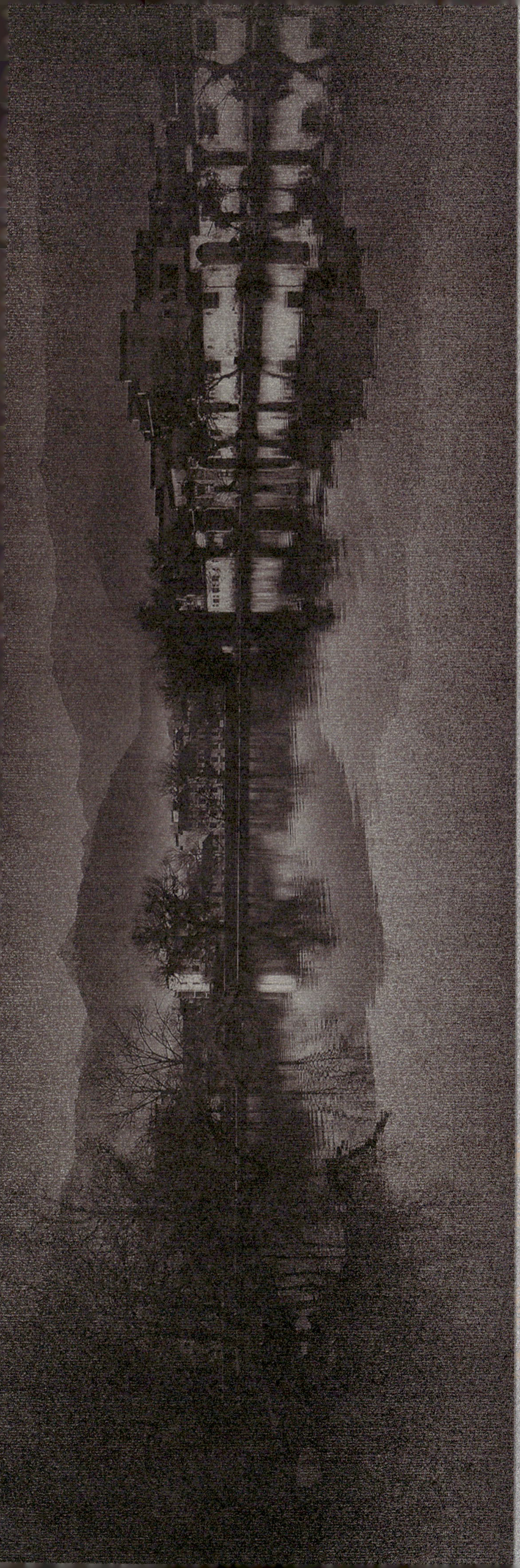

第五章

隐藏历史密码的宁镇丘陵六村落

一、综述 —— 宁镇六村落概况

（一）吴头楚尾的地理区位

20 个典型村落中，宁镇地区的历史名村有 6 个，它们分别是南京的杨柳、漆桥和镇江的九里、柳茹、华山、儒里（图 5-1）。

宁镇地区处在我国江淮平原与东南沿海丘陵山地的交界处，东以水晶山、滆湖、太湖为界，南以天目山为界，西以云台山、横山、南湖、固城湖为界，北以长江为界。在宁镇地区西侧，是宣芜盆地，青弋江、姑溪河发源于南侧诸山，向北而去注入长江。宁镇地区东侧则是水网密布的太湖冲积平原。

茅山山脉纵贯宁镇地区，把本地区分成东西两块。茅山的两侧各自发育着一条河流。西侧是秦淮河，其源头有二，南支发源于东庐山北麓，东支发源于宝华山西麓，它们在江宁方山西北村汇合后向北，经南京市注入长江。东侧是香草河，源头也有两条，其北支发源于宝华山东南，西支发源于茅山东麓，两水在荣炳村交汇后经丹阳市注入大运河，由此进入长江与太湖水系。

图 5-1 宁镇地区 6 个村子区位示意图

（二）适于农耕的自然条件

宁镇地区属于亚热带季风湿润气候，雨热同期。夏季受东南季风影响，高温多雨，冬季受西北风影响，低温而干燥，年平均气温 15 ～ 16 度，平均降雨达 1100 ～ 1200 毫米，无霜期 4 月到 11 月，共有 250 天左右。本地区另一个气候特点是夏热冬冷，其中南京冬季的最低温度为零下 14 度，夏季最高温度为 43 度。四季分明的环境非常适合农作物的生长，盛产油菜、水稻兼有桑麻、林果和茶叶等等[1]。

宁镇地区为低山丘陵地貌，处在我国长江中下游山地丘陵向平原的过渡地带。山地海拔多在 200 米至 400 米之间，主峰钟山北高峰，海拔 448 米。丘陵岗地的海拔多在 10 ～ 60 米，是农业土地利用的主要类型。其地从土壤地貌分类上属黄土岗地，表层主要由下蜀黄土组成，堆积深厚，可达 10 米以上。由于黄土质地松散，受长期坡面水流冲割，平坦而完整的地面上形成纵横交错的冲沟，地势上呈现波状起伏而顶部略平的地貌形态[2]。

由于土地条件不同，本地区传统农业与太湖地区的耜耕有所区别，以犁耕为主，其他的生产工具及生活用具也有所差异。据早期出土的墓葬，宁镇地区以耕作器具为主，而太湖地区则多有渔猎器具。

本地区以低山丘陵地貌为主，兼分布有河湖沟塘，为了便利生产生活，村落大多布局于高台之上。其建筑材料多取自土壤、树木，兼

① 雍振华，《江苏民居》，中国建筑工业出版社，2009 年，20-21 页。
② 陈刚，《试论六朝时期宁镇丘陵陂塘灌溉农业区的形成》，http://www.docin.com/p-436723489.html。

有水生芦苇以及农作物秸秆、稻草。由于山石分布不广，且较难加工，大多只用在墙脚防潮。只有少部分靠近山地的村落，才较大规模使用石材砌筑房屋。由于夏天湿热、冬天严寒，其房屋的朝向一般向南，双坡顶，夯土或者空斗墙，采用联排式或者天井式，南墙窗子稍大，北部窗户小，敞厅则往往采用活动隔扇。

（三）北客南民的文化交织

宁镇地区的文化渊源来自湖熟文化，它是中国江南地区与“河姆渡文化”齐名的史前文化，代表了长江中下游地区4000～5000年前的灿烂文化。湖熟文化的特征可用“台型遗址”来概括，遗址多表现为岗地丘陵地带中一个个突出地表的土台，其中许多已经发掘出古代先民的生活遗迹。

宁镇地区是南北交通的交会点。古时长江的喇叭口从镇江、扬州以下开始，宁镇地区秦淮河流域和滁河流域是长江下游重要的渡口所在，因此也很自然地成为我国古代南北、东西文化的交汇地区之一[①]，承接了中原的新石器文化、大汶口文化、龙山文化、夏商周青铜文化的南下，南方马家浜文化、良渚文化、马桥文化的北上，以及安徽薛家岗文化、江西山背文化、吴城文化的东渗。春秋战国以后，楚文化、越文化、中原文化等在此交往更为频繁。因此与附近太湖地区的文化相比，宁镇地区的文化具有更多的包容性、过渡性[②]。

西周时期，泰伯奔吴，于此修筑城堡，开始实行奴隶制的生产方式，逐渐改变了当地土著居民落后的生产、生活方式。周文化与当地的土著文化融合，逐渐形成了先秦时期的吴文化，对宁镇地区产生了深远影响。

东汉末年，蒙受战争灾难的中原人民开始南徙江淮。六朝时期，永嘉南渡，北人南迁达到了高潮。这个时期进入江苏的移民达到26万人。接受北方移民最多的就是宁镇地区。为此，东晋在侨民集中的地方设置侨郡，南徐州就是其中一处。

隋代，随着大运河的开通，南北交通大大改善。宁镇地区因处在运河和长江的交汇之处，成为江淮一带青徐北人南下的第一站。

唐后期、五代十国及宋金对峙时期，大量移民南迁，本地文化南北交融特征进一步加强[③]。

明清至太平天国时期，宁镇地区用兵不断，致使当地居民锐减，外来人口不断涌入。民国初年，定都南京，镇江为省会，也吸引了数目可观的外来移民。

南迁北人一般会在宁镇一带停滞下来，较少进入太湖地区。其原因是：第一，秦汉时期，长江入海口尚在镇江、扬州一带，北人一般在镇江以西渡江，他们进入宁镇地区以后，发现这里低山丘陵，与冲积平原和北方类似，愿意在此居住；

第二，南迁北人，很多是衣冠贵族，他们自然要活动于作为政治中心的宁镇地区；第三，由于镇江、南京一带是当时的京畿要地，朝廷也促使北客定居于此行拱卫之效。相较而言，太湖地区属于吴越核心，民风彪悍，水网密布，不利农业耕作，并不合适北人定居。长此以往，宁镇地区就成为南北的文化走廊和交融之地，而太湖地区则更多保有自己原有的文化特质。

（四）因地聚族的村落建筑

该地区村落及其建筑具有如下特征：

（1）因水而村

宁镇地区丘陵和河湖交织，北有长江，西有石臼湖、南湖，东邻滆湖、太湖，宁镇山脉在北，天目山在南，茅山居中。由于降雨丰富，一到雨季，江湖泛滥，因此村落必须处理好与水的关系。位于镇江东部的华山村原来就是长江入海口的高地，距离它不远的儒里，则是利用江滩东进后建圩而成；位于宁镇地区南部的九里和柳茹，原本属于浩瀚的沼泽，古称万顷洋，因此九里择址于水中的台地，柳茹则利用湖体作为泄水通道和对外交通，并凭之形成村落的两圈护村河；位于南京西南部的漆桥，利用水中的南北向小岛作为自己的基址，杨柳则把村落建在圩田的堤坝之上。

（2）聚族而居

自周秦汉魏以来，中原人民多聚族而居，因而北人南迁时也往往也是举村、举族南徙，如祖逖“率亲党数百家避地淮泗”。西晋末年以后，北方人口大量南迁，在宁镇地区形成了许多聚宗族、乡里而居的侨民新聚落。它们以一姓或者一两个具有相关关系的大姓为主。其中:

① 周大鸣，《论宁镇地区古代文化与其他文化的关系》，见《南方文物》，1992 年第 1 期，30-35 页。

② 周大鸣，《论宁镇地区古代文化与其他文化的关系》，见《南方文物》，1992 年第 1 期，30-35 页。

③ 戴迎华、魏惠卿，《历史上北方移民对镇江经济的影响》，见《江苏大学学报（社会科学版）》，2004 年第 6 期。

溱桥的孔氏于南宋年间从温州平阳到此；杨柳村的朱氏在明万历由句容迁入；九里是吴氏为了守护季子墓地而兴起为村；柳茹是贡氏家族为了隐匿岳飞遗孤而建；华山先民来源相对较杂，但也主要包含冷、杨两大姓，冷姓于宋代由山东淄博而来，杨姓则在唐代南迁；儒里的朱氏先人为了事亲，元代从山东迁入，而张氏则于明代从婺源前来。在这些姓氏中，除了溱桥的孔姓来源于南方越地、儒里的张姓来源于江西、杨柳的朱姓来源于本地以外，其余六姓均由北方迁入。为了提高家族凝聚力，宣扬教化，村中一般都建造雄伟的宗祠，常常位于村落的重要部位，面临主要街道，周围为民居环抱。

（3）吴头楚尾

宁镇地区的古村落虽然多为外来移民，但村落营建却能够适应当地多水的丘陵地貌。由于文化的交织，其民居的平面布局与内部结构与邻近的太湖地区相似，外墙做法与江淮地区的青砖墙类同，可谓界于吴楚之间。村落中祠堂并不住人，礼仪性最为重要，其格局与迁入居民的原籍模式接近。

传统民居兼有联排、独栋以及天井式。联排民居一般共用山墙，面阔两间，内部两层。底部四间，外侧为厨房和堂屋，里侧是厕所和卧室，楼上是卧房，设固定楼梯或者活梯上下。独栋式一般三开间，中间堂屋，两侧次房，堂屋后设固定楼梯上下，其平面布局与太湖流域相似。天井式民居稍大，一般前后三落两进，左右有包厢。一层的房屋，一般厅为通高，其余设阁楼储物。

建筑内部为木构，外包青砖，小瓦双坡顶。正贴一般抬梁式，跨四步。边贴穿斗式，梁枋的断面比较细小。外墙中，山墙勒脚垫石或者眠砌青砖，上部清水空斗墙到顶，或者在山尖部位抹白灰。山尖中部一侧，喜欢开精致的六角形气窗。前后檐墙也是清水砌筑，与山墙同。前檐口开小窗，后檐墙基本不开窗。檐口用挑砖做封檐，不设封火墙。墙面大面积清水，与太湖地区的白粉墙以及徽州地区的封火墙大异其趣。内墙用土坯或者板壁。由于村落周边湖沼众多，芦苇遍地，因此内墙也有使用芦苇墙的。其做法是将竖直的芦苇横向编好后，嵌于阁楼的梁架之间，有的还在两面抹泥。

宗祠建筑一般前后数进，常用隔墙将仪门的明间拔高，一方面强调其入口，另外也打破其多开间一字形，避免僭越。进入祭堂和寝殿之前，常用狭长的小空间来进行衬托。如九里的季札庙，进入祭堂之前要经过狭窄的前堂。而儒里的张家祠堂更加典型，进入祭堂之前，要经过一条 17 米长的通道。这种布局与江北大别山地区、江南宣芜盆地的民居形制相似。

二、分述

(一)漆桥

有桥名漆桥，有村因名漆桥村，有镇因名漆桥镇，有河因名漆桥河。漆桥村，位于高淳游子山下、固城湖畔。相传西汉宰相平当，因避王莽之乱，南迁至高淳游山北麓河畔，在河上建木桥一座，施以油漆，称为“漆桥”，因而得名。南宋德祐年间孔子第五十四世孙孔文昱几经辗转，居住于漆桥，至今已传至八十多代，漆桥发展成为江南重要的孔氏后裔聚居地，村民主要为孔姓。漆桥村选址讲究，环境优美，建筑遗存丰富，村内传统商业建筑集中在漆桥老街。老街弧形延伸、两侧巷道对称，有“青石路面一线天、小巷深处有人家”的古朴意境。村内还保存有孔氏宗祠(遗址)、古井、古树等文物古迹，2014 年被评为中国历史文化名村。

1. 区位环境——依山傍水，水陆要冲

(1)区位环境

漆桥村位于南京市高淳区北部，游子山下，东经 118° 59'，北纬 31° 27'，北与宁望公路相连，西临宁宣公路，东至朝阳圩大河，交通便利，距离南京 70 公里，距禄口国际机场仅 20 分钟车程，距芜湖、马鞍山及苏、锡、常、太湖地区均在 100 公里左右。

漆桥所在的高淳县，位于苏皖两省的交界处。高淳境内地势东高西低，东部低山丘陵为茅山、天目山山脉余脉，呈东北—西南走向，山势平缓，是太湖水系与水阳江、青弋江水系的分水岭。西部为固城、石臼、丹阳等湖的湖积平原，地势低平，河流、沟渠纵横交错。“三湖”在历史上本为古丹阳大泽，是我国古代五大湖泊之一。

放在较大区域范围看，高淳东部为蜿蜒起伏的丘陵山地，高淳的西部与安徽相邻县市在这一地区同属水阳江、青弋江水系，在这片苏皖交界地区的西南是皖南山区，中部在大地构造单元上属于南京凹陷的边缘地带。这样的地势使得该处成为皖南山洪的汇集地，发源于皖南山区的青弋江、水阳江注入该洼地，然后泄入长江。随着江河泥沙不断沉积，在洼地西部形成三角洲并逐渐发展，致入江水道泄流不畅，在全新世早期淤积成湖即古丹阳湖。今丹阳、石臼、固城等湖以及当涂、宣城、芜湖、溧水、高淳等县沿湖圩区，均属原古丹阳湖地。唐《元和郡县志》中有载“丹阳湖周三百余里，与溧水 (县) 分湖为界”。后泥沙继续淤积，在入湖江口形成新的三角洲，首先将

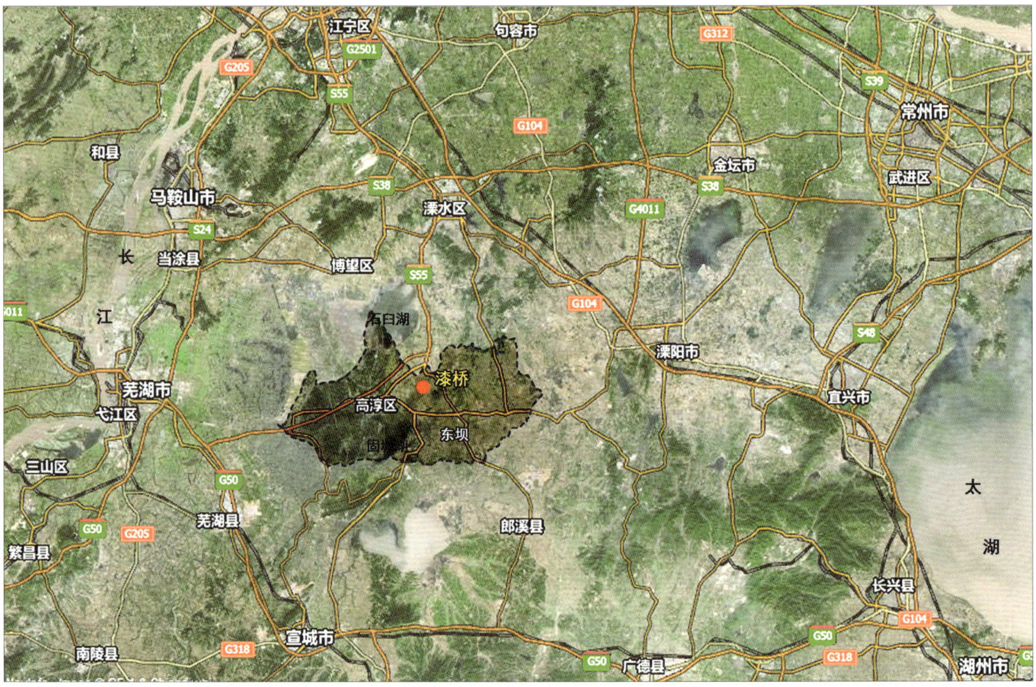

图 5-2 区位与地域空间环境

南缘封淤，分化出固城湖；当三角洲发展抵达湖阳嘴时，又分化出石臼湖[①]。

从水系流域的角度看，高淳也属太湖流域的西部边界，茅山、天目山余脉构成太湖流域与水阳江、青弋江流域的分水岭。在今高淳东坝镇以西，地势自东向西倾斜，山丘溪流向西汇入水阳江、青弋江水系，高淳下坝以东，地势自西向东倾斜，溪流向东汇流入太湖水系。在高淳的区域地理意义中至为重要的是境内开凿的沟通分水岭东西两大水系的运河——胥溪河。春秋时期，高淳地属吴，吴王阖闾于固城湖畔筑固城以御楚，吴楚间连年用兵，出于军事目的，吴王阖闾命伍子胥开凿胥溪河[②]。胥溪河展现了东西两大水系间的关系。五代藩镇割据时期，杨行密令台濛自太湖溯河而上运粮，为调控胥溪河水位在河道上筑五道土坝，史称“鲁阳五堰”，其位置约在今高淳东坝镇西至平圩村附近。直至宋元逐渐淤塞，胥溪河一直保持着航运价值，给两岸带来繁荣。胥溪河西端的古固城自秦置溧阳县（辖今溧阳、溧水、高淳三地）直至隋开皇十一年（591 年）析出溧水县，皆为溧阳县治所在地，从而成为地区的经济文化中心和吴楚两地的交通枢纽。明太祖定都南京后，为避长江之险，使苏浙粮运经东坝，遂对胥溪河加以疏浚，并于今东坝镇建石闸一座，名为广通镇坝，后称东坝、上坝，明嘉靖三十五年（1556 年），又在坝东建下坝。太平天国时期，高淳成为天京西南藩篱，胥溪河上的东坝“系七省通衢”，是天京通往皖南、浙西重要通道。从明朝以后，为防止水阳江水系和芜湖长江水系在洪涝时期东灌太湖流域，确保国家钱粮税赋重地安全，东坝所承担的太湖流域西湖边界水利屏障的功能渐渐超过昔日的航运功能。

漆桥村位于高淳中部偏北的游子山下，属东北低山丘陵向西南河谷平原过渡的坡地（图 5-2），地势高于西部圩区。上游山区发源的漆桥河绕村而过，向西南汇入固城湖，为固城湖水源之一。漆桥处于近水源之地，但又远水路要道，如《嘉靖高淳县志》中记载：“邑有名漆桥者，由金陵达吴越之东衢，衢有溪，春夏淋潦，四望弥漫，秋冬水涸，舟之则胶。”漆桥自然条件比较优越，具备了村落选址的先决条件。

（2）交通演变

驿传之制，始于殷商。南京地区在殷商之时，属“蛮夷之邦”。到秦代，驰道修至南京。六朝时期，建都于建康（今南京，西晋灭吴前为建邺），在江南广设行政机构，是南京地区经济、交通、文化发展的重要时期。经过六朝大规模建设，增辟了以建康为中心的可供军运和商旅往来的通达南北的陆路交通线。《宋书》四卷《州郡志》记载有各州到建康的水陆路程。其中东吴出于屯田备战、开掘湖塘、卫护京师的需要，在建邺南面开通了通往丹阳、句容、屯溪山区的驿路。当时的溧阳屯田都尉在建邺南野（今高淳一带），相传周瑜曾屯驻大军于三元观（今南京高淳阳江镇有三元观遗址）。按方苞《重修三元观记》记载：“按疏记，汉末吴将周瑜驻屯于此，瑜殁，权立观以褒其功。”可见在当时的溧阳至建邺已辟有道路无疑。

唐代是道路交通发展的兴盛期，宋代驿传制度大致沿袭自唐代，且为适应军事需要，由兵部管理，岳飞一日得 12 道金牌即为此时军队用的急脚递传递方式。至南宋时，朝廷以江淮为守，建康是宋金对峙的军事前哨，溧水是建康的南大门。南宋《景定建康志》卷十六记载：“漆桥驿：在溧水县南七十五里。”可见，在南宋时漆桥处在交通要道上，已设立了驿站。今有漆桥东南城遗址，位于漆桥镇东、西墙围村，两城并列，相距约 1 公里。史学家顾文璧称“岳家军曾经频繁战守往来于所熟悉的溧水县和广德军，从溧水县东南方位进入建康战场与多贼战斗，使岳家军处于进可攻退可守的不败之地”，认为此城墙系岳飞抗金营垒，称“岳城”。尽管其可信度仍有待考证，但可知漆桥一带在南宋时的军事地位。

宋代溧水县的驿道，是以建康为中心的江南驿道网络的重要组成部分，多沿六朝、隋唐以来的古道，其驿站、驿铺的布设之繁密超过前代。不仅将道路所经之新兴市镇紧密连接起来，而且为宋代以降南京地区的交通建设奠定了基础。由于建康在政治上是南宋帝王的行宫所在，经济上是南宋立国的依托，军事上是皇都临安的屏障，因此南宋建康大力“筑驿路，治道桥”。宋代驿路用于陆上交通与邮递，沿路设驿站和递铺。根据南宋《景定建康志》记载，南宋时期，漆桥驿在溧水县南 75 里，岁多圮坏，仍存故址，淳熙中重建，榜曰“迎华堂”。此外，溧水县还有官塘驿、坊墟驿、淮源驿、招贤驿、蒲塘驿、白马驿、仪宾驿、中山驿等旧驿，其中漆桥、仪宾、招贤在今高淳境内。南宋建康府驿道上还分布有 51 铺，“每铺相去 10 里”，其中位于溧水者 16 铺，属于南驿路，直抵广德县。16 铺中包括漆桥铺在内的 4 铺在今高淳境内。据《南京古代道路史》所述，处在南驿路及溧水县的桥达到 36 座，其中就包括有漆桥。

元代在建康的驿道系统基本上承宋制，继续废弃溧水境内的漆桥、仪宾、招贤等 9 处旧驿。集庆路全境设急递铺 51 处，相距 10 里。其中漆桥、朱家店、汤师娘和松儿堽四铺在高淳境内。

① 吉祥，《边县：高淳地域视角及其志书记载》，见《中国地方志》，2011 年第 10 期，44-52 页。

②《吴中水利书》载：“公辅以为伍堰者，自春秋时吴王阖闾用伍子胥之谋伐楚，始创此河以为漕运，春冬载二百石舟，而东则通太湖，西则入长江。”

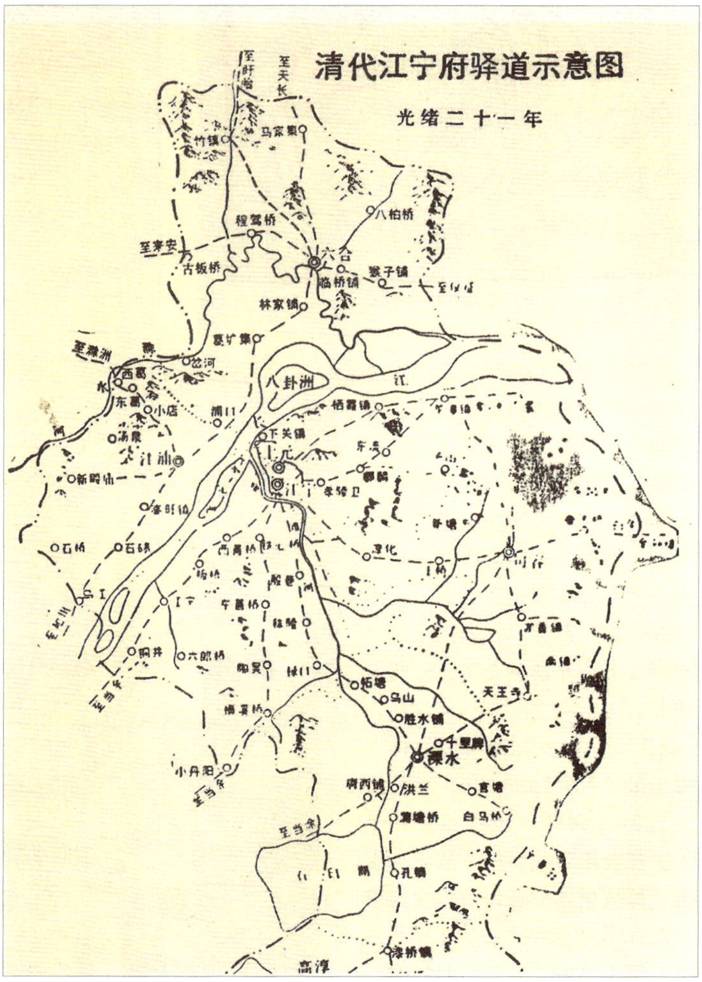

图 5-3 清代江宁府驿道示意图

明初应天（今南京）为国都，建成了以应天为中心的全国性驿道网络。道桥建筑是当时驿道交通网络中的重要组成部分。《南京古代道路史》对史料中当时桥梁的情况做了统计，其中漆桥“在高淳县东北 30 里，东汉末初建，后废，明嘉靖二十三年建有记”。

清光绪年间江宁府驿道示意图中显示（图 5-3），漆桥镇是驿道上重要的驿站，保留至今的地名中以明清时驿铺之名为名的有漆桥镇的旧镇铺，位置在今漆桥村西北。随着清末先进交通与通信方式的发展，驿站制度逐渐废除。高淳境内水陆交通发展缓慢。

1923 年，国立东南大学张益三奉命调查高淳农业经济状况。根据其报告：高淳交通路线主要有三条：一由县北经漆桥、孔镇到达溧水，这是陆行要道；一由东坝循胥溪河，经固城湖到县治、西陡门，而后至当涂芜湖；一由县南水碧桥镇，上通宣城，下达芜湖，此为航行要道。7 个乡中，除立信乡外，皆有河道通流，而小舟能够通行无阻的只有永成、永丰两乡，不包括漆桥所在的游山乡。

1929 年，高淳史上第一条公路淳溧路开建，高淳至南京的道路，起自县城淳溪镇，北上至淳溧边界的双牌石（即今漆桥村以北），以北进入溧水县，旧以通京大道而闻名，为驿递、商旅必经之路，推测走向与今双高公路走向有相合之处。1929 年将通京大道改为公路，定名淳溧路。1931 年，由南京经江宁、溧水、高淳东坝至安徽建平的京建路开通，由淳溧边界的双牌石入高淳县境，道路走向应与今宁望公路一致（图 5-4）。

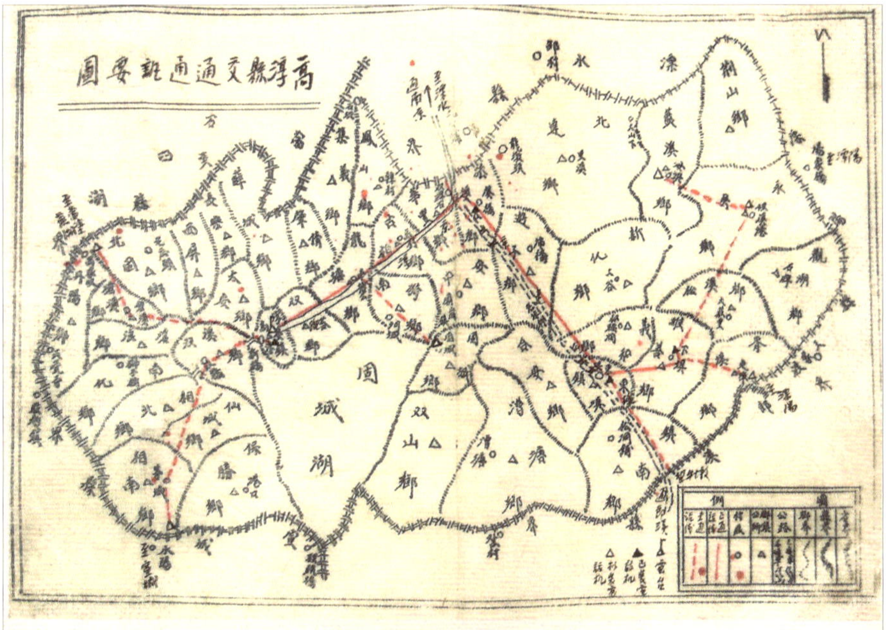

高淳县交通通讯要图

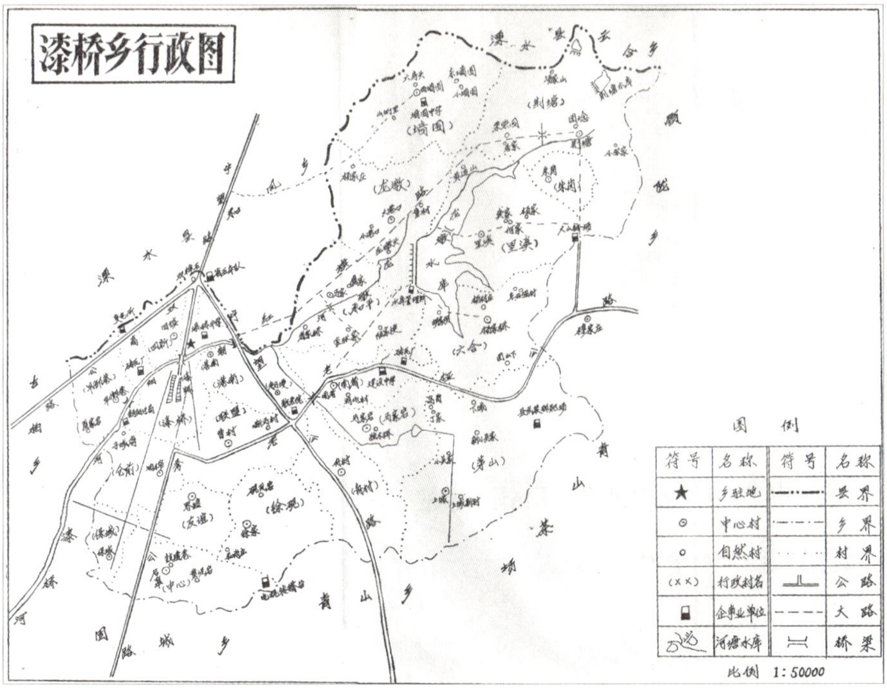

图 5-4 民国高淳县交通通信要图、1985《漆桥乡志》地形图

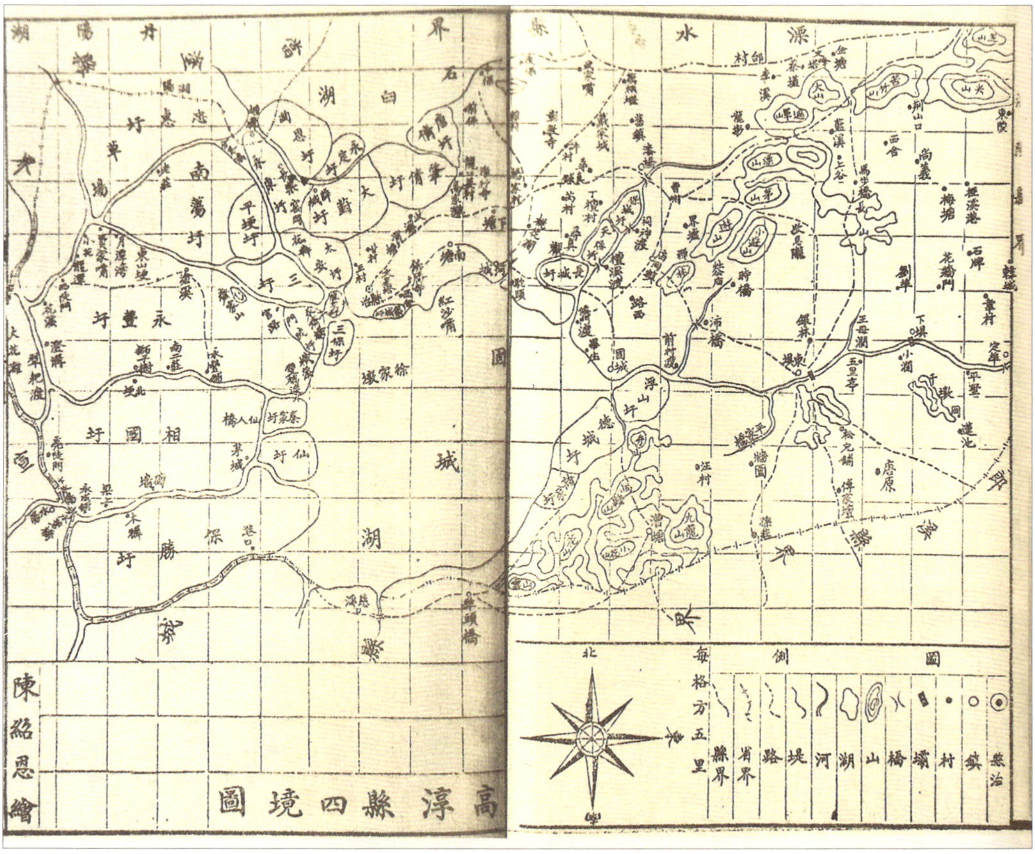

图 5-5 民国高淳县志之四境图

由上述道路交通变迁情况可知，漆桥村曾位于金陵古驿道上，河上的漆桥曾是古驿道的必经之地，随着各朝代驿站制度的变化，漆桥一带的驿站设置曾有调整，后以临近漆桥村的旧镇、双牌石为驿铺。近代高淳主要公路的建设都经过了漆桥北侧的双牌石一带，公路走向在今双高路、宁望路上依然可循。因此，尽管高淳县的各市镇均位于固城湖各支流沿岸，有“淳地四境多水乡，出入各货水道居多，鲜有经陆运者”之称，但漆桥的形成和发展却是与其一直处在或紧邻南京南面陆路交通要道的历史更加密不可分。

（3）社会经济

高淳地处苏皖交界之处，胥溪河沟通水阳江、青弋江与太湖两大水系，境内气候温润、土地肥沃、水源丰沛、物产丰富，宜于人居和各种农作物生长。秦汉以降，胥溪河的开凿给高淳地区带来早期繁荣。自秦始皇二十六年（前 221 年）设置溧阳县起，固城作为溧阳县治所在，是全县政治、经济、文化中心。三国时，固城设屯田尉所，高淳地区成为东吴屯田、练兵之处，周瑜在此留有业绩。两晋、南北朝时期，北方大批居民移居至此。溧水县设置后，高淳地属溧水。隋唐时期，高淳社会安定，人口增加，特别是北方移民带来先进的生产工具和技能，促进了社会经济的发展。进入宋代，围湖造田之风始盛。宋室南渡以后，北方大批移民入迁，筑圩之风更盛。高淳境内除相国圩的历史可以追溯到春秋，其他圩田如永丰圩多在北宋及以后才围垦开发。围垦的范围，不仅以水阳江出口处淤地由南向北延伸，而且扩大到胥溪河、漆桥河两岸。从《民国高淳县志》中的四境图看（图 5-5），高淳境内西部至漆桥河沿线地名多以“圩”称，至东部丘陵地区则少见。据高淳民间谱牒记载，今境内大姓多为南宋期间徙入的后裔。高淳虽临近南京，但地理位置相对封闭，加之人口结构的巨大变化，使得约在南宋时期，高淳独特的方言系统已经形成[1]，当地方言整体属吴语系，又受江淮方言的影响，比其他一般吴方言地区更好地保留了中古吴音和古代中原雅音。

明太祖朱元璋实行一系列优待农耕政策，高淳境内复又兴围湖造田之风。随着胥溪河的疏浚，水上交通的发达，胥溪河沿线港埠和市镇兴起，高淳成为溧水县富庶之区。应人民吁请，高淳于明弘治年间（1491 年）为朝廷批准“即镇为县”。明正德七年（1512 年），因苏常等郡水患，朝廷下诏广通镇坝增高 3 丈，使固城、丹阳、石臼三湖之水不再东流，水位顿高，造成西部大片圩田淹没，后又在坝东 10 里加筑下坝，形成上下屏障，高淳圩区成为上游皖南山洪泄入长江的走廊，下游太湖地区蓄洪之地，洪涝灾害频仍。加上田赋税额不减，民不堪负，人口锐减，经济社会事业一蹶不振。直至清康雍二朝赋税改革，减轻了人民负担，农田增加，加之市镇经济的恢复和发展，高淳社会经济方得以复苏。至乾嘉年间，人口骤增到建县初期两倍多，经济社会已呈兴旺景象[2]。

地区农副产品集散地，多处在地理要冲或水陆要点上。漆桥的发展也是得益于此，据《嘉靖高淳县志》记载，漆桥市在县东 30 里。高淳县在嘉靖间只有广通一镇，时漆桥为七市之一。乾隆时漆桥成为镇，至清末民初，高淳已有包括漆桥在内的十一市镇。反映出明清之际，随着农耕经济的逐步复苏，高淳的市镇经济有所发展，本地自产的米粮、鱼虾、土布等产品，集于市者渐多，形成大大小小的贸易市场。漆桥便是在这样的背景下新增的市镇。

历史上高淳的物产根据其圩田的特征，农产品以稻、大麦为大宗，棉花、黄豆、菜籽次之，鱼、丝又次之。圩田高处及圩堤用来栽种棉花、

① 中国人民政治协商会议南京市高淳区委员会，《高淳历史文化大成》，南京出版社，2013 年。

② 中国人民政治协商会议南京市高淳区委员会，《高淳历史文化大成》，南京出版社，2013 年；及高淳县地方志编纂委员会，《高淳县志（1986-2005）》，方志出版社，2010 年。

种植桑树，漆桥所在的游山乡一带即是产棉较多的区域。清代丝织业重心由苏州逐渐向南京转移，清中期以后，南京城南是当地饲蚕业中心[1]，高淳也出现了蚕丝生产。清道光七年（1827 年）知县许心源提出“低下之区遍栽稻麦，高阜之区广植木棉，男子尽力于耕耘，女子服勤于纺织”，而“卖丝之利十倍于布”。后受阻于太平天国。清末民初，始植桑渐多，丝业稍得振兴。1930 年代，高淳椏溪、顾陇、定埠、下坝、漆桥、青山等地都有桑田的开发，蚕桑业终于成为高淳和漆桥农村经济的重要组成部分[2]。

2. 历史沿革——因桥而兴，因路而盛

（1）移民宗族

高淳一带因枕山临水，地处相对偏僻，故而易接纳外来移民，如陈作霖在《金陵通传》中所述：“溧水之境，枕山带湖，民风淳美，其深僻之处为兵革所罕到，故宋史南渡避乱者，恒乐居之。”历史上对漆桥的发展，有影响的移民包括：

西汉末丞相平当的举家南迁：据《汉书》记载，平当，字子思，其祖父自梁国下邑（今安徽砀山）徙居平陵（今陕西咸阳西北），故为平陵人。治理黄河，官至丞相。据光绪《高淳县志》记载：“汉丞相平当值孝平之季，知有王莽之乱，乃避地溧阳、丹徒间，转徙平陵游子山之麓，去银林三十里，卜室居焉。地滨河，故苦褰涉，当因构木为桥，施以丹漆，此漆桥之所由来也。”即平当预知将有王莽之乱，恐难自保，遂逃离都城长安，先遁迹历阳、丹徒间，不久又转徙至平陵游子山之北隐居。据民间传说，今漆桥平家池即其旧址，而漕塘一带不少平姓者据说是其后裔。此外，相传为解决居民衣食问题，平当还根据地形与水势，修筑了一座二三十亩的小圩，称为平家圩，促进了今高淳半山半圩地区的开发。自平当建桥之后，村庄便以漆桥名之，正所谓河以桥名，村以桥名。岳飞之孙岳珂在诗中有称“戚桥平氏”，可见平氏为当时漆桥重要姓氏。后人为纪念平丞相，给他雕刻了一尊全身石像，立于东侧桥墩上，此像在“文革”中被破坏。据《民国高淳县志》记载，漆桥东南有一座筑城墩，又名庵墩、安墩，其四周皆水，上有眼香庙，清咸丰十年（1860 年）为兵火所毁。同治十一年（1872 年）里人捐资重建。一说，其岭曾有石像横卧荆棘之中，父老相传为平当石像，1971 年，漆桥加工厂建面粉车间时，将其埋在房基西南角。

元代孔氏迁居至此。漆桥的孔氏属平阳二支，系元至元二十九年（1292 年）从浙江温州平阳迁来。五代十国时期，时局动荡，发生了谋害阙里孔氏的孔末乱孔事件。孔氏第 42 世孙孔桧南奔过江，来到江苏、浙江一带，最后定居浙江温州平阳县，为平阳派始祖。而高淳的孔氏为孔桧

第二个儿子的后代，故称平阳二支。据清嘉庆十年(1805 年)修订的《孔氏宗谱》阙里谱系序记载，温州这一支孔氏繁衍到了第 53 代有一后人名孔潼孙。孔潼孙有四子，长子孔文昇、二子孔文昇、三子孔文得、四子孔文昱。根据孔氏家谱及赵孟頫《阙里谱系序》记载孔文昱之父孔潼孙南宋德祐末除建康路学教授，后未再回到温州平阳。孔潼孙去世后，其子孔文昇居溧阳。孔文昱后迁居至漆桥，作《卜居游山乡》诗，后因其圣裔身份受邀任浙西廉访使、采石书院山长。现在漆桥镇孔氏辈分最高的是 72 世“宪”字辈，最低的是 81 世“钦”字辈。孔姓是漆桥第一大姓[3]。漆桥孔氏谨守祖训，承传礼仪，孔氏家谱经过宋嘉定，元大德、至治，明成化、嘉靖、万历，清康熙、嘉庆、光绪年间多次修纂。自孔氏迁入漆桥后，根据史籍、碑刻等记载，孔氏后裔对漆桥村的建设屡有贡献。

（2）兴衰变迁

① 始于西汉的驿路交通

漆桥地区的人类活动，可以追溯到西周，镇东南有土墩墓群。春秋时期，南京地处“吴头楚尾”，漆桥所在的溧水县，为吴楚分域，地属吴国。《六朝事迹编类》有考证：周景王时，吴设濑渚邑，在高淳固城乡境内平陵山下，故漆桥一带也有该时期相关的传说。如根据《景定建康志》之游山条，孔子沿丹阳古道东游，进入吴楚交界的高淳境内，登临梁山(又称绵山)，顿感凄老，决定返乡。一般认为绵山在山西介休，但地方传说也以漆桥游山为绵山。秦汉设驰道，秦始皇东巡时所修驰道沟通了古金陵与太湖地区，推测在今南京城南临近高淳一带有道路建设，汉代对道路继续修缮，新筑了一些驰道，南京地区也进一步纳入全国经济和文化体系。秦汉时期邮驿制度得以确立，汉承秦制，驿传系统越来越完备。旧县志多有汉丞相平氏移民至此、建漆桥的记载，

① 吴滔，《略论明清南京地区的市镇发展》，见《中国农史》，1999 年第 3 期，32-42 页。

② 中国人民政治协商会议南京市高淳区委员会，《高淳历史文化大成》，南京出版社，2013 年，503 页。

③ http://blog.sina.com.cn/s/blog_5d1c3df1010117ur.html。

此后村庄、河道均因桥而得名“漆桥”。根据《南京古代道路史》研究，漆桥应位于当时高淳的道路线上，漆桥一带的驿路交通可以追溯至西汉。

② 兴于宋代的驿路要冲

宋代是建康地区道路交通建设的重要阶段，形成了东南西北四个方向的主要驿路，在重要驿道上设金陵驿等驿站 24 处、驿铺 51 处。驿铺之密，创历史之先。漆桥是处在南宋南驿路上的桥梁，也是溧水县境内的驿铺。当时的建康虽非政治中心，但与都城临安来往便捷，同长江中游、淮河流域、太湖、钱塘江连接，成为长江下游商品交换的经济枢纽。自南驿路经漆桥向东南过广德可达南宋都城杭州，经银林转中江水路（今胥河）可达苏州太湖地区，向西南经广德可达皖南，漆桥的地位较为重要。南宋诗人杨万里曾写下《发孔镇晨炊漆桥道中纪行》诗十首，明确提到了漆桥这一地名，可见漆桥为当时驿路要冲。尽管不能明确当时漆桥已经发展成为市镇，但鉴于当时全国普遍的市镇化史实，位于驿路要道和漆桥水口的漆桥村也应已出现市镇商业经济的萌芽。

③ 源于元代的孔氏居地

因交通便利，经济较为发达，元至元二十九年（1292 年），孔子第 54 世孙孔文昱迁居漆桥，成为高淳孔氏始祖。此后，孔氏后裔在此繁衍生息，逐渐壮大，成为了绵延千年、谱系清晰的一个分支。元至正九年（1349 年）受曲阜衍圣府颁赐榜文，成为得到官方确认的江南孔氏聚居地，并因此特殊身份而受到特殊优待。明正统九年（1444 年）曲阜衍圣府给付印信执照。明嘉靖二年（1523 年）钦赐儒户免帖，可以参加岁贡儒吏考试，免除除商税、地税之外的杂税，漆桥孔氏迅速发展壮大，很快成为漆桥村的主居姓氏。漆桥孔氏奉行“敦孝悌、慎继嗣、择分长、崇文教”的祖训，一面读书知礼，先后有 56 人取得功名入仕，自元至清多次修纂家谱；一面行善好义，先后建设保安井、保平井，并以宗族力量多次义修漆桥，明嘉靖高淳知县胡儒专门为之作《重修漆桥碑记》，嘉许孔氏“好义”之举。

④ 复兴于清代的驿路市镇

南京是明清之际全国商贸性城市，水陆并辏的特殊有利地形也使南京转运贸易极为发达。在城市整体贸易繁荣发展的情况下，市镇经济有很大发展，当时不仅在数量和规模上有所增加，在经济功能上也有所拓展，除满足附近居民购售商

品的要求外，销售包括粮食、蔬菜等生活必需品，也有越来越多的生活、生产资料等日常用品在市场上交换。在这样的整体环境下，元、明、清之际，漆桥一带驿站设置有所变化，但仍以临近漆桥村的旧镇、双牌石为驿铺。加上高淳地区经过明正德年间加高广通坝带来的水患灾害，经济大受影响，直至清康熙雍正年间的税赋制度改革，市镇经济兴起，经济才得以复苏。漆桥一带由衰而复兴，清乾隆年间升格为漆桥镇，是高淳除淳溪、东坝之外的第三大镇。根据这一时期的漆桥《孔氏宗谱》中《东西两分祖茔图》显示，此时的漆桥镇已经大致形成了今日的漆桥、北关门和桥南北驿道商业街市格局。

⑤ 转型于近现代的传统古村

鸦片战争后，传教士在华活动增多，而在南京的基督教传播受到太平天国等战事活动的影响，发展并不十分迅速。光绪年间，基督教传入漆桥，教堂初设于北街孔宪浩执业的市房，门头有“福音堂”字，继迁三房巷孔祥荣家，又迁北街槽坊巷孔凡德宅内。由于漆桥历来位于交通线上，民国后的公路建设仍经过漆桥，民国年间，高淳县电报局，其下于 12 地设邮寄代办所，漆桥为其中之一。1946 年，高淳县至漆桥、东坝的长途电话正式开通，高淳县设立电信交换所，在漆桥设分所。1935 年，疏浚漆桥河，长 13.5 公里，1936 年完工。同年，高淳县有规模较大初级小学 8 所，漆桥初小位于漆桥镇。抗战期间，漆桥屡遭战火破坏，新四军、国民党军、日伪军在漆桥多次战斗，1938 年，新四军开辟溧高边区，活动范围包括京建路以东的漆桥。1940 年，中共漆桥区委书记孔祥文与孔繁标、江文治等在漆桥镇筹资设立“福昌五洋商店”。1944 年，孔氏宗祠毁于战火。1970 年代，改开“朝阳河”，各企事业单位开始向朝阳河北至双漆公路一线扩展，形成了漆桥新镇区，漆桥古村逐渐衰落。

3. 村落格局——水系环绕，依路伸展

（1）水系与水口

① 选址与水系

村庄的选址需考虑取水方便的问题。漆桥地处今高淳游子山北麓，古村周边东侧为朝阳圩大河，整个村四面环水，上游来自溧水枕头山南麓、龙墩河与栗山之水，下游经檀溪河入固城湖，水系连通，共同构筑了优质的水环境，朝阳圩大河系 1970 年代为联圩并圩新辟，根据史书记载，漆桥河绕村东南而过。

从漆桥的平面布局看，漆桥周边水网密集，选址位于漆桥河的一侧，且靠近游子山，地势高于西部圩区，加上区域密集的水系有利于洪水排泄，又便于生活取水。相对平缓的地形带来相对

平缓的水流流速，也适合船舶停靠，利于水运商贸的发展。此外很重要的是，选址在漆桥河而不是更大范围的主要河流旁，游子山北麓的平原地带，也符合早期平氏移民避世逃乱的初衷。漆桥基本建在水岸边，可以说是临水而建、依水而居。这与村庄四面环水，发展空间受到一定限制有关，水患影响相对较小也是建设近水的原因。

② 水口

水口，自古以来就有多种解释，明代风水大师缪希雍将其定义为“一方众水总出口也”。《入山眼图说》又曰：“凡水来处谓之天门，若来水不见源流谓之天门开；水去处谓之地户，不见水去谓之地户闭。夫水本财，门开则财来，户闭则用不竭。”也就是说水口是众水汇集之口，天门讲究来水无碍，地户讲究去水有情，即水到地户需打弯。因此水口处往往是依托自然环境的重要节点，水势到此自然迂回，也常修建庙宇来遮挡水口，或种植大树。水口也常与村口重合，既然是村庄门户，还起到防御作用。

在漆桥相关的史料记载中，提到漆桥东南有一座筑城墩，又名庵墩、安墩，其四周皆水，上有眼香庙，清咸丰十年（1860 年）为兵火所毁。同治十一年（1872 年）里人捐资重建。还有记载：1944 年 11 月，日伪军再次占领漆桥，孔氏宗祠毁于战火；12 月，日军 10 余人进驻漆桥镇旁的安墩头，修筑地堡。

从漆桥周边自然环境看，水系上游来自溧水枕头山南麓，下游经檀溪河入固城湖，水流方向自西北向东南。根据旧县志中的图示，改道前的漆桥河于古村东南向包绕，安墩位于上游水系到漆桥的打弯处，加上村庄其他方向环水，也在此处汇合，此处成了村庄整体布局模式的重要组成部分，是古村落的“眼睛”，也是保护村落的“前哨”（图 5-6）。

（2）空间格局

漆桥古村的空间布局有别于很多水乡村庄。一般因水成街、因水成市的水乡市镇平面布局往往与主要的流通渠道——河道有关，主河道就是水乡市镇的主轴，决定了市镇的整体格局和形态，次河道将市镇分为若干区域，形成次骨架。市镇的形态因河道形态不同而呈现差异，如由单条河流形成带状城镇或“十字形”“井字形”市镇。漆桥是因古驿道南北向穿村而过而发展兴盛的市镇，因此漆桥呈现明显的以主街为核心、线性发展的形态，漆桥主街跨漆桥南北延伸，其长短由贸易量决定。水运与陆路运输相辅，加上生活取水和日常出入的需要，巷道由主街向东西两侧水系延伸，直至水边货物上岸和生活取水的码头、埠头。街为商业空间，巷为联系空间，从而形成了平面的鱼骨状街巷格局（图 5-7）。

图 5-6 安墩

陈家圩
陈家塘
北关头
五家头巷
坟园巷
北头埠
陈家圩
牌坊巷
井头巷
北街（古驿道）
查家塘巷
查家塘
槽坊巷
保安井
桑园巷
迎六公巷
八代头巷
财神巷
孔氏宗祠
新连塘
三角池
祠堂巷
敬圣巷
震泰巷
南街（古驿道）
香店巷
张家巷
四家头巷
对门埠
土家巷
三美头巷
平家池
六家头巷
大墙门巷
娘娘巷
北河沿
娘娘塘
安墩
漆桥河
保平井
南河沿
漆桥河
南街庭德巷
南关头
桥南圩
图例
规划范围
历史街巷
码头
古桥
水井
重要空间节点
河塘水系
农林景观
N
0 20 40 60 80 100M

图 5-7 空间格局分析图

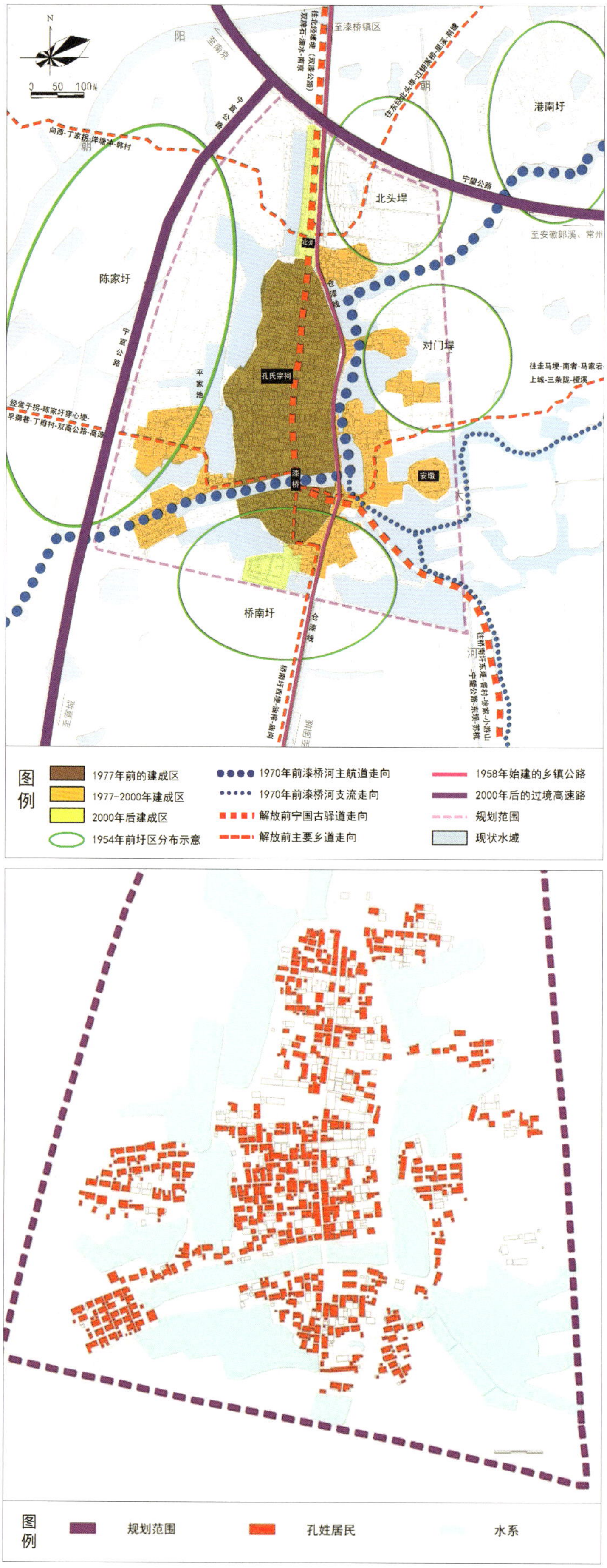

图 5-8 村庄发展变迁图、孔姓聚居分布图

图 5-9 漆桥老街

（3）聚居形态

南宋孔氏辗转迁回到达漆桥。孔氏在族谱中有家族祖训，在长时间内保持着家族的宗法礼制，具有在移居地凝聚力强的特性。聚族而居，且重视修建家祠，孔氏祠堂在高淳以规模大著称。宗族制度保证了漆桥村落建设的稳定性，也起到了聚落整合、与总体环境和谐的作用。漆桥村四面皆水，具有防御作用。孔氏宗祠的位置在老街中部，占据村中核心位置，各支系还建有支祠，其中迎六支祠至今保存完好。孔姓居民均匀分布在老街及周边，没有明显的疏密区分，孔姓居民家族内部较为和谐。据当地村民介绍，1970 年代以前，村庄规模基本仍在四面水系包绕范围以内，这在一定程度上体现出聚族而居的对外防御、内聚发展的特点（图 5-8）。

4. 建筑特征——楚风浸润，密码待解

（1）漆桥老街概貌

漆桥古村历来处于交通要道上，村中老街为古驿道的组成部分，相传过去进出有关卡城楼，城楼是古驿道的必经关卡，俗称“北关门、南关门”。明清之际，这里的商贾往来于苏南、徽州等地，漆桥成为南北物品和当地出产的交换集散地，故老街上店铺、作坊鳞次栉比。存留至今的老街全长约 500 米，跨河发展，漆桥位于老街南端，老街微呈弧形南北向延伸，青石路面，街道宽约 3 米，横向每隔几组建筑，相互间留有纵深小巷。鼎盛时期，漆桥老街上有油坊、磨坊、糖坊、糕坊、染坊、铁匠铺、木匠铺、裁缝铺、鞋匠铺、杂货店、京广百货店、布店、饮食店、浴室、茶馆等几十种商号。老街上还保存着“福昌”五洋商店（该店为中共漆桥的地下联络点）、谦泰染坊（为中共溧高县工作委员会的秘密活动场所）等革命遗迹，集中反映了漆桥不同时期、不同社会生活的各个侧面（图 5-9）。

（2）沿街建筑风格

临街的建筑多为前店后宅式，一般为两层砖木结构，开间为一到三间。临街店面一般底层采用排门板，以便在开市后卸去门板，让整个立面都可以开敞交易。楼层多向街道挑出半步架，以争取更大的楼层面积。在过去的枋头下未必都用斜撑，但是在近期的修缮中大部分被加装了斜撑。沿街门面的装饰重在梁枋和“斜撑”木雕，独特之处是两侧墙体伸出户外，上部“墀头”开头类似龙口含一腰鼓，这种变异性龙头，古代称为“摩羯”，相传专食火魔，故常被民居用于装饰。山墙的墀头造型和装饰较为华丽，这样的建筑处理反映出受到一定徽派建筑的影响，但又明显比之简洁，这与其历史上与徽州地区交往较密切有关。多用硬山墙，相邻店铺间有时共基连一堵山墙，使得建筑在巷道之间连成一片（图5-10）。

老街两侧的建筑大部分进深一到三进，以二、三进为多，单进建筑通常为下店上宅式，而多进的往往前为铺面，后连住宅或作坊。有些保存比较完整的院落，进深五进，深达 50 余米，院落天井较小。

图 5-10 沿街建筑细部

图 5-11 梁架、气窗、门楼

（3）建筑构造与细部

如今溱桥老街背后的小巷内，保存完好的传统民居已经不多，但一些细部仍保留昔日风貌。为稳固墙体，当地民居墙基处常用青石砌筑，地面以上用青砖扁砌，或砌筑三竖四扁实心墙，至 1.5~1.8 米处，上砌空斗墙。住宅外墙，极少粉刷。有些转角处立有角石，以起到加强作用，转角的墙体全部使用青砖扁砌，使得外墙更为坚固。背街的民居在三开间的明间檐墙上开门，上部置门头，当地虽接近徽州，但相较于徽州民居，门头更为小巧。溱桥民居规模不大，所用构架大多脊柱落地，明间仍属抬梁式，山墙侧已经接近穿斗式，即檩条架在柱顶，下面用拉结的枋子。建筑中出现大量斜撑的使用（图 5-11）。

一般在建筑组群内部所使用的雕镂比较精致，而在沿街立面则相对简洁，如坐落于老街北面中部的迎六支祠，具有一定徽派建筑风格（图 5-12）。

墙面以水墨画装饰是溱桥传统建筑工艺中一个鲜明的特色。在门头、窗口、檐口和墙面四周的水墨画装饰，以几何纹样为主，也有山水、花草等主题，与徽州地区墙体壁画有相通之处（图 5-13）。

图 5-12 迎六支祠细部及梁架

图 5-13 水墨装饰

（4）其他重要物质遗存

① 漆桥

漆桥，位于漆桥镇老街南，横跨漆桥河上，河以桥名，村以桥名，是古驿道的必经之地。自平当建成之后一直为木桥，后一度被废。根据民国《高淳县志》记载，明嘉靖二十三年（1544 年），望门孔氏族人孔沂、孔镗等首倡重建漆桥。县令胡儒做序。胡儒后任绩溪县丞，肇庆府同知。后来，康熙四十一年（1702 年），孔铎、孔傅机、孔傅旗倡议重修。乾隆三十四年（1769 年）再次重修。道光十六年（1836 年）和同治四年（1865 年）两次重建，均由孔氏子孙捐资。光绪年间，再次重修。明清年间，孔氏族人多次倡修，改为石桥。解放后，1953 年水灾，将桥冲塌。组织重建，改建为三孔石拱桥，长约 28 米，宽 6 米左右（图 5-14）。

图 5-14 漆桥

② 孔氏宗祠（遗址）

漆桥原建有孔氏宗祠。据民国《高淳县志》记载，康熙六年，即公元 1667 年，漆桥孔氏后裔上请衍圣公批准在漆桥建了阙里分祠，即漆桥孔家祠堂（即后来的漆桥孔家祠堂，名为“至圣家庙”）。孔氏宗祠原位于漆桥老街中部，依中轴线前、后多进，大门朝东，孔氏宗祠建有“大成殿”“南厅”“北厅”“祖先堂”“崇礼堂”“崇圣殿”“宝盈”和戏楼。民间相传“大成殿”占地 200 多平方米，高约 12 米，地面用青砖铺墁，正中上方高悬 3 块金字牌位（中孔子、南伯鱼、北子思）。殿前天井以青石铺墁。戏楼位于大成殿殿后，台下南北各立两个柏树墩，中为广场。漆桥的孔氏宗祠原为全县四大宗祠之一，以规模大著称。抗战期间毁于战火（图 5-15）。

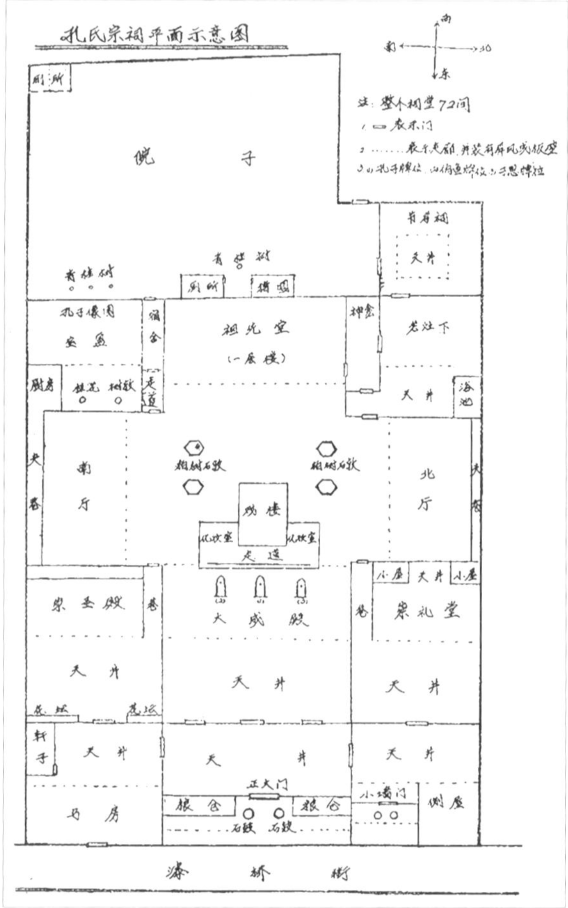

图 5-15（a）《漆桥村志》之孔氏宗祠平面图

图 5-15(b) 孔氏宗祠平面图

图 5-16 杨柳村区位图

（二）杨柳村

杨柳村，位于江宁。古村空间格局独特、层次丰富，北部的马场山，中部的古村落，南部的杨柳湖构成“丘陵—古村—湖塘”的整体空间格局。村内建筑围塘而建，多为多进穿堂式的高墙深院，宅院间闾巷相连，青石铺路，建筑内部石雕、砖雕、木雕精美。

1. 区位环境——秦淮河畔，湖沼圩地

杨柳村，位于南京市江宁区湖熟街道境内西北，宁杭高速公路以西，距南京市区约 25 公里，距东山 13 公里，距江宁大学城 5 公里，距禄口机场 12 公里。规划区北至三环快速路，南至汤铜路，西至陵园路，东至龙眠大道，总面积约 362.14 公顷。

杨柳村南面的秦淮河是南京地区重要的一条河流，自远古时代就是长江下游的重要自然支流。它有两个源头：东源出自句容县城北部 30 公里的宝华山区；南源头出自溧水县东南 10 公里的东庐山。正如《汇通志》所述：“淮水发源华山、东庐，众流趋赴，蔚为具区，河纳百川，以成其大，通塞休戚。”两个源头之水于江宁县方山脚下西北村汇合成一股，蜿蜒向北，流至南京市东南隅的武定桥东，分为内外两支，内秦淮由通济门的东水关入城，绕过南京南部，从水西门偏南的西水关出城与城外的淮水汇合。未入城的称为外秦淮，沿着南京城南墙，作为护城河，在西水关外，内外秦淮合二为一，向西北方向流经三汊河入长江。

秦淮河干、支流经的地区形成一片松软肥沃的冲积平原。平原四周为江苏省西南部低山丘陵所包围，东北面是宁镇山脉，东面是茅山山脉，南面是横山，西面有云台山、牛首山等，平原北段是南京市的南部。杨柳村即位于秦淮河来自于句容的源头河流以北区域，方山以东。

在秦淮河东源流域有一重要的蓄水灌溉人工湖泊——赤山湖。赤山湖

位于句容城西南 33 公里处，在赤山脚下东南部，今杨柳村以东约 10 公里。因句容地处宁镇山脉，东、南、北三面高山丘陵岗坡起伏，西南大部分是圩区，地势低洼，一旦山洪暴发，均向该地区冲人，这块地区形成了囤水滩区。相传孙吴赤乌年间在这里筑堤，蓄山溪水成湖，承受周围水源，成为了赤山湖。赤山湖向称水柜，历史上多次经过修浚。原秦淮河流域多湖塘，包括杨柳湖、赤山湖、白米湖、夏驾湖等都曾是颇具规模的蓄水湖塘。后因长期围垦，赤山湖湖面大大缩小，蓄水湖塘也逐渐变成了圩区（图 5-16）。

2. 历史沿革——湖熟之地，京畿之乡

（1）区域社会经济

秦淮河流域土地肥沃、气候宜人、雨量充沛，是重要的农业区。距今三四千年前，在今江宁区域星罗棋布的湖熟文化聚落遗址，时代相当于中原商代至西周初年，表明该时期先民在今江宁包括湖熟一带建立过数量不少的原始聚落。根据《江宁历史文化大观》中的南京地区原始村落遗址分布图所示，湖熟文化遗址在今方山、湖熟周边都有分布，即该时期今杨柳村附近已有人类建设活动。考古调查显示现在的南京市区及沿江地区，在当时人烟远不及秦淮河干、支流所经平原稠密。古代先民选择靠近秦淮河及其支流聚居，既有取水、捕捞之利，又没有长江潮汐风浪威胁，周围山岗丘陵也是洪水季节良好的避难场所。

西周泰伯奔吴后，湖熟文化成为吴文化的组成部分。因古金陵南部属吴楚交界之地，史上多有关于吴楚在该地区包括江宁一带交战争夺的相关记载，如楚经丹阳古道伐吴。秦始皇二十七年（前 220 年），全国各地开始广修驰道，今江宁地区成为秦驰道网的枢纽之一。秦在江宁地区设县增多，废金陵邑，设丹阳、秣陵、江乘三县，反映这一地区特别是秦淮河流域已经得到进一步开发，社会经济有了相当发展。两汉以降，江宁区域范围内行政建制的废立多与这三县相关。汉初，汉武帝分封诸侯于今江宁一带，分江乘县地置胡熟县。以上史实说明，先秦和秦汉时期，秦淮河平原的地位较今南京市区重要，开发和建置也比较早。

秦淮河与南京城发生密切关系始于三国东吴。孙吴时期，废湖熟县，改为湖熟典农都尉。六朝时期，湖熟范围可能北以方山为界，大体包括今江宁区东南境的湖熟、土桥、龙都、周岗等地。龙都在今杨柳村以南。

隋唐两代，金陵政治地位一落千丈，政区更迭频繁、复杂，且遭朝廷刻意贬低。上元二年，

① 中国人民政治协商会议南京市江宁区委员会，《江宁历史文化大观》，南京出版社，2008 年。

改江宁县为上元县，这是后世称江宁、上元县之始。因都城地位不再，隋代江宁县人口锐减，唐代有所恢复。五代十国时期，今江宁地区先后隶属杨吴、南唐。

两宋时期，金陵作为东南重镇，等级远超过全国其他同级政区。在南宋时还一度作为陪都。两宋之交，中原战乱频仍，大量民众随宋室南渡，其中不少举族定居于上元、江宁两县。这一时期江宁一带区别于前代的重要特点是市镇经济的迅猛发展。宋代根据《景定建康志》记载，宋上元县设十八乡，其中泉水乡在县东南，有西里、东里，约在今龙都及湖熟以西一带，即今杨柳村附近。早在宋代，今龙都社区所在集镇已设市，成为了当地乡村经济中心，当时称泉都，人口汇聚，经济繁荣。至元代，因龙都地处秦淮河上游东支要道，地理位置十分重要，故在此处还有龙都巡检司，根据《同治上江两县志》《龙都乡志》记载，清代泉都已改市为镇，镇名“龙都”。根据《至正金陵新志记载》元代江宁、上元两县人口有大幅增加。这反映元代后期江宁、上元两县社会安定，经济发展，土地开发的规模超过南宋后期。这一时期在杨柳村附近乡村经济已经相当发达。

明代南京第一次成为统一帝国的政治、经济、文化中心。明初金陵大兴土木，城市建设达到前所未有的规模。明代上元、江宁两县县域及市镇、乡里、驿铺设置大体承袭宋、元之旧，杨柳村附近的泉都市在元代仍可能存在。清初，赋税改革促进了社会的稳定和经济的繁荣，江宁乡村人口快速增长，家族（宗族）组织勃兴，修族谱、建祠堂、置族田等宗族活动颇为活跃。随着城市的繁荣，为满足城市需要，江宁的乡村地区也逐渐发展了各种农副经济和手工业，如龙都贩药、秣陵机织、窦村石刻等。太平天国革命爆发，对江宁一代影响极大，江宁一直是拉锯作战的重点区域。虽然农业受到破坏，但战争也刺激了人、财、物的频繁聚散，促进了农村交通运输和商品经济的发展。相传太平天国时期，杨柳村古建筑群险些毁于战火，因村中一位女子被忠王李秀成纳为妾室，才使得杨柳村的古建筑得以幸存。

民国，江宁再次成为京畿地区。随着近代基础设施的开发，江宁也走向了近代化。杨柳村古建筑群如何大部分得以保存，民间有传说，在八年抗战时期日军部队里的队长，因推崇中国文化，对杨柳村建筑艺术成就着迷，而没有让日军加以破坏[1]。

（2）早期相关移民

元嘉二十八年（451 年）十一月，迁移彭城、淮南流民到湖熟县（一说在今安徽当涂的姑熟）安顿。西晋永嘉年间的“八王之乱”使中原地区的社会生产遭到重创，大量人口流徙他乡。向南迁移者集中在江淮和江南地区。对于偏安江左的南朝政权来说，流民不仅能增加租赋徭役，也是重要的兵源。元嘉年间，为给北伐积聚力量，宋文帝曾大兴水利，发展农业生产。据《宋书》卷五记载，元嘉二十二年（445 年）秋七月，“雍州刺史、武陵王（刘）骏讨缘沔蛮，移一万四千余口于京师”。在这年冬十月，又疏浚秦淮河，使濒临秦淮河的湖熟地区千余顷田地得到开垦。宋文帝南迁大量流民的迁移地，史上有两种观点，以《景定建康志》为代表的认为所迁之地在建康湖熟，即该时期湖熟秦淮河沿线可能包括今杨柳村所在区域已有大规模移民。

明代定都南京，南京首次成为统一帝国的政治、经济和文化中心。此后，京师虽北迁，南京仍系两京之一，但人口结构有较大变化，大量工匠、军队、随军家眷迁至京师。作为明初京师和此后留都郊畿之地，江宁地区上岗丘陵分布大量贵族和名人墓葬，同时留下了大量与皇家贵族相关的传说和典故。嘉靖年间，据《正德江宁县志》《万历江宁县志》记载，上元、江宁两县广设马场。其中泉水乡有杨柳场，即今杨柳村。

（3）宗族与古村发展

据《朱氏族谱》记载，朱氏世居溧阳南渡，其六世祖朱武公移住句容陡门口。万历七年（1579 年），七世祖朱孔阳从陡门口迁居杨柳村。传说朱孔阳有兄弟两人，父母早亡，哥哥朱孔阳已有家小，考虑到弟弟尚未婚配，想把房产让给弟弟，自己一家外出谋生。弟弟不肯，两人争执不下，遂由族人调解。族长就在两人手心里面各写一字，叫他们回家再看。结果，哥哥手心里写的是“去”字，弟弟手心写的是“留”字。于是，朱孔阳带着家小，挑着货郎担远走他乡。一天，他来到秦淮河畔的杨柳湖畔，在此落户繁衍。家业日趋壮大。至今已有 20 代 400 余年。除朱氏外，杨柳村的主要住户还有刘、时、赵四大姓，与朱氏并称杨柳村的“四大家族”。

在优胜劣汰的农业文明中，家族文化体现出不可忽略的优势。明清时期，由于杨柳村人坚守家族文化、伦理道德等因素，重视读书和人才培养，出现了如朱氏家族这样当时在南京有名的“大家族”。朱氏重礼教，先后于清代多次修谱。从所剩不多的谱牒中，仍能看出，朱氏家族由朱孔阳以后，尤其在清代康熙、乾隆时期，是一个“书香门第”“仕宦世家”。朱氏不少人在清朝做过官，出过翰林、进士、举人，以及财务大臣等。朱氏与其他几个家族也重视经商，在商业中取得重大成就后，将外部经济收入的大部分流回乡里，大兴土木，遗留下来的宽大宅院即是证明。

民国十五年（1926 年），张履鸾的人口调查记录了当时杨柳村一带乡村发展与工商业的关系。据其调查，杨柳村一带，因圩田多人烟稠密，该村以几大主姓聚居，凝聚排外的思想特别浓厚，客民不易插足。根据张履鸾的富、小康、贫、很贫四级分类，杨柳村富户有 46 家，占 9.6%，小康户 253 家，占 52.6%，很贫户仅占 7.1%，可见当时当地之富庶。村民职业除了传统务农外，最大特点是从事工商业的人口多，481 户人家中经商之家占 31.7%，与“长袖善舞”的山西相比也有过之而无不及。这也源于“上元之民善经商”的传统。当地“乡间所有的一切危楼大厦，大都皆是经商所获的恩物”。太平天国以前，“盛况尤胜于今”。杨柳村房屋的建筑年代大都在“洪杨以前，为干戈缭乱中硕果仅存者”“富丽伟大，全县中堪推第一”。从事的商业种类以布业最多，药业次之；再次是杂货业，营业地点多半在汉口；广货业，营业地点大都在上海、芜湖。此外，还有少量从事手工制造业和机械工业的人，从事机械工业的工人都在上海工作。由于重商的关系，当地识字的人也较多，当地经济状况尚佳，住宅“较之他处，亦尚宽敞高大”。这些除了和该时期区域的农副经济和手工业发展相一致外，也体现出杨柳村以家族血缘关系形成的亲属性默契，进行和带动商业活动，促进了杨柳村人四处奔波，经商致富[①]。

3. 村落格局——丘陵圩区，大姓聚集

（1）底蕴深厚的乡村自然环境

杨柳村位于秦淮河畔，周围湖荡密集，偶有丘陵小山。古村就坐落在马场山以南，前临杨柳湖。在空间上由北向南呈现“丘陵—村落—湖塘”的北高南低整体格局（图 5-17）。北部是以马场山为主的丘陵地带，中部东西向分布着两个自然村，东侧是杨柳村，西侧是后塘西村。南部是杨柳湖，周边环绕着部分农田。虽然靠山临湖，但山体不高，湖面也不大（图 5-18）。

杨柳村北部延绵的丘陵马场山，据明嘉靖年间志书记载，上元县泉水乡有杨柳场。相传此处曾是明太祖朱元璋钦点的御马场，明朝前期朱元璋路过此山，恰逢人乏马饥，在此处小憩，后指“此处真是天然牧马场”，将此地定为皇家御马场。杨柳村还有传说此处乃三国时周瑜圈定的东吴养马场。随着历史变迁，马场山已不再是皇家御马场，地方老百姓也称之“马驰山”，意指马儿跑了。

南部的杨柳湖原为较大的蓄水湖塘，后圈圩筑堤，从事农业生产，逐渐形成现在的圩田与河塘交错，湖塘星罗棋布的格局。村南部联系杨柳湖的两条小河称为东沟、西沟。而位于西面的称为东沟，

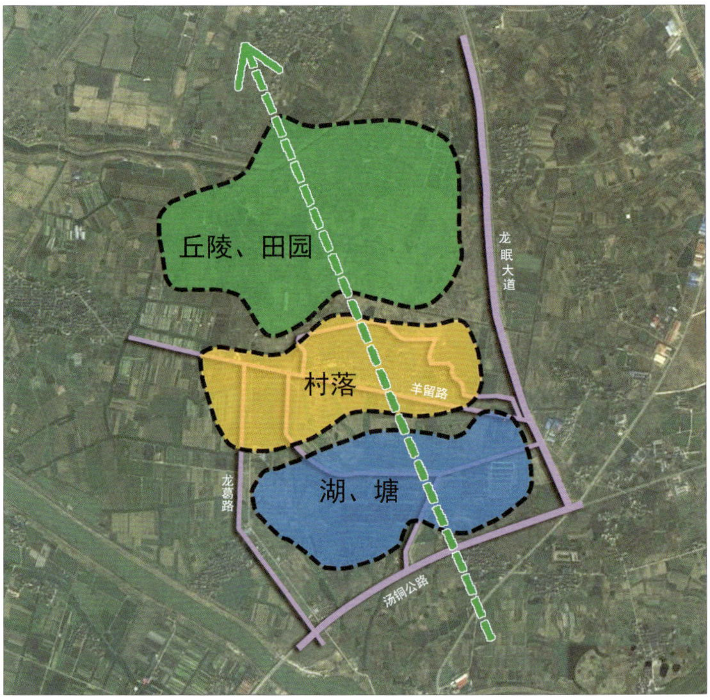

图 5-17 杨柳村的“丘陵—村落—湖塘”格局

① 中国人民政治协商会议南京市江宁区委员会，《江宁历史文化大观》，南京出版社，2008 年。

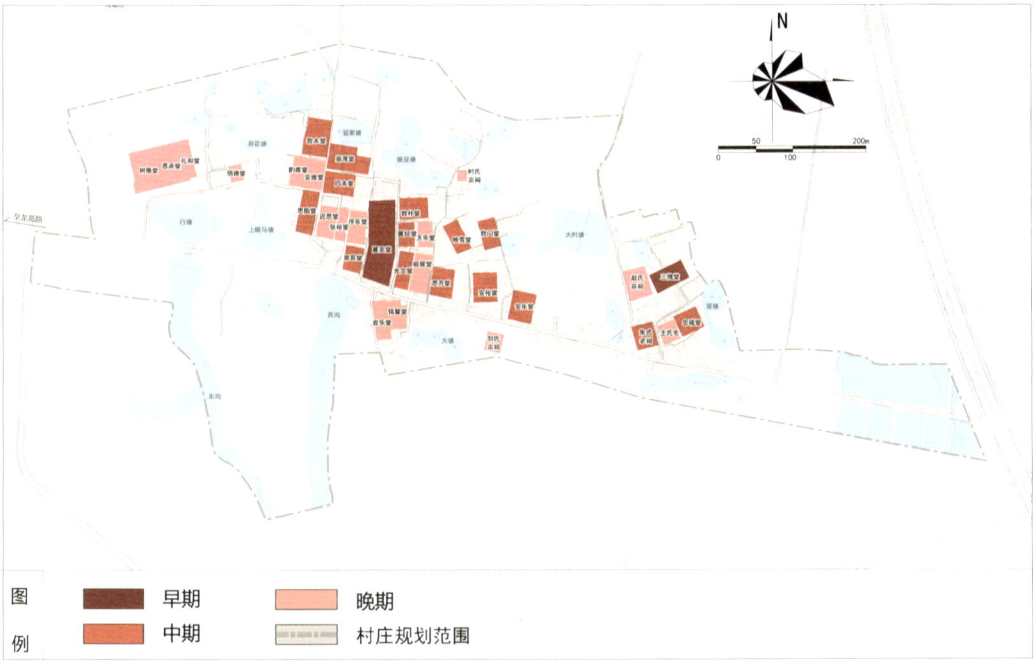

图 5-18 杨柳村大宅建设时序示意

位于西侧的称为西沟，相传在朱氏迁居杨柳村以前，村西部已有几个零散的小村落，当时只有一条小水沟通往杨柳湖，居住在水沟以西村中的村民已经习惯把那条小河沟称为东沟。朱氏家族定居杨柳村发迹后，在村中大兴土木。当时建房的大部分木料、石料来自广西、江西、湖南等地，须经赣江、洞庭湖、长江、秦淮河水路运送到杨柳湖。朱氏家族为了搬运建材方便，在宅院地基西南面，开挖了另一条连接杨柳湖、通往村中的小河。这条小河被杨柳村人后称之为西沟。

（2）圩田丘陵区的典型村庄格局

杨柳村处于江宁的圩区，由于周边河塘水系较为丰富，区域整体地势低洼，交通不便，靠乡间道路和舟楫与外界发生联系，使得村庄布局集中在地势相对较高的狭长区域内。村庄南部、杨柳湖以北的羊留路原应为圩堤，杨柳村利用了圩堤利于对外交通运输的条件，整体沿羊留路呈条带状形态，东西长、南北窄的横向发展。圩堤也承担村庄主街的功能，村庄整体布局十分集约，这些都属于圩区村庄格局的重要特征。

村中有若干条南北巷的巷道与圩堤联系，巷道通向村落深处，形成梳状道路系统，原先宅院间的闾巷全部铺设青石板，曾有“青石墁地石门楼，走进杨柳不沾泥”的说法。这样的街巷格局不同于处于水陆交通枢纽上发展而成的作为农村商贸集散地的市镇，没有因集市而兴的商业主街。据当地村民介绍，杨柳村南北向的巷道里建过碾坊、糟坊、油坊和粉坊，是村民纳凉、“吹牛皮”的休闲生产生

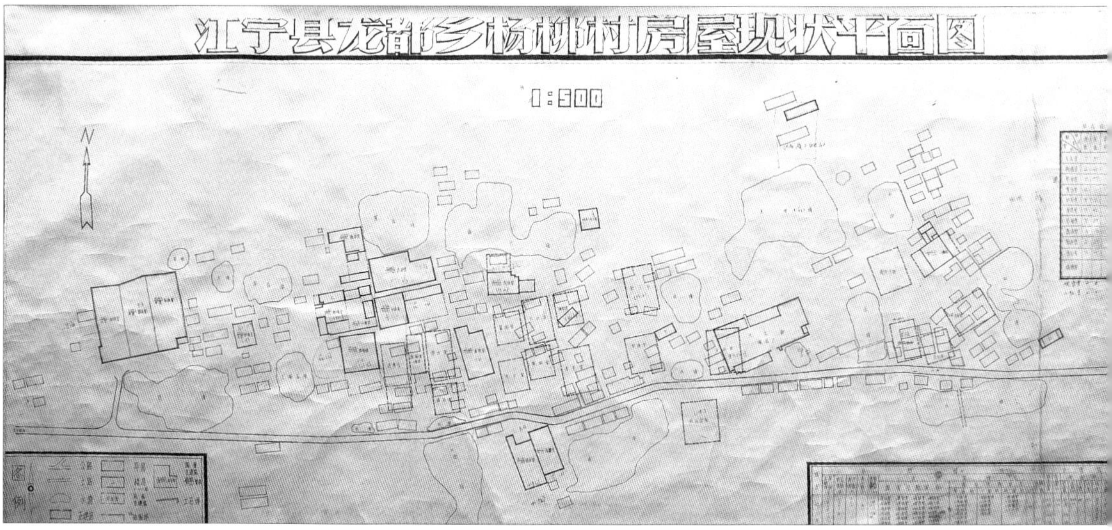

图 5-19 1982 年文物普查杨柳村平面图

活的重要场所。

在西沟边曾有一座类似于吊脚楼式的建筑，称之为洪水楼。洪水楼第一层为四面敞开式结构，只有柱子作为支撑，作过洪水之用，因村南杨柳湖地区地势低洼，在汛期时水面高涨扩大。洪水楼供村民观察水情，显示出了独特的作用，现已无存。

（3）基于主姓家族的村落空间结构

杨柳村的几大家族和村庄中建筑的空间格局之间存在密切的联系。作为几个主姓共居的多姓村，具有家族集聚的空间分布，有明显各家族分布的领域和宗祠。

根据当地文史材料，前杨柳村原有 36 组独立的宅院，又称为“堂”，分属村中朱、刘、时、赵四大家族。村东的“三槐堂”“忠诚堂”及村前的刘氏宗祠等宅院为刘氏家族所建；村中间“天乐堂”“祖耀堂”、时氏宗祠及现有的“敦朴堂”等宅院为时氏家族所建；“映雪堂”“光文堂”“思齐堂”、赵氏宗祠等宅院为赵氏家族所建；“翼圣堂”及周边的“翼经堂”、朱氏老祠堂、“安乐堂”“天乐堂”“安裕堂”等及向村西扩展的“四本堂”“崇厚堂”“近思堂”“序乐堂”“敦裕堂”（佛堂）、“易居堂”（洪水楼）、“思贻堂”“安雅堂”“酌雅堂”（张代耕堂）、“敦本堂”“慎德堂”（朱氏小祠堂）和现有的第七批国家级重点文物保护单位“树德堂”“礼和堂”“恩承堂”等 24 座宅院为朱氏家族所建。初建于明代万历年间（1579 年），完建于清代乾隆后期，前后存续建造达 200 多年。其中由“四本堂”分支出“近思堂”“序乐堂”“敦裕堂”（佛堂）。“敦本堂”分支出“安雅堂”“酌雅堂”。“崇厚堂”分支出村南头的“铭馨堂”“省乐堂”。“思贻堂”分支出“树德堂”“礼和堂”“恩承堂”。分支出的“堂”，杨柳村村民又俗称为姊妹堂。目前，杨柳村仍保存着相当一部分祠堂宅院，在日益肢解的村落形态中讲述着杨柳村各大家族的兴衰。

4. 建筑特征——变革见证，江宁遗珍

（1）古村变迁

湖熟的湖熟文化聚落遗址，表明早在该时期杨柳村附近地区已有人类建设活动，至秦代，江宁地区秦淮河流域得到了进一步开发，汉武帝时已经置胡熟县。孙吴时期，湖熟范围已经包括今杨柳村南面的龙都在内。两宋时期，是古金陵的重要发展时期，中原人口大规模南迁，市镇经济在这一时期得到快速发展，杨柳村以南的龙都在此时已经设市，成为乡村经济中心，可以证明杨柳村附近的乡村经济在此时已经相当发达。

明初南京成为国都，城市建设得到快速发展，作为京畿之地，江宁一代也留下大量与皇家相关的典故和记载，包括对御马场杨柳场的记载。历史上的杨柳村分为前杨柳、中杨柳、后杨柳三个自然村，按年代顺序，中杨柳最早，大约建成于明代早、中期，其次是前杨柳，始建于明万历七年（1579 年），后杨柳则为清代咸丰以后建成。如今被称为杨柳村的村庄就是历史上的前杨柳村。

前杨柳村由朱家七世祖朱孔阳于明万历七年（1579 年）择此地居住后开始建设，现存的翼圣堂相传即由朱孔阳选择靠近码头的地点建设；村庄东侧三槐堂建造于明代末期，相传为明代一位战功赫赫的刘姓将军衣锦还乡所建。随着朱氏、刘氏家族的壮大，朱氏家族扩建了敦本堂、四本堂、崇厚堂、思贻堂等；刘氏家族扩建了忠诚堂；赵氏家族从溧阳、宜兴等地迁居杨柳村建造了映雪堂、思齐堂、光文堂；清康熙年间，时氏到此定居，建造敦朴堂。随着四大家族逐渐在杨柳村定居，壮大了家族分支，各堂陆续开始建设姊妹堂，四大家族开始建设宗祠。从明万历至清咸丰年间，历时 200 余年建成杨柳村鼎盛时期的 36 堂。

经过太平天国、日军侵华、“文革”等时期，加上自然更替等原因，杨柳村的古建筑群陆续遭到一定破坏。杨柳村遗留至今的古建筑以传统民居和宗祠最富有特色。先后曾建造了宅院 36 个，其规模之宏大，建筑之精巧，南京地区实属罕见。历经时代变迁，到 1982 年文物普查时保存比较完整的宅院只剩 17 个（图 5-19）。

图 5-20 杨柳村“三堂上”院内排水沟

（2）建筑布局与结构

当地民居宅院多为坐北朝南的穿堂式高墙深院，一般以三五进为多，规模最大的“翼圣堂”进深七进。平面布局呈横向多路，纵向多进。宅院内格局与结构方式与南京地区常见民居基本相同，一般民宅平面布局方正，有明显的轴线，位于中轴线上的是门间、堂屋和楼房，位于左右次轴线上的则是客房、次要住房和辅助用房等。屋面檐口下有水槽让雨水从暗沟流向院内天井，起到“四水归明堂，肥水不外流”的作用（图 5-20）。

门间通常面阔三间，进深四到六步架，双坡

图 5-21 梁架

硬山屋面。大门设在门间檐墙当中，其上常饰以门头挑檐，与南京地区城市里的传统民居相比，这里门头挑檐的尺寸较小，结构简单，但雕刻也十分精雅。堂屋面宽通常也为三间，双坡硬山顶，前部有些置轩，轩是江南古建筑厅堂内前檐或后檐下的顶棚，起降低室内层高、使内屋顶变化丰富的作用。杨柳村有些大宅为二层楼房，楼房通常中柱落地，上下层立柱贯通，采用穿斗结构，用料较小（图 5-21）。

（3）建筑细部特色

杨柳村古建筑所用木材、石料是通过人工开挖的水道运输而来，木材多来自江西、湖广地区，石料来自苏州及南京东郊青龙山，砖瓦等则就地取材，在村北马场山建窑烧制[①]。

传统民居的墙体砌筑多在下部砌筑条石墙基，墙基以上用青砖实砌，其上再砌筑空斗墙。墙面有清水墙，也有抹灰墙。外檐墙的檐口处砌有抛枋，有的建筑在抛枋上还有装饰纹样。讲究些的，在山墙屋面下砌砖博风，端部施以砖雕。墙体之上有开六边形气窗的。柱础多采用鼓墩式（图 5-22）。

当地石材的使用量超过南京老城，民间有“九十九间半”之称的三堂上砖雕门楼砌造与雕刻工程之大，令人惊叹。砖雕门楼是杨柳村传统民居的一大特色。除了雕刻精致外，雕刻内容多寓意富有、多子

① 转引自马晓、周学鹰，《南京杨柳村“九十九间半”》，见《古建园林技术》2013 年第 2 期，59-63 页。

图 5-22 建筑细部特色

多孙、吉祥如意等美好愿望。每处宅院砖雕门楼上还有警示后人的治家修身的四字家训，如礼和堂砖雕门楼中间有四个字：斯道坦然。意思是坦白安心地遵从道理和原则。东路有“缓步凝思”，西路有“遵循韦训”，这些都体现了耕读为本、勤劳致富的中华民族乡村世家的传统美德（图5-23）。

宅院厅堂多为格扇、屏门，既不影响通风，也利于采光，还可避免外人视线直观内厅。原来各个宅院应有各式各样的漏窗、花窗、裙板雕饰等，给人以移步换景之感。雕刻题材有花卉、人物、琴棋书画等具有书卷气的内容，但如今保存完好的已不是很多。

（4）主要建筑遗存

① 三堂上（“九十九间半”）

目前杨柳村保存最为完整且具有代表性的宅院是位于村西的礼和堂、思承堂、树德堂（也称“三堂上”），由朱侯昌于清乾隆年间出资建造。1949 年后，这里曾被用来安排受伤战俘，也曾先后作为杨柳中学、龙都中学，后又被用作句容河道整治指挥部、福利工厂等。因一直被公家征用，思承堂、礼和堂和树德堂，才得以保存完整。新中国成立以来，三堂上建筑群得到不断维修。

图 5-23 砖雕门楼

三堂上建筑群东西横长，三堂并列，堂与堂之间以马头墙分隔又相互连通，四周有高墙围抱。礼和堂、思承堂均为三进 37 间房；西侧的树德堂为四进 41 间房，总占地面积约 2690 平方米。各堂的砖雕门楼保存均较为完好。其中比较好的 13 个门楼的题字为“旋马遗规”“遵道坦然”“缓步凝思”“行仁履义”等，均为楷书砖雕，四周饰以人物、花卉等图案，刻工细致，纹样精美。每座门楼有题额，每座宅院有堂名。

三堂上的建筑风格体现出明清时期南京民居在传承本身地域特征的基础上又融合徽州、太湖流域等地的建筑风格而体现出的雅致、质朴、大气的风格。各堂前厅正帖多为扁作抬梁式，用料较大；边帖采用穿斗式，用料较小。后室楼屋架相对较简率。所有梁柱之间往往直接交接。三堂上的门可分为外门、屏门、内墙门等。窗可分为长窗、半窗半墙、横风窗等，图案、花纹多样。砖雕门楼别具一格，各种砖雕装饰繁简有度，正中门额往往题字，寓意深刻，两边有的饰砖雕垂帘柱，其上挑檐边角起翘，曲线柔和、优雅（图 5-24）。

三堂上也有“九十九间半”之称。苏皖地区多有建筑群被称为“九十九间半”。为何称“九十九间半”？有两种说法：一种说法是，九为最大的阳数又是吉数，而百、千、万均视为“大限”。中国有个充满哲理 “满招损”之说，过九到十就到了头，意味着走下坡，所以“九五之尊”便是不到顶的顶。另一种说法是，中国最大的宫廷建筑是故宫，号称“九千九百九十九间半”，最大的官府建筑为孔府，号称“九百九十九间半”，而民居则最多不过“九十九间半”了，这半间既表示没达百间的谦虚，又有仅半步就到目标的得意。

② 朱氏宗祠

作为杨柳村朱氏家族祠堂的慎德堂，其平面布局带有明显的仪式性。做法上不同于江南水乡建筑之柔美，呈现淳朴气息主要表现在建筑的屋面和构架上，建筑为硬山形式、木屋架以穿斗为主，局部抬梁，建筑没有华丽的木雕，只在东院的前门上部设以砖雕，参考杨柳村周边保存的建筑来看，已毁的第二进建筑应该有适当的装饰构件。

图 5-24 “三堂上”建筑细部

图 5-25 朱氏宗祠

祠堂前后两进，共 12 间（前后各 6 间），中间一堵墙将其分为左右两个独立又连通的院落——东院 6 间房（前后各 3 间），内庭院分东西两庭院。东院是主要庭院，也是礼仪的中心区，西院在功能上辅助东院，两院东西并列，相互穿通。主入口位于东院第一进当心一间。第一进各部位主要构件保存基本完整。梁架以穿斗式为主，局部有抬梁。在第一进建筑北端两侧留有巷道，通过两侧连廊与第二进建筑相连接，作为辅道，这种做法也是杨柳村宗祠建筑的特色。 第二进于 2002 年左右毁于火灾，已完全坍塌，地上仅留有部分已被烧毁柱子残存于墙体之中，地面及以下完整保存。目前江宁区相关部门正着手对慎德堂进行修缮（图 5-25）。

（三）九里村

1. 区位环境——万顷洋中地，香草河畔村

九里村居茅山以东 10 公里，距丹阳 15 公里。因村庄西距延陵[1]九里，故名（图 5-26）。隶属于镇江丹阳市延陵镇，位于宁镇山脉的南麓、茅山东侧、天目山以北的盆地之中，为宁镇山脉的冲积平原，海拔 9 米左右，地形东南朝向太湖开敞。

九里村坐落在香草河的北岸。香草河为沟通长江、运河以及太湖流域的水系。传说当地人上茅山进香之后，喜欢采摘山上的香草送给亲朋好友。当时香客们坐船来往九里，因船速较慢，加上天气时有阴雨，一些淋湿的香草不堪赠送，遂抛入河中，河水从此沾染香气，遂名香草河。

香草河源头有南北两支。南支通济河，发于茅山东侧，水西北而去，其源头水系勾连长荡湖、滆湖以至太湖。北支洛阳河，发于宁镇山脉南麓，其水流向东南。两条支流在九里的上游的荣炳村交汇，合流后称香草河。香草河流经九里的南部，继续东北而去，经培棠、丹阳，汇入大运河，然后北达长江，南通锡、苏。

在古代，九里附近的地势平坦低洼，江河纵横交错，湖泊棋布星罗。一遇洪涝，排泄不及，荒滩、沼泽连成一片，烟波浩渺，故古称“万顷洋”，其水路交通极为便捷。目前，九里行政村包括 3 个自然村，常住人口 2600 多人，土地 2600 亩，其中水面面积 1000 余亩，绿化面积 350 余亩，辖 18 个村民小组。本地属于亚热带季风湿润气候。夏季炎热多雨；冬季寒冷少雨，具有气候湿润、光照充足、雨量丰沛、无霜期长、四季分明、雨热同期的气候特征，非常利于农作物的生长。

图 5-26 九里村航拍图

① 2005 年并入麦溪镇、行宫镇，总面积达 116 平方公里，人口 6.8 万人，耕地 6.5 万亩，水面 3.5 万亩，辖 25 个行政村，3 个居委会。

① 据《史记·吴泰伯世家》记载：周太王欲立其四子为王。长子泰伯、次子仲雍不争王位，率众来到了东南吴国。他们文身断发，自称勾吴。当地蛮荆人认为他们非常贤达，拥戴他们为王的有千家之众。泰伯以下过了十九代，王位传到了寿梦。在他做国君的时，吴国壮大起来，开始称王。寿梦有四个儿子，分别是诸樊，馀祭，馀眜，季札。其中季札最贤明。寿梦欲传位于季札，季札说："礼有旧制，不能因父子感情，而废先王礼制。"让而不受。后来寿梦去世，诸樊领事，除丧后，让位给季札，季札闻之，还是不受。史书记载他"弃其室而耕，乃舍之"。诸樊并未授位于子，而是传至弟馀祭，想要依次传位给季札，"必致国於季札而止"。馀祭卒，弟馀眜即位。馀眜去世的时候，准备再次传位给季札，"以称先王寿梦之意"。但季札隐居到延陵，还是坚持不受。后来，诸樊之子公子光者刺杀僚，并自立为吴王，即吴王阖庐。季札当时正在出使诸侯国，归来非常伤心。他节哀顺变，"哭僚墓，复位而待。"对于季札，除了三让王位之外，史记里面还有徐墓挂剑的故事。《史记》记载：季札刚出使时，北行时造访徐国国君。徐君非常喜欢季札的宝剑，但并未明言。季札心领神会，但因还要到中原出使各国，配剑是必备的礼仪之物，所以没献宝剑给徐君。出使回来路过徐国时，徐君已经去世，季札于是解下宝剑，挂在徐君坟墓树木之上才离开。随从人员劝阻道说："徐君已死，那宝剑还给谁呢！"季子说："不对，当初我内心已答应了他，怎能因为徐君之死我就违背我自己的心愿呢！"另外，季札还曾闻周乐，使诸国，明辨存亡之道、兴废之理，表现出真知灼见。司马迁曾写道："延陵季子之仁心，慕义无穷，见微而知清浊。呜呼，

2. 历史沿革——百姓祭祖处，道众香绕行

九里村来历最早可以追溯到春秋战国时期泰伯奔吴、季札让位的故事[①]。对于季札三次让国，史记有云："且嘉季札之义，兄弟皆欲致国，令以渐至焉。季札封于延陵，故号曰延陵季子。"吴人无奈，"乃立王馀眜之子僚为王"。此处的"封于延陵"，就是指常州、镇江以及江阴一带，古称延陵，即九里所在的地区。

西汉高祖五年（前 202 年）改延陵为毗陵，并置毗陵县。毗陵就是今天常州。后来常州又称毗坛、晋陵、兰陵、常州、南兰陵、长春、尝州、武进，但延陵之名一直没有正式使用。

目前，唯一正式使用延陵称呼的是镇江丹阳的延陵镇，其范围比古时缩小很多。据延陵镇志记载：春秋时期，现延陵曾是古延陵县的属地（前 202 年）。晋武帝太康二年（281 年）重设延陵县，县治就设在今延陵镇（期间也曾移址京口），历时 791 年（至宋神宗熙宁五年）。延陵后改为镇。其所属的地域也划归丹阳、金坛、丹徒等地。2005 年延陵镇、麦溪镇、行宫镇合并建立延陵镇 。

《春秋》载，季札于公元前 485 年去世。但他死后的葬地目前有多种说法。较为可能的一种说法认为季札葬在九里。据九里吴姓家谱有明确记载，季札死后，由其四子的嫡系子孙为其守墓。至于江阴申港的墓，乃是衣冠冢，由季札二子看守[②]。另外，延陵镇志记载：季札死后，葬在万顷洋边，香草河畔。周元王三年（前 474 年），吴国为越国所灭。季札子孙怀念故国和先贤季札，遂以国名姓，并在季子墓左侧建吴氏祠堂（亦称季子祠），坐西朝东。九里季札庙志载：东汉时，扬州地方官任延，曾来九里祭拜。唐武则天时，狄仁杰大毁江南庙宇，因敬仰季子品德而未毁九里季子庙。当时江南就有泰伯、伍员、

大禹、季子等四座名庙。唐大历十四年(779 年)改建季子祠时，认为原有庙宇出的坐向“非由典礼”，为了突出十字碑，把正殿西移，建造在墓地之上，并朝南向，正对十字碑。施工时在季子墓上挖见棺木，文献有“见棺辄止”的记载。“故季子墓至今无形体可鉴”。而在此之前，申港尚无有关季札葬地的记载。北宋大旱，润州太守杨杰闻知季子庙神像灵验，前来求雨。旬日大雨，哲宗皇帝(1077—1100)敕封季子为嘉贤大帝。至此，季札庙灵验之说传遍四方。季子庙为嘉贤庙。太平天国时，太平军拟将庙宇烧毁，后因仰慕季札高义而未毁。按照九里季札庙工作人员的话来说，季札的墓地确实在九里。这里是先有坟墓后有祠堂。曾有传闻，1949 年前，庙里冯姓道士每年除夕夜里都会从密道下到墓室增添灯油。由以上观之，季札墓在延陵九里较为确实。

至于其他地方为什么会有这么多季札的庙。其原因可能有以下几点。其一，可能是唐代修建季札墓时，将正殿盖于墓上之后，墓地无可寻觅，大殿毁弃之后更是无地祭祀，是以其他地区争相新建衣冠冢表示纪念。其二，季札的高风亮节在太湖流域一带影响深远，各地百姓修建他的衣冠冢也是情理之中的。

九里村除了和季札有关联外，还和附近的茅山道家文化密不可分。

茅山是九里村西南 10 公里的一座南北向的条形山脉。南北长 20 公里，东西宽约 3 公里，最高峰 372.5 米，总面积约为 60 平方公里。它东靠丹阳、金坛、溧阳，西依溧水、句容。山脚下的香草河，穿九里，过丹阳，汇入大运河，进入长江和太湖水系，把古延陵地区连成一个整体。

茅山是我国道教名山，上清派的发源地，有“第一福地，

又何其闳览博物君子也！”盛赞他心怀仁爱，仰慕道义，并能够见微知著，辨别清浊。

② 有一种说法认为季札葬在江阴申港。《史记•吴世家》后注有：“延陵季子冢在毗陵县暨阳乡”。这个暨阳就是现在的江阴。《寰宇记》载：“季子墓在晋陵县（常州）北 70 里申浦之西”。上建季子祠，塑像祭祀。后人在墓旁建季子祠，墓前立碑，传说碑铭“呜呼有吴延陵君子之墓”10 个古篆是孔子所书。对此，古人奉仪郎常州知州朱彦也有考证。他认为季札墓应在暨阳，即目前的江阴申港。但是，江阴申港的季札祠建于宋（系季札 62 世孙吴梓 1045 年所建），此庙的十字碑立于宋崇宁二年（1103 年）。在此前 1500 年间无资料可查及吴氏后人在此守墓、祭祀的记载。因此，葬在申港之说存疑。另一种说法认为季札葬在淹城。据《越绝书》曰：“县南城，古淹地。上湖中冢者，季子冢也。名延陵墟”。淹城遗址位于江苏省常州市武进区中心城区湖塘镇大坝行政村，查阅东汉《越绝书•吴地传》、北宋《太平寰宇记》的记载得知，常武地区在春秋吴国时称延陵，春秋晚期为吴王梦寿四子季札的食邑。季札因不满阖闾刺杀王僚篡位，立誓“终身不入吴”，遂在自己的封地延陵掘河筑城，名之“淹城”，以示淹留至死之意。此说中，终生不入吴并非事实。因为史记记载他哭完僚之后，“复位而待”，这是在等待公子光的吩咐。

图 5-27 茅山远景

第八洞天”之美誉（图 5-27）。

先秦时期，即有人在此修炼，至今丹井尚存。据任大椿《过茅山碑记》记载，汉时，陕西茅氏三兄弟在江苏北部的兴化茅山修炼，因念及江南瘟疫横行，因此来此解救众生。三人在句曲山下修道行善。后人为了纪念此等善举，将句曲山命名为茅山，此为茅山名称之始，兴化的则称为北茅山。东晋至南朝，葛洪、陶弘景继续在此著书立说，广大道教宗义。唐宋是茅山道教的全盛时期，高道辈出。到了元代，茅山成为以正一为主的道场，但教义谱系等仍按上清派沿传。明嘉靖、万历年（1522 年至 1619 年），北方全真派传入茅山。清康熙年间，全真龙门派王常月、笪重光在此传教。茅山形成“五观”传全真，“三宫”传正一的格局[①]。晚清至 1949 年，茅山道教凋敝。“文革”时期，茅山遭劫。1966 年建东进水库，崇禧万寿宫宫址全部淹没。

中共十一届三中全会后，宗教信仰自由政策得到落实，九霄宫、元符宫修复开放。1993 年 8 月，乾元观正式对外开放。从此，茅山道院传正一派，乾元观为坤道修炼道场，传全真龙门派。目前，茅山道教充分发挥消灾祈福、延年益寿、无为养生的作用，成为周边地区的朝拜圣地之一。“上茅山、回九里”成了当地人典型的出游活动。

① 道教分为全真道与正一道两大系统。全真派的道士出家，在宫观内过丛林生活，不食荤，重内丹修炼，不尚符箓，主张性命双修，以修真养性为正道；正一派道士一般有家室，不忌荤，以行符箓为主要特征，比如画符念咒、驱鬼降妖、祈福禳灾等等。

3. 村落格局——避害趋利，绿水萦绕

九里村是由季札的墓地发展而来。相传季札定居延陵之后，时常狩猎于万顷洋中。一日，路过九里时，发现这里的水域中总是冒着气泡，其井中也是滚浪有声，便问其故。随从告知：“此乃龙地。水泡是龙在地下叹气所致。”于是季札示意下人，百年之后安葬于此。季札死后，后人将他葬于古香草河畔的一座丘陵之上，其地四边有高地环绕，势如芙蓉，非常符合季札的品性。

季札逝世后，其四子为之守墓，于是这一支脉便聚居在季札的墓地周围繁衍生息，逐渐形成了村落。后来，宋徽宗信奉道教，对季札这种谦让的品格非常敬仰，于是封季札为嘉贤大帝。季札祠堂也扩建为庙宇。同时，茅山的道家也逐渐发展起来，来季庙进香的人逐渐增多，九里遂成大镇。南宋，宁宗皇帝加赐季子为昭德侯。

明朝，当地官员上任的时候，都要在季札的诞辰日农历四月十三日召集百姓到季庙里祭祀，后来还将这天定为庙会日。清乾隆时期，八月十八增加一祭。

由于季札庙受到朝廷的重视，声誉日隆。百姓祈雨禳灾、求福问卜都要前来祈祷、叩拜。春秋香讯的时候，人潮汹涌，香火鼎盛。碑中曾有“车毂击，人肩摩，舟如织”的记载。“上茅山，回九里”已成为当时江南一带众所周知的口头禅，九里村也就更加繁荣起来。

除了因墓而祠，因祠而庙以外，当地优越的农业生长条件也为九里村提供了发展的基础。

香草河两岸都是肥沃的冲积平原。其河南是洮滆平原，也就是通济河的冲积平原，这里地势高，土层较厚，是青白土，蓄水好，小麦水稻都合适生长，一般情况下可通过通济河灌溉，天旱时则通过香草河的涵洞进水。香草河以北是宁镇山脉的边缘，土质黏重，难以耕作，但利于水稻种植。

由于紧邻香草河，航运便利，周围很多粮商来此收糯稻，农业市场也逐渐繁荣，九里变成丹阳西南的重镇。

由于茅山道教的兴盛，通过香草河进香的游客逐日增多，加上周围填湖造田，农业生产发达，九里的人丁更加兴旺，不断有外姓迁入，如周、贡两支。他们经过长期的发展，成为九里的主要姓氏。由于村庄的先民来自四乡八邻，所以姓氏很杂，到了 1949 年约有 50 姓。

1949 年，村子东边开辟一条过境交通 101 县道，于是聚落开始向东发展。水路交通逐渐向陆路交通转移。1980 年以后，香草河逐渐丧失了交通的功能，河道被重新整治后基本为行洪通道，几乎没有航运。季札庙前的码头也渐废弃，原有弯曲的河湾变成了内湖。2000 年以后，为了打造季札景区，村子在香草河南岸开辟了新式的小区，村民逐渐迁离。

目前，九里村呈南北略长的团块形。一条香草河从西南到东北将村子分成南北两个部分。北部是老村，包括季子庙、季河桥、沸井及传统民居，面积约为 10 公顷。南部则是新村，即一片新农村住宅小区，内部小桥流水，粉墙黛瓦，面积与前者相当。

除了村东的 101 县道以外，后来在村北还有一条东西向的延茅公路。在香草河的南堤也建成了一条沿河公路，它们组成村子的对外交通。

4. 建筑特征——桥起洪武，井沸千年

季子庙位于古村的西部。如果从香草河的码头算起，整个祭祀的空间序列呈南北条状，宽约 30 米，长约 250 米。

庙宇选址讲究。原有的香草河并非直线，而是蜿蜒而行，季子庙位于河北，坐北朝南，其入口轴线正好经过香草河北部湖体的半岛上，处在河流拐弯的汭位。这种选址可以防止水流侵蚀岸线，还能利用水面留出广阔的前庭。流水在侧面形成的两个

水湾，对祭祀的道路也起到了烘托作用。

由于选址在汭位，门前的河滩只增不减。从河岸到庙宇大门的轴线长约 150 米。有如此长的空间可以营造气氛，季子庙不必兴建过于庞大的建筑群就能取得较好的祭祀效果。

目前，长约 200 多米的季子庙祭祀空间分为三段。前部是牌坊和季河桥，中段是传统民居中的石板路，后面是季子庙（图 5–28）。三段空间在递进的过程中，具有开阔、狭窄、复又开阔的空间变化。

前段空间由牌坊和季子桥组成。牌楼新建，三间三楼，南面道路，正临香草河，仿清式，施青绿彩画，它是水陆两路进村的标志。经过牌楼后，前有个半岛探入香草河，端部设石拱桥通向对岸（图 5–29）。

桥南北向，始建于明，单孔石构，为江南地区常用结构。桥全长约 22 米，宽 6 米左右，共采用 8 列石券纵联起拱，列于列之间偶有错缝，相互精密粘连。每列纵拱共由十几块弧形的石块组成，相互挤压成一个半圆形。

图 5–28 季子庙

图 5-29 季河桥

图 5-30 蚣蝮

按照江南一般石拱桥的特点，列与列之间应该是平行关系，此处错动，当为后来修补所致。拱券设拱心石，朴素无华。桥的侧面用白色花岗石错缝砌筑，并无过多装饰，只在券拱顶上部嵌放石匾，浅地剔出“季河桥”三字。拱肩部位卧砌石梁，顶端出挑，刻兽头，每边两个（图 5-30）。

兽头古称“蚣蝮”，是龙的九子之一，传说中它头上长角，貌如狮面，性能镇水，可保四方平安。此处的蚣蝮突出桥侧，一尺见方，体量硕大，采用了剔地起突和线刻相结合的手法，威严而神秘。

桥的栏杆采用白石砌筑，石块 1 米见方，厚度 20 厘米左右。连接处有燕尾榫的槽口，原物应是通过铁件相连。

桥面全用黄石砌筑，南北两坡。中为平台，供人休憩。黄石表面打毛。坡面设中心条石，竖直砌筑，接缝少，以利独轮车推行，如今仍可见当年留下的车辙。两侧桥面错缝铺设。在栏杆处，依旧用竖直条石封边。桥面中间是装饰重点，用条石铺成四方框，内嵌一块整石，中间隐起一个八卦图案。

由桥面而下，则进入石板路。石板路从季子桥开始，到季子庙大门结束。据村民介绍，此处原是一条商业街，街道两侧有大量民宅商铺。街道只有三四米宽，它宜人的小尺度，可以反衬季子庙的宏伟壮丽。人们从茅山进香而来，上岸后可在此购物小憩，做好祭拜的准备。由于水道通航衰微，这条

图 5-31 十字碑亭

街道逐渐破败，以至两侧建筑近年被拆除，只留下了中间的石板路面，失去了以前那种烟火人家的热闹场面。

季子庙位于景区的最北端，南北长约 100 米，东西宽约 50 米，分前后两个院子。前院窄小，长约 30 米，宽约 12 米，后院宽大，长约 60 米，宽约 30 米。两者排列在中轴线上，如同北京故宫午门和紫禁城的关系。

前院由山门、两侧碑廊、北部的嘉贤庙组成。其中山门三开间，附设前廊，双坡顶，硬山墙。为了突出入口，明间升起一个歇山顶，屋檐下一个大匾，上书“季子庙”。进入大门后，是一个狭窄的小院，两侧为敞廊，前方是嘉贤庙。嘉贤庙的下部三开间全是石砌的门洞，上部为开敞的空廊，歇山顶。城楼两侧附接尽间，接引侧廊，并由此登楼。尽间俱为实墙，将小院的视线封堵得十分严实。

过了嘉贤庙的拱券之后，进入后院，光线变得透亮。进入视线的首先是碑亭（图 5-31）。亭中伫立一块石碑，高 2.3 米，宽 14 米，侧厚 20 厘米。其正面碑文为据“呜呼延陵有吴君子之墓”。有学者认为，这是唯一被保存下来的孔子书法作品。字为篆体，刀法肯定、流畅，史称十字碑。在唐代，十字碑颇有毁损，为了使得孔子的笔墨流芳百世，书法家殷仲容摹拓了此碑，并在唐大历十四年（779 年）由润州刺史萧定重新刻写。在碑阴题刻中，萧定还撰文《改修吴延陵季子庙记》，由唐代知名书法家张丛申书写。目前，碑下方及侧面还有宋明时期盛赞此碑刻书法造诣的题刻多处。此处是季札庙一景，称“孔碑文烨”。

图 5-32 嘉贤祠铺地

十字碑亭之后，是东西配亭，中轴的后部则是的季子庙的主殿。主殿门口的一块牌匾，书“道法自然”四字，点名了这里也是道家圣地。殿内供奉着吴国三让王位的季子座像。大殿宏伟壮观，正好位于季札墓的上方，世称“高阁连云”。

前后两院均为 2000 年左右复建。这两个院子，前院狭窄，后院宽阔，两者在一条轴线上，对比强烈。令人蹊跷的是，在前院中，石面铺地的轴线与前院并不统一，从其上方来看，铺地似乎逆时针旋转了几度（图 5-32）。

从铺装情况看，根据风水而调整大门的位置朝向时，其地面铺装应该随之砌筑，断无彼此脱钩之举。此处地面铺装为旧物。而前院则是新建。由此可以推知前院坐向似乎有误。再看庙前的石板路，它从季札桥开始一直通到小庙的大门口，但其终点处并不落在前院大门的正中，而是稍微偏东。由于此路新铺，恐怕有所改动，于是进一步查看原有道路的照片，发现石板路的方向基本没变，它的终点处的确在庙门偏东位置。

根据以上两点，可以知道，前院的坐向与原来稍有偏移。如果将前院逆时针旋转几度，就可以使得铺地与前院重合，并能将大门正对于石板路。因为前院好比是季札庙的大门，其主要功能是协调地势和烘托主体，并非一定要和后院的轴线保持一致。此举在传统建筑中十分常见，从大型的瓮城到民居的入口比比皆是。这里保持轴线一致的做法值得商榷。

图 5-33 沸井

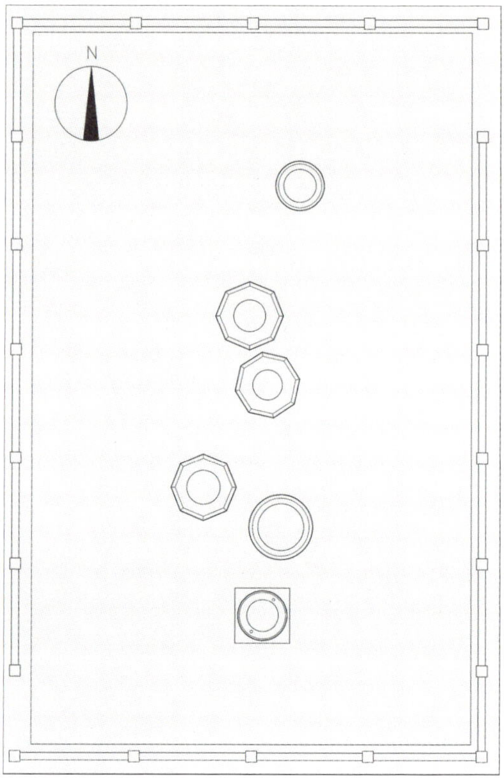

图 5-34 沸井分布图

九里村的另一处名胜是沸井（图 5-33）。沸井，按字面解释，就是沸腾的井水。南朝张正见在《行经季子庙》一诗中，曾写道：“野藤侵沸井，山雨湿苔碑。”这是迄今为止有关沸井的最早记载。根据志书记载，古代九里有井百口，其中一部分是沸井。

最有名的沸井位于季子庙的东南处约 100 米的地方。此处靠近水面，周边原本都是人家。沸井共有六口，南北向分布在长 6 米、宽 2 米的井台中。这些沸井原来俱已湮没，2001 年经百姓淘出（图 5-34），加以围栏，供游客参观、休憩。

六口井从北向南蛇状排列，间距不等。井水去地不足一米，均在不停翻滚，颜色也清浊相异。北部三井水体清澈，南部三井水体赭黄。据测量，井水温度与常温井没有多大区别。品之，其味杂陈。从北到南，依次有啤酒味、柠檬味、雪碧味，最南面三口则是麻辣味。

据专家考证，九里村的地下有一条茅东断裂带，下部的岩浆活动频繁，它产生的二氧化碳气体便从地壳涌出地表，沸井正好位于这条断裂带之上。由于气泡涌出，井水就不断翻腾，变成了冒气的“碳酸饮料”。另外，由于南面三口井的土层中含铁丰富，铁离子暴露在空气当中之后，容易氧化成黄褐色，因此水体浑浊。通过清淤，发现它们在底部并不连通，一个井的水位变化并不影响其他井水。这就说明了它们清者自清、浊者自浊。另外，观看湖面，也有水体翻滚的现象，细察之，可以发现它们和沸井几乎在一条直线上。

井壁用小瓦竖直排列，首尾相连，排成拱圈形（图 5-35）。拱圈层层上叠，渐上渐小。近到地面处用井口石封边，置放井圈。也有不用封边，直接压以井圈的。井圈有的是圆形，有的是八角形，均为后配。

通常，井壁一般用砖平砌，井壁厚为 12 厘米。此处用瓦立砌，厚度达到 20 厘米。此举好处有三。一可以利用瓦片的增减，灵活调整井口的大小，二可以利用瓦片的参差不齐增强上下层的摩擦力。另外，瓦片加大了壁厚，可以避免翻滚的水体波及井壁后边的土层。

九里村的传统民居大多分布在季子庙的周围。由于战乱以及火灾的影响，早期的民居毁坏甚多，现存的也都是民国年间的遗存，质量标准都比较低。近年，为了整理景区，将南部的民居迁出，在香草河南岸建造了新式小区。传统民居多在景区的北部和东部，西部略存。民宅体量不大，呈散点状分布，其形式有三种。

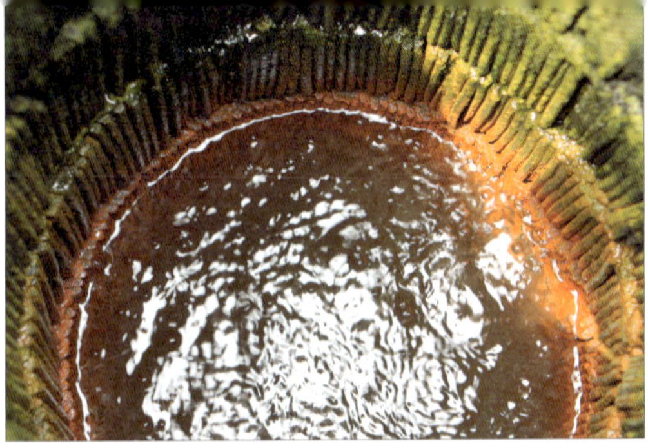

图 5-35 井壁及井底之水

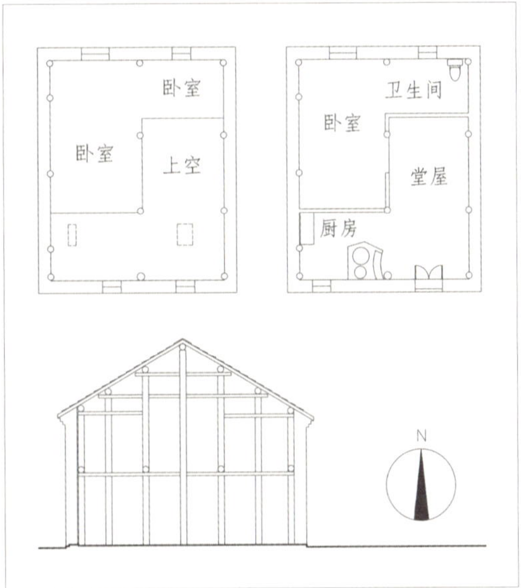

图 5-36 九里村联排式民居

联排式是九里现存最早的民居形制（图 5-36）。房屋平面略微方形，两层双坡顶，坐北朝南。为了节约用地和造价，建筑共用山墙，联排而筑。底层面阔两间，进深两间，共四间。东首大门，门后为堂屋，占据一间，其后是厕所和洗浴。堂屋西首则为灶台，其后为卧室。堂屋处空间贯通，置放活楼梯，其余三间铺板，形成二楼的卧室。

房屋为内部木构外包砖墙的形式。木构三榀，每榀 6 步架。为抬梁与穿斗混合式。边贴五柱，山墙的梁下另外附加两根通穿。上穿连接三柱，下穿连接五柱。正贴为了营造大空间，省略了中柱。在 2 米左右的高度，柱子之间有梁枋彼此拉结，以此稳固结构，铺设楼板。穿枋和柱子的交接处断面较小，为了防止脱榫，插以木销（图 5-37）。

外墙一般用青砖。勒脚以下每皮一顺一丁内外眠砖砌筑，内填泥灰砖石。其上为空斗，三斗一眠，或者四斗、五斗一眠。到了山尖部位，空斗墙外补刷白灰。由于墙体较高，在墙体的中上部，会有铁拉牵将它和内部木构相连。其山墙、前后檐墙均用小封檐，未用封火墙。

图 5-37 民居梁架

图 5-38 民居钢筋混凝土构件

大门用木过梁，为了减小跨度，两边出挑砖叠涩。山墙上在山间部位开六角形气窗，其雨搭的屋脊飞扬起翘，灵动优美，是整个建筑最为精彩的地方。

共用的山墙由于位于室内，无雨水之患，一般用土坯砌筑，采取内嵌式，即将土坯砌筑在木构框架中。山尖以下均刷白灰。

檩上铺椽，椽上冷摊小青瓦。为了采光，局部采用可明瓦。屋面有举折。总体来说，民居青砖墙，小青瓦，显得清雅小巧。

1949 年以后，由于青砖价格昂贵，因此红砖慢慢推广开来。在此期间建设民居大多采用青砖与红砖混搭，或者全部红砖。其内部平面与前者类似，结构依然为传统木构。

1980 年到 2000 年左右，因为木材紧张，内部的大木构架曾用预制混凝土代替。即采用混凝土柱、檩与木梁结合的混合结构。由于混凝土檩条是放在木梁上的，因此也可以称作混合抬梁式。内部隔墙采用一般板壁、芦席等轻质隔墙（图 5-38）。

屋面采用檩条上方架木椽，然后铺芦苇、敷泥灰挂瓦的形式。因为很多房屋为拆旧建新，所以以前的小瓦依然被大量使用。新房规模往往大于旧宅，现代的大瓦也不得不添加进来。这时，屋面就形成了一种大瓦和小瓦共同覆盖的样式。由于大瓦出挑远，因此它们常常位于檐口，而小瓦在其上部。为了使瓦垄不致滑落，在小瓦的端头，将另一小瓦旋转九十度，插于其下。

图 5-39 民居六角窗

建筑的外观比较朴素，装饰集中在大门和山墙的气窗处。其中前者通过砖挑叠涩完成门洞的过梁结构，后者则通过砖和瓦的组合，形成飞扬灵动的外观（图 5-39）。

新式民居主要集中在香草河南岸的居住小区内。小区建造于2000 年以后，建筑采用行列式布局，规则统一。区内道路宽阔，四通八达，并有小河蜿蜒其中。房屋两层，坐北朝南，两开间或三开间（图 5-40）。采用钢筋混凝土结构。内部有客厅、卧室以及独立的卫生间和厨房。外部白墙黑瓦，坡顶封火墙，开大窗，非常符合现代生活的需要。

茅山、季庙、沸井这几处名胜，看似各自精彩，偶然相遇，其实三者并联，密不可分。到茅山进香、去季庙祈福、观沸井清浊成为当地缺一不可的系列活动，道教文化的清静无为、季庙主人弃官归隐以及沸井清浊之分，共同昭示后人要能够顺其自然，见微知著，辨别清浊。

图 5-40 九里村新式民居

图 5-41 柳茹航拍图

（四）柳茹村

1. 区位环境——远山环绕，近水徘徊

从九里沿着香草河向丹阳而去，约 5 公里就到了柳茹村，柳茹村位于香草河东岸、丹西公路与 020 乡道之间，距丹阳约 10 公里（图 5-41）。

柳茹位于朝向东南开敞的谷底中。西南 10 公里有茅山逶迤南北，北面 20 公里是宁镇山脉纵横东西。东北部 20 公里由水晶山拱卫东方。在南面，30 公里处为长荡湖、滆湖，再南 20 公里，则为天目山，此山为柳茹村的大尺度案山。天目山以东，茫茫太湖六千顷；以西，宣城南湖。翻越天目山后，可达湖州、杭州。此地有开有合，的确是一块宝地。柳茹村选址当中，远离边关，可以从容见机行事，进可达秣陵、镇江，退可到南湖、杭州。

柳茹村的选址极富匠心。村落坐落在香草河畔。香草河， 发源于茅山以及宁镇山脉，由西南向东北而去，在丹阳处注入大运河。柳茹村则位于香草河中段南岸约 500 米处。

在村庄东西两侧约 500 米处，各有两条南北向的湿地，宽约 500 米，长约 4 公里。这两块湿地中，分布着几十个大大小小的湖泊。湿地北与村庄平齐，南面直到延陵镇，并在镇区北部相连，形成一个半包围的水湾，如同一个向北打开的口袋。湿地边杂草树木丛生，名为柳塘。柳茹村就在这个袋形水湾的口部。

香草河横亘在北，水湾环绕三方，柳茹村域四面环水，形成“东西两长沟，南有大塘千百亩，北有神河万丈深”的自然环境。由于柳茹沟塘相连，水利畅通，两岸垂柳成荫，遂成为禽鸟栖息之地。

村落略为团形，南北长 600 米，东西宽 400 米，位于水湾口沿内部。其边缘部位紧紧镶嵌着 20 个大大小小的池塘，大的七八亩，小的一二亩。它们断断续续，犹如串珠一样将村落环抱。据当地人称，这些池塘原来均能相通。如果说外圈的水湾是外护村河，那么这圈水体可称之为内护村河。

一条支流从北部的香草河蜿蜒而来，一支通向口袋形水湾的西翼，另一支直到村北的内护村河，将这三者联系起来。

据文献云，村庄周边有三桥、三墩和四庙点缀其中，势如拱卫，形成进村的过渡。三桥包括东有普善桥、西有富岗桥与老石桥。三墩则是指南城墩、北城墩以及西面的薛家墩[1]。四庙乃是南庵、西庵、东部的土地庙和北部的关帝庙。因为内护村河种有荷花，所以柳茹又称荷花地，环境自然极为优美。

2. 历史沿革——德承子贡，誓保忠良

村落历史悠久，为贡氏聚居之地，至今已经有 860 年[2]。

宋朝时，子贡后裔贡祖文举旗抗金，率部和岳飞共投康王，情如刎颈。后岳飞外调，供职于宗泽手下，贡祖文扈从王室，守护御营。公元 1130 年，贡祖文镇守秣陵。绍兴十一年，闻岳飞被诬入狱，贡祖文“欲以全家性命保之”，并由秣陵向临安进发营救岳飞父子。当时年冬岁末，风雪交加，路途难行，未及临安，岳飞已经遇害。贡祖文闻之，“痛心疾首，泫然流涕”。秦桧又假传圣旨，欲将汤阴县岳家一门 300 余口全部押赴临安斩首，后经韩世忠阻止，改发配岭表[3]。三子岳霖经其母李氏帮助，中途潜逃，欲投奔贡祖文。事后，秦桧密旨欲缉拿岳霖归案。贡祖文为了保护忠良后代，借搜查之名亲自出马，于石臼湖边的芦苇荡中找到岳霖。当时岳霖年仅 12 岁。其身上书信曰:“祖文兄如面，霖儿托护，来世当报。”[4]贡祖文连夜赶回秣陵，将岳霖藏匿署中，隐其姓名，“虽家人不得见”。

时朝廷奸相当道，国乱民愤，贡祖文见时局混乱，担心关中人多口杂，于绍兴十二年辞官告老，时 71 岁。他先携岳霖隐居在安徽宣城南湖棋盘乡贡村[5]，后觉此地处于宣城、广德间，是交通要道、用兵之地，恐

① 墩，可能是指远古的墓葬。

② 贡氏最远的始祖可以追溯到春秋时期的端木赐。端木赐（公元前520—前456 年）,卫国人，姓端木，名赐，字子贡，也作子赣 亦称卫赐 是孔子的弟子。“尸子”云:“子贡,卫之贾人……孔子教之，皆为显士”。史记记载：“端木赐，字子贡，卫人，少孔子三十一岁”“利口巧辞，孔子常黜其辩”“喜扬人之美，不能匿人之过”。孔子赞赏他“告诸往而知来者”。论语中记载孔子和弟子间的问答，以子贡最多。

③ 江州故宅的 7 岁岳震、5 岁岳霆闻岳飞狱祸，即随家人潜行过江，隐居黄梅，改姓鄂而幸免于难。

④ 孔凌翔，《“旌表忠义”永志青史》，见贡义林编《思源集》，中国文联出版社，2005 年，190-192 页。

⑤ 沈怀昌，《岳飞后裔曾遇难于宣城》，见贡义林编《思源集》，中国文联出版社，2005 年，220-221 页。

对岳霖不利，于是举家迁往西北 300 里之丹徒赤岸，后又回迁 50 里至曲阿，来到了其西南 20 里偏远的乡间落户。其地民风质朴，因东侧有池塘百亩，故称柳塘[1]。贡祖文在此“凿沼养鱼，种柳盈岸，淡然自适”，精心培育岳霖，教之习文练武，韬光养晦，过着淡泊的生活。

贡氏家族迁居了两处，最后才落定柳塘，用心良苦。

其一，柳塘位置偏远。它位于丹阳之西南，远离秣陵和临安，河湖密布，陆路交通不便，须由水道方可通达江南各处。此地不利用兵，却合适垦荒拓野，隐居待机。其二，其地东南有池塘二十顷，地似宣城南湖故地。

柳塘其名乃是代指有杨柳堤岸的池塘。柳茹得名之始，史书未有记载。但在元朝时就有此称谓。元贡师中有诗曰：“柳茹塘边宅第稠，水光山色冠南州”。随后明清一直沿用此名。如明贡珊写道：“开怀樽酒南湖月，阁眼孤舟柳茹云”。清贡震诗云“香草河边柳茹村，云阳望族旧知名”。

目前，在柳茹的南面宽 2 公里、长 4 公里的范围内有一串湖泊，它们断续相连，形成朝北的袋形水湾。柳茹正好位袋形的口部，而延陵镇正好位于口袋形水湾的底部外侧。水湾东面有后塘东、塘东村、杨岸村、彪塘村，西部的村庄则是岸西、东庄湖等。这几个村子，都带有塘字、柳字和湖字，可以推知，当时喜用环境特点给村落命名。

之所以称柳茹，缘由大概如下。其一，如同上述，此地靠近水塘，先祖贡祖文曾在此遍种柳树，是以称“柳”，切地。其二，“茹”，有多义。其中第一种是“吃”的意思，引申为忍受，另一种则是“根互相牵连的样子”，如“拔茅茹”。此处名以“茹”，切当时匿孤良苦用心，暗含贡氏和岳氏的深厚情谊。

后来，宋孝宗赵昚（1127—1194）即位，岳飞冤案得以昭雪。贡祖文因为保护孤忠，军功卓著受到嘉奖，孝宗亲题“谨表忠义”进行表彰，并追谥文宪。从此贡氏这一支开始在丹阳繁衍起来，延陵九里就是其中的一支。

岳飞平反时，时岳霖 32 岁。“后封朝散大夫，敷文阁待制，卒赠太中大夫”[2]，知广州，卒于绍熙三年（1192 年），年 62 岁。其三子岳珂 10 岁，护丧北归，“藏岳霖于宜兴东四十里唐门村显祖庵侧，伴岳飞衣冠冢之北”[3]。

岳珂曾任丹阳县令（1125 年至 1127 年），颇有政绩。为了纪念祖父岳飞尽忠报国、贡祖文托孤之恩，与长兄岳琛在柳塘附近的紫阳渡头建造了报本祠，并手种一棵柏树。此树至今犹存，已经有 800 多年。后岳珂调任常州刺史，由岳琛完成祠堂，供奉岳飞和贡祖文雕像，同事祭祀。乡民感怀岳珂，在报本祠的社地种植甘棠。岳琛官至南赣都督，告老还乡时，道经阳邑，见此地西南有逶迤茅山，东北是波光潋滟的练湖，且与祖父恩人故居接壤，于是在此定居。村庄取名培棠，取其培育棠树之意，寓指岳氏后人的仁政，并表达贡氏对岳家的培育之恩。

目前，培棠村位于柳茹村北部，相隔只有 8 里之遥。但数百年来，贡、岳两姓从不联姻。其原因是两家亲如一姓，遂有不通婚的习俗。

① 至今在柳茹村的西南面 300 米，有一块南北长约 1 公里，东西宽约 500 米的湿地，其中分布着八块水面。在水体的东面，有后塘东，塘东村二村。在其南部，有杨柳王甲、杨岸村、上塘门三个村子。

② 贡吉康，《岳霖匿藏丹阳之考证》，见贡义林编《思源集》，中国文联出版社，2005 年，222-226 页。

③ 《岳飞家史考·岳霖考》，见贡义林编《思源集》，中国文联出版社，2005 年，233-235 页。

图 5-42 柳茹村内的巷道

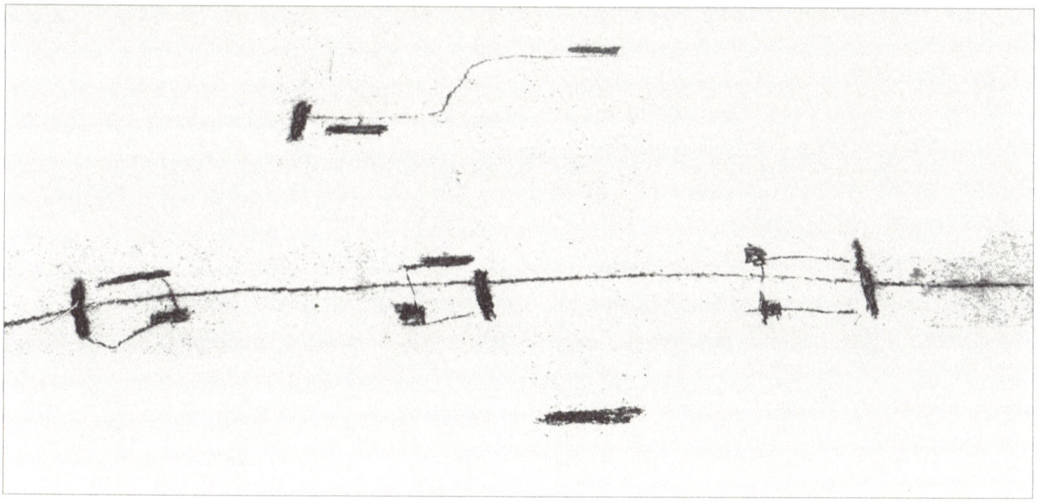
图 5-43 柳茹“九圈”示意图（中间长横线代表街道，其余短横代表“门”，点代表立柱）

3. 村落格局—— 城堡已逝，水湾留痕

柳茹村历史悠久，选址巧妙。它利用水湾，遍植杨柳，筑圈守村，凿井饮水，村落虽有兴替，但基本保留明清时期的格局。贡氏先祖和岳飞的传奇故事，王公和眭氏的动人事迹更为村落增添了深厚的历史积淀。

据村里人叙述，柳茹号称小城堡。内部道路由一条东西向的干道和几条南北向的支路构成。中间的道路建有东西两座更楼，东曰涵春，西曰聚秀。楼高 7 米，上层是敌楼，用来防卫。由于村中的住宅多为一层，因此站在楼上就可以总缆全村。更楼下面是通道，为了坚固耐久，一般用砖发券，形成坚固的关卡式圈门。其中东门一个，西门两个。在主干道与支路的交叉口也砌筑拱券圈门来加强防卫。在村子北部，另有三个圈门，南部也有一个，共有十三圈（图 5-42）。

除了外围一圈护城河之外，村中另有十三口水井供村民使用。自古以来，柳茹就有“九圈十三井”之说（图 5-43）。

据传，清咸丰年间，太平军曾围攻丹阳县城，有部分军队驻扎在香草河沿岸，试图进犯柳茹。柳茹村村民凭此工事，最终御敌于外。丹阳县志云：“此次冲突亡者 28 人。”

抗日战争初期，社会治安混乱，柳茹村老百姓组织了有 30 条枪的自卫队，成为茅山敌后抗日游击队的重要活动地。村民白天在圈门上站岗，晚上关门放哨，坏人都不敢来此为非作歹。1949 年丹阳解放以后，九个圈门被陆续拆除。两个更楼则在“文化大革命”中被毁，巷道的花岗石条石也被现在的水泥路面埋没了。

经过长期的发展，柳茹村已经远非当日旧貌。村庄现在为南北略长的条形。

一条东西向的传统街道从中部穿过，向两侧伸出细密的鱼骨状支路。村庄大致分成三个部分。中部地区传统民居较为集中，北部、南部新式民居较多。另外，在村庄的东侧，护村河的外围，还有几个团状的新式民居。

村庄北部有两个广场，一个在中间，规模较大，东侧有一个会堂，可称之为会堂广场。另一个在东部，规模较小，内含一个牌坊，可称牌坊广场。村庄的南部只有一块空地位于民宅的包围之中。

近年来，由于汽车交通的发展，在原有的东西向道路的上方，出现了一条新的道路，路略显弧形，两端与原有干道重合，只是向北拱起，将北部的两个广场相连。

民居基本都是独栋式，双坡顶，个别的具有合院。其中最大的合院是贡氏宗祠。前后共有三落三进之多。1949 年后，很多新建农宅由于用地的限制，做成了两层楼。

4. 建筑特征——祠庙桥坊，古今俱存

（1）贡氏宗祠

柳茹村的贡氏宗祠始建于南宋嘉泰二年（1202 年），由五世祖志信建于南庵。历经修葺。明万历十八年（1590 年），由 18 世孙西桥公首倡其议，将南庵的祠堂移至村北爱楃公奉献的圃地，重建贡氏宗祠[1]。建筑南向，前后三进。

1976 年，因为扩建柳茹小学，拆除祠堂的前后两进，只留中部一进。1991 年，重修中进。2001 年，恰逢丹阳旧城改造，于是将拆除的麻巷门王家大院和陶家大院的建筑材料用来重建祠堂的前后两进，2003 年竣工。若按中进的年代算起，祠堂距今已经有 600 多年。

祠堂目前坐落在村庄的北部，位于牌楼广场与会堂广场的北部。祠堂坐北朝南，轴线微微偏西。房屋门前有一条东西向的道路，其东侧有一条南北向的支路。两条路交于祠堂的东南角，交通便利。

贡氏祠堂建筑群前后共三进三坐落。第一进是仪门和前院，第二进是祭堂，第三进则是寝殿，后两进都有左右长廊。

图 5-44 贡氏祠堂影壁

由于南面正对密集的民居，因此仪门前方设置硕大的影壁（图 5-44）用以遮挡视线，主入口开在两侧。影壁八字行，向外部突起。之所以如此形态，是因为门前的道路与建筑并不平行，如果要做成一字形影壁，其东南部的直角势必突出到道路之上，因此将它倒成斜边。为了保持对称关系，西南角因形就势，于是形成目前形态。这种影壁看起来是对道路的退让，其实为自己赢得了巨大的裨益。其一，这种八字形影壁对内是一个凹形，其围合的三边正好聚焦于仪门（图 5-45）的入口，指向性很强。反过来说，在仪门入口前看这三面围墙，正好是一个半包围的画卷，特别符合人的视野。为了使得目光不至于旁落，在中间的一字形影壁上镶嵌 "黎阳世家" 四个大字，点明贡氏的起源。两侧的八字形影壁上，东侧嵌龙形砖雕，西侧嵌凤形砖雕，含龙凤呈祥之意。

由于南侧俱为影壁，因此大门开在了侧墙上。门的形状煞费苦心。祠堂采用了圆门的形式。这里用圆门，一是可以和北部的方形侧门区别，以示其形制稍高，另外，圆形也能和八字行影壁以及一字形仪门形成较为丰富的形态。

为了方便行走，圆门下部水平，刚好置放台阶，外部再设一层踏步。踏步石构，稍宽于门洞。为了便于开启，门洞后部设木门两扇。门扇方形，直棂，棂间嵌木条，组合成圆形门板。门板比门洞略小，当大门关闭时，两者之间是透光的直棂，门洞中的门板非常醒目，好比一个冉冉上升的红日正在发射光芒。为了进一步强调这种意向，门洞之镶嵌一块匾额，东曰 "腾蛟"，西曰 "起凤"。

由于门扇较为宽大，门后设置披檐防水。披檐接在侧墙压顶的下方，其高度并不超过院墙。

从门洞进来，一条东西向的石砌道路直通西侧圆门。路的南侧，有一个青砖砌筑的花池，花池三瓣形，基本与路平行，弥补了凹形影

① 贡义林、贡金关、贡亚生《贡氏宗祠 "萃涣堂" 》，见贡义林编《思源集》，中国文联出版社，2005 年，655-660 页。

图 5-45 贡氏宗祠仪门

壁与路不够贴切的缺陷，同时也将八字形影壁连接起来。这条石路的东西方向是出口，南向是花池和影壁，因此其唯一的导向只能是向北通向仪门，空间轴线的转换在此自然完成。

仪门七开间，青砖小瓦。在前院的北侧一溜排开。为了突出中间的入口，建筑做了以下处理：其一，中间明间突出屋面。它比其他各间进深长、面阔宽、层高大，自然惹眼。其二，建筑朝北设廊，各间均是实墙窗洞面南，唯有明间空间对南开敞，通透性对比显著。另外，为了加强引导性，在前院中部的道路两旁，还立着一对旗杆。旗杆顶端向内侧出挑龙头悬挂旗帜，东写“还我山河”，西写“忠义匡国”。

明间中，大门退后，留出前方的凹口作为过渡，设抱鼓石一对。大门上悬挂一匾，乃是宋孝宗隆兴元年的题词，曰“旌表忠义”。匾白底金字，边框雕刻海底白云金龙抢珠纹，制式隆重。门匾对联一副，东曰：“束锦家声远”，西是“弹冠世泽长”。进入大门，未入中院，乃是一道红色素平影壁，中部屏门，门上为“贡氏宗祠”匾，匾额黑漆绿字，低调收敛。在这里设有两道大门，把明间分成前后两个空间，巧妙处理了皇帝的圣旨匾与祠堂匾的位置关系，符合礼制的要求。特别是祠堂匾的处理，更有深自韬晦之意。如此安排，也使得这两个小空间成为进入中院前的收束。在仪门明间的前檐，门洞之上及两侧的砖雕上，另刻有匾额和对联，它们减弱了门框的结构清晰度，显得多余。

仪门以后是中院。两侧是长廊，北部是祭堂（图 5-46）。祭堂与仪门之间有石砌通道相连。祭堂七开间，开格栅门。明间高悬“萃涣堂”匾，意在将分散的后裔在始祖贡文宪公的精神感召下凝聚起来。其中明间两柱的楹联为：“沐土发长垣，远祖黎阳，近宗御史，文华国，武靖王，代产伟人，簪缨永续，历千百余年，彬彬然，说礼敦诗，道学渊来根泗水；宋朝昌令绪，始居赤岸，继卜柳塘，山钟英，水毓秀，地多旺气，兰桂常馨，垂三十数世，郁郁乎，振麟起凤，子孙繁衍冠江南。”此联基本叙述了贡氏一族离开长垣到江南的发展过程。在院子中，西侧有一棵银杏，枝繁叶茂，植于明朝万历年间（1590 年），距今已经有 400 多年。

图 5-46 祭堂

后院为一个横向长方形的院子，两侧设长廊。中间一条砖砌的小路通向北部寝殿。寝殿前檐有轩，外设格栅门。除了尽间用白墙隔开外，中部连成一气，大梁跨四界，前附加轩顶，内部空间极其开敞，可容多人在此聚集。明间悬挂“祖荫殿”牌匾，后檐墙附有壁画，地面用青砖排席纹。以前，寝殿有供奉列祖列宗的牌位，现在展示三公生平壁画以及贡氏的迁徙志和世系图（图 5-47）。

图 5-47 祖荫殿

（2）王公祠

王公祠，当地百姓又称之“土地庙”（图 5-48）。明天启年间，丹阳南门外遭受蝗虫大灾，尤其是延陵柳茹一带。此地有大面积的湿地，是飞蝗的繁殖和藏匿之地。丹阳知县王守道坐镇柳茹指挥灭蝗，颇有成效。为了颂扬他的功绩，于是柳茹村的百姓自发集资为他建造了生祠。王守道为此题写“里社干成”牌匾，以期永护乡间。王守道为官清廉，后调任左都御史，民众为了怀念这位清官，又悬挂了两块匾额在祠堂内。一块

图 5-48 王公祠入口门屋

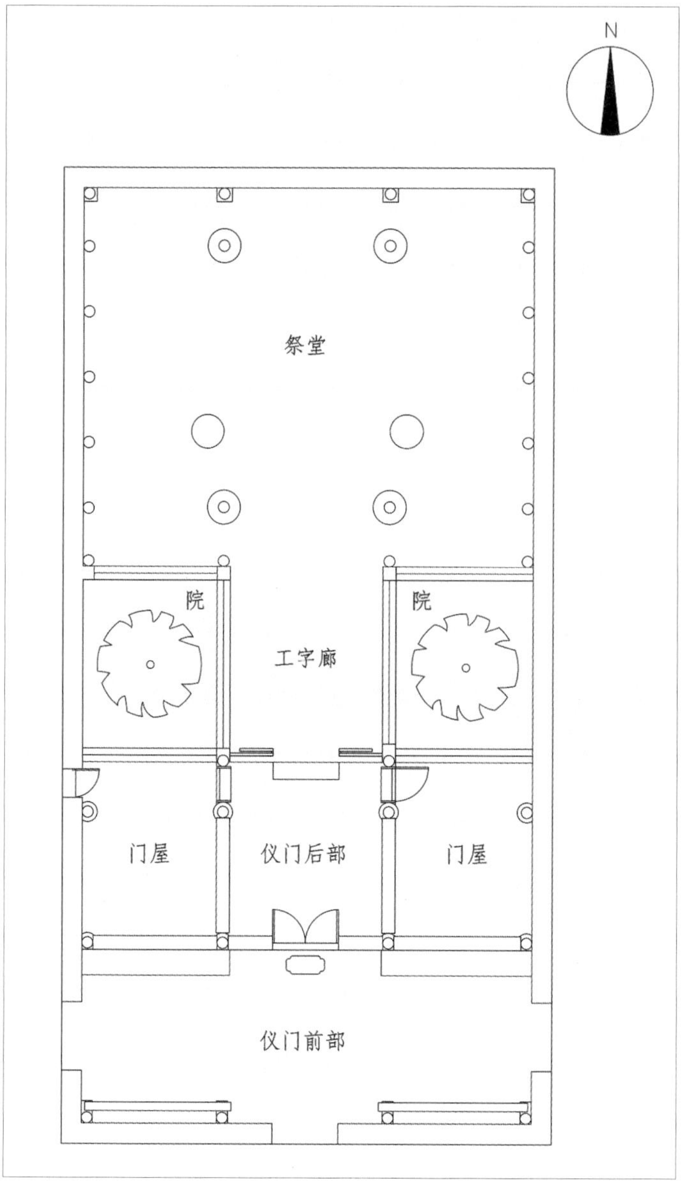

图 5-49 王公祠平面

是“惠我无疆”，另一块为“不显亦灵”[1]。每年正月二十日，柳茹村都要在此举行隆重的供奉仪式。祠堂清咸丰时期毁于战火，现存建筑为 1997 年乡人自愿集资重修。

房屋选址显要，正当柳茹村中心道路的东段，是外部进村的必经之地。它坐北朝南，南临街道。

房屋三开间，前后一进两坐落，分别是仪门和祭堂，明间有廊相连，前后成工字形（图 5-49）。仪门为屋宇式，三间。屋脊下中置隔墙，将建筑分成前后两部。前部两山各设一个券洞，跨在进村的道路上，形成经过式入口，明间也开一个券洞面南。前檐三间，只在明间设置通道，一是为了在次间设置通长座椅供路人休憩，二是为了稍稍封闭一下入口，为后面的大堂做好衬托。

仪门的前部空间中，四围白墙，内部设穿斗木构。梁架髹红漆，椽子上冷摊瓦。结构层次鲜明。地面为大方砖铺地，年深日久，已经龟裂。明间中墙的入口处，地面突起海棠形巨石一块，是为踏步，由此跨越高大的石门槛。门双扇，上悬“里社干成”牌坊，字为篆书，红底描金，方正工整。门边有对联一副，黑漆金字，上联是：“赫赫明明地”，下联是“堂堂正正门”。此为叠字联，赫、明、

图 5-50 节孝坊

图 5-51 节孝坊上的题字

堂、正均为两字，但它们行在前，草在后，各不相同。行书笔画勾连，类似流畅的阿拉伯文。

入门后，是仪门的后半部分，结构与前者类似，地面则用青砖铺成放射状的寿字纹。由中轴向前，入工字廊。为了加强引导性，廊的两侧并不开敞，只留格栅窗采光。

廊子尽头为祭堂。大堂空间轩敞，采用衙门的布置样式。中间仿造了王守道的官轿做神龛。龛中挂像，上方设銮驾九对，两侧依据坐堂的样式，分列肃静、回避、左都御史虎头牌，宫灯、垂带、蒲团等罗列有致。

王守道是回民，因此当地有一条不成文的习俗，进庙烧香的人均不吃猪肉、狗肉，此俗已有 400 多年。

这座祠堂规模不大，却采用了工字形平面布局结构，仪门设置了前后的隔墙。之所以如此，是因为村口的选址，使之功能复合所致。首先，此地是迎来送往之地，要能起到休憩、停留的门户作用。其次，它还是祠堂，要能满足祭祀的功能。为此，其空间布局不得不对此回应。工字廊缩短了前后进的距离，使得两座靠得很近的房屋连成一体，在阴雨天保障了进入祠堂人们的祭祀活动。

（3）节孝牌坊

牌坊位于柳茹村中部偏东北的牌楼广场中。广场约为 20 米见方，周边均是民宅。南侧和西侧为道路，牌楼则在广场的西部，坐西向东。此处选址朝向柳塘，正对村口的方向（图 5-50）。

牌坊为节孝牌坊，建于乾隆七年（1742 年），两年后竣工。距今已经有 260 多年。据史料[2]记载，丹阳处士贡荫三病逝后，其妻眭氏伺奉失明婆婆，哺育襁褓婴儿。20 余年后，终于使得婆婆颐养天年，儿子长大并供职镇江府。乾隆皇帝南巡镇江，闻奏深为感动，于是降旨旌表，立此牌坊彰其美德。

牌坊石构，总高 5.5 米，宽 6.2 米。三间五楼式，气势雄伟。其中明间的额坊上刻有“节孝坊”三个大字（图 5-51）。两侧稍低的次间分别是“贞明执操”“瑶池冰雪”。字用颜体书写，阴刻，涂黑，在白色的石梁上非常醒目。

① 贡金关，《丹阳知县王志道公祠何因在柳茹》，见贡义林编《思源集》，中国文联出版社，2005 年，195-197 页。

② 贡金关，《柳茹“节孝坊”》，见贡义林编《思源集》，中国文联出版社，2005 年，184-185 页。

图 5-52 柳茹民居内部构架

图 5-53 门洞

在“节孝坊”的上下，各有一块牌匾。上面的一块，其字虽未涂黑并不醒目，但地位却是至高无上，它就是“圣旨匾”。下面的一块，则是立牌坊的“说明匾”，包括“旌表处士贡荫三妻眭氏之坊”以及各级官员的姓名等。

由于“圣旨匾”的重要性，使它不能居于任何一块牌匾的下方，只能在节孝牌匾之上。这就使得明间的屋顶向上升高，正好为“说明匾”留下了空间。明间屋顶升高，为了使它与次间屋顶不至高低悬殊，于是在两者之间再设一层屋顶。这层屋顶丰富了屋面层次，减小了次间屋面的宽度，也烘托了明间屋顶的至高地位。

至此，三开间的建筑最终拥有了五座屋顶。其中“圣旨匾”在最高的屋顶之下、“节孝坊”则位于第二层，两侧的牌匾则位于各自的屋顶之下，而“说明匾”，由于文字多而小，正好位于明间的最底层，方便人们近前举头细看。

在封建时期，建筑的形制都要合乎规制。作为民间的旌表之物，更不能有僭越之嫌。江南的节孝牌坊大多数只有一开间或者三开间。此处却通过增加屋顶来提高牌坊的等级，全赖匠人的巧妙构思。

因为屋顶变成了五楼即五个屋盖，它的宽度才达到了 6 米多，这种尺度正好与目前所在的广场相适应。

目前，牌坊由两种石材构成。一种是黄石，做成四根立柱以及明间的额枋。另一种是白石，雕成屋顶、斗拱、抱鼓以及次间的额枋。

此种分别是材料使然。黄石质感粗糙，不利于精雕细刻，因此只用在受力的梁柱部位。白石质感细腻，利于雕刻，凭之做成屋顶、斗拱等构件。细看可以发现，白石上面有隐起的双龙戏珠、文官、仙鹤、卷草、如意、灵芝的纹样。

因为牌坊较为高大，稳定性变得非常重要。它通过两种手法来保证结构安全。一是设置宽大的纵向条石作为基础，四根柱子分别插于条石之中。在条石和立柱之间，施抱鼓石，前后两面挟持立柱。二是将上部的屋顶、斗拱等构件尽量设计成较小的点状、片状，相互组合成空透之形，用以降低重心，减小风阻。

柱、枋、斗拱、屋顶等大小构件之间皆施以不同的榫卯，且堆叠而上，倚靠自重稳固其身。牌坊历经几百年而不倒，实乃奇迹。它结构交代清楚，细节雕琢无多，风格古朴，形态简洁。

（4）村落民居

村中的民居大致有两类。一类是传统民居，建造于晚清到 1980 年之前。房屋一般是独栋式，青砖青瓦，两坡顶，三开间，中间明间是厅，两侧是卧室。

建筑木结构承重，穿斗式，局部采用抬梁做法（图 5-52）。梁柱檩断面不大，圆材，直径 20 厘米左右。为了抵御风雨，结构外包青砖墙。砖墙较厚，并非是一砖或者半砖墙，而是将近两砖墙。墙体砌筑形式分为三段式。

图 5-54 民居入口

窗台以下用内外两层青砖夹砌，中填细碎砖石。内外两层墙均为眠砌，故可采用不同厚度的青砖，厚砖一层，薄砖一层，交错而上。窗台以上，则用规则的青砖空斗砌筑。一般三斗一眠，四斗一眠、每皮一斗一丁，内装乱砖碎瓦等填料。青砖平整，灰缝严密，非常漂亮。砌筑到山尖的时候，青砖的外部往往抹白灰。形成立面上的第三段。此处抹灰，是因为山墙顶部易受风雨侵蚀。内部均采用木柱。柱上承檩，檩上架椽，举折流畅，山墙尖处呈现为优美的凹形。屋面有的采用冷摊瓦的形式。为了不致兜风，山檐以及前后檐出挑较小，仅用青砖叠涩两层包砌木构。由于立面开窗小，往往设明瓦天窗，占据一到两个瓦垄的距离，室内采光柔和，略显昏暗。

山墙是外包结构，耐久承重。由于位于尽间，因此直接利用它作为围护墙，并不抹灰，为青水青砖空斗面。也有较为考究的，在内侧抹白灰。

内部隔墙一般镶嵌在结构中，因其厚度的限制，大多采用轻质的薄板形式。薄板有以下两种：一种是木板壁隔墙，即在梁柱框架内嵌装木板。山尖处因为坡度较缓，木板横向拼合，其余均竖装。不髹漆，木本色。另一种隔墙是编织芦苇抹灰墙。柳茹当地多河湖，盛产芦苇。当地百姓将芦苇晾干竖向排列，用绳子横向编入，约 20 厘米一道，绑扎于左右立柱之间，然后在编织物的两面抹上泥灰。用芦苇置于椽子和瓦片之间是江苏各地常见的做法，此处用作隔墙，当为特色之一。

房屋的入口位于明间中部，门洞采用砖挑叠涩和架设过梁的形式。叠涩一般出挑三层，只在墙的外皮，形成优美的门拱。过梁采用石条或者木材。前者耐久，常直接架设在叠涩之上。后者不耐腐蚀，一般隐藏在叠涩的后部，在其外表，常常挂砖加以遮蔽。

不少人家喜在门洞的上方用砖砌出门匾，此风沿袭至今不衰。如有一处，门上用红砖砌成龛式门匾，内用水泥塑成“东风万里”的字样，在门匾上部，又塑成一个菱形方框，内含福字（图 5-53）。

大门皆设木门框、石门槛，两扇板门。门板中部穿门环，铁质，八卦形。其下为横向锁门的铁闩。门楣和门板一般贴有对联（图 5-54）。

综合考虑结构、安全、保温、隔热的需要，柳茹的传统民居对外开窗较小。其形式有下面几种。

其一，次间的大窗。此窗主要解决民居卧室的通风和采光问题。这类窗户一般宽 50 厘米，高 1 米，是民居中最大的窗洞。窗户外侧设木栏杆，内侧设玻璃，满足防盗的要求。由于屋面出檐较小，而窗户木构外露，为了防水，窗户做了如下的设置。

首先，木窗框后退外墙 6 厘米安装。这虽说是便于固定于墙的原因，但客观上具有防雨功效。其次，在窗洞上方设砖挑雨搭。雨搭一般用砖砌成拱形，中间高，两侧低，便于将上方的压力传到洞口两侧，起到过梁的作用，同时也能将雨水引到窗洞两侧，尽量保护木构。窗框方形，并没有贴合砖拱而做成弧形，主要是为了便于施工的原因。在墙体的内侧，过梁依然是水平的。窗框和拱形的砖拱之间填以砖墙。拱形砖拱往往向外出挑多层叠涩，增强遮蔽风雨的功能。

其二，窗洞。民居的通风采光更多的是依靠窗洞来满足的。在柳茹村，窗洞有两种。一种是前后檐墙的窗洞，另一种是山墙的六角窗。

前者洞口较小，一般高为 50 厘米，宽为 20 厘米左右。往往一块砖就可作为过梁。为了减小过梁砖的跨度，下部的砖块向内出挑，将洞口挤成窄口的瓶状，兼寓平安之意。有时洞口较大，往往在中间立砌砖块，将它分成两个并联的小洞。如图有的一个窗洞。它正好设在空斗墙与土坯墙的交界处。由于洞口较大，内部便设置了立砖。过梁由青砖构成，为了使它们和土坯无缝嵌合，采用了两层青砖夹砌土坯的形式。

最为动人的窗洞为六角窗。

六角窗离地面较高，位于山尖下部，中柱之旁，主要为阁楼的采光通风而设。由于它是大面积山墙的唯一洞口，加之位置较高，是视线聚焦所在，因此成为墙面乃至整个建筑装饰中最为精致的地方。六角窗的内部是阁楼，多做储存用，不装玻璃。因其离地较高，面积较小，也不装栏杆，其形态全靠砖瓦构成。

六角窗一般由是下部的窗洞和上部的窗罩组成。窗洞为正六边形孔洞，由六块青砖拼合成框。这种尺寸刚好可以阻碍成年人进出，具有防盗作用。砖框略微突出于墙面。可以方便白灰收边，也能显露自己的形态。洞口之上是窗罩，其形神采飞扬。工匠首先在窗洞的上部向外突出一个长方形的砖块作为窗眉，此砖突出墙面有 6 厘米左右。有时，为了稳固计，还在这块砖头下面挑出一块眠砖，用以承接。接着在窗眉的上部用青砖出挑，砌筑三层叠涩张势，然后在它的最上层横排四片青砖作为屋顶。青砖向前斜放，两头微微突起，形成起翘的屋面。最后在屋脊的端头，用小瓦或者灰塑做成向上的鸱尾，先向上，然后外撇，成优美的弧形（图 5-55）。

这个屋脊深得我国传统建筑的韵味。之所以如此夸张，可能是因为它位置显要，易被识别，所以要做得精致才行。由于靠近双坡的人字形屋脊，它采用传统的凹形曲线，更觉亮丽。而且，这种做法也是很实用的。乍眼看上去，青砖屋面并没有像大窗户那样将雨水引至两边，仿佛对防水不利，其实这个窗户仅为洞口，并无木构，水体从正中跌落，可以远离周边的白墙，于砖构窗框影响也不大。另外，由于窗洞本身已经是正六边形，具有抗压的能力，上部也无需再砌砖拱。

由于山墙是空斗墙，墙体很厚，这个窗洞也只有在墙的外侧是六边形，内侧的窗洞还是正方形，它的上方设置木过梁，此处正好对应六边形洞口上的挑砖窗额。在方形的洞口内墙上，设置推拉木板，以供启闭。

有的山面阁楼的窗户，洞口开得很大。由于并不住人，所以不设玻璃。为了安全起见，往往也用小瓦砌出漏窗。

在村落中，偶有青砖二层的传统民居。平面与一层类同，二层的正面不用砖墙，只用木格栅，开大窗，此举改善提高了楼上的采光通风条件。为了保护木构不被雨淋，二层的前檐出挑较远。

村中另有一些年代较晚的住宅是红砖房。此类住宅大多建于 1949 年到 1980 年之间。房屋

图 5-55 民居外墙

图 5-56 柳茹新式民居的空斗墙立面

或者一层，或者两层。对称双坡顶。其平面形式、内部木构与青砖房类似。之所以用红砖，是因为 20 世纪 50 年代以后，制砖业由手工业转为工业化，烧制后不再浇水，出窑的砖为红色。此类红砖房并非纯一色的红砖构成，而是青红并用。因为住户在砌筑房屋的时候，要尽量利用以前存留或者拆旧的青砖。青砖质量较好，它一般位于墙基或者窗台以下，采用眠砖实砌，其余部分则用红砖，无眠空斗到顶。在青砖和红砖之间，眠铺红砖一层作为过渡和找平。

有的建筑为两层楼，在安装楼板的高度处，空斗的红砖墙改为眠砖砌筑几皮以提高强度，并在此设置铁拉纤与内部木构相连，显示了民间匠师在当时经济较为困难的条件下既注意节省材料又能在关键节点处注意安全坚固的灵活技术措施（图 5-56）。

房屋的山尖部分，也刷白灰，由此从下到上形成了青、红、白的色彩变化， 较为明快。民居一层的外墙与传统青砖房类似，只是窗户稍大，显示出对安全的信心。二楼朝南一般设置通长的走道，兼具凹阳台的作用。栏杆为花砖砌筑，简朴而空透。这种轻巧的做法，是早期青砖楼房的延续。

（五）华山村

1. 区位环境——沧海桑田，吴歌发祥

华山村（图 5-57）位于镇江姚桥镇[1]西南约 5 公里处，地处长江拐弯的汭位。万里长江从西而来，沿着宁镇山脉的北麓东行，在镇江西约 20 公里的谏壁镇，遇到了圌山[2]的阻挡。山体由谏壁镇向东延伸两支，一支东北而去，15 公里后止于大路镇。一支向东南，40 公里后止于西来镇。长江受北支的阻隔，向北北去，直到江北嘶马，进而再向东南，于南岸西来镇处折而向东，由此形成了一个大拐弯。其弯似“几”字，如半圆，直径约为 40 公里。在这个半圆中，一条夹江将它弦切为二，北面为扬中岛，南面则是冲积平原。在冲积平原中，发育着一条捆山河，其源出自两山交接的沟头严家。水向东流，在肖家荡分成两支。一支东去，在钟家村入江，另一支北上，经华山村东部，在闾山村入江。其流域属于镇江北部的沿江水系[3]。华山村坐落在冲积平原的中心位置。北临 105 县道，东靠捆山河。它东距夹江约 3 公里，南隔山体距离丹阳 20 公里，向西 20 公里到丹徒，区位良好，交通便利。

丹徒是吴国早期的政治文化中心，是吴文化的发源地之一。作为吴文化的重要组成部分吴歌，也是丹徒的特色文化之一。吴歌是目前吴地汉民族的民歌民谣的总称，史称吴愉。诗经记录十五国风但未收吴歌，因此吴歌一直在民间流传。

南朝时，吴歌兴起。《宋书·乐志》中说：“吴歌杂曲，并出江东；晋宋以来，稍有增广。”东晋、南朝连续定都建康，江东吴歌得到上流社会的赏识，经由文人采编，始入主流。其风格清新刚健。如《吴歌·子夜歌》：“宿昔不梳头，丝发被两肩。婉伸郎膝上，何处不可怜！”

发生在华山村的“华山畿”亦是其中的代表。《华山畿》是江苏吴地南朝的爱情民歌歌集，现有

图 5-57 华山村航拍图

① 姚桥镇是镇江丹徒八大古镇之一，目前划归京口区管辖，并委托镇江新区管理。

② 山原名瑞山，西距镇江 36 公里，雄峙大江。秦始皇东巡至此，见其瑞气升腾，龙骧虎视，立即传旨将瑞字左边的“王”去掉，并用“口”将右边框起来，以免王气外泄危及万年江山。于是这座山便叫做“圌山”。圌山 http://baike.baidu.com/view/1392477.htm。

③ 镇江水系分北部沿江地区、东部太湖湖西地区和西部秦淮河地区。

① 镇江地近大海，即使在唐代，镇江设镇海节度使里所，宋开宝八年，因海口日远，改镇海军为镇江军。
② 王海浪，《镇江华山村聚落环境设计调查与研究》，苏州大学，2007 年。
③ 有些古村落研究者认为可以从村落的成因角度把村落归为 5 种类型，即：①原始定居型；②地区开发型；③民族迁徙型——特别是西晋末年、唐代末年和北宋末年曾发生三次汉族人口大规模的南迁；④避世迁居型；⑤历时嵌入型—一指外来移民嵌入已有聚居人口的地方，在不同时期陆续迁入或嵌入。王海浪，《镇江华山村聚落环境设计调查与研究》，苏州大学，2007 年。

乐府《吴声歌曲》25 首，亦见于元《至顺镇江志》卷二十。因第一首歌名“华山畿”，其后的共 24 首，均以此名。

根据《古今乐录》记载，《华山畿》说的是这样一段故事。南徐的一名青年经过云阳的时候，见到一名美丽的女子，两人一见钟情。后来他去世后，棺椁经过两人初见的地方，女子盛装而出，唱到“华山畿，君既为侬死，独活为谁施？欢若见怜时，棺木为侬开”，棺椁应声而开，女子跳入其中，不复出来。后人将他们合葬在华山的脚下，人称神女冢。

2. 历史沿革——荆蛮遗址，海口浮玉

华山村所在地域，很早就有人类活动的遗迹。句容春城镇的旧石器时代的遗存距今已有 30 万年。在五六千年前，在镇江发现了句容城头山、丹徒大港磨盘墩等遗址。可以推知当时人们过着农耕为主、渔猎为辅的定居生活。其中磨盘墩遗址就在华山村附近。夏商之际，江南宁镇地区进入青铜时代。当地荆蛮人的居住聚落都是在靠山近水、具有广阔田野和河流的自然环境中。聚落遗址都是突出地面的台形高地。它们高出地面 5 ～ 10 米，平面椭圆或圆形，面积多在 7000 ～ 8000 平方米，大的可达 20000 平方米以上，如镇江丁岗的段山墩。此处遗址距离华山不到 10 公里。在此类台形遗址上，有若干一夫一妻的小家庭，居住的房屋为长方形或正方形，面积 20 平方米左右。

华山村的玉女墩是吴地土墩墓型制的代表。后武王灭商，封泰伯、仲雍的曾孙周章为虞侯，康王时迁封为宜侯。此段吴国的早期历史记载在 1954 年出土的丹徒大港烟墩山的宜侯墓中。吴国墓葬为土墩墓，即平地堆土起冢，其上挖土造穴。其王室贵族大墓，都排列在镇江到谏壁、大港的山顶，俯瞰长江，眺望中原。

隋唐五代，镇江称润州。北宋开宝八年，因海口日远，改镇海军

为镇江军，这是镇江名称的由来。政和三年，升润州为镇江府，辖丹徒、丹阳、金坛三县。华山村隶属于丹徒县。2002 年丹徒设区，华山属于其下的姚桥镇。

目前，华山位于镇江以东 20 公里的冲积平原中，此处属于江水拐弯的汭位，极易淤积成田。参考镇江历史，在唐代以前，镇江还是“镇海军”的治所，可以推知，当时的镇江距离入海口不远，当时的华山应为海口的一片陆地。另有一个事实可以证明镇江地区的流沙淤积是非常显著的。历史曾有记载，1842 年，金山还是“江中浮玉”，到了 1900 年，金山已经完全和陆地连在了一起。

华山靠海还可以通过的一个故事加以佐证。这个故事说，在远古时期[1]，人们顺着古代的丹徒江东行寻找食物，来到了大海边，只见海边有一座大山岗，其上长满了野花野果，人们蜂拥而至，在此长期居住下去，并把这座山名为“花山”。后因为此地华山畿的传说中的主人叫华珊，人们为了纪念她，因此将花山改称华山[2]，此为华山的最早来历。

目前的华山村是一典型的历时嵌入型聚族而居的台地村落[3]。整个村庄由几大姓氏和一些杂姓组成。这在丹徒地区是普遍的现象，是东晋以来历代剧烈的人口迁移变化的佐证。

华山村的主要大姓有冷、杨、张、李。其中冷姓 200 户，杨姓 200 户，张姓 80 户，李姓 20 户，其余的则是杂姓。在此落户的还包括附近儒里的朱姓以及来此进行商业活动的小姓，他们构筑了华山人口的共同体。冷姓在宋代由山东淄博南迁，先于丹阳，26 世后，在明代再迁至华山，现在已历 37 世。杨姓来源较为复杂。其先祖为周宣王之子尚父，其封地在今山西洪洞县北的杨，故子孙以杨为姓。后杨被晋灭。其后人居深山，后至华阴，至于他们如何迁镇江记载不详。丹徒的杨姓据《李氏宗谱》记载：“自士元公肇迁追而上之，乃佯公所自出实为唐宣宗之孙昭王纳之子……传十六世至若虚公，生二子长士先次士元，士元随兄士先至镇江路录事任所遂卜居华山，是乃华山第一始祖……”由此可知其先祖是唐代皇室，其后人入镇江任职，后觉得华山风水不错，于是来此定居。

3. 村落格局——龙脊象形，张王庙祭

华山村早期起源于一条小土山，此山南北长 300 米，东西宽 100 米。最高落差约有 4 米。在其南端，有一条水湾通向捆山河。早期的建筑大多集中在山脊两侧。随着江滩淤积，田地增广，人口增多，村庄规模逐渐变大。因为村落东侧成滩较晚，且有河道，故其用地向西南方向延伸，形成约为 500 米见方的团聚形村落。目前，村庄的北部紧贴 105 县道。东部平行于紧贴捆山河及其堤上大道，在河滩和村庄之间，有一道防

图 5-58 龙脊路入口民居

图 5-59 华山村龙脊路北端石桥桥面

护林。南部边缘由民房形成，其边界不齐，与田野犬牙交错。在村庄的西端，华宇路从镇中社区而来，向东北方向而去，交于 105 县道，形成村庄的对外交通。村庄内部道路由一条东西向的中轴路和南北向的支路形成。中轴路东部跨越捆山河，西端连着华宇路，将村子分成南北两块。在其两侧，各自衍生出五六条南北向的道路，如同鱼骨。这些道路形成了村落的基本骨架。村落北部历史较长，南部较短。

在南北向的道路中，最著名的是龙脊街。此地原本是河滩高台，早期的村庄集中在东部的条形高地一带。随着居民的增加，高地的中部出现了一条道（图 5-58），它不仅是本村居民的交通路线，也成为往来商旅的必经之所。庙宇、商铺等建筑也随之在两侧发展起来。据《丹徒县志》记载，1000 多年前，这条古街上就有各种日杂小店 30 余家，逢年过节更是人流如潮。在高地中，有一座始建于西汉时期的张王庙，祭祀大禹手下干将张勃。传说张勃在华山治水殉职，后人念其恩德，于是在华山村的最高处建庙祭祀。每到祭祀时节，华山人山人海，热闹非常，其香火盛极一时。为了便于祭祀和日常交通，华山人将中间的小路砌筑成非常有名的“龙脊路”。

之所以称为龙脊路，原因如下：

其一，选址象形。这条小路正好位于条形高地的中部，从南到北，仿佛一条脊柱，其余支路都是从其两侧发散而出，称之为龙脊，恰如其分。

其二，铺装寓意。龙脊路由条石铺设。中间横向砌筑，两侧纵向相连。前者采用宽约 30 厘米、长约 1.2 米的规则条石，依次排放，形成主要的行走面。后者则用剩余的短料纵向连接，形成箍边。在箍边两侧，还利用不规则的碎料乱石铺街。三种石材就料互补。因为中部石材的铺设形如龙鳞，因此村民形象地称之为龙脊路。

图 5-60 龙脊路迎嘉门

图 5-61 龙脊路路面

其三，空间拟态。除了以上两点以外，人们还有意识将其功能和空间拟态，强化这种寓意。这条路从南侧的中轴路开始，向北而上，到达最高点张王庙之后，再向北交于 105 县道，全长 300 米，落差约为 4 米。在古代，这是一条南向开口的尽端式道路，其终点就是最高点张王庙。后来 105 县道从其北部经过，为了交通方便，村民将龙脊路向北延伸与之相连。

人们从南而来，首先进入视线的是一座石桥（图 5-59）。为了适应北高南低的地形，桥为单坡状，逐渐向北升起。它将跨下的水体一分为二，形成两个池塘。这两个池塘，原来可通村外的大河，是以前出入华山的门户之一。桥下两侧，即是上岸的码头。池塘近圆形，当地人称之为“龙眼”。

桥体宽近 4 米，其上铺石，未设栏杆，为了提醒行人，封边的石块微微向上翘起。

过桥之后是砖砌券门（图 5-60）。券门并没有直接位居桥头，而是稍微退后。此举空出桥头空间，让行人从容不迫。民居从两侧围合，连接了券洞和桥头。券前的空间虽然扩大了，但导向性并没有减弱。

过了券洞，进入一个巷子，远处又是一个券洞，相隔仅 10 米左右。在两个券洞之间，是清水砖墙砌筑的民居。民居东西向相对，使得券洞里的巷子宽度不足 4 米，非常狭窄，形成了“龙颈”。

出了龙颈，两侧民居分别稍微后退，空间变得开敞起来。道路依然向上逐步升高。此处街道大约有 6 米宽，100 米长，两侧均是相对的民房。由于道路变宽，这里出现了不少商铺，如油坊、理发店等等。为了对外经营，住宅有的做成了两层，即下店上宅的形式。这段街道长度大、功能多，可称“龙身”（图 5-61）。

从龙身向前，则进入了“龙腹”。龙腹，实际上是龙脊街最高处的一个广场。广场略呈梯形，南端宽 15 米，北端宽 20 米，总长 50 米，是龙脊街中最为宽阔、地势最高的地区。

广场中除了在道路部位用条石铺设外，其余均是细砂土地。当地人称之“无草地”。之所以用此无草地，实在是当地人民的智慧之举。因为此地为全村的最高点，若用条石全铺，费工费料不说，地表的雨水也会迅疾的流走，这样既给下方带来行洪的压力，又减弱了对村南池塘的渗流补给。如果直接用黄土平整而成，虽说在雨天能够渗漏，但势必泥泞不堪，且平日里又易于扬尘，对举行大型活动不利。

综合以上的考虑，当地人在土面之上平铺了一层黑色细砂，故凭之能蓄水、吸尘、防滑，并阻止杂草的生长，故称“无草地”。

广场周围寸土寸金，民宅在这里盖得密密匝匝，前檐一律朝向广场，很多人家只能占得一到两个开间。距离广场较远的民宅也设置了巷道通向广场。为了不破坏广场围合感，巷道在进入广场的地方设置了券洞，和迎嘉门一样，它们也是青砖砌筑。

有一处券洞较为奇特。它的券面与广场界面平齐，但后面的道路却是斜向而出。为了配合道路的走向，工匠对券洞进行了倒角处理。其具体做法是将券拱以下的墙体向内收进，砌成斜线，与后方道路一致。由于券洞本身的主要功能是围合广场，其墙面应和两侧建筑形成平整的界面，为此，倒角的墙体在券拱处依次出挑，逐步在上方砌成一个完整的拱脚，进而形成券面。

广场周边建筑均是清水青砖，北侧一个黄色的券门显得非常鲜艳，此乃银杏山房。入券门，可见一株银杏。此树在当地被尊称神树。树高 30 米，胸径 1.8 米，枝繁叶茂，绿意葱茏，是当地人心中的“龙角”（图 5-62）。不过，如果要按照龙脊路拟态的顺序，这里在龙腹之后，应是“龙尾”才更为形象。

古银杏树旁就是张王庙。每年农历正月十五是开门节，十月十五是关门节，附近乃至邻省的人都会到这里赶庙会。香火十分繁盛。据说，张王庙是目前江南一带最早的庙会。从石拱桥到张王庙的这条路是古代一条完整的祭祀流线。

4. 建筑特征——吴头楚尾，齐梁遗风

当地民居以中轴路为界，北面为传统民居，历史较久，约建于晚清到 1949 年，南面是现代民居，历史较短，大多建造于 1949 年后。

传统民居为院落式，一般面阔三间，附带小院。例如遗先堂和积昌堂。

前者位于村落的西部，坐北朝南，前后两落两天井，两侧有厢房连通。为了增加气势，保证安全，前方厢房的山面连成一体，形如马鞍，中设大门。

积昌堂远离村落，在河岸东侧。房屋坐北朝南，院落式样，前后两落三天井，面阔五间。两侧设包房，包房和最后的正房屋顶相连，向南一直抵达前檐。

另外，还有的院落式并不沿着轴线发展，而是略有转折，如村中的山北县政府。这座建筑位于中轴路的北侧。大门屋宇式，朝南，屋后一个小院。院落北部有房屋阻挡，于是朝东开门，通向另一个小院。

传统民居的结构为木构，外包砖墙。檩上架椽，椽上铺望砖盖瓦，或者直接冷摊瓦屋顶，建筑一到二层。

（1）梁架

在山面采用穿斗式。但在中部，为了追求大开间，局部使用了抬梁结构（图 5-63）。底部的大梁跨四界，上垫坐斗，承托上层之梁，二层的梁除了在两头承檩之外，中部再垫驼峰，承托屋脊。此时的横梁、斗拱不仅因为结构作用而尺寸硕大，位置也比较醒目，成为雕刻聚集之处。梁的两头一般刻出象鼻纹，斗拱则雕成灵芝如意纹。大梁因为离人较近，还将底部铲平，刻出双钱菱纹。

（2）外墙

外墙主要以清水青砖为主，年代较晚的也有砌筑红砖的（图 5-64）。传统民居砌筑墙体，总体来说遵循着就料、省工、实用、美观的原则。

图 5-62 银杏山房

图 5-63 屋架

图 5-64 民居外墙

图 5-65 民居芦席墙

在盖房子的时候，很多情况是拆旧建新。工匠们根据现场砖头的数目和破损程度进行相应的捡砖，以求物尽其用。其中规则的砖头用来砌筑青砖空斗墙，不规则但破损不大的砖头用来砌筑夹心乱砖墙，较为细碎的砖头则用作填料。此后，需要核算买进新砖的数量。新砖要与原来的规则旧砖一起使用，它们可能规格相同，也可能会有点差异。

其中夹心乱砖墙位于砖墙的下部，其高度依料而定，一般到窗台的高度，它是由内外乱砖墙体以及中间的碎砖填料组成的。所谓乱砖墙，就是用不规则的砖块进行眠砖顺砌的墙体。砌筑的时候，要在不同规格砖头中，选择同一厚度的砖块进行砌筑。内外两层墙体砌筑几皮后，需要及时往内部填充砖料灰浆以起充实连接作用。在乱砖墙砌筑完以后，顶部会用一皮规则的青砖顺砌封边找平，然后在上部砌筑空斗墙。斗墙内部同样填以碎砖灰浆。此类墙体在遇到转角、门窗洞口的时候，都用眠砖实砌。砖块之间，用白灰勾缝，黑白分明。

空斗墙可以砌筑到顶，在山墙部位依然如此。为了适应屋顶曲线，山尖的墙砖要斩砖，施工要求比较高。由于斩砖与屋顶曲线之间会留有接缝，因此山面檐下通常是抹白粉的。山尖距离地面较高，是风雨较常侵蚀的地方，檐下抹灰会相应扩大，乃至布满整个山尖，用来防水，这就形成了抹灰墙。

除了青砖墙，华山村的建筑外墙还有毛石墙和土坯墙。毛石墙的做法与青砖夹砌墙类似，毛石内外两层实砌，中填灰浆，高至窗台。毛石白色，光面朝外，尖头朝内，大头在下，和灰浆牢牢地结合。因为毛石之间缝隙较大，外墙勾缝分内外两道。内层主要起到拉结填充的作用，即灰泥将石缝挤实抹平，间距大的地方还要先嵌入小石。

外层的勾缝主要是为了美观。即用水泥砂浆沿着石缝做一个突起的勾边，宽约 4 厘米，高约 2 厘米。它们在石墙表面形成一个网，使得原来不规则的石块各就各位，纹理很是漂亮，掩盖了内层勾缝的粗细不一。石墙和上部的砖墙之间，往往用水泥砂浆找平，厚度 6 厘米，并稍稍出挑 2 厘米。勾缝正好以此收边。

土坯墙一般位于墙体的上部，因其不耐雨水侵蚀。土坯会隔几皮变换排列方式，丁斗交错，以提高稳定性。其墙体外侧通常抹灰，一为提高强度，二为美观。

（3）内墙

内部的隔墙有板壁、泥墙以及芦席墙（图 5-65）三种。

民居的外围结构因为防盗、遮蔽的要求而用砖墙砌筑，厚实而费工。内部隔墙却比较简易。大多有三种做法。第一是土坯墙，即用土坯在梁柱的框架中砌筑，四面严实后两面粉灰。因为它需要梁柱

图 5-66 砖雕门楼

的限定才能稳定并起到抗剪的作用，因此很少在山尖砌筑。

这时就需要另一种隔墙即“板壁墙”。板壁墙由木板拼接而成，镶嵌在木构体系内。由于木板轻，易于固定，因此它们可以占据整个山面。

另一种轻质的墙体是芦席墙，即用芦苇编织成席子，悬挂于抬梁结构的大梁之下。这种墙体大多出现在二层结构的上层。出现这种墙体的原因是：第一，村落周边多水，水生植物芦苇出产丰富。用它做墙，费用低廉。第二，二层抬梁的结构下并没有立柱，用板壁缺少支撑，用土坯同样如此，而且还很沉重，所以采用了轻便的芦席墙。尽管芦席墙没有板壁和土坯坚固，但它位居二层，很少受到外力冲击，正好起到隔离的作用。

对于具有二楼的房屋来说，下层的填充也是土坯墙。这一方面是利用土坯廉价的特点，另一方面也是利用土坯的承重和抗剪作用。阁楼的楼板是木板，铺设在横梁之上。楼板上开设一个洞口，架设单跑楼梯上楼。

（4）门窗

墙体用来限定内外，但上面的券、门、窗、洞却用来勾连空间。为了提高强度，它们周围的墙体均为眠砖实砌。

券的形式就是一个砖拱。它不需要过梁，也不需要门板，用于室外与室外的沟通。华山村的券洞主要出现在龙脊街上。虽然形式单一，但它们的规模和形制是按照空间要求而变化的。

作为龙脊路的龙头处的迎嘉门，其券洞宽大，券拱用两道立砖和两道眠砖发券。

而作为龙腹处的东西券门，开口朝向次要巷道，券洞较窄，只用一道面砖和立砖发券。因为券洞宽度小，后部的巷道又是倾斜状，因此券洞的拱角部位将一侧砖角收进，以利交通。龙脊路广场处的张王庙券拱最为壮丽，此处券门宽大，且抹灰刷黄。

另有一些洞口采用的是方形，主要用在巷道以及入户的庭院中。如在村子西部的一个洞口。此处的洞口处于住宅之中，私密性较高。为了提高欣赏性，屋主没有采用砖拱，而是采用了石头过梁镶嵌砖雕的形式。另有一处洞口则位于西侧的李家祠堂的侧门，直接开设了一个门式洞口。

在华山村，传统民居的门一般设于明间中部，下设石坎，上设木质或者石质过梁。石梁因为耐水，直接裸露在外墙。木梁则在墙内，外部挂砖防雨。有时缺少大料，过梁分内外两支，分别搭在内外两层墙上。为了减小过梁跨度，外墙皮门洞上角用青砖向内出挑 2 到 3 皮。它们与过梁、墙角形成一个券口，十分美观（图 5-66）。

石门坎上立木门框，门框直到内侧的过梁底下。因为是内外夹心墙，因此门框立柱隐含在内侧的墙体中，门闭合时，从门外看不见立柱，只

图 5-67 八字形门洞

图 5-68 门闩洞

露出门板和门楣。安全性很高。门槛有时连门窝一石连作，增强了牢固程度。

门板用穿带拼合，髹红色或者黑色油漆，大多两扇，外表设门环、插销，门后设锁。有的门只有一扇，因为隐藏了门框，所以在侧墙上预埋木砖，与门上的插销勾连，权作挂锁。

有两处构造较为特殊。

一处位于多院子的祠堂中。大门正处在第一进房屋的后檐，后接一个天井。此门为其后院的正门，宽大，两扇。为了顺应人流的方向，门扇势必后开。但门扇开启的时候势已经裸露到了天井中，既不防雨，也碍人流。为了解决这个问题，屋主加厚了后檐墙，并在墙的外角斜向收进，由此形成了一个向外敞开的八字形门后空间（图 5-67）。

这个空间一举三得。其一，它创造了门后空间，使得门扇在开启的时候还能隐藏在墙内，避免雨淋。其二，门扇后的空间八字形，可以容纳门扇以大角度的方式打开，对人流的通过并无遮挡。另外，当门闭合时，门后的这个空间不仅美观，还可以使人在开门时稍作休憩。由于墙体较厚，因此在两侧端头预留了洞口容纳门闩。

可能在门后架设一个披屋也能解决问题，但没有这个墙体巧妙。因为披屋的产生，尺度要比前者大得多，这不仅侵占了本来就较小的天井，也破坏了它方整的完型。

另一处构造是门闩洞（图 5-68）。它位于一座大门的后面。大门位于西墙，后接小院。墙体厚 4 砖，将近一米。门洞采用内外双过梁，过梁白色石质。外侧密雕卷草纹样，承托上部砖雕贴脸，形制隆重。墙体如此之厚，其原因与

"八字形门楼"类似，乃是为了营造空间，防止门开启时被雨水浇淋之故。之所以未设"八字形"，是因为这里的流线是直线进入，无需折弯。

由于墙体很厚，在门洞的侧面开设了门闩洞。

从房屋的内侧看去，左边为固定插口，即在墙上留一个方洞。洞口大小约为 15 厘米见方，在一块砖的跨度之内。为了美观，上部的砖块过梁底部挖成双弧形凹边。

右侧的洞口为活动插口，其形状为曲尺形。墙面从外向里开槽，越来越深，到了前方突然下折，形成一个与左侧对应的卡口。关门之后，可将木质门闩先插入左侧洞口，然后沿着右侧槽口前推，直到它陷落到前方的卡口中。可见，右侧的槽口之所以逐渐加深，是因为它是以左洞为圆心，门闩为半径画的圆弧。这样就能在墙体做浅开口，直接挑砖而不必借助过梁。

另外，在门洞朝向后院的部分，还用砖出挑，将洞口的侧面形成一个槽口。这种好处是，当门开启的时候，门板的侧面完全隐藏在门洞的槽口内，既美观，又安全。

在传统的华山村中，百姓日出而作，日落而息。居住的房屋出于安全防卫、保温隔热的需要，对外开窗较少，规模也较小，只能满足基本的通风采光。1949 年以后，治安得到改善，新一代的民居建筑结构增强，窗户尺度逐渐加大起来。

根据规模，华山村民居的窗洞可以分为以下几种：玻璃窗、木板窗、漏窗、气窗。

在当地传统和现代民居中，玻璃窗都是必备的。它负责室内主要居室的通风、采光以及观察等作用。由于民居是木砖混合结构，因此窗户的尺度并未出现较大的变化。传统的窗洞约 50 厘米宽，80 厘米高，离地约有 1 米左右。窗户外设固定木栏杆，内设玻璃窗扇。为了防雨，在窗洞之上设置雨搭。雨搭由青砖分两皮叠涩，约出挑 30 厘米。呈拱形，以将上部压力传递到窗洞两侧。拱的两头微微起翘，意在将雨水向外导出，避免侧流而沾污墙面。在雨搭和窗洞之间，用青砖填充。

图 5-69 气窗

气窗主要为辅助空间服务。在华山村，气窗有两种形式：一个是位于山尖部位，另一个位于檐墙。

山尖的气窗与镇江其他村落相似，一般也由下部的窗洞和上部的雨篷组成（图 5-69）。从外部看，下部的窗洞也是六角形。但在内侧，六角形洞口稍微扩大，成正方形壁龛。因为墙体双层，厚度较大，这样做不仅便于施工，也可在方形的壁龛中附设木质推拉门，控制采光和进风。六边形的洞口，一般用青砖切角砌筑，尺度正好满足安全需求，形态符合受压的力学特征。

令人感兴趣的是，有的六角形的箍边并不用青砖，而是采用了小瓦。小瓦弧形，凹面对外，六块刚好拼成了六角星。由于瓦片较薄，因此设内外两道。用小瓦的好处在于不用斩砖磨角，施工方便。

另外，并非所有的山尖气窗都是六边形，偶尔也会用方形。方形的气窗与内部窗龛的关系会

图 5-70 装饰

更协调。其外部常用砖挑叠涩，减小过梁的跨度，做法与门洞类似。挑砖因为形态特殊，是重点装饰的地方。

窗洞上部的雨篷一般用砖挑一个窗额，然后做两到三层叠涩，再斜放青砖做坡顶，两端稍稍翘起。屋脊则用泥灰塑成起翘，两头或者分叉，或者收成圆饼状，顺畅柔美。为了坚固，屋脊也有用砖直接形成，其做法是在墙体中预埋三层薄砖，出挑成翘起的形态，简洁刚劲。

（5）装饰

外墙上，为了辟邪、美观，常用装饰。

在一户门洞上方的墙上，有一块砖雕八卦。八卦四边形，30 厘米见方，呈菱形嵌镶在青砖墙内。图案铲地做成。平面内外分成两个部分。内部是圆形的八卦图，中间围绕着回旋的双鱼太极。外部则是梅兰竹菊四大君子，分别位于菱形的四角。内部图案抽象，外部图案具体，为了过渡自然，在八卦的外圈，还有一圈程式化的花草图案（图 5-70）。在另一座住宅中，居民在外墙上新开设了一个洞口。为了掩盖洞口与空斗墙之间的接缝，就在洞口的周围抹上了水泥。上部抹边要掩盖过梁，因此较宽。为了避免单调，于是就在面层阴刻一个“双喜”字。

华山村选址于高台之上，龙脊路纵贯南北，传统民居分布左右，古村面貌犹存。除此而外，华山村还盛产一种泥哨玩具，叫做太平泥叫叫。它采用当地的土壤，取材于各种飞禽走兽、神仙鬼怪等等，运用捏塑、刻压、刺孔、烧成、绘画的手法，制成妙趣横生的口哨。这些口哨轻轻一吹，就能发出清脆或浑厚的哨音，深受儿童的喜爱。华山村动人的历史传说、精美的建筑以及丰厚的民间文化使它当之无愧成为我国的历史文化名村。

（六）儒里村

1. 区位环境——夹江滩地，圌山圩田

儒里，位于镇江新区姚桥镇，处在扬中岛夹江的南岸，位于江流“几”字形的汭位之中。据历史记载，长江由西东来，在此遇到圌山阻挡，于是北转了一个弯再向东南。此处乃是长江东移之后留下的一片滩地。由于这个弯子越绕越大，滩地也越来越多。东移的江水造就了一座扬中岛，也留下了岛屿和滩地之间的夹江。目前，小镇距离夹江只有 2 公里（图 5-71）。

图 5-71 儒里航拍图

2. 历史沿革——东滩朱张，敦睦东乡

因船运之利，此地乃是长江通往云阳镇的必经之路。元至元五年（1339 年），朱熹八世孙山东提刑朱文通（亨三公）来丹徒公干，得知其父避元征召徙居镇江，于是弃官事亲，择此江滩围堤垦田，定居繁衍，时称“围里”，后因圩田而改称“圩里”。时光荏苒，在此居住的朱氏后人逐渐增多，于是改“圩里”为“朱家圩”。清代，由于朱氏考取功名者日众，人皆云此地为“儒里”，此名一直传至今日。

经过六百多年的生生不息，朱姓居民已经达到 4000 多人。近两百年，从这里迁出朱氏子孙数以千计。

除了朱姓之外，张姓也是本地一大家族。

据张氏“世表谱”记载，儒里张氏祠堂“敦睦堂”一世祖为汉代落迹江东的张睦。传至七世均在苏州定居。《兰溪张氏重修谱》记载，“敦睦堂”第二十六世祖张英雄，举家迁入婺源。明代，其后人张贺、张衡兄弟在朝中当差，因在江东东滩带犯人东行误了期限，即使交差也必致罪，两人于是放掉犯人，在野猫沟即现今儒里甲家村定居，由此繁衍至今。后人称“敦睦堂”迁始祖是张贺，称贺三公。

由于张贺、张衡的舅家是儒里大族朱家，张衡便改姓朱，落入朱姓族祠，建立了朱家祠堂敦侯堂，为一世先祖衡四公。因为血缘关系，儒里朱张两家世称老表。

当时儒里还有赵王两姓聚居，因此有“东滩南有朱张，北有赵王”之说。儒里西靠巍巍圌山，东临滔滔江水，加之本地属江水冲积平原，形成较晚，是为“乡下”，所以它和附近的大路、姚桥又被称为“东乡”。

3. 村落格局——圩田商街，春潮砚池

儒里地近江滩，从目前传统民居分布来看，老街区呈现为南北的梭形，两头小，中间大。考其来源，应为古代江水东移，冲积形成江滩的结果。由于潮水时涨时落，为了发展农业生产，先祖于是在此筑堤拒水，圩田开荒。由于堤坝的走向要与岸线保持一致，因此呈现南北的线性。堤坝位置较高，先民建房其上，由此形成整体南北走向的聚落。当聚落南北变得很长时，不少人家于对面建房，进一步形成一街两房的雏形。考察儒里东北不到 2 ～ 3 公里的十二圩、十五圩，其村落形态均为平行于岸线的线形，东西宽度只有 20 米左右，而南北长度却达 500 米之巨。在这些村落中，房屋为争取日照，均为南北向，而在儒里老街的两旁，房屋则是面街的东西向，这是因为老街的商业气氛逐渐浓厚，各家为了争取人流而将大门朝街之故。

旧时，这条南北向的竖街长达几百米，街心用麻石横排，两侧用条石镶边。街道两边有七八家杂货店，三家茶馆和一些肉铺、鱼行、理发店、糟坊、茧行、当铺等。道路的两端，还有标志性的节点。其南头有槐树一株，人称槐树脚下，北头有池塘一口，名曰砚池塘[①]。

由于在儒里居住的人逐渐增多，因此竖路开始向两侧延伸。其中最长的横街接在老街中部的朱家祠堂南部。因为它只向西延展，故称西街。据史料记载，西街的中段有栏杆桥和集市。栏杆桥下的小溪南接潮水河，北通砚池塘，有“春潮不及砚池塘”之说。此意是指春潮一般直到栏杆桥就退了，如果进入砚池塘，儒里就要出状元了。集市场在西街北侧的空地上，阴历一、三、六、九赶集，货物都是粮食蔬菜和农具、生活用品等。

另有一条横街在北部，也位于竖街的西侧。由于位置较偏，街道两侧都是住宅。

竖街和两条横街构成儒里古镇的基本骨架，传统民居基本集中在竖街的两侧，长 400 米，宽 200 米。从竖街东北而去 400 米，可以到达附近的张家祠堂，再向东约 1 公里，可达夹江边。从竖街南下不远，可到后巷镇，西南 10 公里则到云阳，也就是现在的丹阳。

后来，老镇的东部开辟一条 004 乡道，两条横街与之相通。由此北去可达镇江，南来可至常州。

① 《儒里考旧》，见镇江市朱熹文化研究会，《朱子文化与儒里》。

4. 建筑特征——两姓祠堂，阙里世家

（1）两姓祠堂

儒里的最大特色是拥有两大祠堂，朱家祠堂和张家祠堂。

朱家祠堂位于老街中部偏北的位置。房屋坐东朝西。入口面朝老街，南来北往的人群都由此而过，区位非常显要。祠堂始建于元 1368 年前后，为三间两进带包厢四合院式，院内屋后皆植桂树。康熙二十五年，祠堂扩建成现有格局。在后来的 300 多年里，房屋多有兴废。2002 年至 2005 年，通过村民集资，在当地政府和朱氏后人的努力下，祠堂修葺一新。

目前，祠堂五间三落。若连上前面的影壁院子，则是包括前后三进。祠堂长约 50 米，宽约 20 米。仪门和影壁院子是第一进，祭堂和前院是第二进。寝殿和后院是第三进（图 5-72）。建筑内部木构，外包青砖。屋顶小瓦，檐口包砖。

其中仪门是五开间，与前方的影壁院子等宽。祭堂和寝殿都是三开间。后者之所以开间少，是因为它们的尽间要和包厢相连，并不在大厅内。建筑的主要入口位于影壁院中。内部有中轴和包厢檐廊三条流线。中轴流线用于大典，两侧包厢流线供日常使用。北侧包厢流线在西北角另设一门对外，刚好位于影壁院的北券外侧，是建筑的辅助出入口。

由于建筑处于商业气氛浓厚的老街中，为了

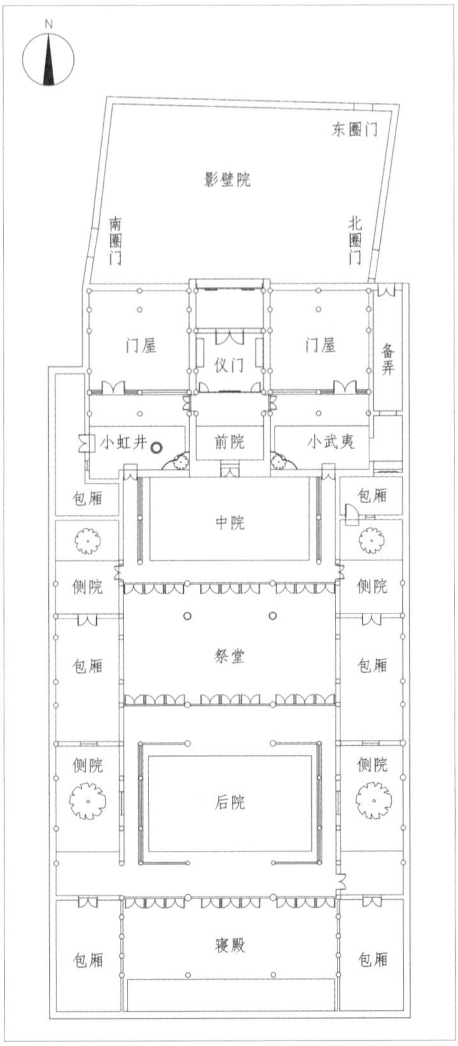

图 5-72 朱氏祠堂平面

图 5-73 儒里券门

肃穆其前庭，门前设合院式影壁。其具体做法包括：首先在建筑前方设置了与祠堂等宽的影壁墙，借之屏蔽商业和居住用房；其次是在老街上砌筑了券洞。由于道路南北正向，而祠堂开口微微偏南，由此导致祠堂的西立面与道路并不平行。为了顺应街道人流，券洞采取了与道路垂直的方式，与祠堂山墙斜交（图 5-73）。

券洞一南一北，形制相同，它们东连祠堂山墙，西连影壁，将祠堂前部的空间从老街中适当分离，形成独立的围合的建筑前庭。也可以说，这是将祠堂的前庭扩大到老街。券洞的外侧嵌有石匾，上书“儒里”两个大字。此处牌匾并未提到朱氏宗祠，点明这是儒里的券洞，而非属于祠堂，表示了朱氏先人低调的作风。而儒里的地名经出现在祠堂两侧的拱券上，无形中也告诉来者这里才是儒里的中心。此举巧妙地解决了祠堂前庭与街道的矛盾。

人们在喧闹的老街中往来，沿途皆为居家和商业的热闹场景，但在看到“儒里”门匾经过券洞的时候，就自然来到了清净的空间之中。

在这个空间中，南北两个券洞是直线连通的，导向性依然十分醒目。由于影壁高大，且为素面弧形，弧形的中心直指祠堂的大门，因此空间轴线的转换暗示也是很强的。对于初来乍到的客人来说，由于前庭空间一无所有，他的视线就不得不被东侧的祠堂仪门所吸引。

仪门完全可以胜任。门屋采用屋宇式，五开间。明间是门，两侧是倒座耳房。为了突出大门，两侧次间不开任何门窗，只留实墙对外。同时，将明间屋顶升高，使其山墙自然突出到檐墙之前，入口空间再行内凹。

大门设两重。前面一重为格栅式，后面为板门。之所以如此，是因为立面上实墙太多，此处若以板门直接对外，界面不免生硬，入口

图 5-74 朱氏祠堂内景

图 5-75 朱氏祠堂内的门楼

的过渡也显得突兀了，因此用通透的格栅门稍作引导。格栅门六扇，门楣以上铺作五朵，髹黑漆。为了提亮斗拱，显示等级，斗间施金色彩画，庄重大方。

由外看去，格栅门上没有任何牌匾和标记，似乎师出无名，不符常理，其实这就是魅力所在，因为它的通透性会将人的好奇引向后方。

进入格栅门，就到大门前厅，空间短促高耸。门和板壁均刷黑漆，唯有上部的牌匾为白底，四个黑色的大字格外醒目：“朱氏宗祠”（图 5-74）。梁架彻上明造，在衬托牌匾的同时，为其留出了高敞的空间。

再进板门，则入门堂。门堂后是一个影壁门楼（图 5-75），上方有咸淳年间的宋度宗赵禥诏赐的“阙里世家”牌匾。这是一块值得荣耀的牌匾，因此它紧接在门匾之后。牌匾蓝底金字，并不醒目，加之后部有一个小院，时有眩光。为了屏蔽视线，凸显牌匾，于是在牌匾下设了这道影壁。绕过影壁，则是祭堂照壁及其前院。

前院的设计颇有匠心。五开间的横向长院被一分为三。中间的院子较窄，与门堂等宽，两侧的院子占据两个开间。之所以如此，是因为这个院子是一个多重功能的小院，分成三个才能各司其职。

中部的小院，继续延续仪门的轴线，它的尽头是祭堂的大门，大门为照壁式样，占据满满的一个开间，气势逼人。门为青砖砌筑，上为吊柱牌楼贴脸砖雕，下部是磨砖对缝。上部梁枋用砖雕构成，中间镶嵌石匾，曰“紫阳世泽”。

梁枋的下部是一道石质过梁，色泽青灰，密布雕刻，较好地与牌楼融合在一起。过梁下面则是门洞，洞口上角雀替，内含黑漆大门。门洞两侧则是清水磨砖对缝，简洁大方，也显得上部的雕饰更加精美。牌坊之上，用薄砖外挑三层叠涩承托檐口，借之保护下部的砖雕。祭堂照壁的大门平日不开，但其威严的门楼依旧给所有的来人一种震撼。

右手拐弯，可以进入南侧小院。南侧小院进深与照壁前院同，但面阔较大。院子的东北角，有井一口，墙角部有竹一丛。其北墙前有一块石碑，上用篆书“小虹井”（图 5-76）。其下有一首诗，曰：

故乡有虹井，
佳话世代传。
孤篷落异地，
饮水思婺源。

据传 1097 年朱熹之父朱松诞生时，婺源老家的厅中水井蒸汽上腾，阳光照之，五光十色。朱熹祖父曰：“此瑞奇也，必生贵子。”后来到了 1130 年，朱熹在福建尤溪出生之前，斯井又腾蒸汽，水汽在阳光的照射下，现出彩虹。朱熹祖父又云，“其父降生，井腾瑞气，其子降生，井现彩虹，必圣人焉”。后来，只要是朱熹的后裔不管迁居何处，都以“虹井流芳”志之。

从虹井院子向东走，可进入祭堂和中院。

中院西部是照壁墙，东面是祭堂，南北有檐廊，檐廊的外侧是包厢。檐廊并非完全空透，柱子间设矮墙，高达 1.3 米，墙顶再装花格栏杆，高为 50 厘米左右，两者相加高约有 170 ~ 180 厘米。走廊中的人由于花格的遮挡，在庭院中并不醒目，由此就维护了祭堂前院的肃静。

祭堂只有三开间，而前方的仪门有五开间。这是因为，在祭堂两侧的尽间要与厢房对应，它们占据了一个开间。包厢从仪门开始，直到后院，从两侧对中间的祭堂寝殿进行围合。在这两串包厢之间，每条都内含两个院子，形成各自的小天地。在厢房和祭堂之间，各有一条便道供日常交通。

祭堂三开间，全部采用格栅门。其下装板，上部为万字不到头纹样，全是直棂。前方照壁东面墙与祭堂等宽，用砖雕分成三开间，次间镶斜

图 5-76 小虹井

图 5-77 朱氏祠堂内的栏杆

纹十字方砖对缝。明间的格局与前院类似，采用吊柱牌楼砖雕。中间镶嵌的石匾为“虹井流芳”。过梁为石材，双龙抢珠纹。此门楼厚近 1 米，一为稳固计，二来也可以将木门在开启时藏匿其中。

祭堂空间阔大，三开间，内部仅两柱。从内部看前方照壁，透过万字格栅的木椟，前院砖雕门楼似同雾里看花，朦朦胧胧。

从中院穿过祭堂可达寝殿以及后院。后院四围长廊。前后长廊尤其宽大，竟达 2 米，而左右长廊的宽度只有 0.9 米。之所以如此，是因为祭堂和寝殿朝向后院的各个开间均为格栅门，在举行典礼的时候可以全部打开。为了方便人的活动，因此设置了宽大的长廊。为了屏蔽两侧来往的人流，侧面长廊依旧设置墙上栏杆用来遮挡视线（图 5-77）。

寝殿三开间中仅两柱，里面排列着朱氏家族的先祖牌位。从寝殿的西侧长廊前行，过山墙上的小门，可以到达包厢的小院。由长廊西行，可以到达祭堂的院子，再出一个小门，就到了照壁北侧的小院。此院子与虹井院位置对称，院子的东南角有一座假山，墙上嵌有一块石碑，曰“小武夷”。武夷山是朱子理学的摇篮，在朱熹 71 年的生涯中，有 40 年是在武夷山度过的。此处用块石堆垒小武夷，是为了纪念在那里朱子著书、讲学的经历。

从小武夷的院子左拐，可以进入照壁前院，由此出大门。如果右拐，则进入另一个小院。小院的前方有一条备弄，其尽头一个拱券，这就是祠堂的次入口。从此而出，可达影壁北部拱券的外侧。由入口回望备弄，目光的尽头有一块石匾，上书一个硕大的“孝”字。相传为朱子手书。

两侧包厢中，每边都有两个院子，供尽间采光通风。此处院子均需穿越侧廊上的门洞方可入，私密性很强。由于此处用房无关祭祀，因此形制稍简，未设砖雕，墙面均刷白灰。院中皆植桂一株，亭亭玉立。其碧绿的枝条在白墙的衬托下非常醒目。桂花，又名木樨、岩桂，是朱子喜爱之物。他曾经写《咏岩桂》两首：

一

亭亭岩下桂，　岁晚独芬芳。
叶密千层绿，　花开万点黄。
天香生净想，　云影护仙妆。
谁识王孙意，　空吟招隐章。

二

露浥黄金蕊，　风生碧玉枝。
千林向摇落，　此树独华滋。
木末难同调，　篱边不并时。
攀援香满袖，　叹息共心期。

桂树清可绝尘、浓能远溢，是朱子精神的写照。

朱氏祠堂除了具有我国传统建筑中轴发展、数进递进的特点之外，还在以下四方面突出地体现了传统建筑群体经营的杰出成就：其一，它跨路设置影壁，解决了祠堂面临喧闹街道的矛盾；其二，它通过设置隔墙和照壁墙将前院分成三个小院子以安排复杂的功能；其三，它在中路用青砖砖雕，而在包厢小院用白粉墙的区别处理，是符合实际功用的；其四，它的流线安排非常得当，备弄处辅助入口位于影壁的外侧出人意料却又十分合理。

张家祠堂又称敦睦堂，位于古镇的东北角的夹沟村，距离朱家祠堂约 500 米左右，相传是汉代张良后裔修建。祠堂始建于明代景泰年间（1456 年），其前身为建造于村西的“百忍堂”。目前祠堂为明代嘉靖年间重建（图 5-78）。

张家祠堂在古镇的核心区以外，选址用地比较自由，占地约为 8000 平方米。建筑长 56 米、宽 22 米，总面积约为 800 平方米。在其东侧，另有小院一座。小院南与祠堂平齐，相隔约 3 米。因前部有两株银杏，绿意葱茏，因此辅助用房向后退去，只留院墙在前。

这两座院落之前，有水塘一口。塘长方形，长边与建筑平行，略长之。水塘和祠堂之间有一个较长的谷坪，临水一溜六个圆形石墩，是插旗杆的基座。在旧时，只有族人中举和做官时才能立旗旌表。

张家祠堂坐北朝南，前后三落三进。由仪门、祭堂以及寝殿组成，平面布局与朱家祠堂类似（图 5-79）。

图 5-78 张家祠堂的入口

据张氏祠堂迁始祖第 23 代传人张家全老先生介绍，原来祠堂选址有龙形之势。推测大意，是指房屋周边原有小河环绕，是为龙身，河边有一个土堆，是为龙头，龙头上两棵大树，可称龙角。目前，那两棵大树就是如今的银杏，而小河等已经变成门前的水塘了。

除了选址精妙以外，张家祠堂中有几点做法颇有特色。

其一，祠堂旁边附建辅助小院。因为祠堂离镇区较远，周围并无其他建筑，一些为祠堂服务但又不便设在其中的功能就由小院来承担，这样就能保证祠堂的清净和肃穆。

其二，通过水塘来预留前庭空间。张家祠堂选址于比较空旷的田野，用地自由，为了能在祠堂前方永久地留出一片空地，采用了凭水据地的做法。它并没有采取朱家祠堂的影壁前院。因为在它门前没有老街，平地砌筑影壁势必不仅费料，而且形态突兀。

水池长度将祠堂和辅助小院包括在内，充分展示了祠堂的立面。由此，祠堂的大树、旗杆才得以充分凸显。

祠堂坐北朝南，前后三落三进。第一进是仪门和前院，第二进是祭殿和中院，第三进是寝殿和后院。

仪门七开间，前设通长小院子。为了加强引导性，用隔墙将小院和仪门隔成三份，中间明间

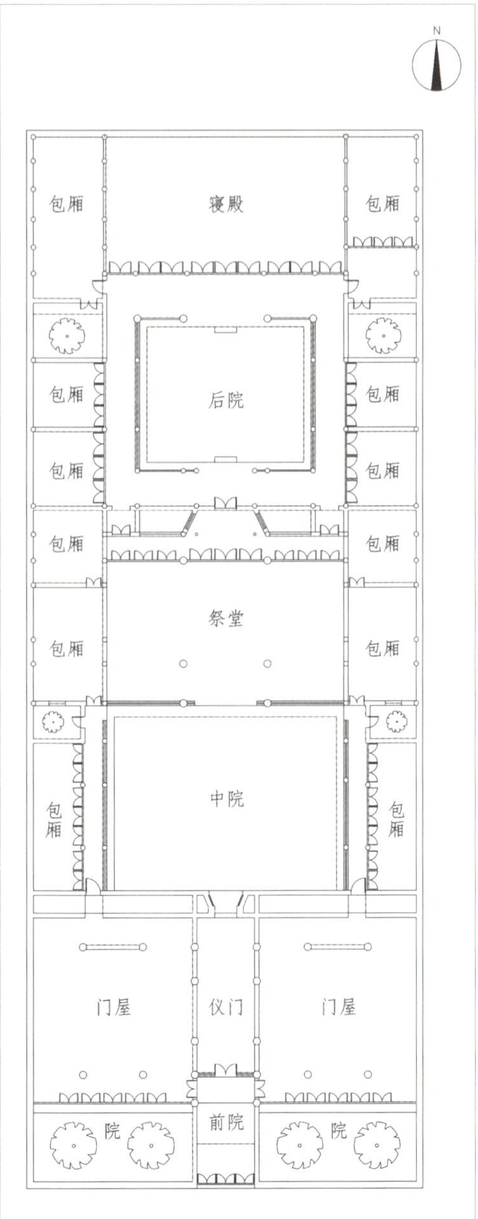

图 5-79 张家祠堂平面

图 5-80 张家祠堂的“義门”

是入口通道，左右分别是门屋和侧院。此举可以以入口仪门之小衬托后部祭堂、寝殿空间的高大，同时也将七开间的长立面割裂开来，使得外面看上去好比两个三开间的房屋连在一起，避免僭越之嫌。

这两片隔墙从仪门的北墙一直延伸到前院院墙，长度达到了 17 米，而面阔只有 4 米。仿佛一个狭窄的祭祀通道，其导向性是十分明显的。为了利用这部分线性空间，在这条通道上做了如下安排：这两道墙延伸到前院的墙上正好形成门楼的墙垛。门楼高出院墙之上，面阔全做入口，采用砖砌两重吊柱垂花门式样。下层梁枋遍施砖雕，两边垂小吊柱，中间镶嵌石匾，曰“光前裕后”。上层屋面罩在下层梁枋之上。其枋下有雀替挂落，两侧垂花砖雕。上部薄砖出挑三层叠涩，承托小瓦屋顶。两重梁枋的下部为青砖清水错缝砌筑，勒脚处白石护角。门洞与开间等宽，设六扇格栅门，版心压地隐起花瓶插花，上部是直棂，均髹黑漆，色调高雅肃穆。

从直棂门进入，门后有一个小厅，此厅既可用来遮风避雨，保护木门，也可支撑前方高大的门楼。前方过一个小院，则进入仪门的明间。此处设置一对石头狮子，为清代大学士张玉书赠送。中间屋架上悬挂一匾，名曰“義门”（图 5-80）。此匾红底金字，悬于康熙三十九年。这块牌匾也是张玉书所赠。据说当时张玉书为当朝大学士，他曾到儒里张氏宗祠来认祖归宗。当时族人认为他位居高位，将来如有不测，会连累宗

图 5-81 张家祠堂的矮墙

族，所以一直不肯收留他。后来张玉书在祠堂门口跪拜三天，族人为其诚意所动，毅然收他入族。张玉书于是书写这块仪门匾，挂在宗祠的入口。此处的繁体字“義”字写得有些蹊跷。其一，仪门的仪是有单人字旁的，这里只剩下了义。其二，“義”字下面是一个“我”字，但在这里却少了一撇，成了一个“找”字。这并非是其笔误。张玉书曾任《康熙字典》的主编，焉有写错之理。之所以如此，可能包含着以下的苦心，那就是以后张玉书如果遭罪，和“旁人”无关，因为这是我张玉书自己“找”上门来认祖归宗的。不过，关于此话可能另有一解。族人一开始不肯收之入族，也可能是因为清初时局不稳，江南一带反清情绪尚在，张玉书在清廷为官，自然不能入族。后来他即使归宗，也心有愧意，因此仪字缺“人”字旁，表示自己“不仁”。“義”字中少一撇，表示自己“不义”。

仪门之后，出檐墙则可以进入祭堂和中院，祭堂七开间。尽间用隔墙隔成三块。中部三间全部贯通。内部仅有两棵前金柱。前檐完全开敞，檐下采用了矮墙之上附设栏杆的做法（图 5-81）。此举一来可以防止雨水溅落到室内，也可利用栏杆的通透性美化视觉效果。矮墙用青砖眠砌，其上抹灰压纹。在靠近地面的地方，因为受潮，外皮多有脱落。由是观之，共有四层。里面三层为斜纹万字，最上层则是正交万字加团寿。栏杆木构，方形灯笼纹，年深日久，木质已经收身。

前檐明间只设两柱，其余均靠矮墙上的立柱支撑。由于有矮墙的承托，支柱的断面很小，非常纤细，从室内向外看，并无遮挡之感，感觉祭堂更大了。

由于祭堂中视线变得通透，因此仪门的后檐墙就变得十分重要，它是祭堂很重要的一个看点。此处的处理也十分贴切，它没有采用檐廊的做法，因为那样就会有一个低矮的空廊产生，对视觉的改善不大。但是，如果不采用檐廊，势必有一个坡屋顶小封檐的墙体立在前面，并不美观。工匠于是在仪门的檐墙后部再立新墙作为照壁，其高度使得人们在祭堂外看时，不见仪门屋顶，只见照壁。

由于照壁是祭堂的目光交点，它就成为装饰集中的地方。因地处室外，此处装饰以砖雕为主。其目的一为美化祭堂的观瞻，二为强调仪门的入口。照壁采用了砖雕门楼式样。其主要做法是首

图 5-82 祠堂内的门楼

先以砖雕在墙面上拼合成梁架的结构，然后通过薄砖挑叠涩形成屋顶。梁枋稍微突出墙面，赢得了几许结构感，其上用压底和线刻遍施卷草纹、草龙纹、人物故事等。梁枋中部，镶嵌一个石匾，蓝底灰字，曰“垂裕后昆”。

砖雕的下面，是一块通长的石质过梁，梁面做浅浮雕。过梁下面则是洞口。这个洞口高 2 米多，宽 1.8 米，厚度也达到了 1.5 米，非常阔大雄浑。之所以如此，是因为洞口跨越了照壁墙和后檐墙。它是这两片墙之间的一个通道。

为了强调此门的重要性，在朝向仪门的一侧设置抱鼓石一对。门框立在洞口的中间，并顺着人流外开。由于门洞较厚，为了便于通行，将门洞平面做成八字形，使得门扇能以大角度打开。这时的门扇离墙体较近，可以方便地藏于墙中避免雨淋。为了使得院子里的人看不到门的侧板，避免雨水侵蚀，洞口边缘突出砖沿，形成一个槽口，刚好可以遮挡门扇。槽口突出门洞，其上角用砖挑叠涩，形成一个券口，非常漂亮。门扇不及地面，到墙体勒脚处一尺高的石脚而止，下面空透，进一步避免雨水的溅打。此处门洞的设计，一为通行，二为防水，完全依赖于独立照壁墙和后檐墙所带来的厚度。

这两片墙在明间用八字形墙相连，形成一个硕大的门楼（图 5-82）。从两侧的过道可以发现，两墙之间，有一条宽不到 1 米的间隙，此处为仪门屋顶落雨以及通风采光之处。

祭堂方砖铺地，前檐全部开敞，后檐全为格栅，非常透亮。

在祭堂的后部则是寝殿和后院。寝殿是安排祖宗牌位的地方，为了明次序、辨高低，此处更应一览无余，因此寝殿空间非常完整。它与祭堂等宽，进深略逊，内部却取消了双柱，形成一气呵成的大厅。由于寝殿较之祭堂显得私密而安静，后院则以宜人的环廊形式出现。此处为尽头空间，此举也可方便族人回转。

图 5-83 民居内部梁架

但是，这个回字形的环廊并不是均质的。总的来说，两侧窄小，前后宽大。寝殿的前檐有 2 米多宽，侧廊只有 1.8 米。至于南面长廊的设计，更有独到之处。此处走廊并非贴着祭堂的后檐口，而是另建一片新墙。这片墙与后檐墙之间间隔 1.2 米，形成一个狭窄的小院，其好处是可以保留回字形后院的安静，并也解决了祭堂后檐的采光通风问题。

这个狭窄小院的北部是回廊墙，南部是祭堂的后檐墙，祭堂金柱部位均是格栅门，空间开敞。由于有回廊墙的存在，祭堂的活动与寝殿是分离的，这就保证了相互使用的独立性。祭堂通过明间的通道与后院相连。

这个通道用影壁墙做成。此墙从回廊的明间开始，向祭堂打开，形成八字形。之所以如此，主要是祭堂北面全是开敞的格栅门，八字行的影壁有利于导向人流且形制隆重。

进入后院后，可由回字形的走廊到达祠堂的终点寝殿。从寝殿而返，可由两侧的侧廊一直走到仪门。长长的流线中，与中轴流线只在祭堂相逢。这也说明了祭堂的重要作用。人们可在侧廊的门洞中继续向外到达侧院以及厢房中。祠堂每边有三个侧院，它们隐蔽在外侧，与中轴的祭祀活动互不干扰。

张氏祠堂选址位于儒里的村外，用地较为宽广，因此东有小院古树，南有水池旗杆，具有龙形之势。祠堂坐北朝南，五间三进，依靠内部多样的隔墙和庭院创造了别致的空间，它们和侧面厢房、庭院组合在一起，使得普通的五间三进变得极其丰富多彩。

（2）民居宅邸

儒里的传统民居平面三间一字排开，明间设大门，其后为堂屋，两侧为卧室，周边或设小屋作为辅助用房。

采用木结构外包砖墙的形式。内部木结构断面较小，明间为了省略中柱，抬梁做法较多，边贴穿斗结构普遍（图 5-83）。外部墙体青砖双层墙与空斗墙。

为了加强墙体和内部木构的连接，当地民居采用了以下两种做法。

一是通过柱子上设置铁拉纤与墙体拉结。其做法是在外墙上对应柱子的地方，在约两米五以上的高度，每隔 1 米左右预留一个铁拉纤。

铁拉纤由铁梭和绑铁组成。前者梭状，长约 20 厘米，宽约 8 厘米，厚不到 1 厘米，中有小孔。绑铁为线状，粗如手指。固定时，先将绑铁对折，弯成一个钮，然后穿越铁梭的小孔，使之紧贴外墙，最后再穿越墙体，绑扎于内部的木柱上。因为小钮中空，半径稍可变化，所以拉纤能紧密联系外墙和木构。个别简易的也有采用木拉纤的。

另一个有力连接构件是屋顶。它通过瓦片、椽子以及檩条与外墙相连。屋面双坡，有举折，封前后檐墙。山墙也为封檐构造，出挑很小。少数做成了封火山墙。

有些房屋两层，中间为堂屋，因此空间到顶，

图 5-84 民居外墙

图 5-85 民居门洞

露明造，椽子、望砖和瓦片清晰可见。两侧卧室设置阁楼，原因如下。其一，礼仪的要求。传统的民房层高较小，卧室上部设置阁楼，能反衬堂屋的高大，以示内外有别，礼不可废。其二，有实用价值。卧室上设阁楼，可以营造一个隔热防寒层，热工性好。而且，多出的空间兼做储存。第三，结构的需要。由于房屋内部没有刚性的横墙，只是三排屋架纵向拼联，剖面上看形如“皿”字，易于侧倾，因此将尽间屋架做成两层，可以在端头形成“日”字形的结构，增加整体稳定性。

由于阁楼上面多为储存用房，它与堂屋的隔离无需严实，因此这里的内墙往往会非常简易，除了板壁墙、芦席墙以外，还可以悬挂草帘。下部的内墙则多为板壁墙，以求隔声、易于打扫。外墙则直接使用青砖双层墙和空斗墙。

因为三榀木构一字排开，檐墙开窗比较自由，大多位于开间的中部。山墙的窗子受到木柱的限制，需开在步架之内。另外，由于山墙较高，为了不破坏稳定性，窗子也不能太大。由此可知，传统民居的山墙面朝向东西，也是和内部结构适应的。

在儒里，一部分民居的阁楼只做储存，其侧面开窗与华山、九里等地一致，基本都是小窗。窗洞选择在山尖的一侧，为的是避开中柱。窗户一般用六块砖切角，拼成六边形。还有的小窗用青砖砌筑成十字形，然后抹灰倒内角呈海棠状，两者俱美（图 5-84）。

另一部分民居因为二层住人，因此侧墙的开窗要扩大。但其最大尺度只能在两根木柱之间，外面的表现就是要在两排拉纤之内。窗户一般长方形，高约 1 米，宽约 70 厘米。为了安全，窗户设铁护栏，石质过梁，玻璃窗内开。如此尺度的窗洞不可能像六角窗那样做成起翘的弧形雨篷，因为没有那么大的山尖供之施展。它只能采取门洞的形式，在过梁上部用青砖砌筑两层叠涩，然后再挑砖形成披檐，端头微微上扬。

有的大窗位于一层，上部的雨篷采用了弓形。

门洞做法与华山、九里也大致相同，都是在门洞角部出挑青砖形成雀替承载过梁（图 5-85）。几皮砖层层出挑，略施斩磨，形成优美的牛腿轮廓。从底层向上一般三皮，下部两皮侧面分别是直、斜上，最上一皮的底面为向上的拱形，侧面以斜上收尾，交于过梁底部。由于门洞较厚，洞口角部虽有挑砖出挑，但内侧的门洞依然是方形，门框完整可见。侧墙、雀替连同过梁一起在门前形成一个优美的券口。

考究的还在砖上浮雕出卷草、寿字等吉祥图案，如朱家祠堂。这样做砖材损耗大，看似玲珑，但其纹理细碎，对券口的整体观感不利。

最为繁密的是将这几皮挑砖做成整块砖雕，朝外的表面减地形成浮雕，或为绵长的回纹线，或为卷草等。由于是一块砖雕，无法通过侧墙出挑，只能在其后部加设挑砖，将之贴合上去，结构较为繁琐，大门上部全是叠涩形，基本失去了内方外圆的券口空间。

在儒里，过梁基本石质，与华山、九里村的木梁不同。石梁扁长，两边各超洞口一砖，高约 3 到 4 皮，厚不及洞口深度。色白，偶有青色。在外墙上比较显眼，因此对外极少素平，多用平钑浮雕出多种纹样，图案有如意、云纹、灵芝、花鸟、龙纹等等。之所以稍事雕刻，未作深雕、圆雕，除了为了省工，更是为了强调券口的效果。

后人为了体现尊荣，在石梁上遍施繁复浮雕，券口的空间感受荡然无存。

另有一处人家，其檐墙已经全部抹灰，但在门头的上方留出一个镶嵌的白石。石方形，呈菱形悬于门洞上方，减地浮出太极八卦的纹样。在方石的上角，阴刻一个“善”字。

儒里地处长江之边，其先人在江水东移留下的江滩上，由圩而村，由村而变为儒人之里。其南北向的老街就是圩堤的遗迹。而跨路而建的朱家祠堂、临水而居的张氏宗祠以及众多古民居则是这里兴盛发达的标志。

综述——江苏邻海村落概说

分述

第六章

从煮海之乡到稻粱之地的邻海三村

一、综述——江苏邻海村落概况

村落，根植于土地之上。土地的属性不仅影响着城镇空间、村落布局、建造形式，也影响着村落的产业选择、社会组织以及宗族制度、风俗习惯等。

在江苏东部近 1000 公里的漫长海岸线上，串珠般分布着 30 多个特殊的“淮盐场治村镇”，它们是在古代“两淮盐场”的治所基础上发展演变而来。“两淮盐场”是中国古代最重要的海盐产地，以淮河为界，分为淮南盐场和淮北盐场，素有“两淮盐税甲天下”之说。作为两淮盐场管理机关所在地，淮盐场治村镇曾对中国古代社会的国计民生有着举足轻重的影响。今天，它们除少数发展成为地方中心城市（如盐城、东台）外，大部分为默默无闻的农业集镇，但其村镇格局、建筑遗存、社会文化等不同程度地保留着盐业历史的印记，成为江苏独具特色的村镇类型。余西、石港、草堰及范公堤沿线的近海村落，都遵循了这一发展脉络。

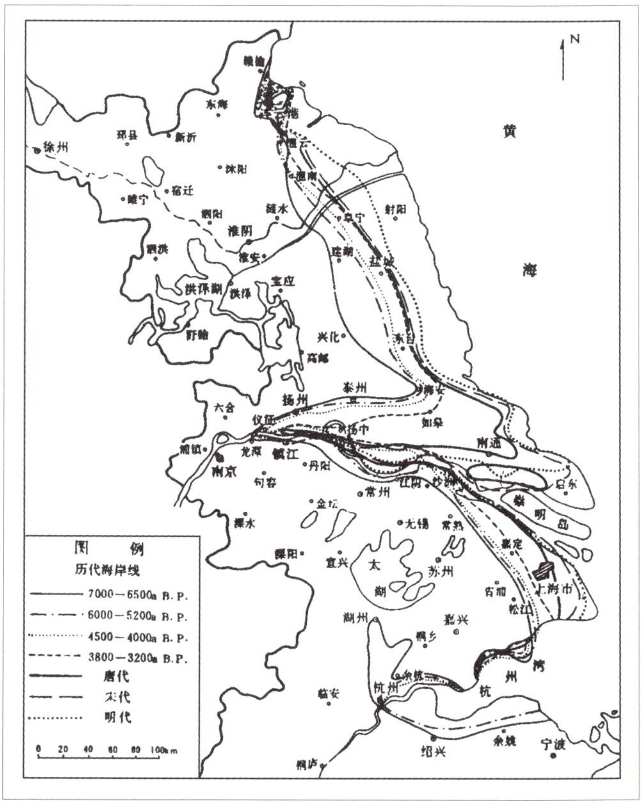

图 6-1 长江三角洲及苏北沿海地区 7000 年以来海岸线变迁图

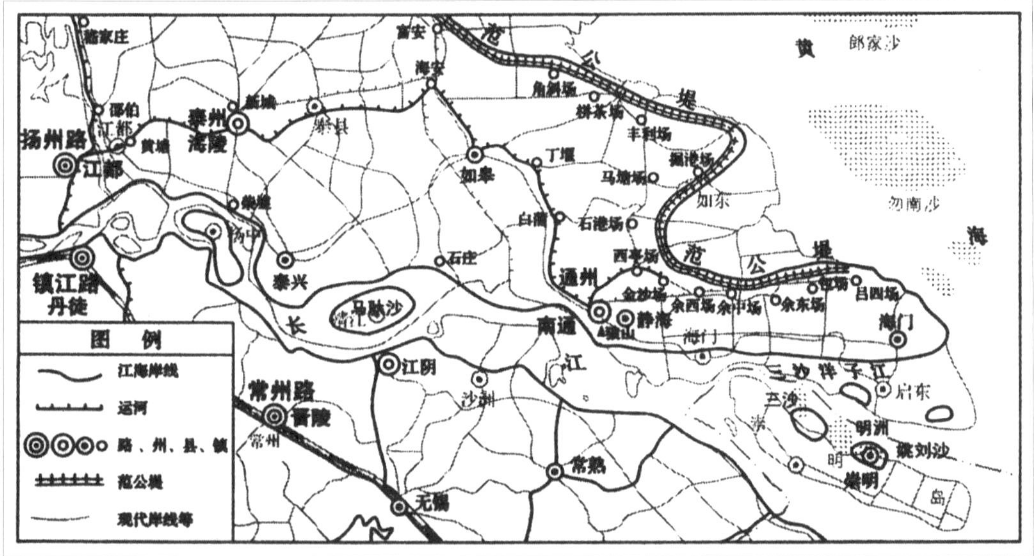

图 6-2 通吕水脊初始形成示意图

（一）由海而陆的大地

江苏沿海地区，尤其是古盐场所在的范公堤一线，属长三角冲积平原中的海积平原。海积平原地势平坦，其前缘直接与潮间浅滩相接，内侧多与冲积平原及洪积冲积平原相接，地表盐渍化严重，部分地段地势较低洼，沿岸有海滨湿地、大片芦草丛生的积水小型洼地。

（1）海中浮陆地

江苏沿海产盐地区的地貌，自南向北可细分为：海启平原区、通吕水脊海河相沉积平原区、三余海积平原区、古河汊水网平原、北岸古沙嘴高沙平原区、里下河低洼潟湖沉积平原区。以上地貌的形成时间各有先后，最早的北岸古沙嘴高沙平原区，可以追溯到 5000 年以前；而三余海积平原，在 1914 年大有晋公司围垦新筑海堤后，才完全成陆。以成陆时间先后排序，依次为：北岸古沙嘴高沙平原区、通吕水脊海河相沉积平原区、里下河低洼潟湖沉积平原区、古河汊水网平原、海启平原区、三余海积平原区（图 6-1）。

南通和盐城，是淮南盐业的主产地。两地的成陆时间与形态不尽相同。

南通成陆晚于盐城，海岸线变迁剧烈，经历了四次大规模的沙洲并接——南北朝时扶海洲与扬州东部沙嘴的并接，形成北岸古沙嘴区；南北朝时胡逗洲等沙洲与其西北边的如皋大陆并连；11 世纪中期，东布洲等沙洲与大陆连接，两次并接形成通吕水脊区（图 6-2）。18 世

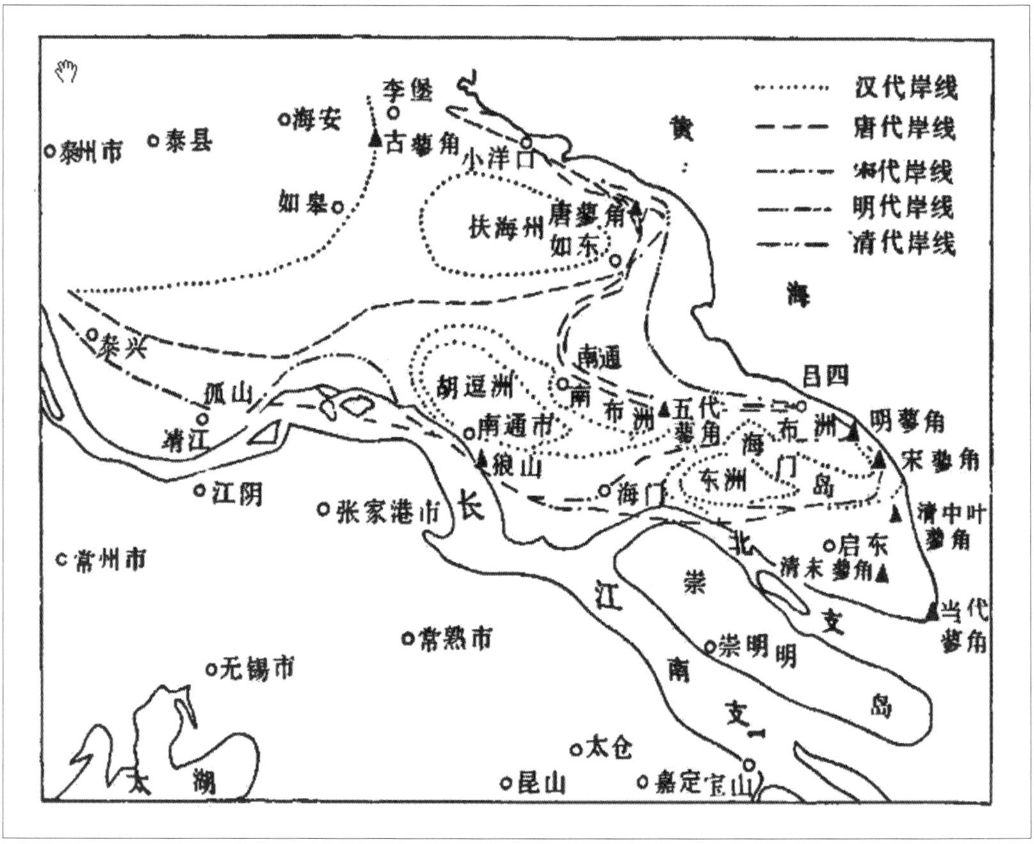

图 6-3 通州区域岸线演化示意图

纪至 20 世纪初，海门厅及其以东、以南的沙洲，逐步与通州大陆连接，形成海启平原区。南通境域基本形成（图 6-3）。南通境内没有自然河流，均为人工河渠。其地貌形状、水系河网和居民点分布，都反映了淤涨成陆和人为围垦的过程。

盐城地区为“淮南中十场”[1]所在地，其海岸线的变迁相对稳定（图 6-4）。从 6000 多年前开始变化，经历了海洋—陆地的变化过程，总体趋势向东移动，随着黄河夺淮，泥沙淤积，形成滨海平原。至 1128 年海岸线基本稳定。1855 年，黄河北归，废黄河口变成侵蚀海岸，而南部大丰、东台地区仍然以淤进为主，因而成为明清淮南盐业的核心产区。

（2）盐土生潮土

江苏沿海产盐地区土壤类型为灰潮土，是以江、河、海冲击的沉积物为母质，在草甸植被下，经过旱耕熟化，形成的土壤类型。其土壤形成过程，分为地质、成土两个过程。

地质过程是自然土壤的形成过程。在海口泥沙沉积成陆的过程中，由于受到海水的凝聚作用，故土层内含盐量较高，为盐土。随着脊地形成和海岸东迁，成陆土壤逐渐摆脱潮汐影响，兼降水和气候作用，使沉积盐土表层盐分降低，促使耐盐植物——荡草生长。

① 富安、安丰、梁垛、东台、何垛、丁溪、草堰、小海、白驹、刘庄十大盐场。

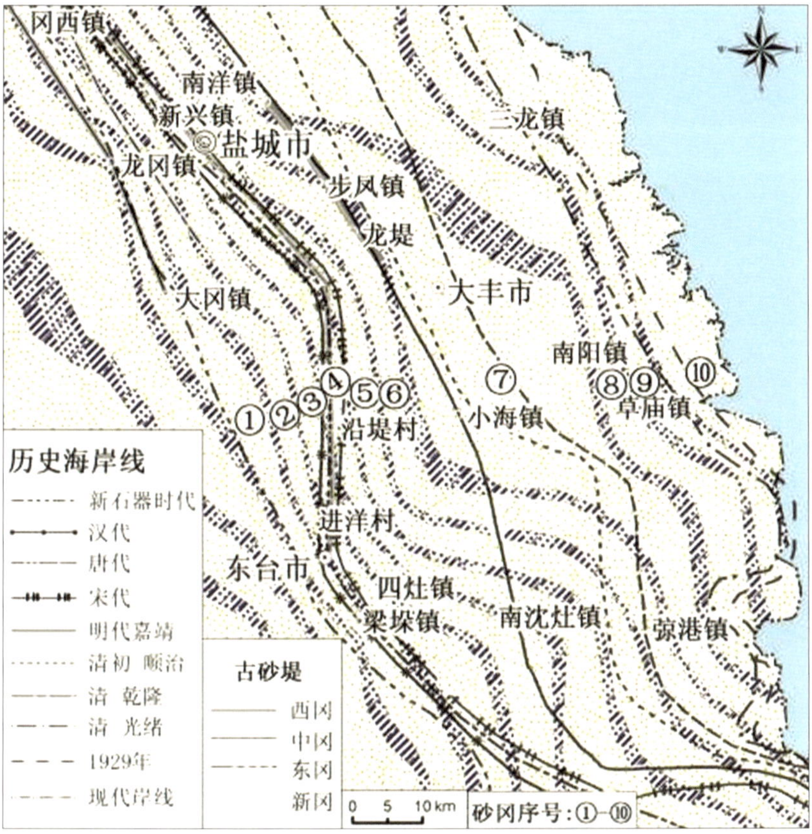

图 6-4 盐城海岸线变迁图

成土过程是农业土壤的形成过程，包括自然脱盐和肥力累积两个阶段。成陆年代愈早、生草时间愈长、排水状况愈好，则土壤自然脱盐愈快。故成陆早、地势高的北岸古沙嘴区、通吕水脊，随着盐场草甸植被的生长，逐渐从自然土壤脱盐为农业土壤，再经过围垦、开沟、排水、耕作、施肥等旱耕熟化措施，形成灰潮土，土壤越来越适应农耕需求。

（二）由盐到垦的物产

土地属性的变化，影响着产业经济的选择。成陆以后，随着自然土壤变更为农业土壤，地域的产业类型相应从盐业转向耕垦、纺织。

（1）临海煎盐

盐业，自古官营。《周礼 · 天官冢宰》中有“盐人”，其职责是“掌盐之政令，以共（供）百事之盐”。其中，“散盐”，即“煮水为之，出于东海”的海盐，用以祭祀和接待宾客。

江苏的海盐生产最早可以追溯到春秋战国时期。《史记》记载，春秋时期吴楚“东煮海水为盐”“国富民众”，说明江苏沿海此时已有盐业生产和销售，并成为国家的重要财政来源。秦灭六国后推行食盐官营政策，置盐官以收“百

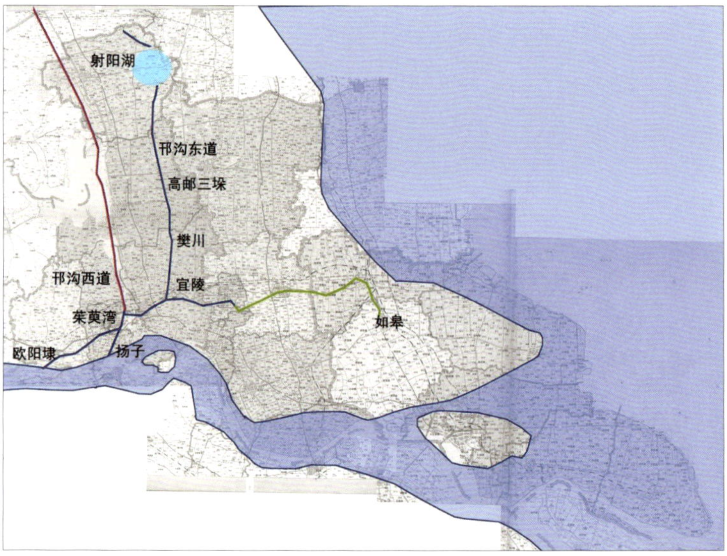

图 6-5 西汉刘濞开凿的盐运河与海岸、长江及运河关系图（摘自：《大运河扬州段遗产保护规划》文本）

图 6-6 西汉设立的盐渎和盐仓城（赣榆）位置图（摘自：《中国历史地图集》）

倍之利”。西汉初年，朝廷在“黄老”思想指导下，与民休息，弛山泽之禁，允许食盐自由开采、运输和销售。吴王刘濞趁机“招致天下亡命者，盗铸钱，煮海水为盐”，并开凿了一条西起扬州茱萸湾（今湾头）、东通海陵仓（今泰州）及如皋蟠溪的盐运河（即旧通扬运河前身）以通盐运（图 6-5）。江苏沿海虽未见西汉设置盐官的记载，但设立了盐仓城（县治在今赣榆县东北）和盐渎县（今盐城市），以加强对盐业生产和运输的管理（图 6-6）。

东汉时，在广陵设置盐官；晋安帝时，盐渎始名盐城，“环城皆盐场”[①]，“范堤一带高地为海中之州，长一百六十里，州上有盐亭百二十三，岁煮盐四十五万担”[②]。南朝时，整个江淮地区已是“海滨广斥、盐田相望”[③]。

① 清乾隆《盐城县志》。
②《续修盐城县志》。
③《初学记》卷八注引《吴都记》。
④“两淮盐斤不外晒扫煎熬，而煎盐必资草荡。草多则煎办有具，盐自丰盈，草少则积卤虽多，亦无裨益。是以草荡禁垦，乃敦本清源之良法。”
⑤ 明《盐城县志》。

图 6-7《嘉靖两淮盐法志》晒灰淋卤图

图 6-8《嘉靖两淮盐法志》引荡刈草图

唐朝和五代是海盐全面发展的时期，两淮盐场初步确立，并成为中国产量最大的盐产地。海盐生产技术经过历代改良，由汉代直接煮海水为盐，到唐代定型为开沟引潮，铺设亭场，先晒灰淋卤 ，然后熬盐的新的“煎煮”法（图 6-7），一直使用到清末“废灶兴垦”之前。《通州煮海录》记载：“煎制海盐过程，分为碎场、晒灰、淋卤、试莲、煎盐、采花等六道工序。”需要三大条件：海水、盐灶和荡草。如海水和盐灶相当时，草荡的数量就决定了产盐的数量，有“煮海之利以草为本”之说[4]。生长苇草的草荡叫“灶荡”，都是官地。灶荡生长的苇草专供煎盐，禁止私人垦樵（图 6-8）。灶丁按地配引，称“额灶”。

为防止海潮上涨时常常破坏盐城监和海陵监下辖各盐灶盐亭的生产， 唐大历年间（766 年至 779 年），“淮南节度判官李承筑捍海堰，北起盐城，南抵海陵”[5]，长一百四十二里，阻挡潮水，屏蔽盐灶，成为宋代范仲淹所筑范公堤的前身。五代时，

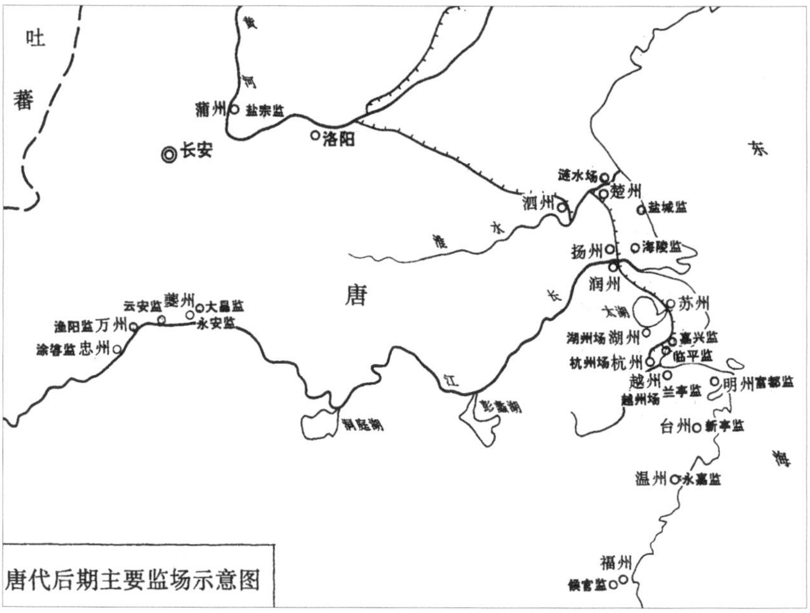

图 6-9 唐代后期主要盐监分布示意图（摘自：《中国盐业史 · 古代编》）

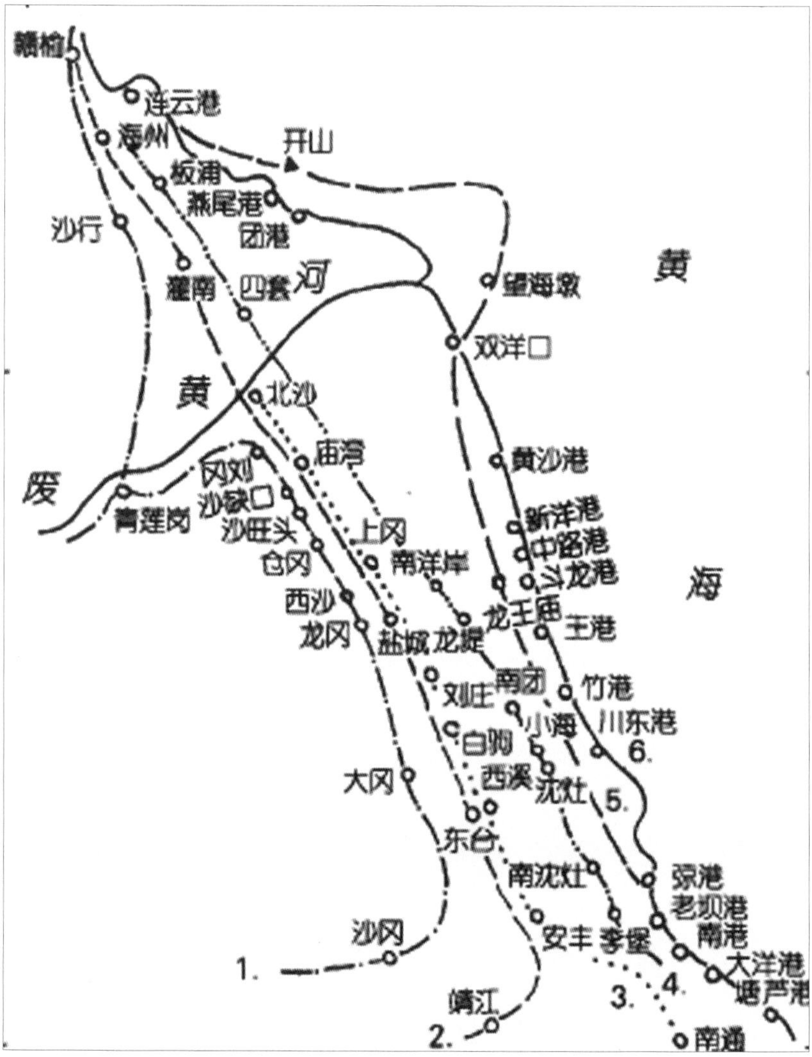

图 6-10 江苏海岸变迁及地名标志

（摘自：凌申《地名与历史时期江苏海岸变迁的相关研究》）

1. 秦汉以前海岸线　2. 秦汉时期海岸线　3. 唐宋时期海岸线

4. 时代海岸线　5.1855 年海岸线　6. 现代海岸线

图 6-11 清末民初沿海废灶兴垦

淮北涟水，淮南盐城、海陵的盐业持续发展，南唐海陵监由泰州移至东台场，始有东台之名[1]。此时南通沙洲已与大陆连接，并设有永兴场，盐业生产也较兴旺，初步创立了南通至连云港一线的江苏沿海淮南、淮北盐场格局的雏形（图 6-9）。

清代，两淮盐业三个分司，辖二十三个官方盐场，是产量最大、销路最广的大盐区。清代顺治、康雍、乾隆年间的产量占全国官盐产量的四分之一强（顺治年间约 95 万～ 100 万引 /370 万引；康雍年间约 120 万引 /400 万～ 510 万引；乾隆年间约 160 万～ 180 万引 /650 万引）。“两淮岁课，当天下租庸之半，损益盈虚，动关国计”[2]；“淮南禺策（盐业）所入，可当天下租赋之半”[3]。

清代中后期，淮南盐业逐渐衰落。一方面，因海势东迁（图 6-10），缺乏足够的海水及草荡来源[4]，原亭灶盐场产盐量大大减少。另一方面，淮南盐的煎煮之法较之淮北盐的曝晒之法，燃料成本和人力耗费较高，淮南、淮北自明代起开始采用不同的制盐之法[5]。至清晚期，草荡减少，草价上涨，淮南煎盐成本较之淮北盐晒成本，比率为 1:（5~6）至 1:（11~12），竞争力尽失。

（2）废灶垦殖

这一地域的垦殖经济，始于盐业的衰败。这一过程分为弃灶私垦、废灶兴垦和棉纺兴业等三个阶段（图 6-11）。

① 清《东台县志》。
② 清·李发元《两淮巡盐御史题名碑纪》。
③ 光绪《两淮盐法志》。
④ 沙荡尚未脱盐为草荡，海岸线就远离，导致海水与草荡不足。
⑤《明史·食货志》记载：“淮南之盐煎，淮北之盐晒。”

① 弃灶私垦

清代初年，禁止在盐区开垦。“不准典卖灶地、不准私垦荡草，不准出境，皆为煎盐计也。”[1]及至清代中晚期，因盐业衰败，私垦之风加剧。故乾隆三十五年（1770 年），朝廷再次推出禁令：“近年开垦的堤外之地悉令放荒。嗣后无论堤之内外，概禁开垦。”但由于淮南盐场海卤减淡，盐场撤并，私垦获利十倍于盐。因而“虽盐法禁垦，而人民私垦者日多”[2]。盐场大使出于各种考虑，往往少于管束，也不上报升科。如乾隆四年（1739 年）小海场大使林正清云：“盐场专以产草供煎，定例不需开垦。本场近水之乡，间有垦种二麦，亦灶下私情，不敢公然报垦。一恐违定例，一恐潮水骤长，仍然草宅，不能常据为麦田也。又本场从无水田，间有种稻者，则系籼稻，种在高地，听其生长，收成甚薄，故由，单内无报垦之田。”[3]同治五年（1866 年）五月，通州余西余东一带灶民与当地盐商争垦，发生冲突。光绪二十五年（1899 年），盐城“新兴、伍佑两场已垦之田，民灶相争，酿成械斗”，而范堤以西盐亭旧灶则发展壮大为里下河传统农业区。

私垦时期的农业，以旱耕二麦为主，少有稻作。因转垦均为私垦，规模较小，影响有限。在张謇大范围推行废灶兴垦之前，地域产业依然以官营盐业为主。

② 废灶兴垦

清末国势日衰，国家对社会的基层控制大不如前，盐区逐渐放垦。在张謇等有识之士的倡议下，为增加财政收入和解决民灶相争，1899 年，新兴、伍佑两场正式放垦。1914 年，政府颁布 4 部条例[4]，推进废灶兴垦，并特设淮南垦务专局，“委派专员，专办放垦”。由此，废灶兴垦因国家允许而“合法化”，继而因张謇的倡导和实践快速推进。到 1934 年，沿海 49 家盐垦公司拥有土地 2000 万亩，已垦地 400 余万亩，年产棉花 60 余万担。

兴垦时期的农业，以棉花为主。不仅新开垦的土地上广植棉花，原有农耕土地，亦转植棉。据 1915 年调查，南通县农民已将 70% 的稻田改种了棉花[5]。

③ 棉纺兴业

植棉带来棉业经济的发展，也带动了手工织布副业的发展，通海一带农村土布的产量和普及率大大增加，从 1893 年到 1937 年的 40 年间，布机数量增加了近 23 倍[6]。

伴随而来的是商品经济的发展。以棉业产品（如织布、纺纱、印染等）为主的商品生产结合近代的工业化进程，形成了规模生产、销售的商品网络。张謇及其农工商一体化的产业发展思路，大大改变了这一地域的空间结构与形态。以盐场为核心的空间组织模式，被以织品交易和棉耕基地为中心的新格局所取代。

（三）由灶转农的人丁

经济上从盐向棉的变更，也带来了社会结构与形态从流人、灶民社会到农民、商人社会的变化。

（1）流人盐民

早期的苏北盐场人群，以流民为主。流人煮盐，最早可追溯到西汉初年，吴王刘濞招募天下“亡命人”在海安及如皋的蟠溪地区（时属广陵郡）煮海水为盐。南北朝至唐初，东布洲（即水脊出海之地）等沙洲上，有常州府流人煮盐为业。通州成陆以后，周边地域的移民开始进入此地。但因土地贫瘠，且仅盐业一途，故居民仍以流民为主。煮盐灶丁大多属于“单邦型”的精壮男子。如明初“白茆抽丁”以充盐民。

随着盐业的发展，各盐场的人口需求不断增加，嘉庆十一年（1806年）通州全境 9 个盐场共有灶户 40922 户，盐丁 123449 名，其中余西场有灶户 7001 户，盐丁 20653 名。但受交通和自然限制，此地人口密度相对较小。嘉庆年间的人口密度仅苏州府的十分之一[7]。

由于人口构成以流人与移民为主，故而少见传统的宗族组织。其信仰也多为流行于中下阶层的道教诸圣。

（2）农人商贾

随着农耕转型和近代工业化的发展，耕读文化和商业意识在重塑地域社会形态。

废灶兴垦以后，通吕水脊上盐场的社会结构发生了巨大变化。原有的盐民中，转耕为农的被称为本场人，依然务盐的，则北迁往盐区。转农灶民不仅不懂棉花栽培技术，而且也不掌握普通的农耕技术。因而，随着张謇推广植棉，大量海门启东移民进入盐区垦殖。从苏北沿海垦区所有劳动力来看，原灶民约 15%，海门启东移民占 80%。至 1928 年，各公司外来移民达 10 万以上。

大量务农移民涌入，带来了地域各方面的改变。首先，原有的生

① 焦忠祖等修：《阜宁县新志》卷 5《财政志 • 盐法》，1934 年铅印本。

②《嘉庆东台县志》。

③《小海场新志》。

④ 即《国有荒地承垦条例》《国有荒地承垦条例施行细则》《垦荒章程》《修正国有荒地承垦条例》。

⑤ 章有义：《中国近代农业史资料》，第 2 册，第 184 页，三联书店 1957 年版。

⑥ 有资料表明 1893 年通州“织布之机有四五千张”；1933 年南通一县有织户 63000 家，织机 83000 架；到 1937 年“据闻阔幅机在南通及其附近有三千余台，脚踏机约一万台，小布机及其他手织机约十万台”，合计 113000 多台。

⑦ 嘉庆二十年（1815 年）通州的人口密度为每平方公里 109.22 人，在全省 12 个府州厅中位居第九，仅有密度最大的苏州府 1073.21 人的约十分之一。

活方式发生改变。本场人的丁头屋、驴头屋等围绕灶台展开的居住模式，逐渐被院落和开间的宅院形式所取代。同时，伴随农耕而来的士读之风开始蔓延，书院、文庙等文化设施开始兴建。

此外，棉纺的产业化发展，又带来商业意识的萌芽。这一时期移民多举家迁移，趋于人口构成多样，社会分工的形成，有手工纺纱织布的，有贩运棉花与土布的，有种植蔬菜瓜果的，有做小买卖的。移民从事的职业更加丰富，花行、钱庄、典当以及各式店铺集聚，出现城镇的商业中心。

（四）由上转下的市镇

人，决定了城镇的形态及其变迁。随着社会形态从流人盐民向农人商贾的变迁，原有的城镇体系模式也从行政组织模式向经济组织模式变化。在这一转型过程中，区位和产业成为决定城镇地位的重要因素。

（1）盐政等级体系

苏北滨海盐场的城镇体系，最初是依据盐业规模建立的行政等级模式。

唐代刘晏设置的四场十监中，涟水场在淮北，盐城监和海陵监在淮南，盐场监下分设若干生产场并有场官之设，但生产场似乎并非行政机构，也没有具体场名的记载。两宋至元代的盐业产区、产量大增，管理也更为严密，盐场成为盐业管理的基层行政机构。北宋时期，江苏淮北地区设有海州的板浦、惠泽、洛要场和涟水军的海口场，淮南设有楚州的盐城监、通州的利丰监和泰州的海陵监，下辖 23 场（表 6-1），基本奠定了两淮盐场建制格局。此后，南宋时受黄河夺淮和战乱等影响，淮南一度裁并为 15 场。元代全国 125 个盐场中，淮北仍为 4 个，淮南又恢复到 25 个。

在空间布局上，淮南 25 场虽然建制时间各有先后，但都是沿着广义上的“范公堤”分布。广义上的“范公堤”包括以范仲淹所筑范公堤为代表的一系列海塘工程。宋天圣三年（1025 年），范仲淹任泰州监西溪盐仓官，由于唐李承修筑的捍海堰过于逼近大海，加之“久废不治，风潮泛滥，淹没田舍，毁坏亭灶，饥民遍野”，他与江淮制置发运副使兼泰州知州张纶共同发起宋天圣三年（1025 年）重修捍海堰，比唐捍海堰西移 2 ～ 3 里，北自盐城大丰刘庄，南止海陵（泰州）东台富安，总长 143 里，堤高 1 丈五尺，基宽 3 丈，面宽 1 丈，“束内水不致伤盐，隔外潮不致伤稼”，使“滨海泻卤，皆成良田”，史称“范公堤”。此后，北宋庆历中（1041 年至 1048 年）通州知州狄遵礼修筑石港至余西，长约 65 里“狄公堤”；北宋至和年间（1054 年至 1055 年），海门知县沈起筑堤，自余西向东延伸至吕四 70 里；南宋乾道七年（1171 年），泰州知州徐子寅筑堤自海安旧场（一说角斜）经栟茶、丰利至掘港，总长 160 里，时称“皇岸”；南宋淳熙四年（1177 年），筑堤自海安旧场经李堡南接富安范公堤，长约 62 里；元大德年间（1297 年至 1307 年）（一说为宋嘉定中）兴化尹詹士龙在范堤北端筑堤延伸至阜宁县。至此，江苏两淮盐场海堤南北贯通，民间将其统称为“范公堤”（图 6-12 ）。

表 6-1 两宋两淮盐场建制对照表（摘自：凌申《江苏沿海两淮盐业史概说》）

辖场 州	两宋辖场	
	北宋	南宋
楚州	伍佑、紫庄（今刘庄镇）、南八游（今草堰镇）、北八游（今白驹镇）、丁溪、竹溪、新兴、七惠、四安等九场	伍佑、新兴两场
泰州	角斜、栟茶、虎墩（今富安）、掘港东陈、丰利东西、梁家垛等六场	角斜、栟茶、虎墩古窑、掘港、丰利、马塘、丁溪刘庄、梁家垛何家垛小淘（今安丰镇）等八场
通州	西亭、利丰、永兴、丰利、石港、利和、金沙、余庆（今余西镇）等八场	西亭丰利、金沙、余庆、石港永兴兴利、吕四等五场

串场河是修筑范公堤取土而形成的复堆河，北起阜宁与淮河相接，南至海安人运盐河（老通扬运河）连通运河和长江，中间串联淮南各盐场，故称串场河，又习称“下河”。串场河既是盐业运输的主要通道，又是泄洪的通道，使得当时“亭民无车运之劳，有得免所负，逃者皆来归，盐利大兴”[1]。至今，串场河仍被里下河地区人民称作“母亲河”。

范公堤和串场河最初是沿着海岸修筑，保证当时已有的各盐场场治、灶亭和农田免受海潮冲决之患，以及盐业生产和盐业运输。二者建成后，尽管海岸陆续东迁，历代新设盐场的场治仍然主要设置在范公堤、串场河沿线，并形成了盐场治所民居居中，范公堤和串场河环绕左右这一盐场治所城镇共同的空间格局特点。

以通州为例，宋代时海中沙洲已基本完成与大陆的涨接过程，并在通州境内开始大规模的煮盐业。宋度宗咸淳五年（1269 年），两淮制置使李庭芝主持开挖串场河 40 里，始凿由通州城经金沙至余庆场河道（今通吕运河之始）。产业和交通的结合，促使通州滨海盐场兴旺。北宋太平兴国年间（976 年至 983 年）利丰监置于通州，辖西亭、永兴、石港、利和、金沙、余庆等盐场，年产盐 48.9 万余担。包括以上盐场的盐业集镇发展，成就了以通州为核心的城镇体系结构。

明洪武初年在扬州设两淮都转运盐使司，下辖通州、泰州、淮安三分司，分司下设总计 30 个盐课司（各分司辖盐场如表 6-2），数量达到顶峰，至此，江苏沿海所有“淮盐治所

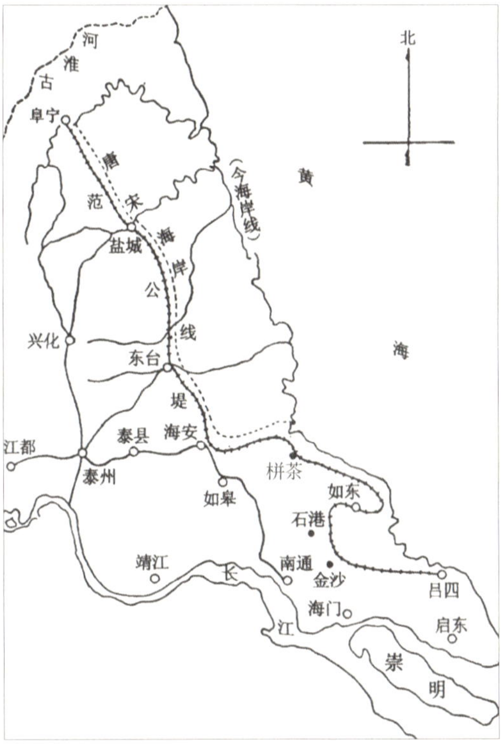

图 6-12 范公堤位置示意图（摘自：《中国古代灌溉工程技术史》第三编第二章）

① 《宋史》卷四百二十一《李庭芝传》。

表 6-2 明代两淮盐场建制表（摘自：凌申《江苏沿海两淮盐业史概说》）

	通州分司		泰州分司	淮安分司	
下辖盐场	如皋县	丰利场 马塘场 掘港场	富安、安丰、梁垛、东台、草堰、小海、角斜、栟茶、何垛、丁溪十场	泰州	白驹、刘庄场
				山阳县	伍佑、新兴、庙湾（今阜城）场
	通州	石港、西亭、金沙、余西、余中、余东、吕四场		海州	莞渎、板浦、徐渎（在云台山岛上）、临洪、兴庄五场
分司所在地	洪武元年：通州 正德四年：石港场		洪武元年：泰州 正德十五年：东台场	安东县（今涟水县）	

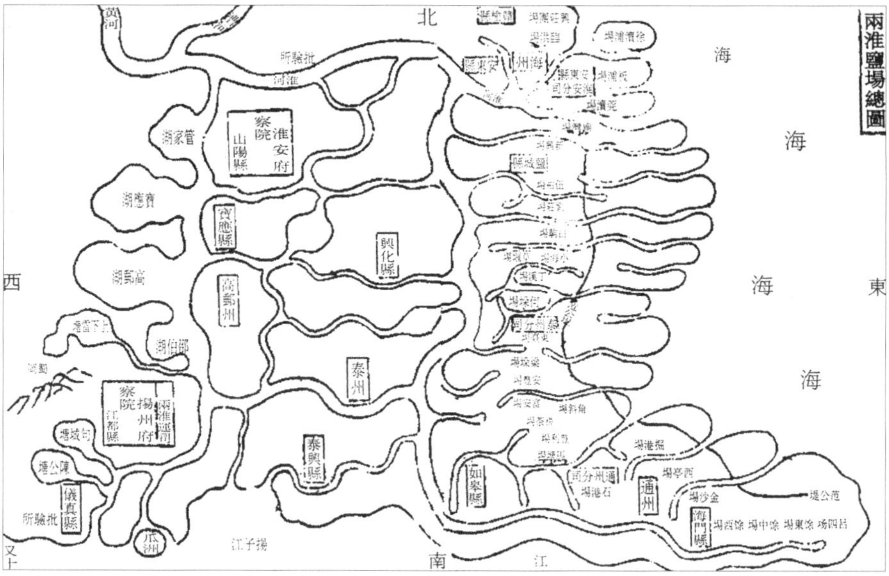

图 6-13《嘉靖两淮盐法志》两淮盐场总图

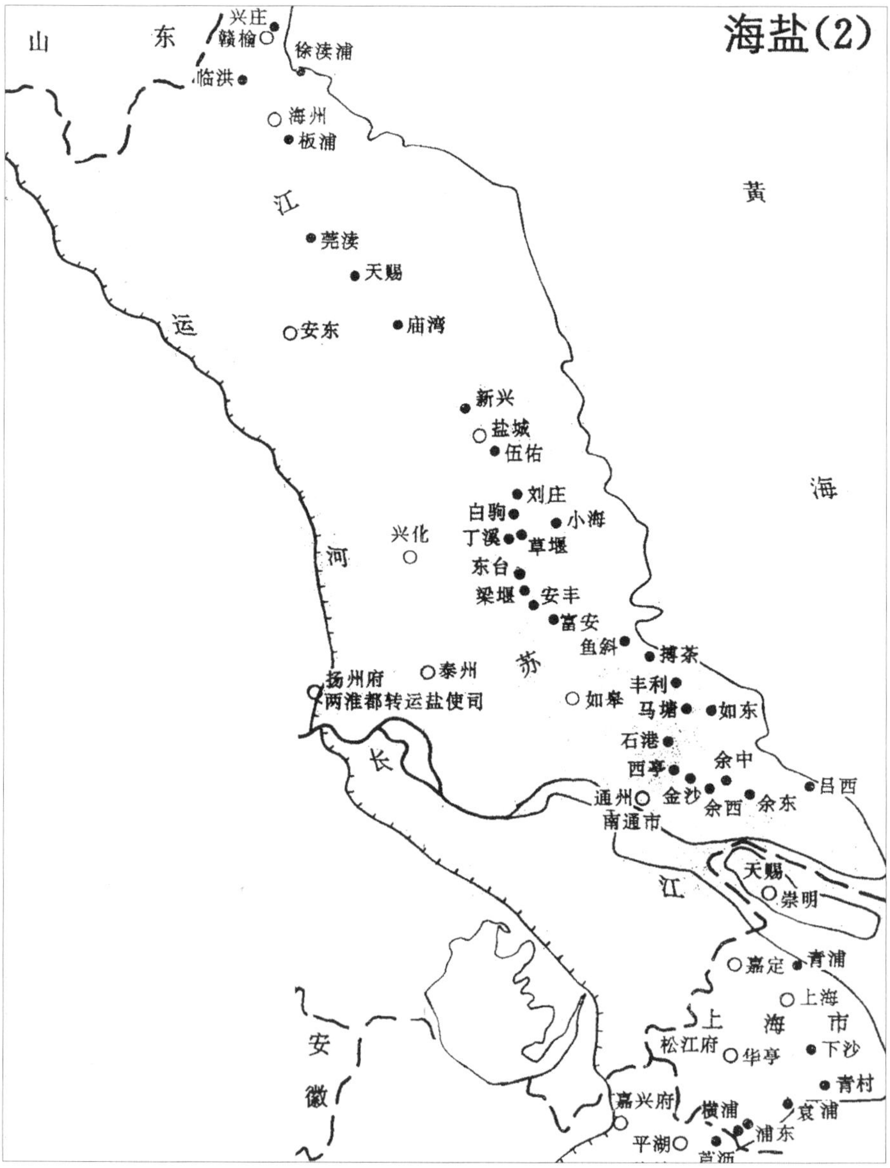

图 6-14 明代海盐产区分布图之苏沪部分（摘自：《中国盐业史古代编》）

城镇”全部出现（图 6-13、图 6-14），包括草堰境内的丁溪、草堰、小海三场。由此，以通州为一级，如皋、海门为二级，18 个盐场（包括通吕水脊上五大盐场）为第三等级的城镇体系，形成并发展至顶峰。明太祖洪武元年（1368 年）置盐运分司于通州辖盐场十，丰利、马塘、掘港（三场隶如皋）、石港、西亭、金沙、余西、余中、余东（六场隶通州）、吕四（一场隶海门）（图 6-15）。

乾隆年间对两淮尤其是淮南盐场进行了大规模的撤并，取消马塘（并入石港）、余中（并入余西）、白驹（并入草堰）、莞渎（并入新设中正场）、西亭（并入金沙）、小海（并入丁溪）、徐渎（并入板浦）等场，临洪和新兴二场合并为临兴场，总计 23 场，以方便管理。两淮盐运使驻扬州，泰州分司驻泰州东坝，通州分司运判驻石港，原淮安分司迁至板浦并改称海州分司，盐课大使驻各场（图 6-16、表 6-3）。

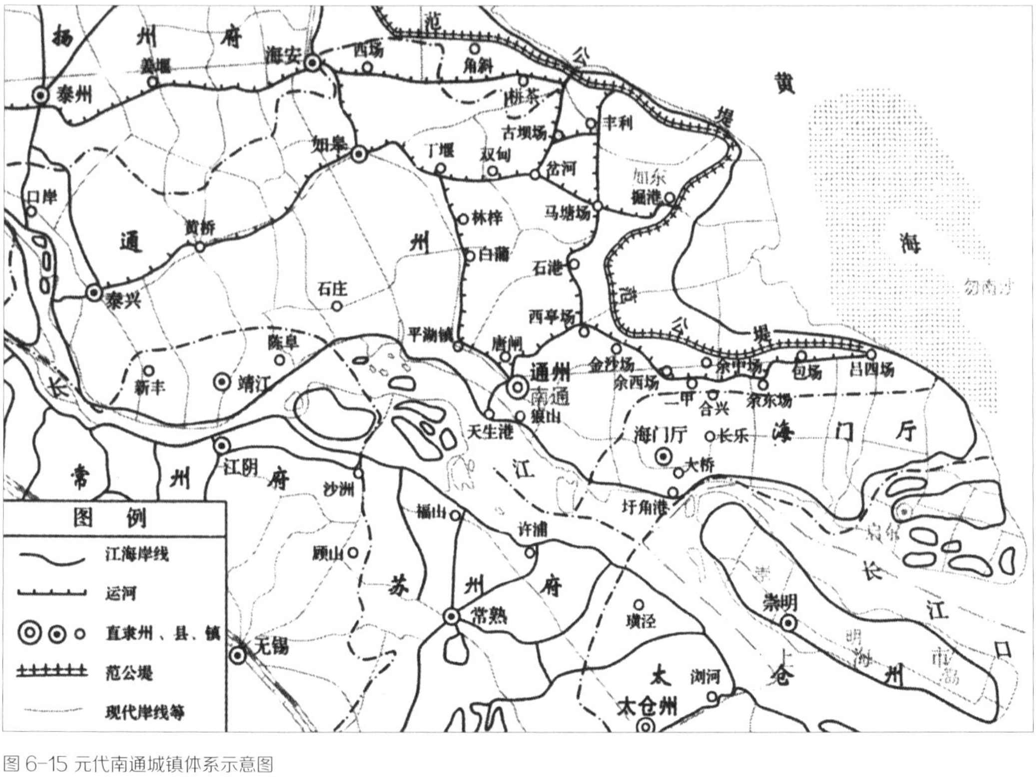

图 6-15 元代南通城镇体系示意图

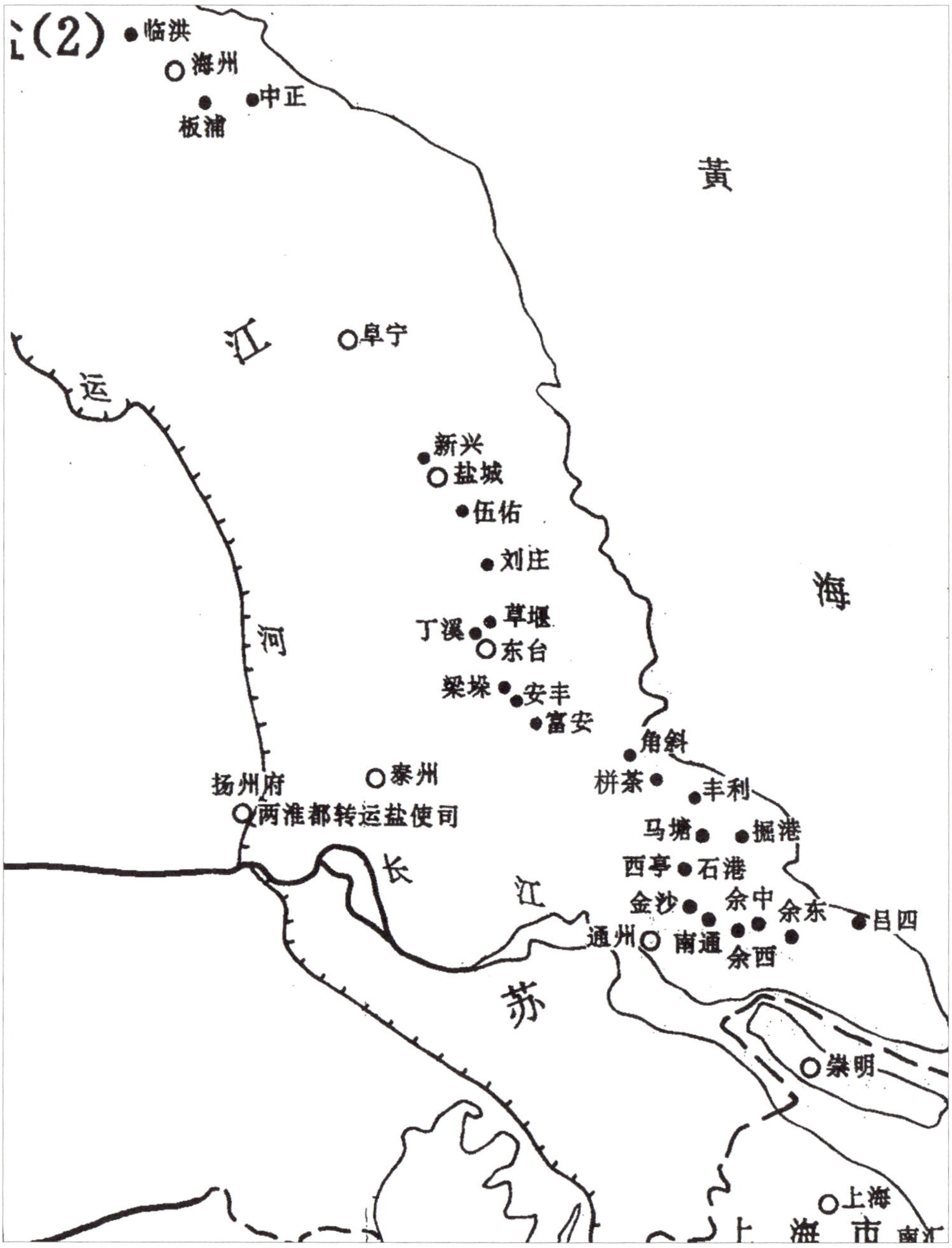

图 6-16 清代两淮盐场分布图（摘自：《中国盐业史古代编》）

表 6-3 清代两淮盐场建制表（摘自：凌申《江苏沿海两淮盐业史概说》）

位置		盐场
淮北盐场	海州	临兴、中正、板浦三场
淮南盐场	阜宁	庙湾场
	盐城	新兴、伍佑二场
	兴化	刘庄、草堰、丁溪三场
	东台	何垛、东台、梁垛、安丰、富安、角斜、栟茶七场
	如皋	丰利、掘港二场
	通州	石港、金沙、余西、余东、吕四五场

在场治市镇建设方面，除了商民生产生活用房外，盐场大使一般均要建设盐课司公署，赈灾仓、贮引仓、盐仓等各类仓库，疏浚串场河及各灶引河、市河等河道，设置课税和缉私关卡，修缮闸坝、桥梁、井泉等公共设施。

此外，盐场大使还重视教育和宗教文化建设，往往新建社学、各类祠庙寺观，旌表贤良孝节，编修志书。根据明弘治《两淮运司志》、清《淮南中十场志》等记载，淮南各场治今日的历史空间格局和重要公共建筑在明代时大都已经形成。

（2）经济等级体系

棉纺业发展起来以后，行政等级模式受到经济力量的调试。南通市域的植棉历史，可以追溯到元代松江地区的棉纺业兴起。元代元贞年间（1295 年至 1296 年），黄道婆将棉纺技术带到松江府乌泥泾镇，使松江府成为当时全国最大的棉纺织中心，松江布有“衣被天下”的美称。这一影响，随着航运扩散到一江之隔的南通地区，因盐业衰败而转型的盐碱土地，被用于更适宜的棉花种植（图 6-17）。

更全面而彻底的城镇体系变革，从清末民初始。此时，盐业的衰败和垦殖业的兴起已经成为区域产业转型的重要背景，张謇的“废灶兴垦”运动，加快了这一转型的步伐。少部分集镇因经济文化程度远高于周边乡镇以及其他政治上的原因，转为县城；大部分成为农商兼事的地方中心乡镇；还有一小部分因裁撤较早、规模较小或因周边有其他更为发达的中心乡镇等原因，而沦为普通的农业村落（表 6-4）。

产业转型带来的交通区位变更导致了城镇体系的变革。棉纺业兴起以后，这一地区的经济中心从西向的扬州，转为南向的松江府。在同等产业背景条件下，南北交通线上的城镇区位优势强于东西交通线上的城镇。南通近代“一城三镇”结构中，长江边的天生港港口就是交通区位的重要依托。而运河交汇处的各集镇与海门、启东的交通联系，成为城镇体系结构调整的关键因素。

自此， 南通的城镇体系从以官营盐业为依托的城镇体系转型为以棉纺贸易为中心的交通枢纽型城镇布局模式（图 6-18）。

图 6-17 苏北盐垦作物种类分布图（摘自：《苏北盐垦史初稿》）

表 6-4 两淮三十场场治今日建制一览表

序号	盐场名称	现代名称	现代建制
1	兴庄	兴庄村	村
2	徐渎浦	连云港市区	无
3	赣榆	赣榆区	县
4	临洪	临洪村	村
5	海州	海州区	区
6	板浦	板浦镇	镇
7	莞渎	莞渎村	村
8	天赐	天场镇	镇
9	庙湾	阜宁县	县
10	新兴	新兴村	村
11	伍佑	伍佑镇	镇
12	刘庄	刘庄镇	镇
13	白驹	白驹镇	镇
14	丁溪	丁溪村	村
15	草堰	草堰村	村
16	小海	草堰镇	镇
17	东台	东台镇	镇
18	梁垛	梁垛镇	镇
19	安丰	安丰镇	镇
20	富安	富安镇	镇
21	角斜	角斜镇	镇
22	拼茶	栟茶镇	镇
23	如皋	如皋县	县
24	丰利	丰利镇	镇
25	马塘	马塘镇	镇
26	如东	掘港镇	镇
27	石港	石港镇	镇
28	西亭	西亭镇	镇
29	金沙	金沙镇	镇
30	余西	余西村	村
31	余中	货隆镇	镇
32	余东	余东镇	镇
33	吕四	吕四港镇	镇

图 6-18 近代南通城镇体系示意图

二、分述

（一）草堰

草堰村是江苏沿海“淮盐治所村镇”的典型代表之一，汉代开始产盐，唐代形成集镇，北宋设立南八游（即小海）、北八游（即草堰）盐场，元代以后成为草堰、小海和丁溪三场治所。草堰村与古代淮盐发展兴衰密切相关，至今仍保存着类型丰富、数量众多的历史文化遗产，作为江苏省唯一的古盐运集散地保护地，具有重要的盐业史和城镇史研究价值。

1. 区位环境——煮海为盐，埽草筑堰

草堰村在今大丰市西南端，南与东台市毗邻，西与兴化市接壤（图 6-19），其起源、发展和演变均与江苏东部海岸线和海岸资源环境的变迁密切相关。

（1）煮海为盐：东汉前盐业起源

根据江苏东部海岸线变迁和区域历史分析，春秋时期草堰已经成陆，直至南宋黄河夺淮之前，海岸线缓慢东移至今阜宁至东台范公堤以东一线。早在春秋时期，草堰所在的吴楚地区就掌握了发源于古青州（今山东半岛）宿沙氏的人工煮制海盐技术，凭借沿海丰富的海水资源和广阔的滩涂草荡，

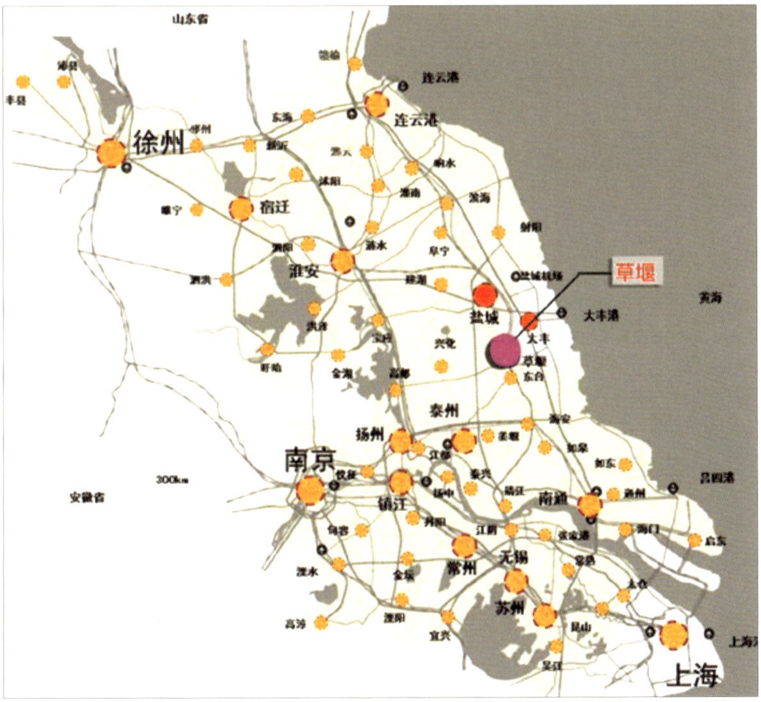

图 6-19 草堰区位图

图 6-20《嘉靖两淮盐法志》草荡图

“东煮海水为盐”“国富民众”。西汉时期，吴王刘濞“招致天下亡命者，盗铸钱，煮海水为盐”，并开凿了西起扬州茱萸湾（今湾头）、东通海陵仓（今泰州）及如皋蟠溪的盐运河（即旧通扬运河前身），位于其封地内的草堰可能已经开始产盐。东汉时期国家实行食盐官营，包括草堰在内的江苏东部沿海地区的盐业生产进一步发展，并设立盐渎县（今盐城市）以管理盐业运输。此时草堰先后隶属广陵和海陵，具有丰富的盐业生产资源，南距如皋不足 100 公里，北距盐城更是不足 50 公里，应该已有一定规模的海盐生产。

（2）埽草筑堰：南北朝聚落得名

南北朝时“草堰”作为地名已经出现，据《淮南中十场志》《兴化县志》记载：“南朝宋武帝刘裕避兵于草堰卧龙桥”，距今已近 1600 年。“草堰”之名源自其地处海滨的自然地理环境。据《草堰乡志》分析，“古代用草和泥筑堤御海水，加之堰两侧尽是处女红柴地，故有草堰之称”（图 6-20）。所谓“草”，是指今日江苏沿海俗称的“红柴草”，学名南荻，广泛分布在河湖水陆交接地区，适合在海滨滩涂的盐碱地生长，具有水土保持、固堤防洪、淡化盐碱的作用。由于秋季开紫红花穗且枯叶发红，且是煮盐、炊事的优质燃料，所以被称为“红柴”。此外，南荻有类似竹节的外形，高大茂盛有一人多高，壁厚甚至实心，坚韧、耐久，纤维含量远高于芦苇和麦秆，现代大量用于造纸，古代则常常用于建筑材料，江苏沿海地区传统的茅草屋面多用成束和编织的红柴取代椽子和屋望，瓦屋面也常常在盖瓦垅下用红柴束填塞，以减轻苫背的重量。所谓“草堰”就是用红柴草建造的堤坝，笔者推测其工艺类似先秦起源、宋以后普遍使用的埽工，即以红柴分层匀铺，每层间压以土和碎石，然后推卷成捆，用竹索或草绳捆扎，即为埽捆（图 6-21）。每个埽捆圆径数丈，长加倍，若干埽捆用桩、绳固定，即可形成埽工堤坝。因此，“草堰”之名本身就体现了江苏古代沿海生态环境，以及先民就地取材，巧用红柴作为生产生活燃料、建房筑坝材料的传统智慧。

2. 历史沿革——治盐设场、废灶兴垦

（1）治盐设场：北宋至元末的建制形成

唐五代时，草堰隶属泰州海陵监，但尚无盐场建制，但已经具备了设立场治的条件。一方面，此时的海岸线比汉代略为东移，约在今盐城和东台以东 3 ～ 5 公里。唐大历年间（766 年至 779 年），“淮南节度判官李承筑捍海堰，北起盐城，南抵海陵”，长 142 里，阻挡潮水，屏蔽盐灶。草堰位于捍海堰以西，原有的盐亭和盐灶不再受到海潮侵蚀，为设置盐场提供了稳定的土地资源。另一方面，受刘晏主导的盐政改革影响，原来松散的流民业盐者被编入盐民和盐籍商人，人口和土地的关系趋于稳定，为盐场设置提供了生产力资源。于是唐代建立了就场专卖制度，盐商可以直接在盐场向官府买盐，引发了随后盐场建设的需求和商品经济的萌芽。

因此，北宋初期在今草堰村地区正式设立南八游场，在今丁溪村地区设立丁溪场，先属楚州盐城监管辖，南宋至元末又属泰州海陵监管辖。又据《宋史 · 食货志》，“楚州盐城监，岁鬻四十一万七千余石，通州丰利监四十八万九千余石，泰州海陵监、如皋仓、小海场六十五万六千余石”，宋代小海场就设于今草堰村内。元末二十九盐场中，包括丁溪、小海、草堰三场，此后直至清乾隆时期，丁溪、小海、草堰三场均在今草堰镇域，其中草堰村长期是小海和丁溪两场的治所驻地（图 6-22）。

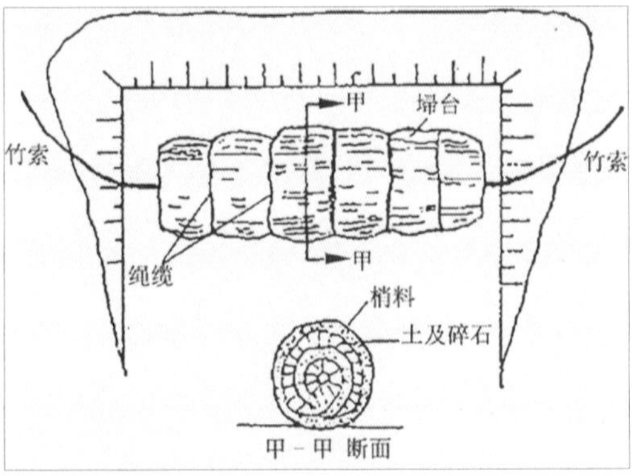

图 6-21 卷埽法示意图
（摘自：《中国土木建筑百科辞典水利工程》）

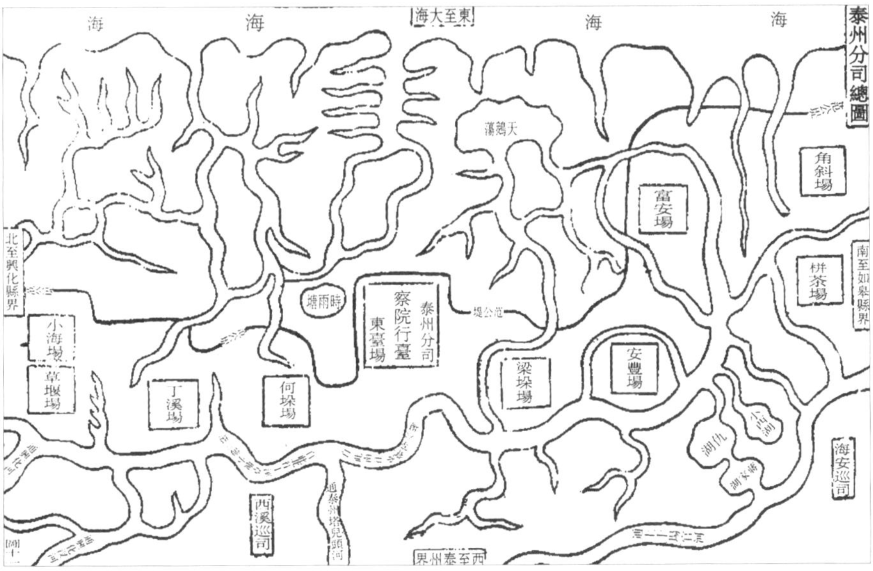

图 6-22《嘉靖两淮盐法志》泰州分司图各盐场位置

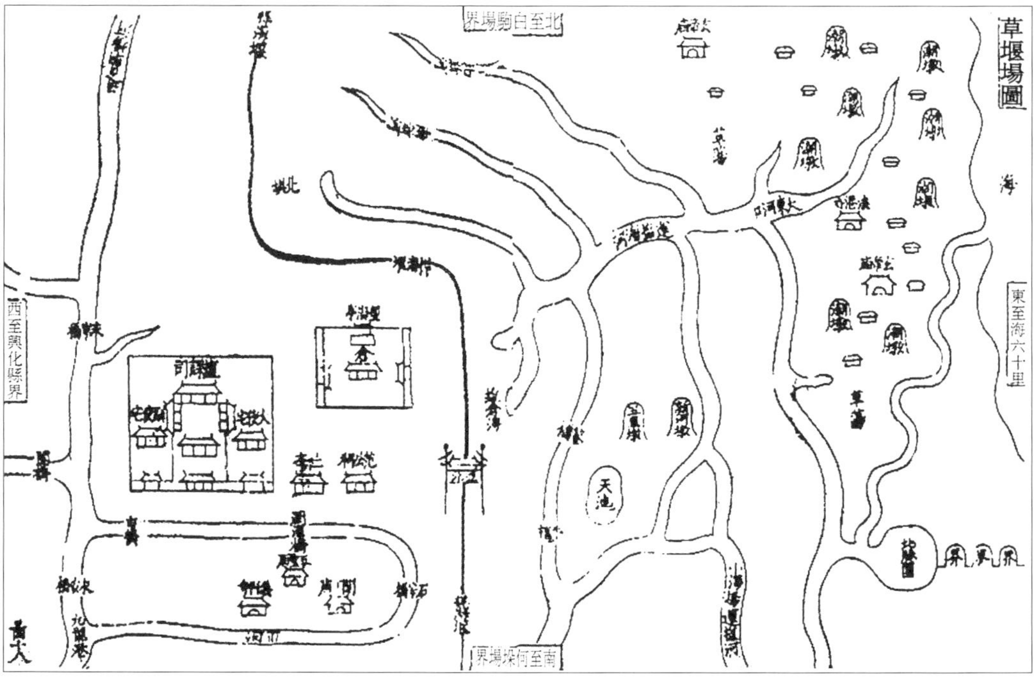

图 6-23《嘉靖两淮盐法志》草堰场图

（2）范堤串河：宋元时期空间边界奠定

北宋范公堤和串场河的建设分别界定了草堰场治驻地草堰村的东、西两侧空间边界。宋天圣三年（1025 年），范仲淹任泰州监西溪盐仓官，与江淮制置发运副使兼泰州知州张纶共同发起重修捍海堰，比唐捍海堰西移 2 ～ 3 里，北自盐城大丰刘庄，南止海陵（泰州）东台富安，总长 143 里，堤高 1 丈五尺，基宽 3 丈，面宽 1 丈，“束内水不致伤盐，隔外潮不致伤稼”，使“滨海泻卤，皆成良田”，史称“范公堤”。串场河是取土修筑范公堤形成的复堆河，北起阜宁与淮河相接，南至海安入运盐河（老通扬运河）连通运河和长江，中间串联淮南各盐场，串场河既是盐业运输的主要通道，又是泄洪的通道，使得当时“亭民无车运之劳，又得免所负，逃者皆来归，盐利大兴”。

北宋的草堰是草堰和小海两场场治驻地，范公堤在东横亘以阻挡海潮，串场河在西绕越以运盐排洪，二者限定了草堰的东西空间边界。在范公堤修筑以前，草堰已经形成了环形的玉带河（即市河），明天启四年（1624 年）户部主事李思敬在《玉带河记》中称之为“古迹支河，旧名玉带河……已不知其始自何时”。可见，范公堤修筑时位于环形玉带河以东，而串场河一面与玉带河西段南北贯通成为主运盐河道，一面在玉带河西段以西新开越河（今小转河），绕避草堰并与西侧上游河道相连以便利泄洪行盐，奠定宋代至今的草堰空间基本格局。丁溪、白驹、刘庄、富安等大多数串场河沿线的淮南盐场治所村镇均具有与草堰类似的格局，即范公堤在东，村镇“中心有一人工河道，在南北两端分别与串场河相连，串场河在村镇的西侧呈弧形绕镇而过，并分别与市内中心河道相连。这样的布局既保证了串场河的畅通，又为设卡置坝以堵私盐提供了方便”。村镇中心的人工河道与串场河联为一体，是串场运盐的主要通道和所在村镇的商业集中地，在明清官方文献中被分别称为场河、官河、盐运河或商运河，村民则因其贯穿村镇而俗呼为“夹沟”、“夹河”。草堰的特殊之处在于串场河有两道越河，笔者认为第二道越河可能并非串场河修建时开挖，而是在清嘉庆后增设以满足上游归海坝泄洪需要，使经白涂河下泄的洪泽湖水可以从草堰闸和小海闸同时入海，保障了泄洪安全。因而在明天启至清嘉庆年间的草堰相关方志和舆图中，均未表示第二道越河（图 6-23）。

（3）海移灶迁：南宋至清末的治、灶分离和市镇化趋势受黄河夺淮自然因素以及盐法制度人为因素的影响，南宋以后的草堰等淮南盐场出现了治、灶分离的趋势。一方面，南宋建炎二年（1128 年），黄河夺淮经苏北境内入海，其夹带的大量泥沙在沿海堆积，海岸线延伸东去，尤以淮南海岸线东移较剧，导致卤水渐远，洪泽湖和淮河时有溃决冲灌，范堤以西的盐灶产量大减，草堰等盐场的煎灶逐渐迁至堤东。另一方面，由于宋代实行严格的灶甲制，从事盐业生产的灶丁必须随灶迁往堤东沿海居住，故草堰等各场治驻地开始逐渐脱离盐业生产，变成以盐业管理为主的市镇。北宋后期普遍施行引盐法，商人持引到场向官府收购盐斤，加上治所官员、家眷以及灶民生活所需，又会带来一定的商业和服务业。所以，宋元时期的草堰等淮南中部各场治驻地开始出现灶、治分离的市镇化趋势，市镇建设日益得到重视。

明孝宗弘治八年（1495 年）黄河全流夺淮后，海岸线迅速东移，至明宣宗时草堰、盐城等已距海 30 里，至明末达 50 里。草堰、小海两场管理的盐灶不得不屡次东迁，灶民受明代“聚团而煎”制度的约束而集中居住在海滨，场治驻地草

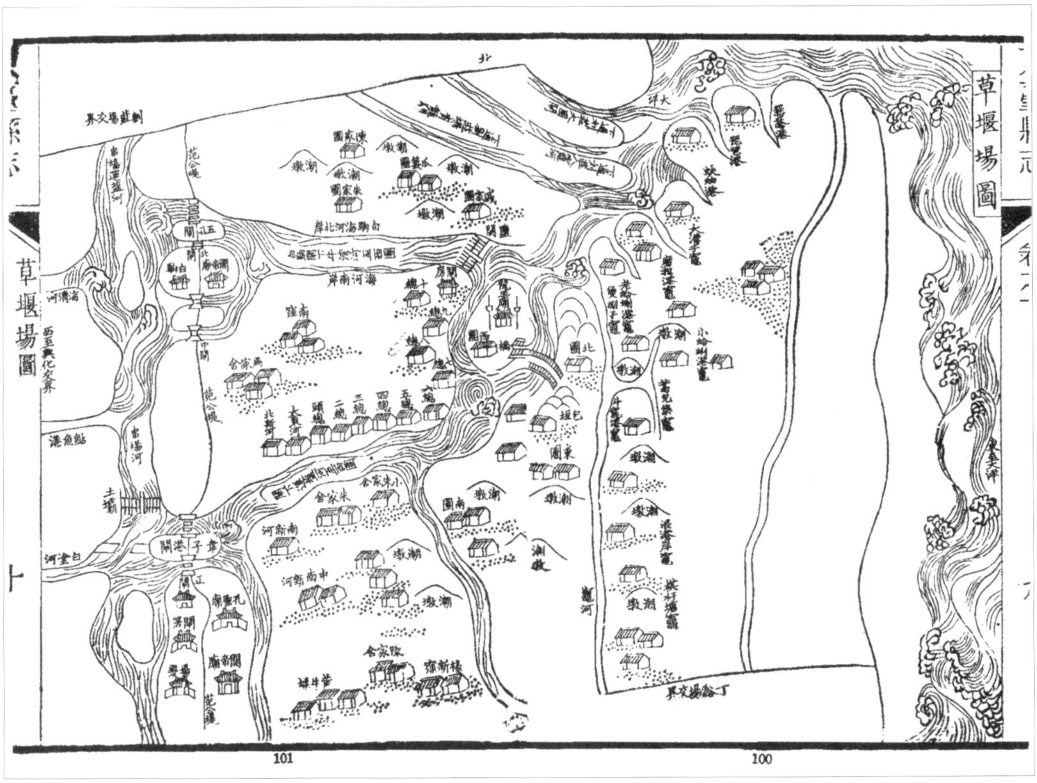

图 6-24 清雍正《东台县志》草堰场图

堰村完全脱离了盐业生产，彻底成为盐业管理、收运、贸易商业和生活中心。场治内部居民以虽有灶籍而不从事制盐的“水乡灶户”为主，另有一定数量的盐商和外来流寓人口。受“洪武赶散”和朱元璋报复张士诚的影响，草堰的水乡灶户大多是明初由苏州地区迁来。在明代“引法”“纲法”盐业制度的影响下，草堰的盐商主要是驻场收盐的徽歙籍内商，以及拆包分销本地的土商，他们置办房产，结交官员士绅，一定程度上带动了草堰的市镇建设和商业、服务业发展，但其实力远低于常驻扬州、淮安等盐运枢纽城市的“窝商”和“水商”，所以草堰的市镇建设和商业繁华程度也远低于扬州、淮安等地。此外，尚有一定数量从事盐业以外一般商业服务业的商人，如《小海场新志》记载明代三里街“厦屋渠渠，开典当者七家，富庶甲于诸场”，其中定居草堰的高邮籍富商宗时泰“农末兼资，丝粟罔漏，久之资累巨万，良田美屋……富擅三十场之冠，虽扬州之豪商巨贾，亦告贷其门”。繁荣的商业带动市镇建设，使得明代的草堰已经形成了今日的市镇规模。

清代海岸线持续东迁，许多盐场因管理不便而合并，草堰的行政建制也发生了变化，并最终导致了草堰村与盐业的完全脱离。清初承袭明制，草堰村设有草堰和小海二场场治。乾隆元年（1736 年）白驹场并入草堰场，乾隆十一年（1746 年）丁溪场治东移五十里迁至沈灶，乾隆三十一年（1766 年）小海场治东移五十里至小海团（今小海镇），草堰成为范公堤沿线草堰、小海、丁溪、白驹四场的中心。乾隆三十三年（1768 年）新设东台县，草堰镇归东台县管辖。咸丰十一年（1861 年）草堰场治北移五十里至西团（今西团镇）。至此，草堰已经不再是淮盐场治，除了串场河仍是盐业运输通道外，与盐业已无直接关联，完全成为东台县的一个普通村镇。

清代草堰市镇发展有三大有利条件。一是人口大量增长，明嘉靖时草堰和小海两场总人口数为 5717 人，到清康熙时达到 13940 人，清乾隆十三年达到 21955 人，作为两场治所驻地的草堰村必然人口倍增，加之此后白驹、丁溪、小海三场撤并，也推动了各场人口沿范公堤向草堰

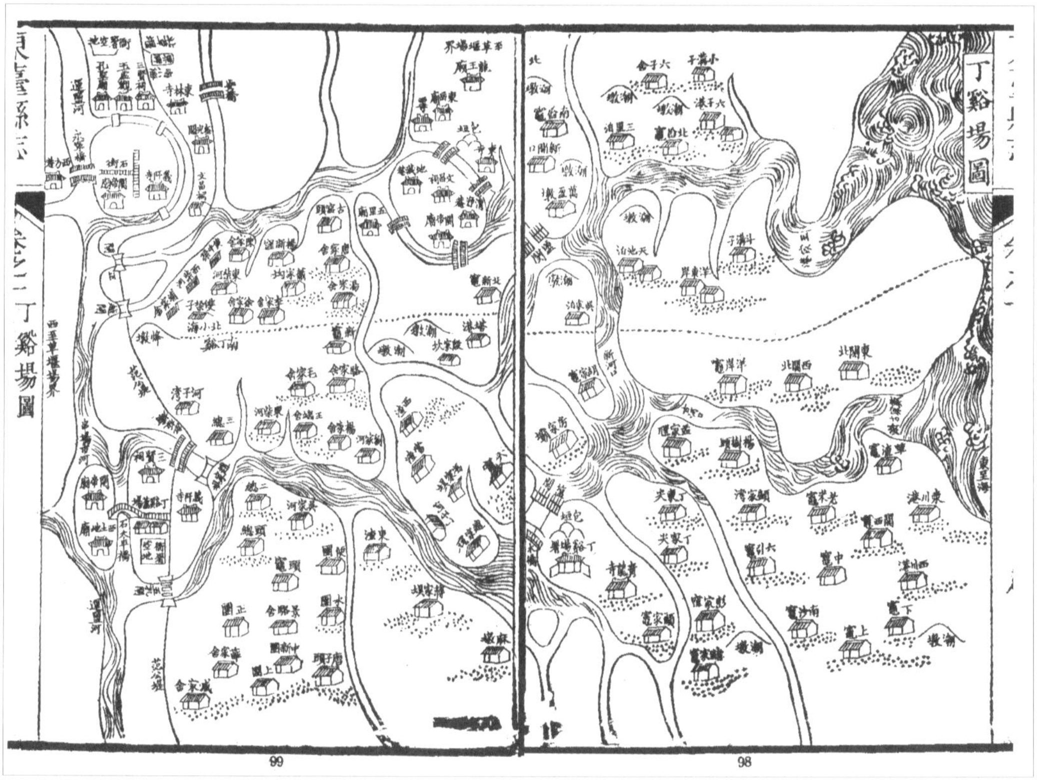

图 6-25 清雍正《东台县志》丁溪场图（左上为草堰）

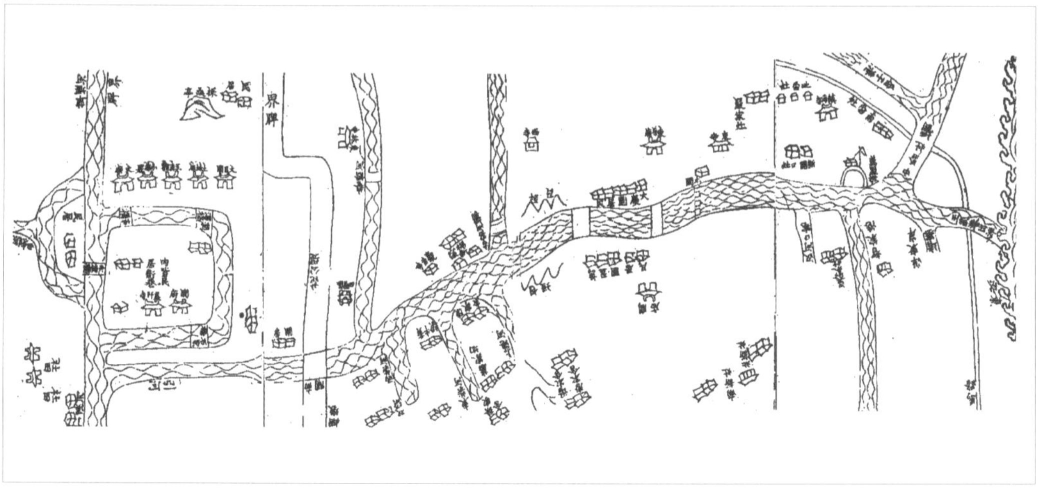

图 6-26 清乾隆《小海场新志》小海场全图

的集聚；二是盐业制度继承了明代的“纲法”，盐商地位得以提高；三是雍正以后盐场大使的职别也得到提高，从明代由不入流、无品级的吏员充任，改为以从七品、七品官员出任，管理范围和权限得到提升 。因此，清代草堰市镇规模得到一定程度的拓展，尤其是玉带河西岸得到较大发展，成为稠密的居民区。但由于明嘉靖至清代草堰“屡遭潮变，人畜为鱼，家室荡于洪流”，商业繁华和经济富庶程度整体上低于嘉靖以前。乾隆年间“寥寥数店，所货卖者，琐碎微物”，只有明代遗留的房屋“高阁危坦，耸然杰峙”，可证嘉靖前的富庶景象（图 6-24、图 6-25、图 6-26）。

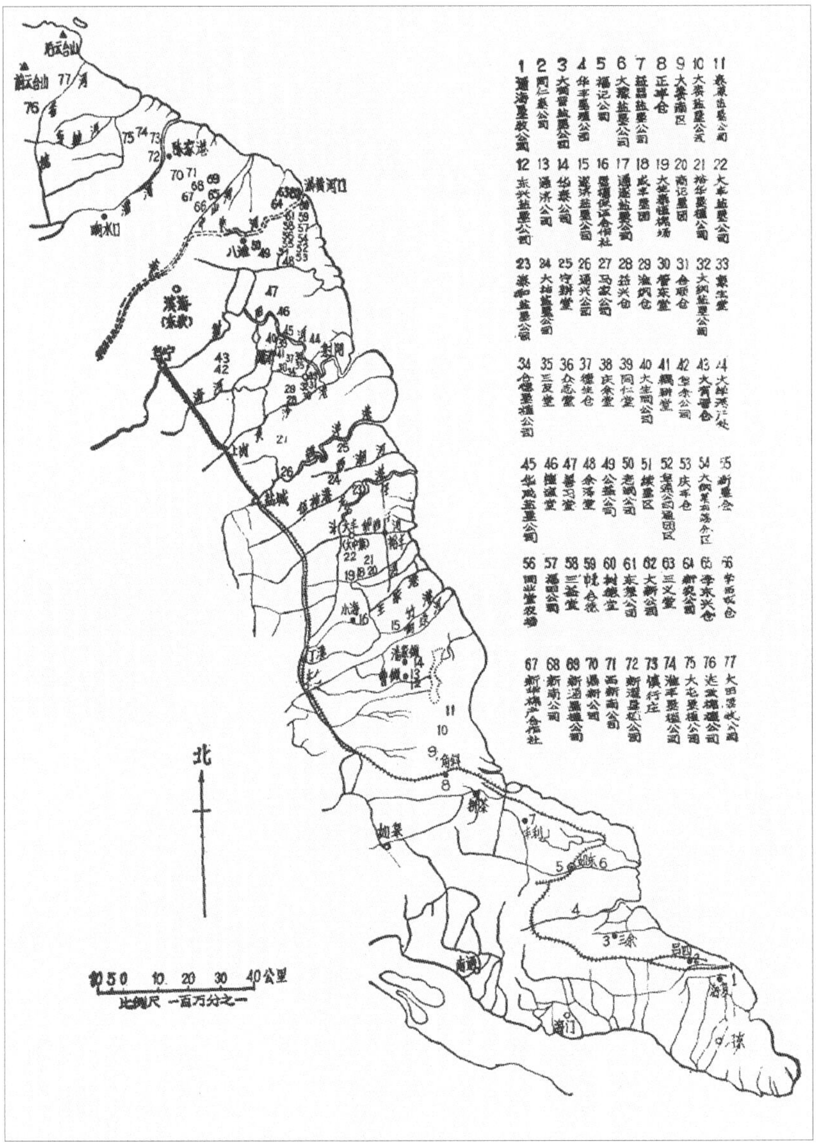

图6-27 民国苏北盐垦区各公司位置图（摘自：《苏北盐垦史初稿》）

（4）废灶兴垦：民国最终完成盐业向农业的彻底转型

东汉直至清末，草堰的主要产业是盐业。但自明代初年开始，草堰的农业就已经以灶民个体私垦的形式出现，并最终在民国以大规模的“废灶兴垦”运动彻底取代了盐业。明初允许灶民在保证制盐定额之余，在灶田内从事农业生产并交纳田赋，灶田以外的滩涂荡地亦允许少量开垦为农田且无需升科（即交纳赋税）。至明嘉靖时，草堰、小海两场分别有灶田 1329 亩和 1682 亩，分别纳赋麦 51 石和 49 石，豆 78 石和 120 石，米 5 石（草堰无米）。随着海岸东迁，原有盐场逐渐熟化，制盐效率低下，大量草荡被开垦为收益更高的农田，并自明正德间正常“升科纳粮”。万历时，“草堰场东西南北四团并四十总，开垦逃亡草荡十万亩有奇”，占到明初草荡定额的一半，以致对盐业生产造成严重威胁。

清康熙时期，朝廷为保证盐赋而严禁私垦荡草。但草堰等各盐场大使出于各种考虑，往往网开一面。如乾隆四年小海场大使林正清云：“盐场专以产草供煎，定例不许开垦。本场近水之乡，间有垦种二麦，亦灶下私情，不敢公然报垦。一恐违定例，一恐潮水骤长，仍然草宅，不能常据为麦田也。又本场从

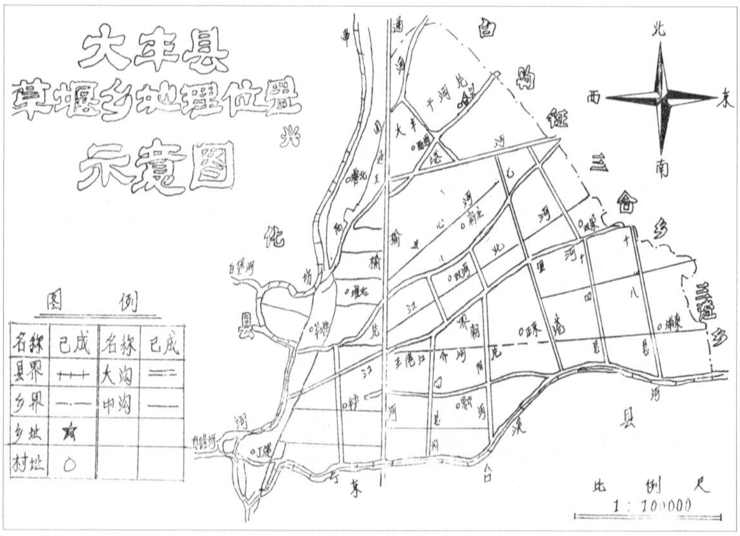

图 6-28 1983 年草堰乡和草堰村示意图（摘自：《草堰乡志》）

无水田，间有种稻者，则系籼稻，种在高地，听其生长，收成甚薄，故由，单内无报垦之田。”

清末国势日衰，为增加财政收入、解决民灶相争、发展棉纺等近代工业，新兴、伍佑两场于光绪二十五年（1899 年）率先放垦。1914 年，张謇出任北京政府农林工商总长，推动颁布《垦荒章程》，规定“范堤以西，原额灶地、草荡，一律放垦；范堤以东，卤气净尽者、卤气已淡者，一律放垦；各场废亭、废墩、仓基，一律放垦”。此后，草堰和其他淮南盐场全部废灶兴垦，由盐业为主转型为以棉麦两熟农业为主。

此后，周扶九、张謇等人创办的大丰盐垦公司于 1917 年收购草堰场的全部灶区，南以小洋河、东洋河与原小海场为界，北至斗龙港下游与伍佑场分界，西以斗龙港与原刘庄场分界，东迄于海，有荡地 112 万亩，实占地 85 万亩 ，规划面积之大、投入资金之多，为淮南盐垦区各盐垦公司之冠（图 6-27）。场治位于西团的草堰场直至 1941 年才完全取消。1979 年草堰镇又在沿海兴办现代小型盐场并一度年产千吨 。但上述盐垦均在今草堰镇的沿海地带，与草堰村已无直接联系。

民国元年（1912 年）实行市乡制，草堰和丁溪因商业发达而设为草堰市和丁溪市，设参议会和董事会管理。民国十六年（1927 年），改设行政局管理；十八年（1929 年）改行区乡闾邻制（五户为一邻，五邻为一闾，四五十闾为一乡），草堰为东台县第九区（区公所先后在西团和小海）草堰乡所在地。民国二十一年（1932 年），兴化、东台两县定界，将串场河以东、草堰夹河以西的土地划归兴化县，草堰分属两县管理。民国二十二年（1933 年），改为保甲制（十户为甲，十甲为保，设保长和甲长），草堰设 6 个保。民国二十四年（1935 年），草堰夹河以东改为草堰镇，属东台，夹河以西改称堰西镇，属兴化。

1938 年草堰沦陷，1939 年国民党江苏省政府迁至东台，草堰成为临近省府的要地，在前草堰乡村师范旧址上开办江苏省行政干部训练团。抗战和解放战争期间，草堰行政建制变化频仍，1942 年从东台分设台北县（后一度取消，1951 年改名大丰县），草堰属台北县下辖草堰区，草堰村为区公所驻地。解放后虽然行政建制多变，但草堰村一直是草堰镇、区、乡、公社的行政中心（图 6-28）。

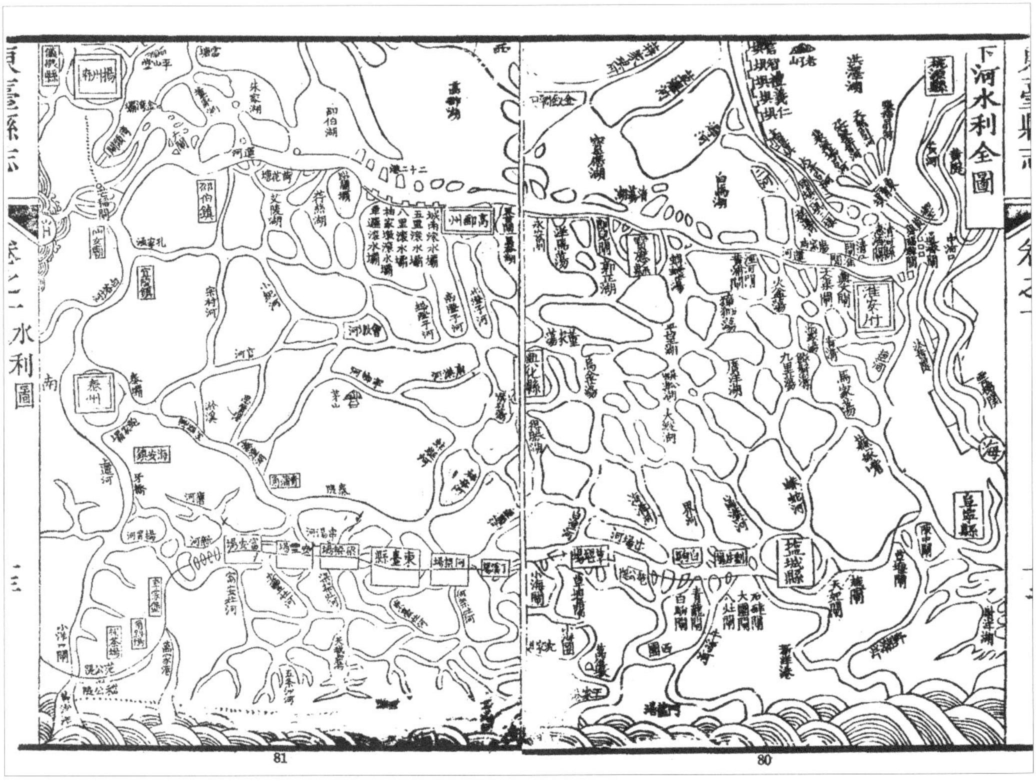

图 6-29 清嘉庆《东台县志》下河水利全图

3. 村落格局——水绕堤环，街巷委然

（1）范堤河闸：行盐泄洪的水利交通工程

范公堤修筑时，海岸仅在堤东 2 ～ 3 里，黄河尚未夺淮，闸坝较为简单，数量少且闸口较小。南宋黄河夺淮后，海岸逐渐东移，范堤原来的防御海潮的功能逐渐衰退，防洪排涝的功能日益凸显。

明孝宗弘治八年（1495 年）黄河全流夺淮后，黄河泥沙淤积对运河漕运的威胁与日俱增。万历六年（1578 年），漕督潘季驯“蓄清刷黄”，高筑洪泽湖堤（高家堰），蓄淮水冲刷黄河泥沙以保障漕运。洪泽湖水位提高，对包括草堰、丁溪在内的串场河（即习称的“下河”）沿线防洪排涝造成了巨大的压力。为此，明万历十九年（1591 年），重建小海正闸、草堰正闸（即苇子港闸）为双孔石闸，重建丁溪闸为五孔石闸。

清代延续“蓄清刷黄”思路，洪泽湖水日益壅高，汛期常因湖堤溃决而影响漕运，并造成下河地区汪洋水患。为了及时排除汛期的洪泽湖水，康熙十九年（1680 年）开始，靳辅先后主持新建归海和归江减水坝，归海坝后来逐步稳定为高邮的南关坝、新坝、中坝、车逻坝和江都的昭关坝等“归海五坝”，启坝时洪泽湖水由高邮澄子河等经得胜湖、乌金荡下泄至白涂河、海沟河、蚌蜒河并汇入串场河，经范公堤诸闸下引河入海。草堰位于澄子河、白涂河首当其冲的下游，行洪压力极大（图 6-29）。为此，康熙三十一年（1692 年）重修草堰闸和丁溪闸，雍正七年（1729 年）改建小海正闸和草堰正闸，乾隆十三年（1748 年）重修丁溪闸，并新建两孔草堰越闸和小海越闸，并设闸署负责启闭和管理。至此，草堰境内范堤五闸全部定型（图 6-30、图 6-31）。

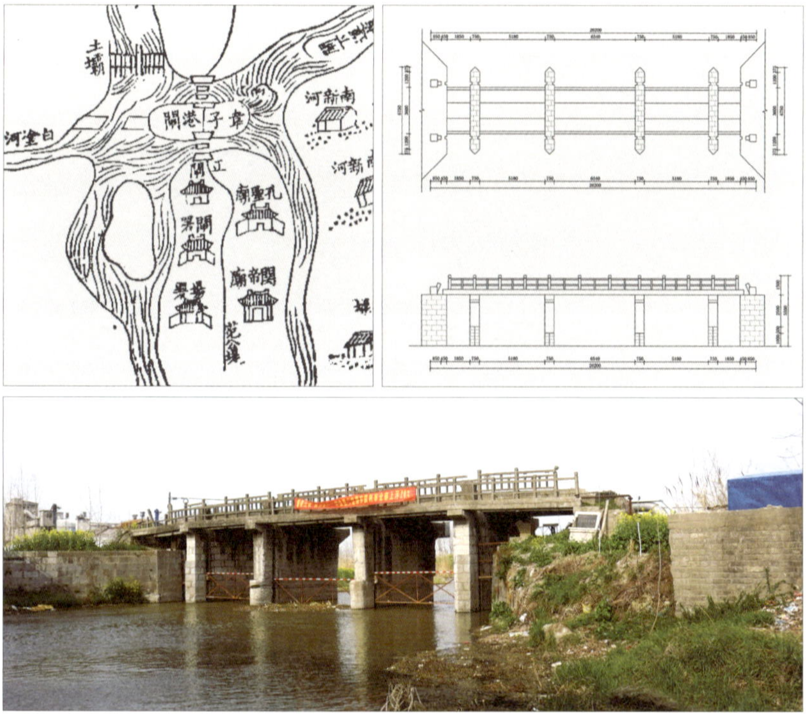
图 6-30 清雍正《东台县志》草堰正越闸图（今北闸及北越闸），及北越闸现状测绘图和照片

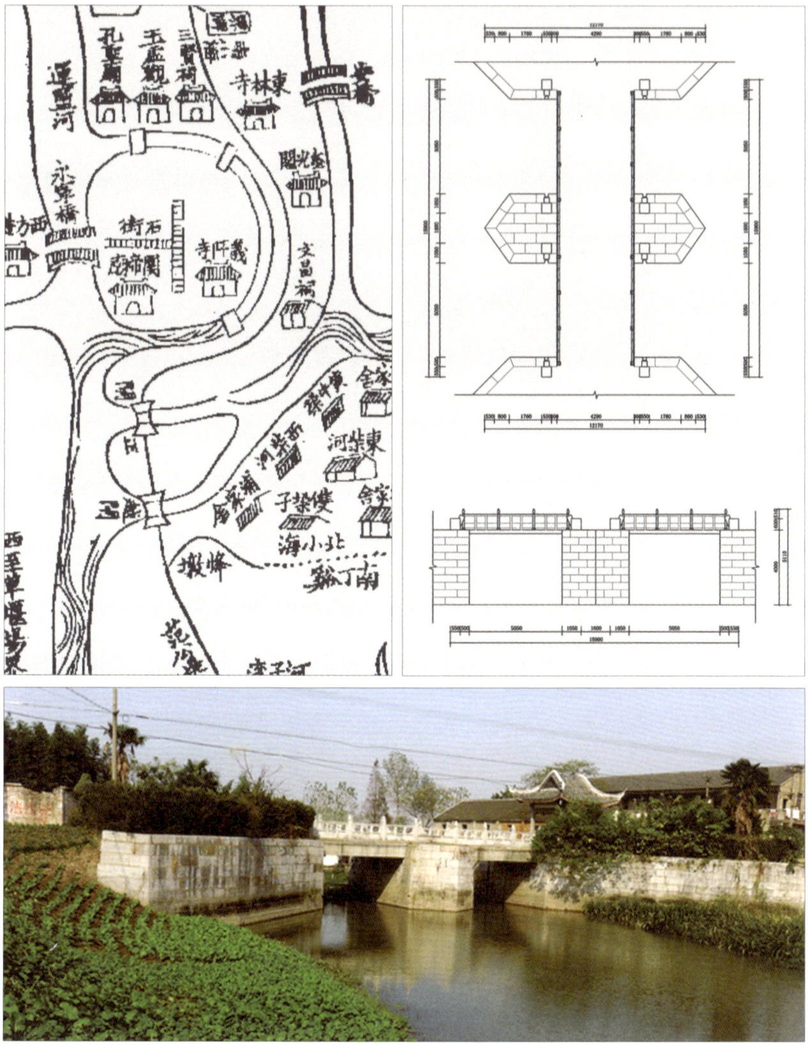
图 6-31 清雍正《东台县志》小海正越闸（今草堰南闸、鸳鸯闸），鸳鸯北闸现状测绘图和照片

图 6-32 草堰范公堤现状

与此同时，范公堤以东各闸下引河（即灶河）的疏浚也日益受到重视，丁溪河（又名丁溪闸下引河、丁溪灶河）、小海河（又名老王港河、小海闸下引河、小海灶河）、西团河（又名草堰北闸下引河、草堰灶河、五十里河）先后疏浚、改建，“输赋载薪，全藉灶河”，既是运出盐草、运回食粮等生活必需品的主要通道，也是范公堤以西诸水排洪归海的主要通道。各场界之间其他河道以土坝阻隔，互不相通，以控制各场盐斤，防止私运。

此外，串场河作为串联各盐场的运盐主航道（史称“官河”），同时也是联系各闸水系的行洪通道，在明清两代也得到了持续的疏浚、拓宽。

近代以后，串场河和范公堤仍保持其水陆交通干道的地位。串场河在解放初期至 1972 年曾设有轮船站，开通盐城高港班、盐城无锡班、大丰南通班和兴化东台班客轮。范公堤从东台富安到阜宁射阳河南岸于 1937 年被利用为老通榆公路的路基，路宽即为堤顶宽度，土路面狭窄且坑洼不平。1960 年代拓宽并铺设砂石路面，成为联系徐州、盐城和南通地区的通榆公路（又称老 204 国道），1983 年通榆公路再次改造升级为新 204 国道，改从村东侧绕越。在此过程中，草堰南闸至丁溪一段约两公里的宋代范公堤得以幸存至今，成为范公堤全线除阜宁范公堤首以外的唯一遗存。草堰范公堤沿线的五座石闸虽经道路建设而局部破坏，但各闸的闸基、闸洞至今大部分保存，也是古代范公堤全线 17 闸中仅有的遗存（图 6-32）。

需要说明的是，草堰范堤五闸、串场河、闸下引河虽然发挥了不可忽视的行洪减灾功能，但淮河和洪泽湖水患在明清两代尤其是清代后期十分频仍，对下河地区造成了极大破坏。民国时期蒋介石亲任导淮委员会委员长治理淮河，但半途而废。直到新中国成立后的 1950 年，在毛泽东的亲自批示下开始规模宏大的淮河治理工程，陆续开挖了苏北灌溉总渠等入海水道和芒稻河等入江水道，才彻底解决淮河水患问题，保证了包括草堰在内的下河地区安居乐业。

（2）玉带环抱：风水完固的河道桥梁

玉带河是草堰的环形内河，在明天启年间已称古迹，“不知其始自何时”。笔者根据宋代范公堤修筑时从玉带河以东绕越以防海潮入侵，串场河与玉带河西段连通以通盐运的事实，推测玉带河应是汉唐时期盐亭、盐灶周边起泄洪、排涝作用的环形沟渠。北宋初在盐亭基础上设南八游盐场，到范公堤开凿时玉带河两岸已经形成有一定规模的盐业生产和管理聚落。南宋黄河夺淮导致治、

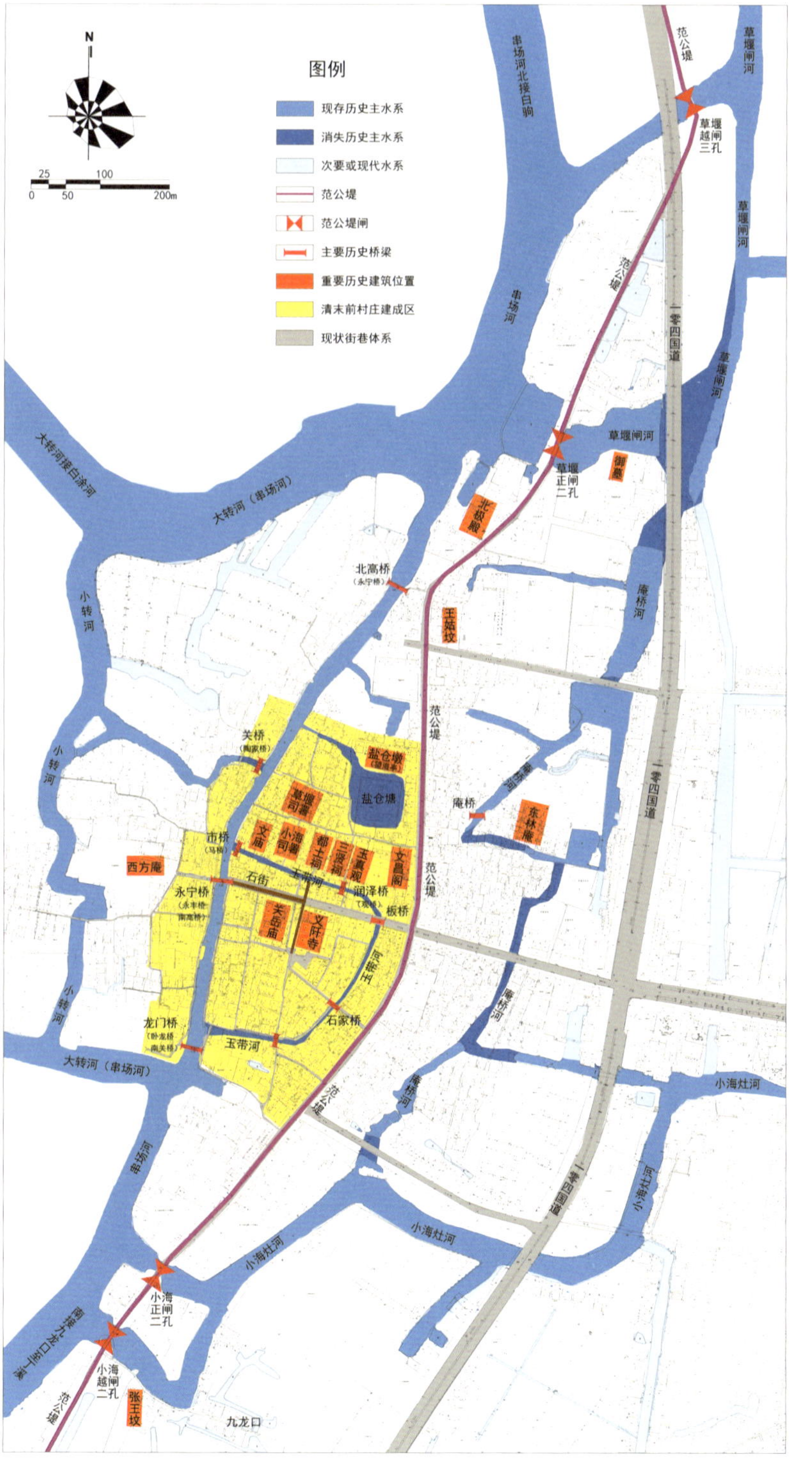

图 6-33 草堰明清历史格局推测图（自绘）

灶分离，盐灶等盐业生产设施迁往范公堤以东，玉带河两岸逐渐以居民和少量的盐业管理设施为主。

玉带河在明代又称市河，两岸应已有较为稠密的市井。对比明清舆图和现代地形图，结合现状地形高程分析，玉带河西段即为今日的夹沟（现代又称龙溪河），北段为今马桥巷一线，东段和南段为今文明巷一线（图 6-33）。环形玉带河以内以民居街巷为主，并建有侯官庙、五圣庙和关王庙。

受人杰地灵观念和风水学说的影响，环形的玉带河被赋予了“玉带缠腰”的吉祥寓意，成为文脉的象征，明清两代屡塞屡浚。明代天启四年（1624 年）

户部主事李思敬疏浚淤塞的玉带河后，作《玉带河记》云：“此河之通塞，尤系人事之荣枯，遥窥先世之风，地灵人杰，名多雅驯，科第云仍，为诸场冠。嗟乎，数十年来，斯文如丧，每访之堪舆家，莫不云人文阻扼，是由此河之淤塞也。”清乾隆时，玉带河的西、南、东三段再度淤塞，《小海场新志》作者、盐场大使林正清认为，“文庙署宇皆临（玉带）河，上有三桥，血脉流通，风水完固，富足之征，亦人文之兆也”，故倡议再次疏通（图 6-34、图 6-35）。

至清嘉庆间草堰场治迁往西团，玉带河因疏于管理又逐渐淤塞，并因滋生蚊蝇恶臭，至清末时已被填埋为街巷。但玉带河西段（即夹沟），作为串场河的组成部分而得到持续的维护与疏浚，是官方运盐和民间客商出入的主要通道，两岸商业繁荣、店铺林立，得以保存至今。

在桥梁建设方面，明清史料和舆图中草堰最重要的桥梁主要有四座，一是横跨官河（即玉带河西段，今夹沟）、连接村东西主街的东西向永宁桥（明代称永安桥，清称永宁桥，俗称南高桥，1977 年改建为水泥梁式桥，原麻黄石拱桥桥身移建至原北高桥南）；二是在玉带河（即市河）南段西口、联系南侧居民商业区和北侧公署区的南北向市桥（又称马桥，现已无存）；三是玉带河南段东口正对玉虚观的润泽桥（又称观桥，现已无存）；四是位于玉带河东北段的石家桥（现已无存）。官河上的其他桥梁还包括：南口龙门桥（明代称南关桥，清《东台县志》称龙门桥、卧龙桥，即刘裕避兵处，现存桥梁为 1935 年所建钢筋水泥西式桥，村民俗呼为“洋桥”），官河北口的北高桥（明称永宁桥，清称北桥、北高桥，1935 年重建，解放后拆除仅存条石数块）。此外，还有官河西侧与原九里港交汇口的明代水关桥（疑即清代董家桥）、市河上的陶家桥，以

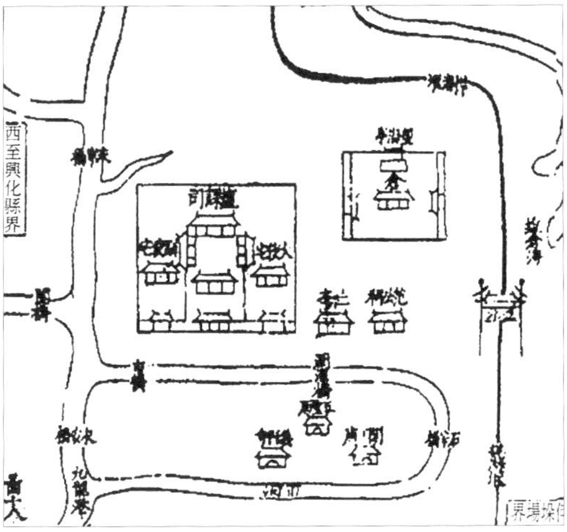

图 6-34《嘉靖两淮盐法志》草堰场图中的草堰历史格局

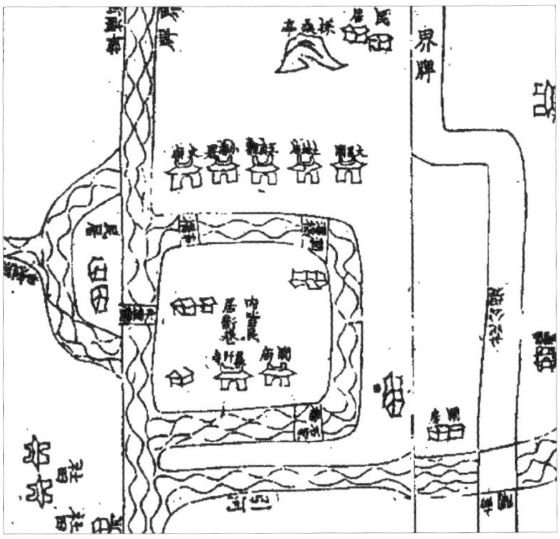

图 6-35 清乾隆《小海场新志》中的草堰历史格局

及范公堤以东的庵桥（即东寺桥）、牛桥等。目前，草堰村内仅有官河上的民国龙门桥和移建的古永宁桥保存尚好，其余古桥梁或仅存遗址，或连位置都无法确定。另有位于草堰村以南七里丁溪村夹沟上的古庆丰桥，宋代始建、明代重修，至今保存较为完好，也是淮南盐场治所村镇始于宋代的重要见证之一（图 6-36、图 6-37、图 6-38）。

图 6-36 从新永宁桥南望夹河（2013 年）

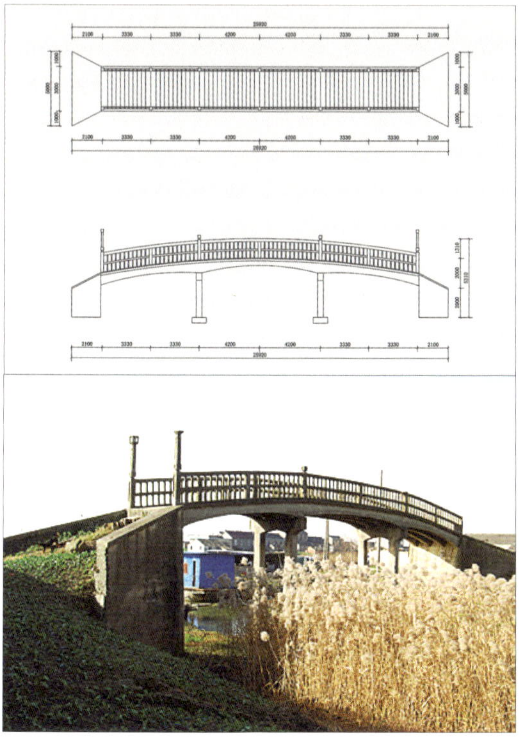

图 6-37 民国龙门桥现状测绘图和照片

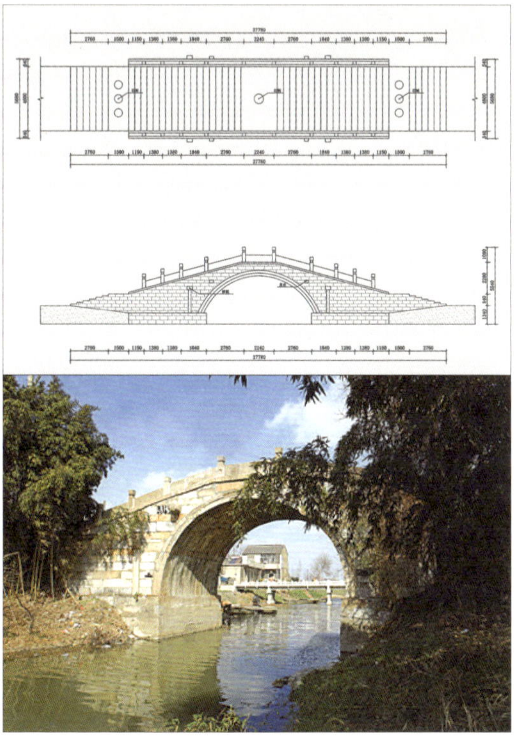

图 6-38 迁建后古永宁桥现状测绘图和照片

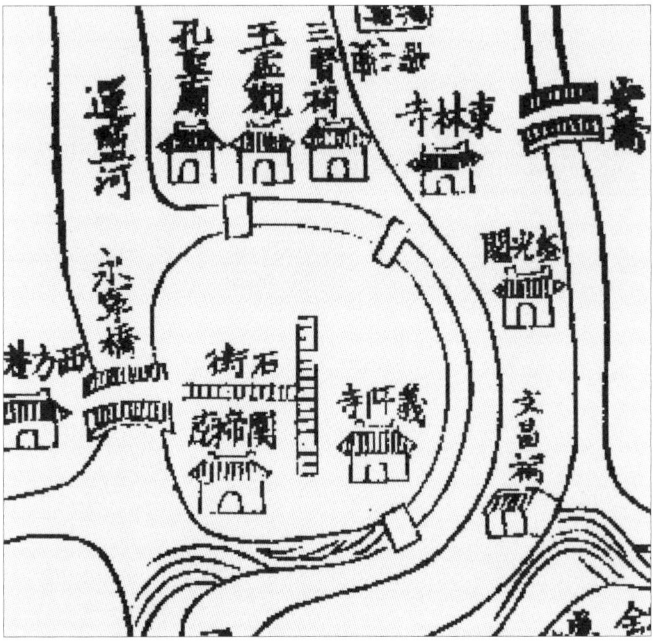

图 6-39 清雍正《东台县志》草堰街巷格局

（3）街巷委然：市井繁华的街巷格局

据推测草堰聚落可能起源于南北朝时期，宋元时期因场治所在已经民居稠密，但史料中关于草堰街巷的记载最早只见明弘治《两淮运司志》，仅提及小海场社学位于场东街，且具体位置今日已无法考证，也不见于明代相关舆图。因此，本文对街巷格局的研究主要以清《小海场新志》《东台县志》等文献舆图为准。

清代的草堰人口大量增长，不仅玉带河内皆民居街巷，“人居稠密”，玉带河外围四周也已遍布民居祠寺，“虽蕞尔地，亦委巷纵横”，今日草堰街巷体系完全形成。以嘉庆《东台县志》草堰场图所示，当时最主要的商业街道呈“丁”字形，其中东西向的主街名为“中街”，西接夹沟上的永宁桥连通沟西的西方庵，因全用黄麻石铺砌又称“石街”，后经多次拓宽，至今仍是草堰村东西向主要街道；与中街东端垂直相接的南北向街道，大致即今日文庙巷、剧场巷一线，中段因解放后修建草堰大会堂而略有扭转（图 6-39）。

范公堤从南闸到北极殿一段是陆路主要通道，因商业较为繁华，长度约 3 里，故称为“三里街”。1937 年沿范公堤修筑公路时略有拓宽，解放后又新修加宽为通榆公路（又称老 204 国道），1983 年 204 国道改从村东侧绕越后，此街成为镇内部主要南北向机动车道，并向北一直延伸到丁溪，总长 7 里，又称“七里街”。夹沟东西两侧的沿河街道虽未见历史文献的具体记载，但由于是出入串场河的主要通道，据《草堰乡志》记载，两岸店铺林立，村中故老俗称“跑马街”，或与沿河东街中段有马桥横跨南玉带河口有关。目前草堰遗存的传统建筑主要集中在夹沟东西两侧，其中在今永宁桥北、夹沟西岸还保存有一段临河而建的河房，可窥当年两岸繁华之一斑（图 6-40）。

此外，见于《小海场新志》的街巷还有位于小海场司署南侧的谢家巷、蔡家巷，东南侧的钱家巷、鲜鱼巷，东侧的东巷、唐家巷、宗家巷，北侧的孙家巷和东北侧的凌家巷。时至今日，这些 270 多年前的支巷名称已经荡然无存，现在风貌保存较好的太平巷之名未见于古代文献，现有的钱家巷也并非当时的位置，难以还原其准确的位置和格局，不禁令人有沧桑之叹（图 6-41 、图 6-42）。

水井是街巷格局的重要组成部分。宋代以前的草堰紧邻海滨，河水通海难以饮用，故饮用水主要靠地下深处的井水，由于当时凿井数量较少，故设有供无井居民公用的“义井”。草堰村内至今保留着一口宋代义井，据传清嘉庆六年（1801 年）李汝璜任草堰场大使，其胞弟李汝珍用此井水研磨写成了《镜花缘》的前半部书稿，其中许多内容都与盐场有关。明代以后草堰村内水井数

① 图 6-40 夹沟古河房遗存现状
② 图 6-41 太平巷现状
③ 图 6-42 袁家巷现状

图 6-43 太平巷宋代义井（引自《盐城晚报》）

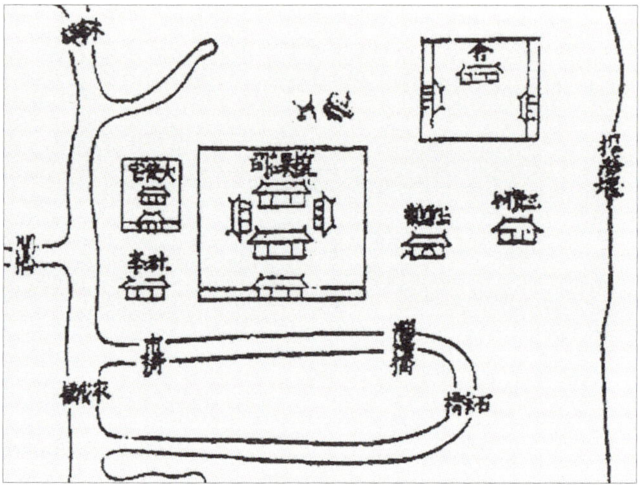

图 6-44 《嘉靖两淮盐法志》小海场治图

量大增，呈星罗棋布之态，传说是由于明初刘伯温在草堰凿井 72 口以泄张士诚的王气，客观分析可能是由于明代海岸东移，地下水盐分降低，凿井饮用较为便利所致。1985 年草堰乡志编纂时调查草堰和丁溪仍有 108 口古井，其中 60 口当时仍可饮用。目前，草堰仍有各历史时期开凿的古井 54 口，其中宋代义井（图 6-43）、宋关岳庙井、明西方庵井和真际庵井已被列入大丰市文物保护单位。

（4）公署廨宇：盐场管理机构建设

草堰有文献依据的盐场疆界和公署建设始于明代。元末至正二十六年（1366 年），朱元璋攻取包括草堰、丁溪和小海场在内的泰州、淮安盐区，各场设盐课司，场官初名勾管，洪武十八年（1385 年）改为百夫长，二十五年（1392 年）改为场大使，属泰州分司下辖的淮南中十场。与此同时，三场的民籍考试均隶属兴化。

草堰、小海、丁溪三场疆界沿范公堤自北向南毗连排列，其西界均至范公堤，东均至大海，南北以范公堤上的闸和闸下引河（又名灶河）为界，草堰闸和白驹闸之间为草堰场，小海闸（今草堰南闸）和草堰闸（今草堰北闸）之间为小海场，丁溪闸和小海闸之间为丁溪场。明代的小海场和草堰场的场治（即盐课司公署所在地）均在今草堰村，两场衙署和民居错综杂处，难以截然区分。

明代小海盐课司公署和草堰盐课司公署均位于草堰村玉带河（今马桥巷一线）以北，二者于洪武二十五年（1392 年）同时创立。草堰公署在北，大使李思贤创立，有正厅、后堂和东西厢房各三间，另有厨房、耳房、监房各一间，赈济仓东西十三间，弘治二年（1489 年）分司徐鹏举重修，名其后堂曰“槐堂”；小海公署在南，

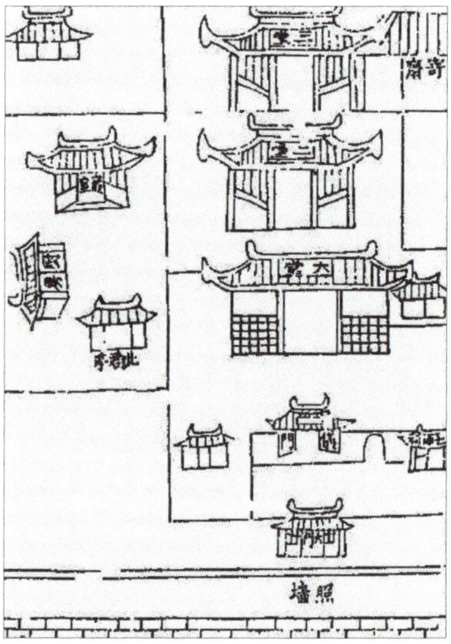

图 6-45 乾隆《小海场新志》小海司署图

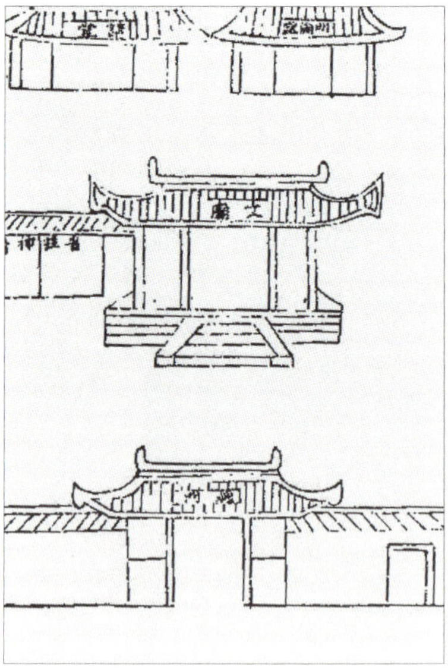

图 6-46 清乾隆《小海场新志》小海文庙图

紧靠玉带河北，大使王孝义创立时仅有草房正厅三间，厨房两间，赈济仓五间，景泰五年（1454 年）大使魏吴修瓦房十二间，后分司徐鹏举重修，名其后堂曰“槐阴”（图 6-44），万历四十八年（1620 年）大使屠存仁又重建。二者相互独立，周边各自设有大使宅、副使宅、社学等一套管理机构。两场盐仓均集中在场东北（今草堰中学内），共用与串场河、市河相通的盐仓塘（今草堰中学操场），其中草堰盐仓内还筑有土山，山上有望海亭一座。

清代，草堰场公署于康熙十年（1671 年）经大使孙世德重修，二十八年（1689 年）复毁于潮患，南迁至草堰场中赁居民房杂处，其位置即今草堰大会堂西，本地居民俗称的“南衙”（《草堰乡志》认为此地为小海场治而玉带河北为草堰场治，与乾隆《小海新志》小海场治位于玉带河北明显不符，且小海场未见迁址记载，故笔者认为《草堰乡志》存在二场场治位置颠倒之误）。乾隆二十八年（1763 年），大使都月桂在玉带河北旧址上重新改建草堰司署，六十年（1795 年）大使黄明重修，故嘉庆《东台县志》中草堰司署仍在原址。清咸丰草堰场移治西团后逐渐废弃，解放后废为民居。

紧邻玉带河北的小海场盐课司署、察院行署、盐仓在清乾隆年间曾经尽皆圮废，乾隆十年（1745 年）场大使林正清简单修复盐课司署以满足迫切的办公要求（图 6-45）。乾隆三十一年（1766 年）小海场治东移至小海团后，小海场署逐渐荒废为空地，故在嘉庆《东台县志》中标为衙署空地。清末以后，小海场署旧址也逐渐为新建民居所占。

（5）社学文庙：文化教育事业发展

明代草堰和小海两场历任大使都高度重视教育和文化事业。明弘治二年（1489 年），泰州盐运判官徐鹏举在所辖 10 个盐场分别设置社学，草堰、小海社学始建，均位于盐课司公署以东，南临玉带河，并设有临河牌坊 。场大使一面延请儒师讲学，一面重视文化建设，组织学者品题“草堰八景”和“小海八景”，单一风和袁三余分别写有《小海八景》和《草堰八景》诗 。由于两场官舍和居民均错综杂处，所以二者八景实际相同，只是名称略有差异。二场八景的名称和实际景点如下：“东梵晨钟”指明初距离村东十五里滨海而建的东林寺；“西原夕照”指串场河两道越河之间的大片红柴地；“南浦春云”指草堰闸南诸水汇聚的九龙口；“北桥秋月”指夹河北端的石拱桥北高桥；“天池鱼鸟”指明初村东近海的池塘大坝塘；“望海山亭”指草堰场盐仓墩上的望海山亭；“朱泊渔灯”指串场河西北三岔港；“范堤牧笛”指范公堤。

清雍正七年（1729 年），草堰大使曹辰宗将小海社学旧址和周边部分民居改建为文庙，成为草堰、小海“二场士子瞻仰之地”（图 6-46）。由于淮南三十盐场“以地附州县，不立庙祀”，除了东台、石港因“分司驻扎其地”而建有文庙外，其他盐场均不设文庙。因此，草堰文庙可谓特例。

此外，对文化教育的重视还体现在与风水学说相结合的水利建设中。除了上文提及的疏浚玉带河以通文脉外，明天启五年（1625 年），御史陆世课疏浚草堰村范公堤以东的便民河，其目的除了方便盐民“输赋载薪”外，“以培文脉”也是其主要目的之一。

由于对教育和文化重视，明代草堰、小海、丁溪三场先后有进士 11 人、举人 9 人、贡生 23 人、监生 12 人，其中包括配享泰州学派王艮弟子、配享泰州崇儒祠的朱恕，洪武年间刑部尚书冯凉，景泰年间东阁大学士、工部尚书高谷等大儒名宦。文风之盛，不仅居诸盐场之冠，也远超一般乡镇。相比之下，清代只有进士 2 人、贡生 2 人、监生 6 人、举人 1 人、廪生 3 人。明清对比，结合前述玉带河变迁，可知水脉文风、地灵人杰之说并非尽皆虚妄。用唯物主义的观点分析，水系通塞的背后反映了政府公共管理的能力，这种能力也必然影响到文化教育事业。

图 6-47 民国关岳庙门额（现存草堰竹溪碑廊）

（6）寺观宗祠：地缘村落的宗教社会

草堰不同于中国古代以单一或少数家族为主的传统血缘村落，而是以盐业、盐场为中心形成的业缘和地缘村落，决定其在宗教信仰、人口构成等方面具有多元性的特点。

宋元时期，草堰已有一定数量的祠庙建筑，以当时流行的道教寺观为主，其中有据可查的包括：宋乾德六年（968 年）丁溪义阡寺（东寺庙）、咸平元年（998 年）丁溪崇真观、天禧二年（1018 年）草堰玉虚观、元至正年间（1341 年至 1350 年）的草堰义阡寺（今草堰大会堂西），相传建于宋代而年代不详的草堰东岳庙、海慧庵、文昌宫、华佗庙，以及元末张士诚起义的北极殿。其中丁溪天王庙以镇海潮为目的，反映了草堰的滨海区位及盐业生产职能。明代又新增北极殿关王庙（民国改称关岳庙）（图 6-47）、范公祠、五圣庙、南茶庵、北茶庵、都土地庙、三贤祠、火神庙、四义祠、东林庵、观音院等寺观建筑，遍布玉带河以东。清代草堰（不含丁溪）新建的宗教庙观主要是位于夹河以西的西方庵和朱贤祠，也是建成区扩大到玉带河西的证据之一，另有若干小土地庙遍布各处。民国时期，1927 年在范公堤东（原乡政府位置）建有信徒较多的天主教堂，在夹河西建有信众较少的耶稣堂，另有介于慈善机构和道门组织之间的拯婴局（今草堰大会堂西）、同善社（今夹河西钱家巷内）。以上草堰的历代庙观虽然数量众多，但绝大多数拆毁于抗日战争和解放战争时期，经历“文化大革命”后更是荡然无存。目前除义阡寺在范公堤以东易址重建外，其他庙观或仅存遗址及大致位置，或根本无法确定其基本方位，连草堰民间广泛流传的“三桥对六庙”一说，也无法确定具体的位置和名称。

在社会人口方面，历代文献的具体记载极少。从《草堰乡志》所记载的宗祠情况看，草堰镇区在明代已经建有李、袁、陈、周、唐氏等五姓宗祠，据称均为“洪武赶散”时从苏州迁来。清代草堰人口大量增加，又新建了余、单、东刘、西刘、钱、陶、董、南朱、北朱、西宗、南宗等 11 座宗祠，

图 6-48 北极殿遗址（左）及易址重建的北极殿（右）现状

也均以苏州为祖籍。至 1964 年，草堰村总人口 541 户、1357 人。草堰众姓杂居反映了其作为业缘和地缘村落的特点，绝大多数姓氏为明初自苏州迁来是“洪武赶散”的结果，且因草堰是张士诚家乡而表现得尤为突出。

（7）吴王故里：张士诚相关文化遗存

元末，草堰发生了张士诚起义的重大历史事件。当时，盐民生活极其贫苦。一方面，政府发放的工本钞（生产本钱）被各级官吏克扣，无力购买生产和生活资料，为完成规定的盐额（生产定额）不仅加倍劳苦，还要向与官吏勾结的富有盐户赊贷，或受其雇佣欺压；另一方面，原本盐民无需承担杂役的待遇被取消，需要承担各种劳役并忍受官吏不公平的“和买”“和雇”。大量的盐民开始逃亡、反抗乃至武装斗争。张士诚原为白驹场（乾隆元年后并入草堰场）以运盐为生的盐民，为谋生计而兼贩私盐，由于不堪盐官压迫，至正十三年（1353 年）与其弟张士义、张士德、张士信及盐贩李伯升等十八人在草堰北极殿起兵反元，不久便攻下泰州、兴化、高邮等江北重镇。至正十四年正月（1354 年）在高邮建国，号大周，自称诚王，以天祐为年号；二十三年（1363 年）在苏州自称吴王；后于至正二十六年（1366 年）在苏州被朱元璋俘获。

张士诚在反元战争中功不可没，并在其统治区内多行善政、礼贤下士，受盐城、泰州和苏州等地人民所敬重，也为草堰留下了浓墨重彩的一笔。

至今，草堰仍有四处与张士诚相关的遗迹。起义的发起地北极殿遗址位于草堰闸西南，已于近年重建（重建时位置迁至草堰闸西北，且与宋元建筑风格不符，实为憾事）（图 6-48）；其弟张士义被丁溪盐场富户刘子仁杀害后安葬的“御墓”遗址位于草堰闸东南；安葬其妹的“王姑墓”遗址位于草堰中学西侧；安葬其父的“张王父墓”遗址位于小海闸南的九龙口。其中前三者均为大丰市文物保护单位。

此外，草堰的非物质文化遗产也大多与张士诚相关，如草堰明代开始每年

图 6-49《草堰龙溪古街历史地段保护规划》之现状建筑年代图

八月十八日举行迎神赛会，表面上供都天大帝张巡，实际是纪念张士诚。古代神佛生日往往每年三次，如关帝生日为正月十三、五月十三和十月十三，观音诞为二月十九、六月十九、九月十九。草堰八月十八举行迎神赛会纪念五月十八生日的张士诚，既符合这一传统，又避开朝廷耳目，其活动一直延续到解放前。目前，以草堰为中心在盐城地区广泛流传的张士诚传说已被列入江苏省非物质文化遗产。

4. 建筑特征——简朴实用，古风犹存

作为淮南盐场治所，草堰村历史上曾有一定的商业规模，明嘉靖前一度“富庶甲于诸场”“科第云仍，为诸场冠”，但在盐业贸易体系中它只是终端盐场，行政建制只相当于村镇，繁华和富庶程度远低于扬州、淮安等盐业中心城市，亦不如盐城、东台等州治、县治城镇。以盐业为主的辛苦劳作，使草堰形成了简朴、彪悍的民风，正如清《小海场新志》云：“美宫室、盛衣服、丰肴馔，多仆从，维扬敝俗也。小海则事事相反，而乔野过甚。”反映在建筑上，草堰民居店铺大多简朴、实用，少有多跨多进的深宅大屋。明代“高阁危坦，耸然杰峙”的建筑在嘉靖后频遭水灾破坏，至乾隆时已所剩无几，至今更是荡然无存。目前，草堰村内民国以前的传统建筑主要集中在夹河两岸（图 6-49），以民居为主，另有少量店铺，除钱氏卷瓦楼及其河对岸的店铺可能建于明后期至清初外，其他均为清中期至民国时期的建筑，其总体特点可以概括为简朴实用、古风犹存。

（1）简洁实用的平面布局

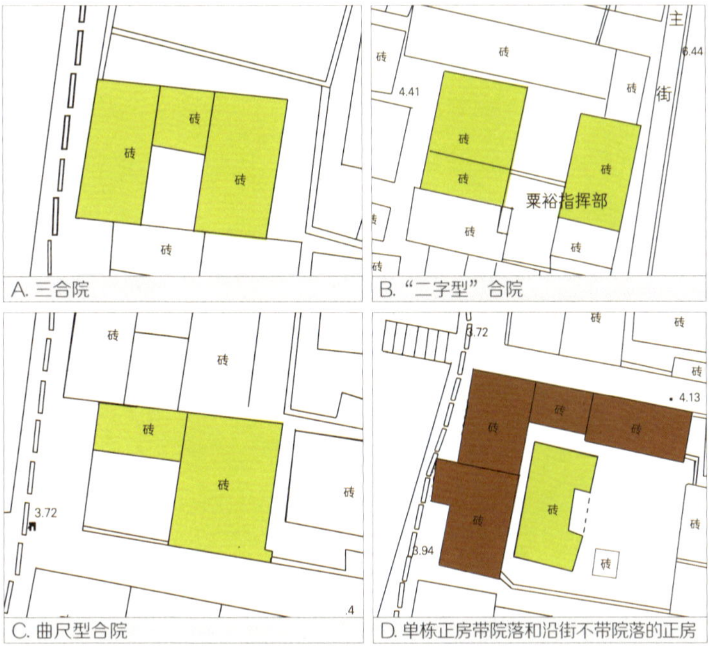

图 6-50 草堰传统民居院落的四种类型

草堰传统民居院落格局十分简单实用，不仅没有深宅大院，甚至没有完整的四合院，只有四种最为简单的院落类型：规模最大的是三合院，其次是前楼后厅、前辅房后正屋且不带厢房的“二字型”合院，再次是正房加一侧厢房的曲尺形院落，最后就是带院落或沿街巷不带院落的单栋建筑（图 6-50）。其中，三合院和“二字型”合院遗存相对数量较少，年代较早。

草堰传统民居的正房多为三间，少数沿街商铺也有两间的实例。正房明间为堂屋，开间一般 4 米左右；次间为卧室，开间 2.6 米至 3.6 米不等。进深七架或五架，檩距 0.8 米至 1 米，通进深 4 米至 6 米。

七架民居中“锁壳式”正房较为常见，其明间带前廊、平面形似“凹”字形，和传统的老式铜锁的锁壳十分相似，故在盐城、海安、南通一带俗称为“锁壳式”房屋。次间卧室在室内开门通往明间堂屋，同时还在前廊侧面开门，可独立出入，这样保证了堂屋和卧室之间既相互独立，又联系方便，具有很强的适用性。在外立面上，明间屋面用封檐板，外立面为木格栅，次间为封檐墙上开方窗。山墙和后墙一般不开门窗，仅在需要与后进穿行时，才在后墙开门，且前、后门一

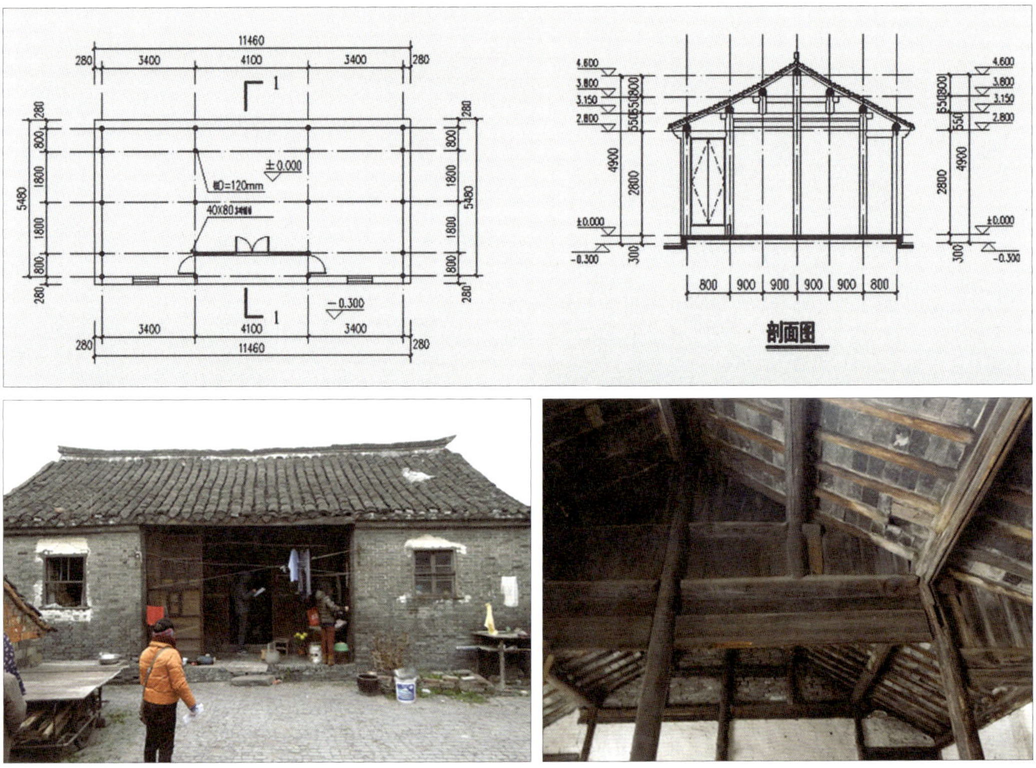

图 6-51 杨立宅平面、剖面测绘图及立面、构架照片（大丰市建设局提供）

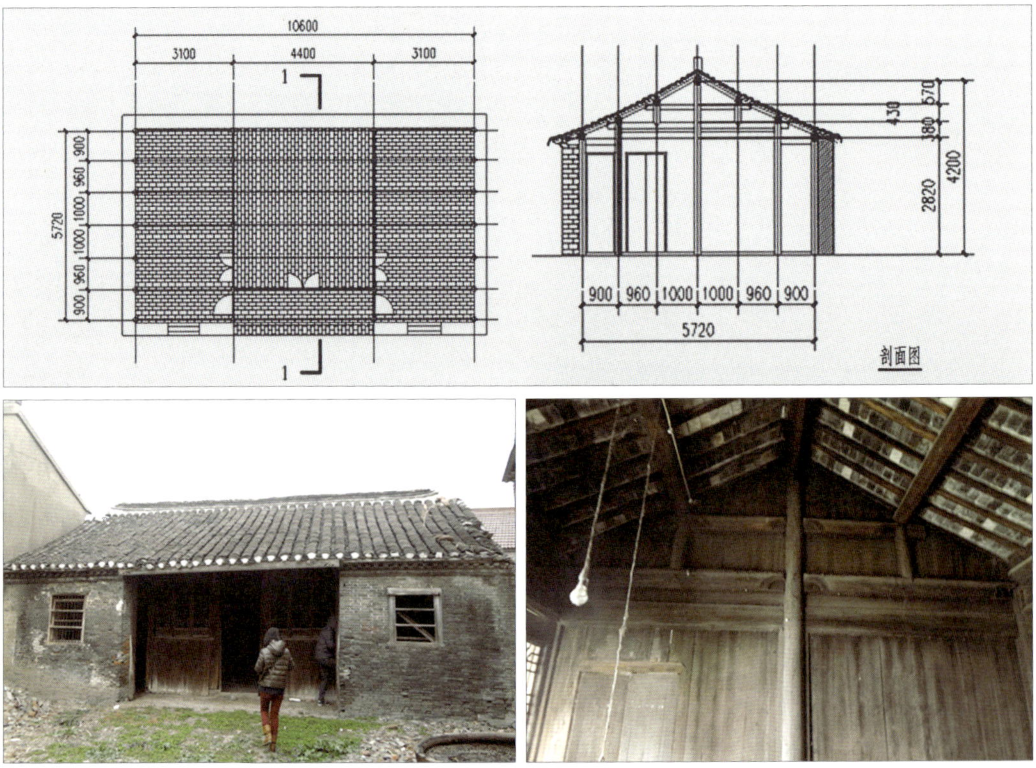

图 6-52 郝家当铺平面、剖面测绘图及立面、构架照片（大丰市建设局提供）

般不正对（图 6-51、图 6-52）。

五架正房由于进深本身较小，明间无法设前廊，而用类似现代门连窗样式的木门窗加槛墙做法。明间中央为双扇大门，两侧用落地槛墙（又称“落童墙”）加格子槛窗，檐口用封檐板。次间仍用封檐墙加方窗的形式。有时为了节约空间，七架正房也会采用这种明间做槛墙门窗的形式（图 6-53）。

在平面柱网的布局上，草堰民居明间梁架最常见的是中柱和檐柱落地的中柱造，仅钱氏卷瓦楼等少数时代较早、等级较高的民居偶有在明间采用通长五架驼梁的檐柱造。山面出于抗风要求，五架梁山柱一般全部落地，但七架梁往往五柱落地，七柱全部落地的情况较少（图 6-54）。

图 6-53 钱应仓故居平面、剖面测绘图及立面、构架照片（大丰市建设局提供）

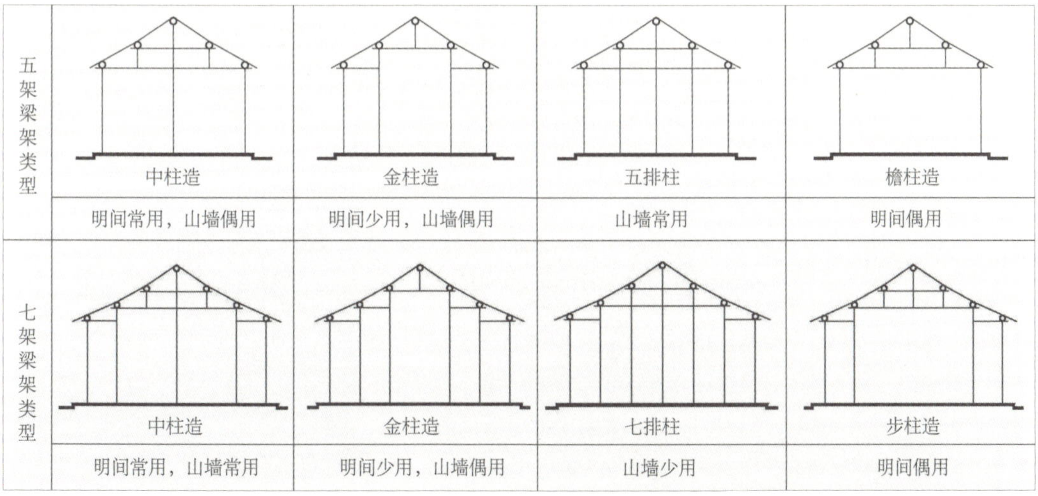

图 6-54 草堰民居梁架类型图

图 6-55 两砖厚砖墙及其顺墙木

（2）因地制宜的材料构造

草堰地处滨海平原，有丰富的土壤和柴草资源可以用来烧制砖瓦，而木材则需从外地购进，因此青砖清水墙成为草堰民居外维护结构的必然选择。由于冬季较为寒冷，草堰的清水砖外墙一般是两砖厚，墙厚明显大于各地常见的一砖半墙（图 6-55）。此外，草堰民居用砖本身也比清末民国常见条砖略厚，从基础到山尖全部采用三顺一丁的仄扁砌法，内部也形成少量的空腔用碎砖及土填充，但其空腔所占比例远低于其他地区用斗砖的空斗墙。室内地坪以下的基础部分一般较墙身略突出 2 ~ 3 厘米，且最上层紧贴地坪的一皮砖用条砖密排立砌（图 6-56）。这种全部仄砌且厚重的墙体本身具有较好的稳定性和耐久性，有利于抵抗海滨常见的台风和外潮、内涝的破坏。

图 6-56 三顺一丁全仄扁山墙

图 6-57 河房中石材的运用

为增强墙体的稳定性，草堰民居在采用各地常见的铁钯锔将墙身和柱拉结外，还在厚墙内每隔 1 米左右埋设顺墙木，其作用相当于现代箍筋（图 6-55）。草堰夹河西侧遗存的数栋河房在基础部分使用了长条石，有的条石顺砖墙铺砌承托上部墙身，有的类似丁砖一般插入墙身，均起到加固基础的作用，是草堰民居墙体使用石材的孤例（图 6-57）。

为了减少台风的破坏，草堰民居外墙尽量减小挑檐的尺寸。次间、山墙和后墙一般均为青砖封檐墙，仅在明间设有带木封檐板的挑檐，封檐板与次间砖封檐平，故挑檐深度也极浅，使台风掀翻屋面的风险大大降低。砖封檐墙的做法一般仅用 1 至 3 皮砖叠涩，较高级的会增加一层模仿木椽意向的挑檐砖（图 6-58）。

此外，前文所述的红柴草也是草堰独具特色的建筑材料。解放前草堰农村住房十分简陋，夯土为墙，红柴草盖顶，夯土山墙上开门，俗称“顶头府”。即使是集镇上富裕人家的瓦房，也往往在盖瓦垅下先铺一捆用红柴草扎成的柴把，然后再抹苫背，以减轻屋面的重量（图 6-59）。

（3）古朴平实的造型装饰

草堰民居的外观朴实无华，具有大实大虚的天然美感。锁壳屋等普通民居和沿街店铺的明间均为整间的木格栅门（店面用槅板门），次间采用厚重的封檐墙（图 6-60）。草堰现存最讲究的民居是江苏省文物保护单位钱氏卷瓦楼（据说

图 6-58 草堰民居封檐墙、封檐板常见做法

图 6-59 残破屋面暴露的柴把

图 6-60 夹河西岸沿街店铺正立面

图 6-61 钱氏卷瓦楼的简洁立面

图 6-62 传统民居的门屋和门头砖

在抗战中曾作为粟裕指挥部），其外立面以左侧三间正楼的横向舒展和右侧廊屋的竖向挺拔形成体量对比，正楼底层的封闭和二层的轻盈形成虚实对比，加上方正的门窗洞口，具有浑然天成、不施粉黛的朴实大方之美（图 6-61）。

在粉墙黛瓦的基调中，草堰民居也通过局部的简单装饰来表达美好的愿望。门头是传统民居最重要的装饰部位，草堰没有扬州、南通等地的砖雕门楼，连其他地区常见的门枕石也极为少见，仅在极其简单的门洞两侧，以层层出挑、略加磨制的门头砖进行简单装饰（图 6-62）。门洞上方一般直接暴露木过梁，考究的做法在木过梁下用燕尾榫槽悬挂福禄寿等吉祥图案的砖雕构件，具有“开门见喜”的寓意（图 6-63）。此外，砖墙上偶见的福祠、壶门等简单装饰也寄托了对生活的热爱和祝福（图 6-64、图 6-65）。

草堰民居屋面和南通地区具有相似性，一方面采用举折法确定屋面坡度（当地称“水线”），同时采用“撑（工匠读音若“掌”）山”“撑檐”做法，使正脊和檐口都略呈凹曲线，具有类似宋式建筑“生起”的古意。所谓撑山是指山面的脊柱（当地称“山柱”）要比明间的脊柱高出 12 厘米至 15 厘米；

①

② ③

① 图 6–63 门头砖雕
② 图 6–64 砖雕福祠
③ 图 6–65 砖作壶门

图 6-66 钱应仓故居的撑山、撑檐屋面和雌毛脊头残迹

所谓撑檐是指山面的檐柱要高出明间檐柱 3 厘米至 5 厘米；整个屋面成一个中央微凹的三维曲面（见图 6-52、图 6-53、图 6-66 ）。

和各地传统民居一样，屋脊也是草堰民居的装饰重点。就目前遗存的草堰传统民居来看，屋脊正身均为简单的斜瓦从中脊向两侧排列。脊头最常见的类型有雌毛脊和云头脊，另有少量用弧形瓦条拼花支撑起翘的小撑脚，以及极少数用瓦砖拼成寿喜等图案的大撑脚脊头，小撑脚起翘部分一般用木板承托，大撑脚起翘部分常用铁件支撑。脊中传统上用石灰粉成扇面盒子，又称元宝盒子，或者用瓦片拼成万年青叶片状的脊中和脊头花纹，在此基础上演变出了现代预制屋脊砖构件以及某些特殊的脊中装饰图案。值得注意的是，由于草堰建筑四面均以封檐墙为主，故一般不用墀头，即使有墀头也十分简单。另外，草堰沿街多有两间的民居，其屋脊的脊中装饰偏在一侧，位于其中主间的中央，是一种较为特殊的做法（图 6-67 ）。

草堰民居的大木构架属于穿斗体系，现存的两栋明代建筑恰好代表了明代民居常见的圆作直梁和扁作月梁两大体系，用料大于本地其他清代民居，梁架和装饰做法一定程度上体现了苏州地区的影响。其中钱氏卷瓦楼大厅用三间七架圆作直梁穿斗架，明间用五架大驼梁步柱造，山间用金柱造，前廊用船篷轩，廊端用吊角罗底砖雕照壁，梁肩挖腮、荷叶墩、蒲鞋头（雕花短机）、山雾云、纱帽翅、石柱础等，工艺精美，与苏州明代住宅做法基本一致（图 6-68 ）。

另一座明代民居（解放后曾为理发店）是近年的新发现，与钱氏卷瓦楼隔河相对，整体是前厅后房带单边厢房的三合院格局。其中的前厅为五架扁作月梁的明代构架，明间左右梁架不对称，一侧为屋架驼梁，一侧为中柱造，用料较大但装饰极少；山面梁架均为用料较小

传统云头脊

传统小撑脚脊头

传统大撑脚脊头

太平山加小撑脚

当代屋脊预制砖构件

1970 年代水泥脊中

传统两间屋面瓦花位于明间正中

传统墀头和瓦头吉语

图 6–67 草堰民居屋脊和墀头瓦作

图 6–68 钱氏卷瓦楼正厅的明代大木做法

图 6-69 夹河西岸明代民居明间两侧梁架和山墙梁架

的中柱造扁作月梁，整体风格古朴（图 6-69）。

草堰的清代民居均为简单的七架或五架圆作直梁体系，仅在入柱的梁肩做兔耳挖腮，考究的会在出柱的梁头略加雕刻，其他再无装饰（图 6-70）。

其他装饰方面，草堰民居除明代钱氏用石柱础外，常用简单的古镜柱础（图 6-71），大多数普通民居不用柱础，直接将木柱置于柱顶石上。

此外，门窗也是草堰民居的装饰重点（图 6-72），但相较于其他地区，并无特殊之处，限于篇幅不再赘述。（大丰市建设局、草堰镇政府及史同林、王达银先生为本节调研、写作提供了诸多帮助，在此致谢）

中柱造兔耳挖腮直梁

步柱造兔耳挖腮直梁

步柱造无挖腮直梁

中柱造兔耳挖腮雕花梁头

中柱造兔耳挖腮微拱直梁

梁头雕花细部

图 6-70 草堰民居圆作直梁构架举例

明代石柱础

常见古镜柱础

图 6-71 草堰民居柱础

夹河西岸明代住宅厢房槛窗和支摘窗

普通民居明间门窗

锁壳式民居明间门窗

大门内侧雕花木连楹装饰

图 6-72 草堰民居门窗装饰

（二）余西村

1. 区位环境——海中浮水脊

余西古村落位于通吕水脊区。通吕水脊区西起天生港、唐闸附近，东至启东吕四，大致沿通吕运河两侧，东西长约 75 公里，南北宽 5~25 公里，西宽东窄。向三余海积平原微倾，界限不明显，以古海堤划分；与南部海启平原有显著高差，形成一条脊地。该水脊初为分散几块沙洲，南北朝后期到隋唐之间，胡逗洲和东边的南布洲等几块沙洲合并形成一块较大的沙洲。10 世纪初逐渐与北岸古沙嘴涨接，11 世纪和东布洲合并，形成通吕水脊区。14 世纪至 17 世纪，水脊区南部由于长江岸线向北摆迁而坍塌形成狭长地带。

从地貌见，余西古村所在的通吕水脊区，较之周边地域，具有如下特征：

地形：脊地东西走向，成陆较南、北、东侧早，地势亦较高。

岸线：通吕水脊形成时，三面环海。从公元 10 世纪起，随着北、南、东侧依次淤涨成陆，海岸线逐渐远离。

河道：因脊地地势较南北高，故运河河道修筑以南北向为易，东西顺脊方向，仅两条运河（运盐河与江沙河）。

2. 历史沿革——盐场到农村

（1）聚落形态

余西聚落随着地域的产业类型从盐业向耕垦、纺织的转型，按盐场—集镇—村落的轨迹演化。

官营盐场：余西为通吕水脊上的五大盐场之一。通吕水脊区，是淮南盐重要产区（图 6-73）。余西其名，始见于元代，为通吕水脊上最早的宋代盐场——余庆场一分为三而来。元代，余庆场分为余西、余中、余东三场，均属两淮二十三个官方盐场。灶丁按地配引，称“额灶”。及至明代，随着淮南盐业鼎盛，余西设课盐司署。

图 6-73 煎盐图

清代，海岸线东迁，致使通吕水脊上的盐场日渐衰败，乾隆元年(1736年)，余中场产出较少，归并余西场，通吕水脊上的淮南盐场由五处减为四处（图6-74）。

农贸集镇：余西是清代中晚期地区转垦冲突最为激烈的地区之一。真正的转型，是在张謇推进农工商一体化的产业发展之后，余西以盐场为核心的空间组织模式，被以织品交易和棉耕基地为中心的新格局所取代。随着南通地区近代化进程的推进，余西先后建立了余西第一国民小学、游民习艺所、轮船码头等近代设施，余西内的油坊等也开始引进机器，向机器化工业转型。

19世纪初的“废灶兴垦”运动和区域经济中心的转移，改变了余西经济区位上的优势，因南北向二甲界河（通通州）而兴起的二甲镇，已经成为区域的经济中心。民国《南通乡土志》中，就记载“故本市商业不胜旺，而多趋于二甲镇云”。

“百足之虫，死而不僵”，经济区位上的改变，并没有立即使余西镇中心地位发生变化。民国二十三年（1934年），以余西为中心的余西镇为南通特别区公署第九区，余西镇区格局也随着贸易的发展，从官营盐场向贸易集镇转型。

历史村落：抗战时期，日军在运盐河南建碉堡驻军，余西商贾、大户纷纷迁往三余、二甲等地，自此，余西一蹶不振。新中国成立后，余西延续了区域行政中心的地位。20世纪五六十年代，余西拆除了武庙、城隍庙等，在其旧址上新建了玻璃厂（1958年）、五金配件厂（1964年）、针织厂（1966年）等。1979年海二公路开通之后，商铺、工厂逐渐外迁。2000年后乡镇合并，小学外迁。余西被并入二甲，成为一个村级行政单位，村内常住人口也开始下降，村庄逐渐衰落。

（2）方言土语

通吕水脊和范公堤沿线，是淮南盐场分布的密集区。其地域语言为“通东方言”（吕四话），俗称“江北话”，因通东地区成陆较早，地势较高，人文历史较久，故又俗称“老土话”（图6-75）。

“老土话”区域东西百余里，南北宽狭不等，有一二十里，主要分布于通吕水脊一线；源于吴语，又与吴语不同，属于吴语太湖片毗陵小片，是一种极为罕见的方言，使用人口不超过50万人，处于逐渐消亡的过程中。

属吴语系的通东方言和属江淮方言的南通方言相近。旧南通县东西部吕四韵/金沙韵/南通韵的韵母差异反映了语音的演变发展，也反映出此地盐场与南通城市的密切联系。

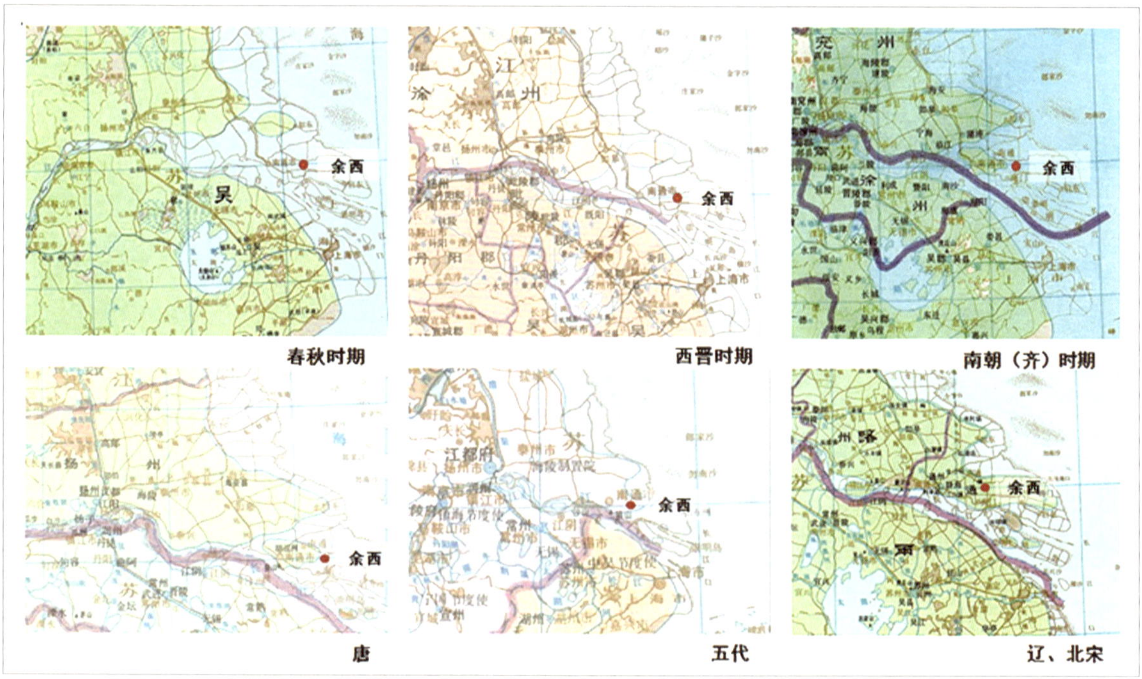

图 6-74 余西古村落历史区位演变图

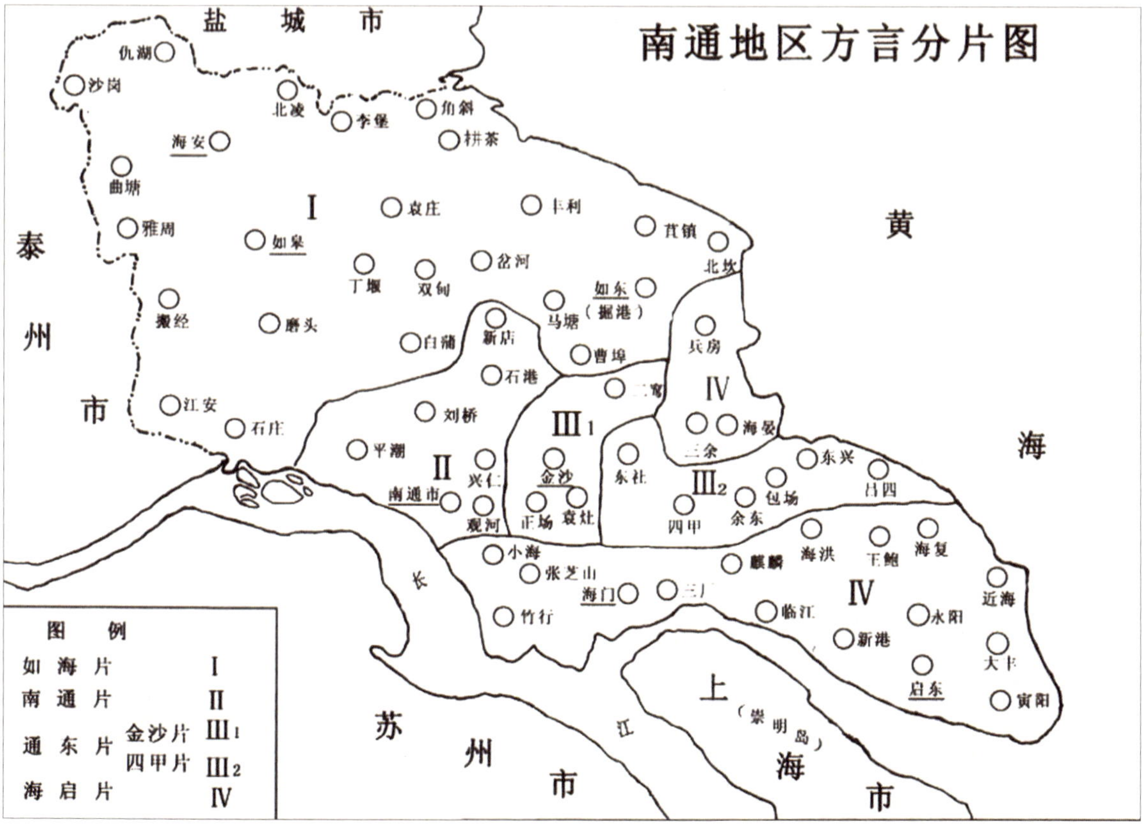

图 6-75 南通地区方言分片图

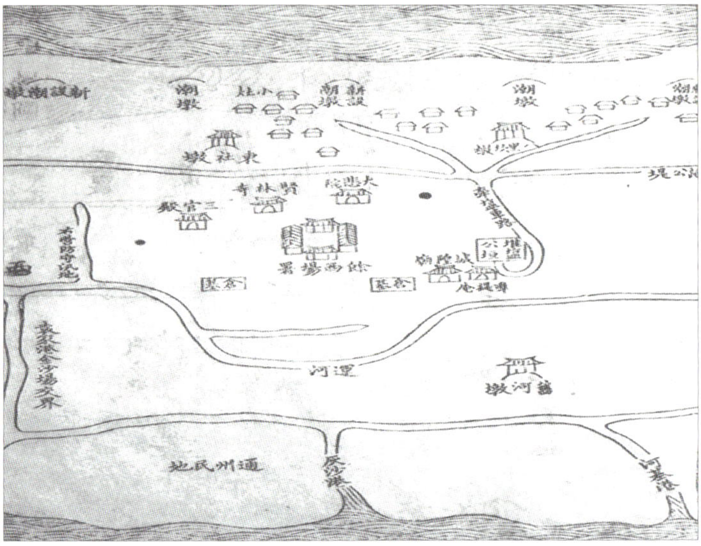

图 6-76 明代余西场图

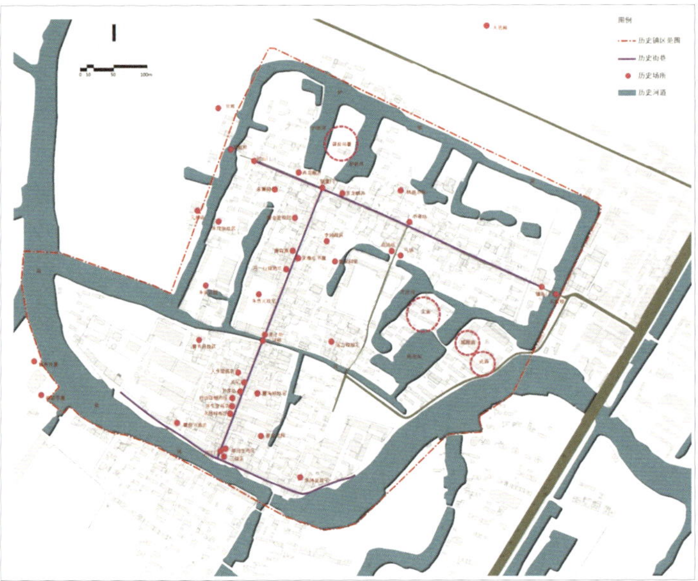

图 6-77 余西场历史遗迹分布图

图 6-78 余西古村空间肌理示意图

3. 村落格局——水脉到街巷

余西现存格局，印刻着盐业集镇、商贸集镇历史时期的痕迹。

（1）以水网为脉的盐业集镇格局

依据《两淮盐法志》记载，淮盐在各亭场煎制而成后，灶盐由船或车运至各盐场包垣，由官引过秤，发往扬州转运。因而，在各盐场中的运盐航道、车道，储盐场垣、司盐公署等与官营盐业密切相关的功能设施，是盐业集镇的重要内容。从明代余西场图（图 6-76）可见，当时余西场中，有从各灶至盐场的运输线路——“牵盐车路”，有储盐场地——“堆盐公垣”和余西场署前的仓基，有盐业官署——余西场署，以及将盐运往通州、扬州一线的对外运输路线——运盐河等一系列的盐业生产、运输设施。街北端头为明代课盐司署旧址，现状为空地，据《通州直隶州志》所载：其规模“大堂三，楹科房四，土地祠一，仪门一，楹大门三，楹堂后门舍一，二堂三，楹书室三，庖舍从舍各二”。

其次，记录盐业集镇特征的是盐民、灶民日常生活性设施。盐民、灶民多处于社会中下阶层，其居住形态已不可考，其信仰为儒、道、释三教。故在明代余西场图中可见城隍庙、三官殿、准提庵、贤林寺、大悲院等佛道教场。及至清代，余西开始由盐转垦，耕读文化渐入，又出现圣庙和孝子坊等儒家教化场所。

此处河道水系、街门名称等，也记录了盐业城镇的诸多信息（图 6-77、图 6-78）。

河道水系：余西四面环水，南侧为明代所浚的运盐河。村中有运盐河向东、向北延伸的支流，场署及文庙周边环有护衙、护庙水系，此外还有南北沧沟（原盐仓护沟）将环村水系引入村中，形成了运盐河、护城河环绕，中间横穿二河（市河）的水系（表 6-5）。2002 年余西西南角建春竹油脂公司时，二河被填，仅存部分段落。

街门：余西旧时曾有迎江门、登瀛门、镇海门、对山门四个街门，目前仅龙街南端尚存迎江门残迹。

表 6-5 余西河道水系

序号	名称	长度	宽度	
1	运盐河	–	17 ~ 58 米	宋代李庭芝所开
2	护城河	1393 米	9.7 ~ 25 米	
3	护衙河	246 米	23 米 ~ 36 米	
4	南沧沟	316 米	10 ~ 22 米	
5	北沧沟	268 米	24 ~ 55 米	
6	二河（市河）	106 米（现存片段）	9 ~ 10.5 米	2002 年大部分被填，改为余西油厂路
7	海甲河	–	10 ~ 20 米	民国时河上有堰坝

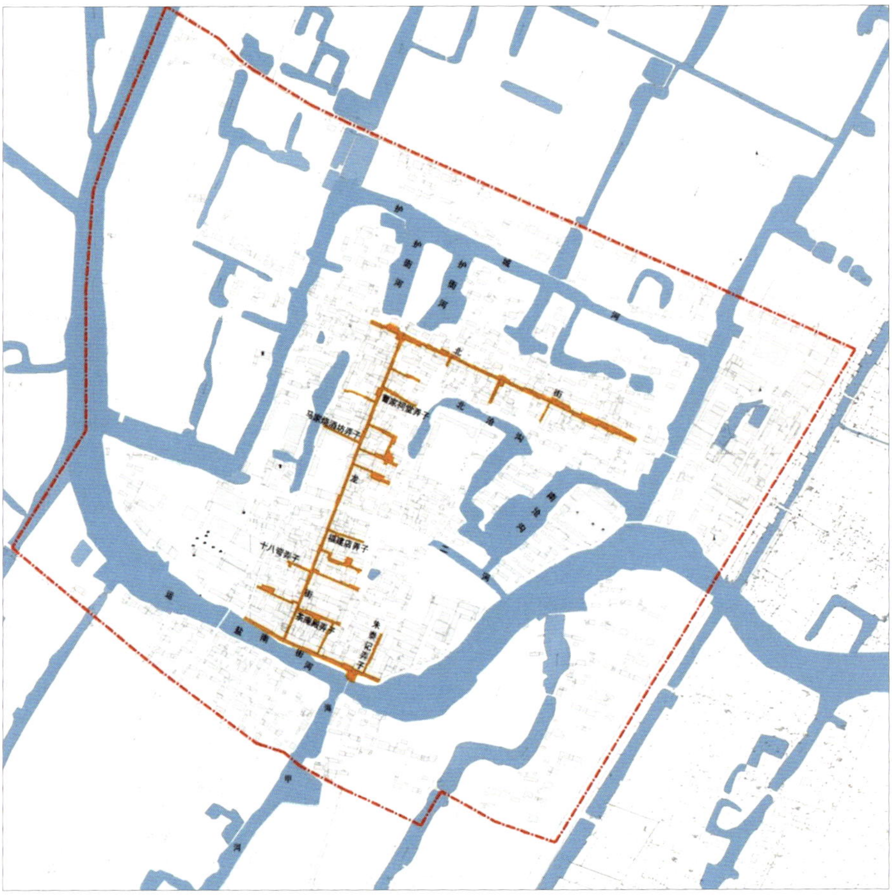

图 6-79 余西古村街巷骨架示意图

（2）以街巷为轴的商贸集镇格局

商贸集镇格局的重要标志是繁华的商业街巷（图 6-79）。早期集聚在南部码头的商铺，沿运盐河形成南街，并逐渐向司盐公署延展形成龙街。这两条商业街道和课盐司署前的东西向道路，共同形成了“工”字形的街巷骨架。自此，以龙街及其两侧药店、布庄、油坊、酒坊等沿街商业店铺为代表的商业街巷，取代了早期以庙宇、寺观为公共活动核心空间的盐业集镇模式，形成了一个典型的近代化商贸集镇。

同时，商贸集镇上的居民，从盐民、灶民转型为商人、农人，居住形态也突破了早期驴头屋、丁字屋的简陋格局，合院形式成为集镇空间布局的基本单元。在近代化进程中，张謇在南通推广植棉时期，余西曾先后建立了余西第一国民小学、游民习艺所、轮船码头等近代设施。影响现在余西历史风貌特征的主要是商贸集镇的格局。

历史街巷：村内中心南北向为龙街，北接场署与北街，南接南街与运盐河，这三条街巷是余西的主要历史街巷，余西内的传统商铺全部集中在三条街道沿线。其中，龙街路面仍保持碎石铺地，加之两侧传统店铺宅院林立，较好地保存了余西的历史风貌。

与三条街道垂直的为村内巷弄，余西地方称之为“弄子”，有名称的弄子有茶庵殿弄子、十八弯弄子、曹家祠堂弄子、马家烧酒坊弄子、福建店弄子、朱泰记弄子等，共计 18 条弄子，宽多在 1~3 米，长度在 50 米以内。

表 6-6 余西历史街巷一览表

序号	名称	长度	宽度	走向	铺装
1	龙街	421 米	1.7 米 ~ 2.5 米	南北	碎石路面
2	南街	199 米	4.3 ~ 6 米	东西	部分为碎石路面，部分为水泥路面
3	北街	528 米	2.4 ~ 6.7 米	东西	西端头为碎石路面，其余为水泥路面
4	茶庵殿弄子、十八弯弄子、曹家祠堂弄子、马家烧酒坊弄子、福建店弄子、朱泰记弄子等 18 条弄子	50 米以内	1 ~ 3 米	垂直于主要街道	碎石路面、青砖路面、水泥路面、土路

表 6-7 余西古村院落形态类型一览表

类型	描述	
一进三堂	沿中轴线由前到后按序为敞厅、穿堂、正屋，两侧有厢房	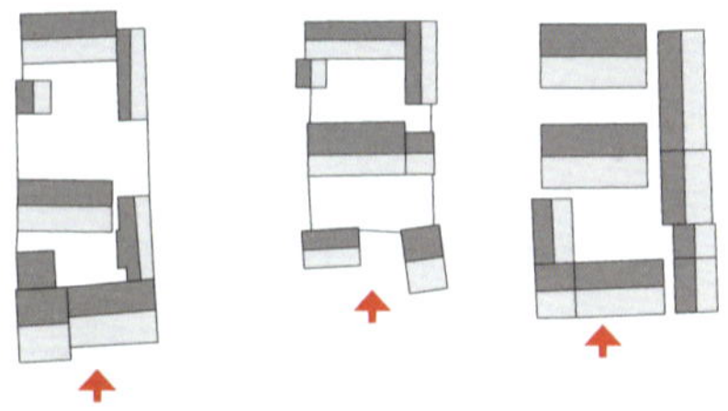
四合院	在一进三堂基础上简化，由正屋、倒座与两侧厢房构成	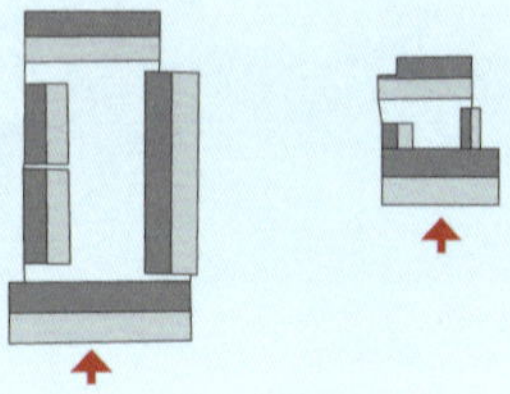
三合院	由倒座、正房与单侧厢房组成，有时倒座不存，简化为门屋	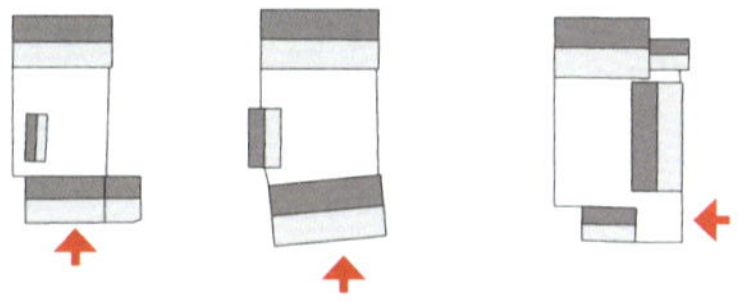
二合院	多由侧面院墙进入，由前后两间房组成	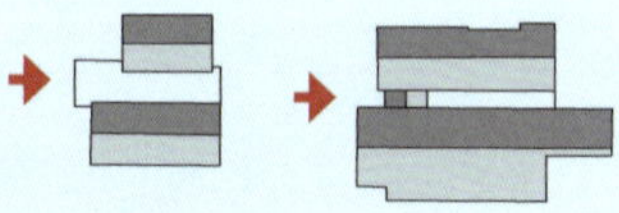

各巷弄与三条街道（表 6-6）形成余西的骨架体系，构成传统步行交通网络。

院落格局：村内建筑院落多为南通地方典型的“一进三堂”院落，沿中轴线由前到后按序为敞厅、穿堂、正屋；也有较为简化的三合院、四合院，以倒座、正屋、厢房为主要构成形式（表 6-7）。院落方向不以简单的正南定位，而是顺应龙街方向，或平行或垂直，为偏西南 20-25 度。

图 6-80 院落入口

院落入口分为两种：一类为由南侧倒座或北侧正房边上一间进入，入口造型简单，不设门罩，为附墙式门楼，仅在入口设抱框安装门扇；一类由东西向的院门进入，院门造型简洁（图 6-80）。值得关注的是，从侧边进入的二合院落形式，可能承袭了早期从山墙进入的盐民居住模式。

牌坊：历史上余西有牌坊两座——位于龙街中间的孝子坊与位于龙街南段的钱氏牌坊，目前仅存钱氏牌坊一座（图 6-81）。

古井：村内有 7 口古井，其中龙街北端东西两侧的明代古井，被本地人视为“龙眼”，和“龙身”龙街一起，附会出余西“龙城”之说。

4. 建筑特征——海边古盐村

（1）建筑风格

余西历史上曾隶属扬州府，居民又多由吴地迁来，使余西的文化传统兼具淮吴之风，余西建筑反映出这种混合的文化特征。由于余西所在的通州在历史上经济并不发达，无装饰宅院的风气，故建筑少装饰，内敛朴实。通州近海，多有台风侵袭，故余西多平房（图 6-82）。

图 6-81 钱氏牌坊

图 6-82 余西古村鸟瞰图

图 6-83 古村建筑

村中传统建筑，多为清末民国时期所建，以白墙灰瓦为基调，无豪门大宅，外立面造型简单。临街店铺多为可拆卸的木板门，临街院落多为实墙，入口为附墙式门楼，门楼简单大方，不设门罩，仅在入口设抱框安装门扇。

村中建筑多为一层双坡硬山建筑（图 6-83），屋面坡度低缓，略有举折，外墙多混水做法，山墙面皆有砖制搏风，沿街转角店铺偶见外形类似歇山的硬山加批。由于余西地处贸易要点，故受各种外界建筑风格影响，有一些近代清水砖墙风格的二层店铺，有观音兜等山墙式样等。

院落内建筑正房多设檐廊，或明间凹进成廊，明间为全部可以打开的门扇，多为四、六、八扇门，次间为上窗下墙。

（2）建筑结构

村中传统建筑皆为木构造梁架 + 砖砌外墙，山墙及背面多为混水空斗砖墙，建筑正面为木门窗。余西地处南北交际处，构架做法中既有穿斗也有抬梁，根据建筑类型有所不同。受苏式建筑影响，村中建筑多为穿斗构架体系，少部分建筑在正贴中使用抬梁构架；进深多为六步架，亦见四步架或八步架（图 6-84）。

穿斗式构架常用扁作月梁，抬梁式构架常用圆作直梁。梁间以板壁填充，部分建筑在板壁上带有精美花纹，纹样内容多为暗八仙等吉祥图案。

少数建筑受近代西风影响，使用豪氏屋架。

图 6-84 建筑梁架结构

图 6-85 外廊构架

①正贴样式——抬梁架

村内部分建筑在正贴施抬梁架，多用于院落倒座或沿街店铺中，梁多用圆作直梁，一般为六架四柱，亦见八架四柱与八架三柱。脊檩金檩下设脊机、金机，多无雕刻。

②正贴样式——穿斗架

村内多数居住厅堂在正贴施穿斗架，中柱落地，多为四架五柱、六架五柱或六架七柱。梁多用扁作月梁，梁间以板壁填充，柱间以板壁或砖墙填充。较高级的院落中，梁间板壁饰花草纹或暗八仙纹。脊檩金檩下设脊机、金机，皆有雕刻装饰。

③边贴样式——穿斗架

村内建筑在边贴皆施穿斗架，中柱落地，多为四架五柱或六架七柱，皆为标准穿斗样式，山界梁截面多为方形。余西边贴的界面通常为实墙，边贴构架埋入一半，靠内部构架露出，靠外侧是墙面。

（3）外廊构架

村内建筑多整体退后一步架或明间退后一步架做外廊，外廊上下两道梁，上一道多为扁作月梁，以插梁形式与檐柱交接，个别高级建筑亦使用荷包梁（图 6-85）。

（4）建筑开间

村内居住建筑正房多为三开间，明间为满铺长窗，门扇多为六扇或八扇，次间为槛窗。檐下退一步架为檐廊，或明间凹进为廊。若院落入口由北进入，则正房西侧多加一间门屋。个别院落正房为五间。厢房则为三间至五间不等（图 6-86）。

沿街店铺亦以三开间居多，部分建筑根据功能有所不同，为两间或四间不等。沿街店铺皆满铺木板门，开业时门板全部卸下靠于门框边。

（5）屋脊瓦当

村中建筑屋脊较平直，少数屋脊有升起，但升起幅度不大，极个别年代较近的建筑使用了沿海地区民居升起幅度较大的方式（图 6-87）。

村内建筑屋面正脊多使用竹节瓦排立，或以瓦拼钱纹为脊，两端收头多使用雌毛脊，并抹灰饰以花纹，哺龙脊也见于村内个别建筑（图 6-88）。

村中建筑屋脊多用雌毛脊，偶见哺鸡脊，竹节瓦上多以花草纹等灰饰做装饰。有时正脊中间以瓦上下垒砌作花纹。

村内屋面都为小青瓦屋面，村中多以勾头倒扣于盖瓦之上，勾头滴水上饰纹多为福字、花草纹、兽头纹等。

（6）门窗、铺地

村内建筑门窗分为长窗（门）、半窗（槛窗）、和合窗三类，和合窗较为少见。窗棂图案多为直棂窗以及凌式、葵式与海棠纹的变体，部分近代房屋门窗使用简单的玻璃窗格式样。

建筑室内铺地多为大块方砖，檐下外廊铺地多为小方砖，正房明间台阶中多置条石，两侧以青砖侧立锁边。院内铺地多为青砖席纹或青砖平砌。室内与院内铺地多为青砖，室内多为青砖横铺，院内多为青砖立铺（图 6-89）。

（7）细部装饰

总体而言，余西建筑装饰较少繁复装饰，装饰处多在门窗、檩下短机、斜撑等处（图 6-90）。

挑檐：村内建筑檐下若设挑檐，则在梁下设悬臂梁，有时加斜撑支撑，悬臂梁或以斗接水浪机与挑檐檩，或直接接水浪机与挑檐檩。此地做法中斗下多有皿板，水浪机与斜撑多以繁复雕花装饰。

猫梁：村内有部分建筑在正贴穿斗构架中使用猫梁，颇具古风。

檐檩：村内建筑时有在檐檩下施雕刻的做法。

木櫍：村内建筑皆不用石质柱础，皆用木櫍。木柱与木櫍下接磉石。

图 6-86 建筑开间

图 6-87 古村落建筑屋脊

图 6-88 古村落建筑瓦当

图 6-89 古村落门窗铺地

图 6-90 古村落细部装饰

图 6-91 刻有“凤凰所栖，乃是宝地，石港新开，幸福万代”的石碣

（三）石港

1. 区位环境——北海樵山浦

石港，位于南通古河汊平原区。古河汊水网平原位于北岸古沙嘴和通吕水脊之间，西起如皋石庄附近，沿白蒲、石港与三余海积平原相接。通吕水脊与北岸古沙嘴尚未涨接时，此处是长江北岸一条支泓，唐称北海、宋名古横江。904 年至 907 年间，支泓西端淤积封闭，仅存一条界河；除东段近海部分，泓道逐渐干涸，地址低洼，宋代仍存车马湖、祥符湖等湖泊，且存多处荡地。该地水网稠密，土壤细黏，称白蒲粉沙壤，适宜烧制砖瓦。

石港之名，一说来源于开港得石：传说从前曾在此地开挖通海河港，于沙泥中得一石碣，上刻“凤凰所栖，乃是宝地；石港新开，幸福万代”，遂名其地曰石港（图 6-91）。

石港，古称樵珊浦。樵，打柴；珊，珊瑚，形如树枝；浦，水边或河流入海处。传说古时此地生有一株珊瑚，有樵夫误为枯树，斫其枝而去，由此得名樵珊浦。考石港成陆之初，本是以珊瑚礁为基础形成的海中沙岛，故民谚有“石港有石”之说。明清本场文人自称“石渚词人”亦源出于此。唐时涨接胡逗洲，为其东北缘。晚唐时古横江淤缩成清水港，石港为其入海口；后称“樵珊浦”。唐五代时建为煎盐亭场，称“樵珊亭”。

2. 历史沿革——两淮盐司署

石港又名“樵珊浦”“石渚”“渔湾”，唐代为一有名滨海渔村。南唐李在狼山北设“静海都镇制置院”统辖狼山、石港、余庆、蔡港、西寨五寨，石港原名始见于此。当时，通州还未建制。宋代，石港为通州七处盐场之一。昔时石港东距海仅十多里，是一个马蹄形的海湾。宋德祐二年（1276 年），南宋丞相文天祥兵败扬州，由此渡海南归，继续率兵抗元，舟泊于此，宿舟中二日始发，有《卖鱼湾》诗三首。后人为纪念文天祥，以“卖鱼湾”为石港地名，简称“渔湾”。

石渚这一地名常为文人所用，周景昌、陈邦栋、周冲等先后被称为“石渚诗人”。李兆星《谒文丞相祠》中有“昔日题咏江心碧，此日瞻依石渚丹”的诗句。后来海岸东移，人们开河港、排盐碱，形成石港，镇区布局形似凤凰。

南北朝初期：石渚为江海边一沙洲，先后与胡逗洲、南布洲、东布洲涨接。

唐代成陆：石港地区原为黄海之滨斥卤之沙洲，唐末与大陆涨接。唐代石港盐场，隶属于海陵监（治海陵，今泰州市）（图 6-92）。

五代初为静海镇，后周显德五年（958 年）建通州，领静海、海门两县，属扬州。静海县辖有狼山、蔡港、西寨、石港、余庆五寨地，石港寨为其一，寨以港名。

宋代因盐设场：宋代南通市域陆地面积进一步增大，盐业发展较快，系统修筑围海堤、串场运河连通开凿、行政地位提升等促进了当时盐业市镇的出现，如石港场、栟茶场、马塘场、丰利场、金沙场、余庆场等。同时朝廷专门设置机构来管理各盐场，如："北宋太宗太平兴国年间（976 年至 983 年），通州置义丰监，后改称利丰监，辖西亭、永兴、石港、利和、金沙、余庆等盐场，年产盐 48.9 万余石"。南唐至宋初（937 年至 960 年）石港建场，隶属于通州利丰监（治通州），为所属八场之一。至元十四年（1277 年）隶两淮都转运盐使司（治泰州）（图 6-93）。

围海堤的系统修筑，如"范公堤""任公堤""狄公堤""沈公堤"，促进了农业生产的发展，为棉纺业打下基础。

开凿串场河。南宋景定元年（1260 年），开凿由通州经金沙至余东场的运河。度宗咸淳五年（1269 年），两淮制置使李庭芝主持开挖串场河 40 里，始凿由通州城经金沙至余庆场河道，以利盐运，此河为今通吕运河之始。运河的开通方便了水上运输，为农田排灌创造了条件，对城镇的发展起到了积极的推动作用。

明代盐运中心：明洪武初年（1368 年）隶属于两淮都转运盐使司通州分司（先治州城，后驻石港场），为"上十场"之一（图 6-94）。洪武十六年（1383 年），为阻倭寇侵犯，明太祖命信国公汤和筑石港寨土城，立四门。内设东西二川门。城外开挖围城河，驻重兵，被称为"石港营"。 石港场地处各盐场适中地段，明正德十四年（1519 年）以后为两淮运盐使司通州分司驻地。明嘉靖二十二年（1543 年），两淮巡盐御史徐鹤龄在石港场建"石港盐法察院"，设石港巡检司，四门都有讯房。明代古镇发展达到繁荣，仅寺庙建筑就多达 72 座。

清：清康熙年间全境五盐场，即吕四、余东、余西、金沙、石港场（图 6-95）。雍正十二年（1734 年）改为广裕仓。乾隆元年（1736 年），马塘场归并于石港场，并将原属泰州之栟茶、角斜场并入通州分司监管（图 6-96）。清末民初为石港镇区。

民国：民国九年（1920 年）设石港市，民国十八年（1929 年）为骑石区（第六区），民国二十三年（1934 年）为骑石区（第七区），民国三十四年（1945 年）改骑石区为石港区。

解放后至今：1949 年属石港区。历经属镇、人民公社、县属镇，2000 年，行政区划调整为石港镇。

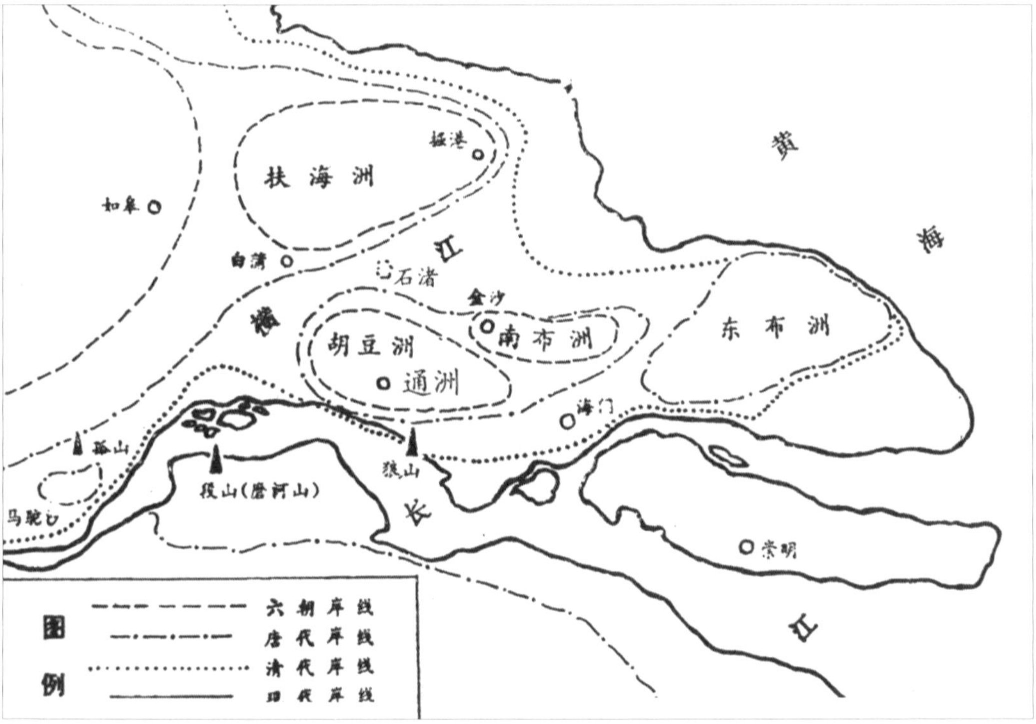

图 6-92 唐代通州（洲）成陆示意图

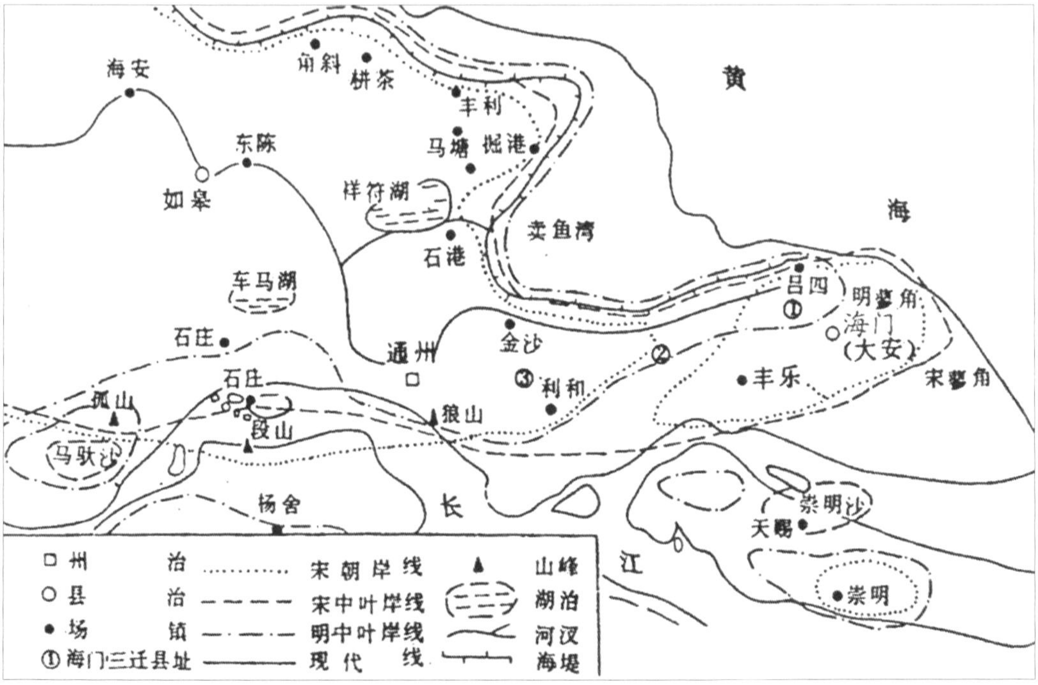

图 6-93 宋朝南通市域成陆状况、运河延伸与城镇分布图

图 6-94 明代制盐图

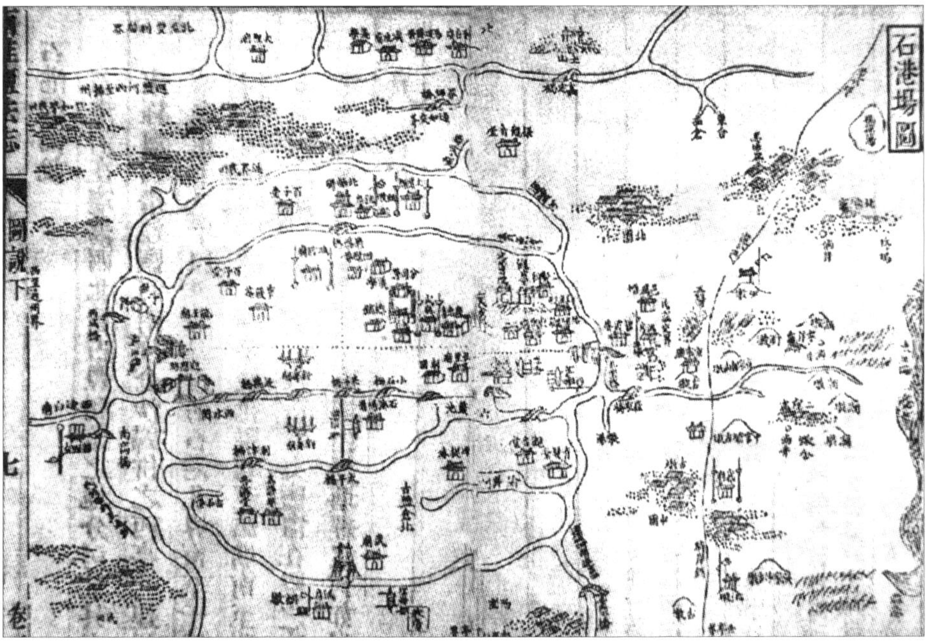

图 6-95 清石港场图

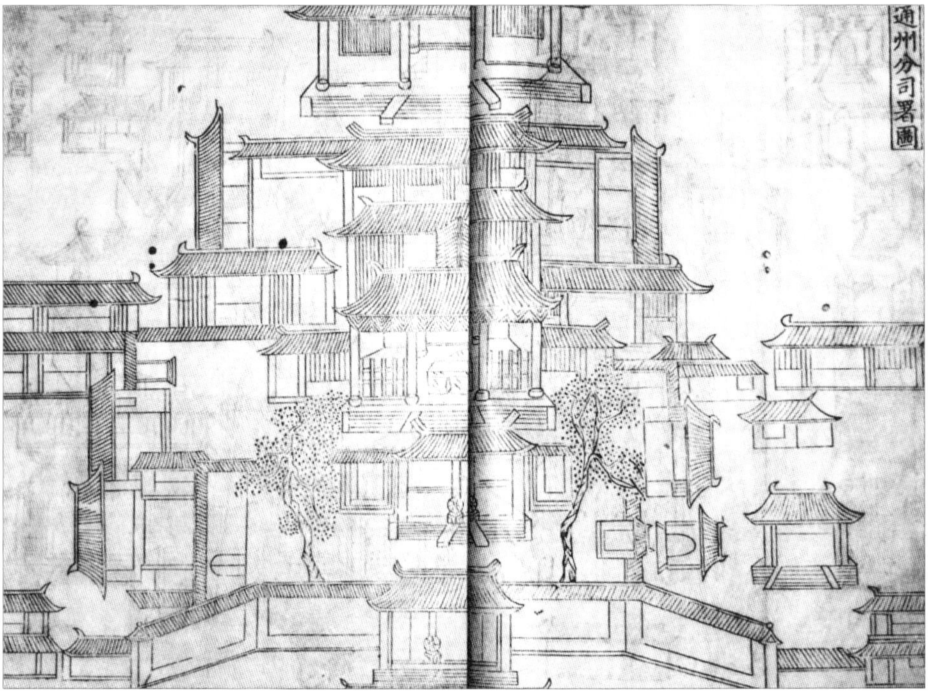

图 6-96 清通州分司署图

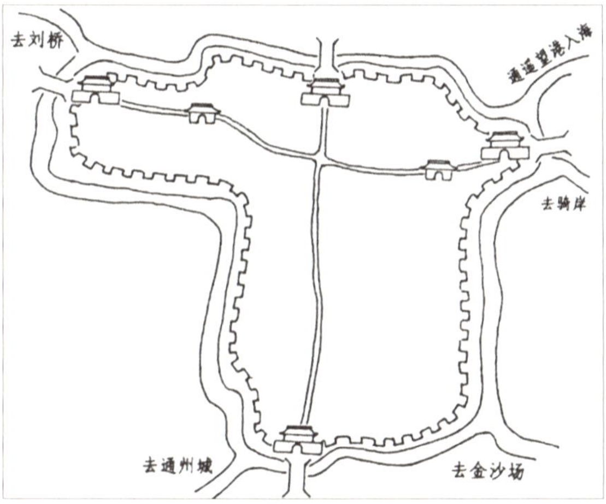

图 6-97 明洪武年间石港城镇格局

图 6-98 清代城镇格局图

3. 村落格局——凤凰型基寨

（1）整体格局

石港位于海边港湾地带，随着海岸线东移，港湾逐渐变成运河。造城时尽量追随“背有依托，左辅右弼”的风水原则。在镇东利用疏浚河道的泥土堆土山一座（最初为海边“避潮墩”）。

石港城的城池格局以古城墙为边界，护城河和城墙构成其防御体系。明洪武十六年（1383 年）信国公汤和筑土城，形成了完备的防御体系，该格局遗址保存到今天仍清晰可辨。县志记载“石港城以土为城，跨河为关。立四门，东曰迎晖，西曰豫丰，南曰来熏，北曰拱极。明洪武十六年信国公汤和筑，日久土崩，惟四门司出入而已。”（图 6-97）

两条东西和南北走向的街道在城隍庙相交呈十字形，各通一城门，城内其余众多小巷都与这两条主街相连。府衙和宗教建筑分散于全城各个角落。

明正德十四年（1519 年），两淮盐运分司由通州城移驻石港，管辖北至丰利、南至吕四间十场。石港又较其他盐场繁荣，城内开市河，街道已呈十字形相交。昔日建寨曾有凤凰型基，以建在小土山上的“北极阁”庙（现广济桥北）为“凤头”，紧靠广济桥北两侧的两口井为“凤眼”，紧靠广济桥南一侧的银杏树为“凤冠”，东西两条长街是伸张的“凤翅”，最长的南街是“凤尾”，西北高桥和西南高桥是“凤爪”（图 6-98）。

图 6-99 街巷空间照片

（2）空间演化

居民为了防备海潮侵袭，在石港东部修筑文山，发展成草市，成为石港古镇发展的起点。南唐初，李在狼山以北设“静海都镇制置院”统辖五座海防边寨，草市进一步发展，居民在文山周围聚居扩大。宋代，石港成为通州七处盐场之一，宋以后又是重要的集镇，为通州五市之一。城北为居民住宅，有东西大街，聚居集中在文山到猪行桥巷，南部人烟较少，为墓葬所在，有南宋御葬坟遗存。明洪武元年，设石港巡检司；十六年，信国公汤和筑土城抵御倭寇，立四门建水关，形成完整的心形城镇格局。明正德十四年，两淮运盐使司分司驻石港，管辖通州、如皋十处盐场，石港成为十港之首，官商云集，繁华一时。嘉靖二十二年建“石港盐法察院”，为两淮盐运御史查勘、驻节之地，石港的城镇开始沿着米市街跨过广济桥向河北岸发展。解放后为了改善交通，将原有的米市街拓宽为东西向的道路。没有沿袭传统的东西大街，而是沿东西大街开辟了新的公路，城镇沿着新的十字交叉公路向护城河外发展。

（3）街巷格局

石港的街巷空间格局以十字交叉的主街为主、小巷与相连的主要街道为辅；古镇的拓展以南北向和东西向两条大街为脉络。现存的东西向主要交通空间——西大街和东大街西段，全长540 余米，平均宽度 2.7 米，为步行街道。

古镇有最初形成的东西向大街和南北向的大街，现存的明清时代古街坊中有商业街和生活街道。

石港古镇有古街、古建筑、古码头、古寺庙、古树等， 树龄 500 年以上的古银杏 4 株。古镇西北片区街面由碎石铺砌。古镇内尚有一座完整的寺庙——西来庵，坐落在和正街相连的小巷内。

东西大街：东西大街呈狭长封闭的线形空间，中段被石港小学阻断。街道的北侧遗存有玉皇殿、广慧寺、都天庙、文山遗址等。石港的节孝牌坊是南通区域三大节孝牌坊之一，街道两侧建筑以前铺后宅为主，商铺之间点缀的门楼显示着住宅的入口。猪行桥以西原为渔湾码头，沿码头为石港繁华的贸易区，现存的程氏粮行彰显着往日的码头的繁华。

街巷空间：石港街巷形成河、街、建筑的空间模式。街道宽窄不一。老树、小广场、老井、门楼、建筑错落，建筑形式趋同，但开间、标高、临街退让、台基和屋檐空间都略有差异，富于韵律感。程氏粮行、季氏祠堂和季家盐栈滨河而建，各备码头。石港多风，建筑较矮，故老街店面高与街宽比约为 1.2 ： 1。穿插其间的门楼使街道更有生气，再加之临街店面的重复排列和檐口轮廓线的跌宕起伏，人在行进方向上感受到强烈的节奏感与韵律感（图 6-99）。

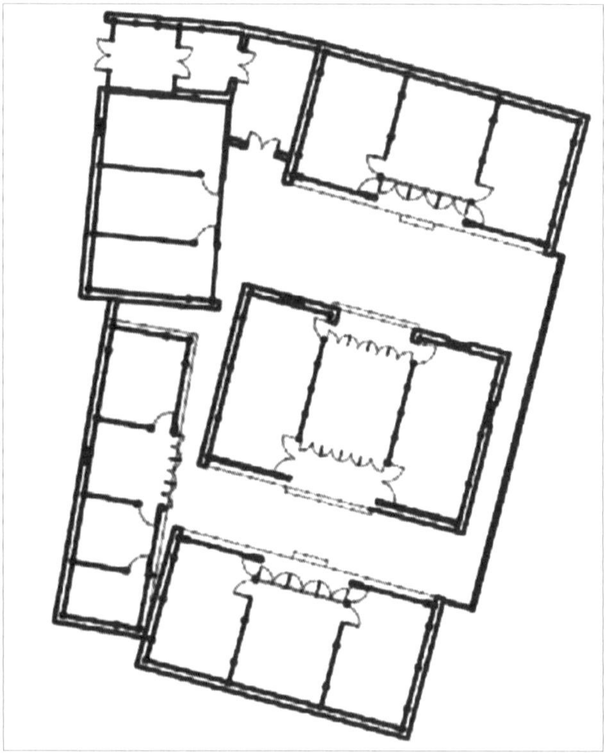

图 6-100 石港民居平面图

4. 建筑特色——近海立门楼

石港老街建筑类型有宗教庙宇、商业店铺、节孝牌坊、古井、住宅。

石港最早的宗教建筑为始于唐咸通元年（860 年）建造的佑圣观（玉皇殿），咸通六年（865 年）改建成广慧寺。后历经宋、元、明、清几个朝代，又相继建造了不少寺庙、道院。石港有独立寺庙 35 座，庙内除正殿外，附设了殿宇 37 所，连同偷鸡巷内依墙作屋的半间小将军庙在内，总计为 72 个半。众多的庙宇承托了深厚的宗教文化，其表现如下：第一，儒教、佛教、道教广泛融于社会，深入到社会的生活习俗中，与传统的伦理道德错杂糅合成一种统一的社会意识，形成强烈的认同感，增强和促进内部团结，使人们能够和谐相处。第二，神人合一。神人之间的界限十分模糊，神人之间并没有绝对的界限，文臣武将都可由于人们的祀奉而上升到和神平等的地位，如张巡（都天庙）、范仲淹、文天祥（二贤祠）等。第三，将宗教的教义、教规和礼仪，通过祈祷、禁忌和节庆等形式，转化到民众的婚生、丧葬、服饰、饮食和娱乐等必不可少的日常生活中去，形成了一种独特的宗教习俗文化，如石港的农历三月二十八日元帅堂庙会、农历五月十八都天会、农历六月十九日观音庙会。

石港古镇的建筑除了几处宗教建筑以外，大多为住宅和前店后宅，商业店铺多沿主街布置，为连续的铺板门。石港建筑从平面上来看，主要有“间”“合院”两种模式（图 6-100）。

“间”模式主要分布在以商业功能为主的南北街两侧，在临街使用空间有限的条件下，内部生活空间的扩延必须

图 6-101 石港民居门楼

向纵深方向发展，前店后宅等就成为了石港商业街区的主要建筑形态特征。而“合院”型住宅则分布在其他的街巷内，院落空间一般相对独立，院落间交通、采光、通风等通过正堂和天井来组织。空间序列组合依据“门堂制度”，在纵轴线主导下排列门屋和正堂，再配以两厢，在控制院落关系之中，纵为主，横为次，依次为宅大门、二门、院落、正房。

宅院门楼由大门、二门、提闼门组成（图 6-101）。大门多为蛮子门，在前檐柱和后金柱上各有木制抱框，框内安朱漆大门，门前空间狭窄，大门前很少使用抱鼓石，门下多有门槛。石港门楼做工颇为精细，墀头的上身使用青砖砌筑，做工精细，多为磨砖对缝，采用“狗子咬”摆砌方式。二门是门楼的精品，为磨砖对缝的清水砖墙，配以砖雕组成的贴墙式门楼。提闼门则为简单的垂花门，但二门和提闼门不论在配置还是装饰上都优于大门。二门前后有精美的门罩，雕刻忍冬草花纹，门罩靠墙的部位雕刻了活灵活现的悬鱼，反映出石港的近海文化。在二门的两侧多有抱鼓石，雕刻或粗犷或精美，多图案为吉祥的动物，如麒麟、鹿、凤凰等。门下多有门槛，为了防止门槛受潮，下部雕刻花纹以减少接地面积，同样门两侧的柱子下面为了防止水顺着柱子的毛细管上升腐蚀柱子，在柱子下面放置约 10 厘米厚的凹鼓镜木。

① 图 6-102 石港民居轩廊
② 图 6-103 石港民居屋面装饰
③ 图 6-104 石港民居地面装饰

为了保证通风，门的上部为回纹窗棂的花窗，而下面的实木板则和上面形成了虚实对比。先民在门扇上雕刻喻示平安的花瓶、喻示吉祥的如意。

石港民居的结构在明清时期多为穿斗式木屋架。正贴进深一般为六界，大户人家为使厅堂更开敞，中部省去柱子，用蜀柱支撑脊枋，脊桁、金机和步桁下斗拱承托节点加强了构架的整体性。斗拱很少，只有西来庵使用两升拱。步柱上的梁垫后部为回纹雕刻，前部为牡丹的通体雕刻构件。石港民居轩廊（图 6-102）构件从上到下依次为：船形三弯椽、轩琦、短机、荷包梁、轩机、梁垫。荷包梁的两端雕刻精美的象鼻，短机和坐斗下垫置牡丹花雕刻。梁垫做法同步柱。

石港民居正房为硬山尖山式建筑。屋面有轻微的举折，立面明显分为三段式。台阶一般为如意台阶，两侧没有垂带。明间檐下多为通长的苏石（即花岗石的一种），为吴县焦山产的焦山青石。墀头的上部多数使用六层盘头，讲究的人家在六层盘头的下面设置类似戗檐的一块雕花砖，内容为各种象征美好或吉祥富贵的图案。正脊为灰瓦砌筑三线或四线雌毛脊。屋面为蝴蝶瓦，正脊和屋面装饰细致精美，盖瓦远远超过了压七露三，仅仅露出 2 ～ 3 厘米，底瓦稍微大于压七露三。两侧不作垂脊，边楞以盖瓦结束。在檐部使用了勾头瓦、滴水瓦和花边，俗称“猫儿头”（图 6-103）。石港古镇的地面装饰讲究，多为青砖铺成的菱形席纹，也有碎石地面、特殊图案和青砖立铺地面（图 6-104）。

结语 江苏村落遗产的价值

历史的发展常有出人意料之处，在一百多年的近代革命史中，国人曾经因为中国的贫穷和积弱而急迫希望改变包括乡村在内的国家面貌，以至古代村落和其中的建筑遗产曾长期被人们看成是落后和贫困的象征。直到上世纪九十年代以后，随着历史文化名城、名镇、名村保护的逐渐推进，也随着广大干部群众文化水平和思想认识的提高，特别是随着我国经济实力的不断壮大，随着广大城乡区域千家万户生活水平的改善，这种认识发生了改变。人们在对新生活获得了一定的满足之后，依然怀念着和自己情感相联的乡关。习近平总书记用“看得见山，看得见水，记得住乡愁”这段话说出了国人的心声。以这样一种眼光审视江苏乡村村落和建筑遗产，归纳本书所介绍的历史文化名村和传统村落的特色，它们至少为我们留存着以下四个方面的价值。

第一，江苏历史文化名村和传统村落不仅是今日江苏村落历史文化遗产的精华和代表，也是江苏农村历史记忆的一个缩影，是无数江苏游子的骄傲与梦魂萦绕的乡关。

伴随着农业渔业等在江苏大地由原始荒蛮到精耕细作、到多业兼顾、到近代发展走到尽头和开始社会转型的历史，江苏古代村落经历了由少到多、到围绕集市高度密集、又逐渐解体向城镇聚集的长期的变迁过程。在近代，江苏乡村作为中国社会转型的先发地区，较早地融入了环绕上海中心城市的经济网络中。江苏的村落遗产留下了各个时代的深深的烙印，本书介绍的二十处集中反映了这种历史的烙印，不仅保存了上世纪上半叶在工业化阶段中西合璧的文化交流成果，许多村落遗产还留存着宋元以来特别是明代以来的精美遗存，一些村落甚至还留下了早至六朝以前的遗迹。因此和江苏的历史文化名城、名镇相比，江苏的历史文化名村和传统村落的数量在国内各省虽然未列前茅，但却都是文化层叠积淀与集萃的精品，是江苏农耕文化和先人营建智慧的结晶和缩影。

江苏是全国城镇化率较高的省份，自上世纪二三十年代开始，江苏农村即开始了第一产业向第二产业的转化，也开始了农民自身向工人、向企业家和商人以及向各行各业人士的转化，不少农家子弟通过高等或中等教育、或通过进城打工等方式，进入了现代城市生活并发挥着重要的作用，至今全省每年有百余万农民进城，但是每到年关和重要节日，他们又都奔回家乡，因为那里还有他们的爹娘，还有他们的祖宅和充满童年情趣的乡愁。在江苏所有的农村遗存中，历史文化名村和传统村落无疑是保留了更多的地域历史记忆和山乡水景风貌，万千游子为之动容。

动容的原因之一是为了寻根，后工业时代的降临，使得越是生活安定衣食无忧，越是关注自身的所自出，那是自己之所以如此与他人在称谓、语言、乡音、习俗以至种族、肤色等等方面不同的根由，“我是谁，我从哪里来”成为寻根问祖的推动力。那些“紫阳世泽”“黎阳世家”“闽婺同源”等匾额无不一一诉说着辉煌的过去和后代可以凭借的历史根基。举家回乡祭祖，呼朋唤友访旧成为这些古老村落常见的风景。白居易老先生的“江南忆，其次忆吴宫，吴酒一杯春竹叶，吴娃双舞醉芙蓉，早晚复相逢”的名句正是江南游子们的心声。

第二，江苏历史文化名村和传统村落是江苏悠久农业文明的历史证物，是宋代以后经济文化和社会总体繁荣、建筑技艺高超精美的历史证物。

没有几个当代的中国人怀疑我们五千年的文明史，但对于不了解中国的外国人和也许还有些不太了解历史的我们的后代，也许会问，何以见得。例如英国出版的简明世界史上就只承认中国的历史追溯到三千五百年前，因为有殷墟和甲骨文为证，再早一些的，所谓炎黄时代，仅为传说，虽史记记载却无法以实物与文字记载相印证。因而保留历史的物证和保留相关档案对于说明民族、国家、地区的特征和自明性都十分重要。如何说明江苏的悠久历史以及宋以后江苏地区已经成为中国最为富饶和发达的地区呢，除了在苏州等城市及其郊区中找到了阖闾城、淹城等早期遗址及后人的相关纪念物如言子庙、仲雍墓等，找到宋以后的遗存如玄妙观三清殿、虎丘云岩寺塔、瑞光塔、双塔、沧浪亭等以外，我们不可忽视在广大村镇地区的早期和宋代以后的遗存，它们分布更广泛，更接近中下层，因而也更能够深刻说明这段历史。而历史文化名村和传统村落则可以作为这个更广泛地区的代表。

例如，丹阳九里村的沸井和唐代重刻的孔子手迹碑、季札庙等对于证明六朝以前的江南发展史便具有这种作用。苏州西山出土有旧石器时代的器皿，至少证实了当太湖地区还是震泽这个沼泽地带时，这里已经有了人类的活动，而东、西山几个历史文化名村和传统村落中保存和记载下来的族谱则证明了正是宋代大批北方氏族南迁并选中了苏州太湖附近，从而促进了这一地区经济和社会的发展。杨湾的轩辕宫则为我们留下了江南继承宋营造法式的元代精美的大木作法。太湖周围的村落保留了不少明代的住宅，比较这批建筑和国内其他各省同时代的建筑成就当可发现，在木材材种的选择上，在加工的精美和细腻程度上，在宅邸中砖细的配置上以及附属宅邸的园林营造质量上，它们都位于国内这个时代遗存的最高层次上，证明了那个时代这些宅邸主人所代表的江南的那个阶层是如何的富裕和讲究。它们是中国历史上不可取代的士大夫精致文化的历史见证。

第三，江苏历史文化名村和传统村落还是江苏农业等产业在近现代依然不断率先发展和进步的明证，也是建立在农业文明基础上的悠悠华夏文明可以不断转型和与时俱进的明证。

由于十四世纪以后明清两代的中国未能发展起资本主义，后沦为半殖民地，不少学界人士出于救亡图存的需求，认为农业文明行将就木，必须弃旧图新，无论是学东洋、学西洋还是以俄为师都立足于移植域外体制，也取得了一定成果，但经过一个半世纪的艰难奋斗和探索，历史似乎并不青睐这些理论，当今天中国再次崛起，学人有机会较为冷静反思历史时，那些认识几乎都被颠覆和动摇了，虽然还不能认同张之洞“中学为体、西学为用”的论断，但至少通过域外的主义和中国的实践相结合这种表述，说明了华夏文明的生命力是极为顽强的，认识这一点无论对于评价与我们自身相关的历史，还是把握未来几代人的发展都至关重要。研究国难当头时，江苏等社会转型先发地区的农业文明如何适应和摸索转型道路无疑对认识这一点具有引领性的科学价值。

粗略的剖析就会发现，在三座大山压着近代中国的历史时期，在革命的志士仁人挥洒热血的历史时期，中国农村的农民及其先进分子的乡绅阶层中的部分人士也在自觉或被迫地奋斗着。“天行健，君子以自强不息。”农业文明在《易经》中所埋下的精神力量的种子此刻再次勃发，当浙江的乡绅代表如张静江等人一面支持革命一面经营丝绸等商贸活动，江苏的张謇这位前清状元也脱身清廷以实业救国为己任，以南通为基地，广种棉花、兴办学校、开办工厂，经营纺织等行业，环绕上海的长三角几个城市聚集了旧中国绝大部分的工业。那些当年用作漕运和盐运，密如蛛网的水道很快就成为运输小麦、棉花、生丝的黄金通道。那些本来农闲时就要从事手工业的农民干脆变成职业工人，当年的江苏农民工在洋人工地上经过几年的摸爬滚打后就独立开业，以最优异的施工质量赢得市场，张謇手下没有读过大学的小知识分子孙支厦靠实地考察和勤奋实践，成为最早的一批能够独自完成新古典主义建筑设计的建筑师。大量这些艰难转型的历史光辉都折射在江苏的历史文化名村中，在严家桥，我们可以看到类似张謇式唐氏家族的奋斗；在礼社等村镇中都可以发现义庄、义学等设施，原来封建社会维系族人凝聚力的宗法亲情再次在血淋淋的工业原始积累阶段显示了柔情和力量。解放后的上世纪五十年代江苏无锡最早办起了社办企业，随着八十年代江苏乡镇的蓬勃发展形成了江苏模式。

第四，江苏历史文化名村和传统村落所选择和不断优化的钟灵毓秀、人杰地灵的人居环境依然是今日江苏重要的自然生态环境资源，它们所积淀的丰富非物质文化和它们的载体一道构成了丰富的爱国主义与辩证唯物主义及历史唯物主义的生动教材，是可以不断研究发掘与宏扬的宝贵文化资源。

江苏历史文化名村和传统村落的四种类型，包括太湖边上山环水秀的村落，太湖以东地区的水网平原地区的村落，太湖以西丘陵地区的村落以及沿海地区因盐成埠的村落，其选址和后代的经营都经过了历史的考验，典型体现了江苏村落遗产的环境特征。“杏花春雨江南”常常被用作对它们的描写，田园风光、山水环境和人文积淀为当代人提供了诗意栖息的理想选择，良好的生态不仅仅用作旅游的资源，同时也成为未来江苏城市外部的生态屏障，随着江苏逐渐进入后工业时代，随着自由支配时间的增加，村落遗产必将在江苏人民生活中发挥更大的慰藉乡愁之情作用。而积淀其上的古代人和自然共生共存，既尊重与顺应自然规律同时也积极应对自然灾害、改造自然环境的态度无疑也为后代留下了宝贵的思想财富。

和中华大地所有的物质文化遗产所显示的那样，在这些历史文化名村和传统村落中还积淀着丰富的非物质形态的文化遗产，除了和全国一样积淀着儒道佛的思想观念，和全江苏一样接受了众多生活和工作在江苏的历代名人的思想影响之外，还有若干和这些村落遗存紧密相关且仍然作用于当代人特有的非物质形态文化遗产。例如在九里到焦溪这一带老百姓始终保持了对季札的崇敬，江南大姓之一的吴姓人士至今认季札为自己的祖先，九里还保留了唐以后季札庙的若干遗物，包括唐代重刻的孔子悼念季札的手迹碑。季札，春秋时代吴王寿梦第四子 ，杰出的外交家和政治家，他交友四方，一诺千金，吴王欲让位于他，而他继承了祖先泰伯、仲雍尊贤礼让、顾全大局的传统，两次出走辞让王位，其谦和诚信的精神始终激励后人。后世吴姓宗族的祠堂往往取名“至德堂”“三让堂”“三德堂”，以彰显季札及泰伯、仲雍仁德宽厚的美德。与吴姓尊崇季札相似，大量的朱姓子孙以追崇朱熹和弘扬朱子家规为荣，儒里等村中的朱子祠即为一处，这儿保留有朱亨三定居时种下桂花树后刻给后代的碑和摹刻朱熹手书的孝字碑，下有诗云“当官廉为首，为民孝当先，回首自兹去，刚直立人前”，无疑是对朱氏子孙的警示。又如柳茹村的王公祠是为一位姓王名志道的官员而立的。此官员，天启年间（1621 年），当丹阳遭受特大蝗虫灾害时坐镇柳茹村，组织几千人灭蝗，直到把蝗虫全部消灭，确保当年粮食丰收。百姓感激他体察民情，为他建造了这座王公祠。祠门外有一联曰“赫赫明明地，堂堂正正门”，隐喻王公为官之道。庙内悬有 “不显亦临”和“惠我无疆”的匾额。匾额下方的两根柱子上挂着一副楹联：左联为“惩恶扬善左都御史腹中无私心”，右联为“除暴安良王公志道怀里备公道”（王后升任左都御史），表达了普通农民知恩图报，敬畏英雄的传统，也表达了他们对公正无私的官员的期许。这种敬畏先人、敬畏历史的态度是当代人面临环境和文化失衡时所需要的。另一大类非物质文化遗产是对各种技艺的推崇和传承，如严家桥的锡剧，余西的靛蓝印染，焦溪的核雕等。虽然这些非物质文化遗产也面临着行将消失的威胁，但继续钻研、与时俱进、推陈出新也是江苏民间艺人们的精神遗产，善待民间艺人，传承他们的技艺必会为历史文化名村、名镇和名城的发展做出更多贡献。

综上所述，江苏的历史文化名村和传统村落显示着无可替代的中华文明史特别是江南农业文明史的代表与见证价值，显示着对八千万江苏儿女以至无数过客旅人情系江苏的情感价值和作为未来继续开拓的资源价值。我们将从这块土地再次出发创造中华文明的江苏新篇章。

后 记

经过一年多的努力，为更好地保护江苏历史文化名村和传统村落而编撰的《乡愁的记忆——江苏村落遗产特色和价值研究》终于杀青。

江苏的古村落，是紧紧依附于土地之上的农耕文明之果。天、人、地的关系，聚集展现于古村落形态的各个方面，凝聚成具有江苏独特风情和韵味的乡土风光。在时间长河的洗练中，传承中国传统聚落营建思想的古村落，记录着中国社会浸淫传统、开启近代、迈向现代的“历史印痕”。

世纪之交发生在中国的城镇化运动是这一时期人类历史上最重大的变故之一，是中国社会转型最深刻的表现形式，仅仅三十余年，那种日出而作、日落而息和渔樵耕读的生活渐渐远离我们。我们既叹喟时代狂澜之猛烈，也惊讶江苏农业文明与时俱进的持续生命力，因而希望将积淀了这种生命力的聚落形态及其典型代表记录下来。

“让居民望得见山、看得见水、记得住乡愁”的新型城镇化理念，把“保护乡愁”的时代课题，放在被这片土地哺育、滋养过的每一个人面前。如何守护住这份文化遗产，让乡愁不只存在于记忆，让游子终能访祖归根，不但是时代对我们的拷问，也是我们对自身文化身份的重识。

在本书稿进展的过程中，江苏各历史文化名村的保护规划工作已经完成，规划的实施也次第展开，这也是令编撰者们感到十分欣慰的。

朱光亚

2017 年 6 月

图书在版编目（CIP）数据

乡愁的记忆：江苏村落遗产特色和价值研究 / 周岚，朱光亚，张鑑等编著．一南京：东南大学出版社，2017.7
ISBN 978-7-5641-5974-0

Ⅰ．①乡… Ⅱ．①周… ②朱… ③张… Ⅲ．①村落 - 文化遗产一研究一江苏省 Ⅳ．① K925.3

中国版图书馆 CIP 数据核字 (2015) 第 189390 号

乡愁的记忆——江苏村落遗产特色和价值研究

编　　著　周 岚　朱光亚　张 鑑 等
出版发行　东南大学出版社
地　　址　南京市四牌楼 2 号（邮编：210096）
出 版 人　江建中
责任编辑　张 莺
装帧设计　王少陵
责任印制　周荣虎
网　　址　http: //www. seupress. com
经　　销　全国各地新华书店
印　　刷　上海雅昌艺术印刷有限公司

开　　本　889mm ×1194 mm　1 / 16
印　　张　23
字　　数　552 千
版　　次　2017 年 7 月第 1 版
印　　次　2017 年 7 月第 1 次印刷
书　　号　ISBN 978-7-5641-5974-0
定　　价　198.00 元